Anton Ochsenkühn · Michael Krimmer

Mein iPad

für iPad Air 2, iPad mini 3 und alle anderen iPad-Modelle

W0177020

amac
BUCH VERLAG

Anton Ochsenkühn · Michael Krimmer

Mein iPad

für iPad Air 2, iPad mini 3 und alle anderen iPad-Modelle

Copyright © 2014 amac-buch Verlag

ISBN 978-3-95431-025-8

Konzeption/Koordination: amac-buch Verlag
Layout und Cover: Simone Ochsenkühn, Obergriesbach
Satz: Johann Szierbeck, Aichach
Druck und Bindung: Himmer AG, Augsburg

Trotz sorgfältigen Lektorats schleichen sich manchmal Fehler ein. Autoren und Verlag sind Ihnen dankbar für Anregungen und Hinweise!

amac-buch Verlag
Erlenweg 6
D-86573 Obergriesbach
E-Mail: info@amac-buch.de
http://www.amac-buch.de
Telefon +49(0) 82 51/82 71 37
Telefax +49(0) 82 51/82 71 38

Inhaltsverzeichnis

Inhaltsverzeichnis

Kapitel 4 – Apps, Musik, Filme, E-Books und mehr   99

Kapitel 9 – Troubleshooting: Hilfe, wenn mal etwas schiefläuft 345

Kapitel 10 – Sicherheit und Datenschutz 351

Index 379

Vorwort

Alle Jahre wieder lädt Apple im Herbst zur Präsentation neuer iPads ein. Auch 2014 ist da keine Ausnahme. Am 16. Oktober stellte Apple auf seinem Campus in Cupertino unter dem Motto „It's been way too long" (in etwa: „Es hat viel zu lange gedauert") die neuen Geräte vor. Und im Bereich der iPads gab es gleich zwei neue Modelle: das iPad Air 2 und das iPad mini 3.

Das iPad Air 2 hat mit dem A8X-Chip einen neuen Prozessor bekommen, der eine um 40 Prozent erhöhte Rechenleistung mitbringt und Grafikbefehle 2,5-mal so schnell bearbeiten kann wie das ohnehin schon sehr schnelle iPad Air aus dem Vorjahr. Dass mehr Leistung nicht unbedingt mit einer geringeren Akkulaufzeit einhergehen muss, zeigt das iPad Air 2 eindrucksvoll. Hier sind es noch immer maximal 10 Stunden, die das iPad Air 2 aushält, bevor es wieder an den Strom muss. Und auch bei der Größe hat sich einiges getan: Mit nur mehr 6,1 Millimeter Dicke und einem Gewicht von 469 Gramm ist das iPad noch einmal deutlich kompakter geworden, als alle Modelle dazuvor.

Und ganz besonders wichtig: Das iPad Air 2 und das iPad mini 3 haben den Fingerabdruckscanner Touch ID bekommen, mit dem Sie per Fingerabdruck das Gerät entsperren können und mit dem Sie ohne Eingabe eines Kennworts einkaufen können.

Aber ein Gerät ist natürlich immer nur so gut wie sein Betriebssystem. Und mit iOS 8 hat Apple wieder ganze Arbeit geleistet. Neben den bereits bewährten Funktionen sind einige Dinge dazugekommen, die iOS noch stärker machen: Der neue Assistent zum Verfassen von Texten „QuickType", deutlich umfangreichere Möglichkeiten der Bildbearbeitung, die Familienfreigabe und vieles mehr. Damit Sie alle Funktionen – neue und alte – optimal einsetzen können, haben Sie mit diesem Buch den besten Begleiter bekommen. Auch wenn auf den neuen Geräten bereits iOS 8 vorinstalliert ist, zeigen wir Ihnen, wie Sie Ihr iPad updaten können. iOS ist kostenlos und für alle iPads ab der zweiten Generation verfügbar.

Die Autoren haben iOS 8 lange Zeit getestet, und alle Erfahrungen haben ihren Weg in dieses Buch gefunden. Wir hoffen, dass iOS 8 Ihnen ebenso viel Freude bereitet wie uns, und wünschen Ihnen nun viel Spaß mit Ihrem neuen (oder bereits vorhandenen) iPad und iOS 8.

Anton Ochsenkühn und Michael Krimmer im Oktober 2014

Das iPad in Betrieb nehmen

Der Unterschied zwischen iPad Cellular (4G) und iPad Wi-Fi

Beim Kauf eines iPad werden Sie neben der Wahl des Modells, der Farbe und der Kapazität noch mit einer ganz grundlegenden Frage konfrontiert: Kaufen Sie ein Wi-Fi-Modell oder eines mit Wi-Fi + Cellular (oder auch iPad 4G genannt)?

Der Unterschied zwischen den beiden Modellen liegt darin, wie das iPad ins Internet gehen kann. Wenn Cellular (oder 4G) nicht unbedingt erforderlich ist, spart man beim Kauf einiges.

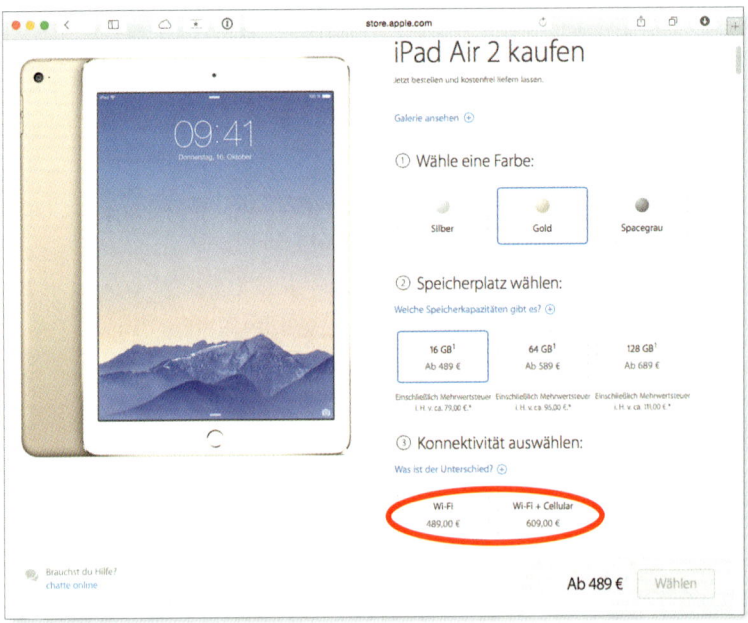

Beim Kauf des Wi-Fi-iPad können Sie bei ansonsten identischen Eckdaten einiges sparen.

- *Wi-Fi*: Das Wi-Fi-iPad kann nur über ein WLAN online gehen. Wenn Sie also das iPad ausschließlich an Orten einsetzen möchten, an denen Sie Zugang zu einem WLAN haben, dann kaufen Sie dieses Modell.
- *Wi-Fi + Cellular*: In dieses iPad können Sie eine SIM-Karte einstecken und das Gerät so mit dem Datennetz Ihres Mobilfunkproviders verbinden. Das bedeutet in der Praxis, dass Sie auch unterwegs online sein können und dazu kein WLAN benötigen. Aber wenn Sie ein WLAN zur Verfügung haben, können Sie das auch mit diesem Modell nutzen.

Sollten Sie neben dem iPad auch noch ein iPhone haben, können Sie die Einschränkung des Wi-Fi-Modells sehr bequem umgehen. Aktivieren Sie am iPhone den persönlichen Hotspot bzw. Instant Hotspot und verbinden Sie das iPad dann per WLAN mit dem iPhone. Dann lässt sich das iPad auch unterwegs dadurch online bringen, dass es die Datenverbindung des iPhone nutzt.

Besorgen Sie sich eine Zweitkarte. Haben Sie bereits einen iPhone-Vertrag bei einem Mobilfunkanbieter und möchten Sie eine SIM-Karte für Ihr 3G-iPad haben, dann fragen Sie nach einer Zweitkarte (oder Multi-SIM). Dann kann das iPad das Datenvolumen des iPhone mitbenutzen, und Sie müssen in der Regel keine zusätzliche monatliche Grundgebühr bezahlen.

APN-Einstellungen

Über die APN-Daten teilen Sie dem iPad mit, welchen Server und welche dazugehörigen Zugangsdaten für die Internetnutzung das Gerät nehmen soll. Oft ist es so, dass Sie die SIM-Karte in das Gerät einstecken und die Daten automatisch eingetragen werden. Das merken Sie dadurch, dass Sie sofort online sind. Klappt es mit der Verbindung nicht auf Anhieb, sehen Sie nach, ob die APN-Daten korrekt eingetragen wurden. Die entsprechenden Felder finden Sie unter *Einstellungen –> Mobile Daten –> APN-Einstellungen*.

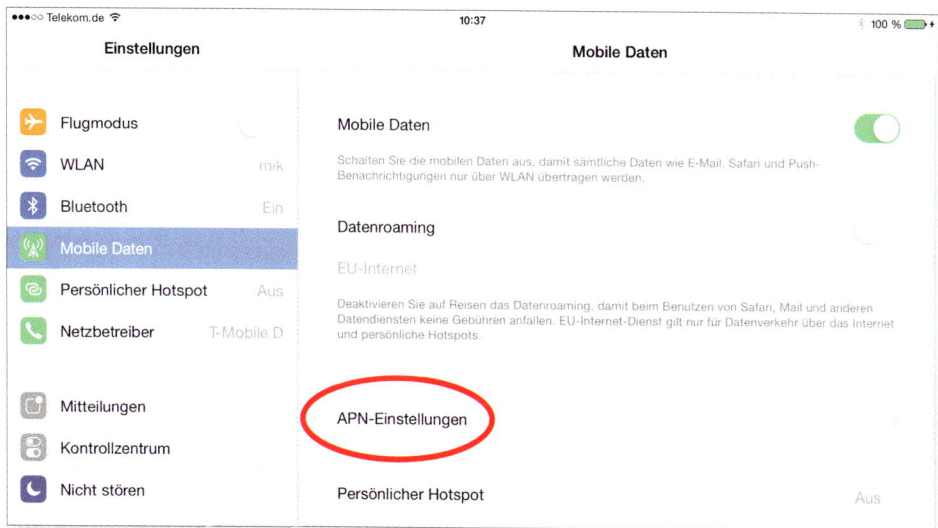

Sofern nicht schon geschehen, können Sie an dieser Stelle die APN-Daten des Mobilfunkanbieters eintragen.

In der Regel werden die Daten automatisch eingetragen. Wir haben Ihnen aber die Zugangsdaten der großen Anbieter im deutschsprachigen Raum aufgelistet:

Deutschland	
Telekom (mit Congstar, sinply, klarmobil, Rewe)	
APN	internet.t-mobile.de
Benutzername	tmobile
Passwort	tm
E-Plus (mit Simyo, Base, Blau, Aldi)	
APN	internet.eplus.de
Benutzername	eplus
Passwort	internet
Vodafone	
APN	web.vodafone.de
Benutzername	–
Passwort	–

Sollten Sie mit diesen Daten nicht ans Ziel gelangen, so erfragen Sie die für Sie geltenden Daten direkt bei Ihrem Mobilfunkanbieter.

Installation – ohne geht nix!

Das iPad ist eigentlich ein Computer. Und da ein Computer über ein Betriebssystem verfügt, muss dieses vor der Verwendung des iPad zunächst konfiguriert werden. Das Betriebssystem auf dem iPad hört auf die Bezeichnung iOS. Die aktuelle Versionsnummer ist die 8.

 Apple aktualisiert im Jahreszyklus sein Betriebssystem für die iPad. Die nächste Version wird vermutlich iOS 9 heißen. Keine Sorge, Sie können im Regelfall kostenlos auf die höhere Version und damit auf die neuen Funktionen updaten.

   Das Betriebssystem iOS ist bereits auf Ihrem iPad vorinstalliert. Beim ersten Einschalten können Sie dieses noch mit einigen Einstellungen versehen. Wichtig ist zu wissen, dass Sie nicht gleich alle Einstellungen beim ersten Start des iPad vornehmen müssen. Sie können jederzeit nachträglich weitere Einstellungen definieren. Ich werde Ihnen in wenigen Minuten zeigen, wo die bei der Installation eingetragenen Daten hinterlegt worden sind.

 Möchten Sie zu einem späteren Zeitpunkt Ihr iPad wieder in den Auslieferungszustand zurücksetzen, so gehen Sie in den **Einstellungen** zu **Allgemein**, scrollen Sie ganz nach unten, verwenden Sie den Bereich **Zurücksetzen** und tippen Sie dort auf **Inhalte & Einstellungen löschen**.

Via „Zurücksetzen –> Inhalte & Einstellungen löschen" wird Ihr iPad wieder in den Werkszustand zurückgesetzt.

So, aber nun erkläre ich Ihnen Schritt für Schritt den ersten Start Ihres neuen iPad und die dabei notwendigen Einstellungen. Sie schalten das iPad am *Stand-by-Schalter* ein und drücken diesen etwa zwei Sekunden. Daraufhin erscheint ein Apfel-Symbol auf Ihrem iPad, und es startet. Sogleich werden einige Grundkonfigurationen notwendig sein:

- *Startbildschirm:* Ziehen Sie den Slider am unteren Bildschirmrand nach rechts. Haben Sie eine SIM-Karte in das iPad eingelegt, die durch eine PIN gesperrt ist, so können Sie diese an dieser Stelle bereits eingeben. Tippen Sie dazu auf *Unlock,* geben Sie die PIN ein und tippen Sie dann auf *OK.*
- Wählen Sie nun als *Sprache* z. B. *Deutsch* aus. Danach werden Sie automatisch zum nächsten Bildschirm geleitet.
- *Land oder Region wählen*: Hier können Sie *Deutschland* auswählen bzw. über *Weitere Länder und Regionen* andere Länder aussuchen.
- *WLAN:* Ihr iPad muss sich bei Apple registrieren. Deswegen ist es im nächsten Schritt notwendig, dass Ihr iPad eine Internetverbindung herstellt. Das kann entweder über WLAN geschehen oder aber, indem Sie per USB-Kabel das iPad mit Ihrem Rechner und dann mit iTunes verbinden. Haben Sie ein iPad mit einer SIM-Karte, können Sie auch über das mobile Netzwerk die Onlineverbindung etablieren.

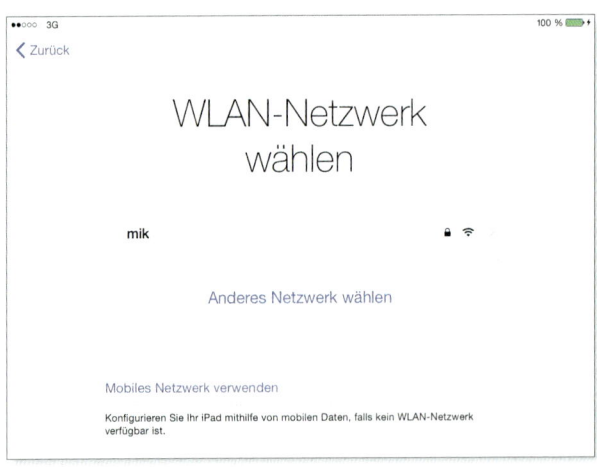

Ihr iPad muss sich registrieren, und dazu benötigt es eine Internetverbindung.

Im einfachsten Fall wählen Sie also hier Ihr WLAN-Netzwerk aus, um die Verbindung zum Internet herzustellen. Geben Sie dann das WLAN-Passwort ein. Via *Verbinden* gelangen Sie zum nächsten Schritt, der Aktivierung des iPad, die über die Internetverbindung von ganz allein stattfindet.

- *Ortungsdienste*: Ihr iPad kann über die Ortungsdienste Ihre Position bestimmen, das ist in sehr vielen Programmen, wie z. B. in der *Kamera-App* oder in der App *Erinnerungen*, eine sehr wichtige Funktion. Auch das Programm *Karten* greift selbstverständlich auf die Ortungsdienste zu. Wenn Sie diese jetzt noch nicht verwenden wollen, tippen Sie auf *Ortungsdienste deaktivieren* und hernach auf *Weiter*.

> **!** Wollen Sie zu einem späteren Zeitpunkt die Ortungsdienste einschalten, tun Sie dies über **Einstellungen –> Datenschutz –> Ortungsdienste**. Und greift eine App auf die Ortungsdienste zu, erkennen Sie das an diesem Icon in der Menüleiste des iPad: ◀

- *Konfigurieren*: Nun kann Ihr iPad konfiguriert werden. Das heißt, wenn Sie bereits vorher ein iPad hatten und dort Einstellungen vorgenommen haben, können Sie diese auf Ihr neues iPad übertragen. Das betrifft Einstellungen wie E-Mail, heruntergeladene und verwendete Apps, die Darstellung der Home-Bildschirme etc. Diese Einstellungen können sich entweder in der iCloud befinden oder an Ihrem Rechner in iTunes. Sofern Sie iTunes verwenden wollen, müssen Sie wieder mit dem USB-Kabel die Verbindung zu Ihrem Computer (Mac oder Windows) herstellen. Das Einspielen der iCloud-Daten erfolgt drahtlos per WLAN.

So sieht es aus, wenn ein iPad über ein Backup von iTunes konfiguriert werden soll.

Genauso verhält es sich, wenn Sie iCloud verwenden. Auch dort bekommen Sie eine Liste all der zur Verfügung stehenden Backups.

 Wir werden später noch darüber sprechen, wie man ein Backup erzeugt und dieses auf neue Geräte übernimmt (siehe Kapitel 7 ab Seite 299 und Kapitel 8 ab Seite 337).

Wir tun nun so, als wäre dies Ihr erstes iPad und wollten dieses als neues, jungfräuliches iPad verwenden. So tippen wir auf *Als neues iPad konfigurieren* und gelangen zum nächsten Bildschirm.

- *Apple-ID*: Jetzt kommt eine sehr wichtige Grundeinstellung für Ihr nagelneues iPad, die sogenannte Apple-ID. Mit der Apple-ID bekommen Sie Zugriff auf die verschiedenen Stores von Apple. Das sind z. B. der iBooks Store, der App Store, der iTunes Store etc. Aber auch Zusatzfunktionen wie iCloud, Nachrichten (iMessages), FaceTime, die Familienfreigabe, Handoff usw. sind mit der Apple-ID verbunden. Wenn Sie also bereits über eine Apple-ID verfügen, tragen Sie diese bei *Mit Ihrer Apple-ID anmelden* ein.

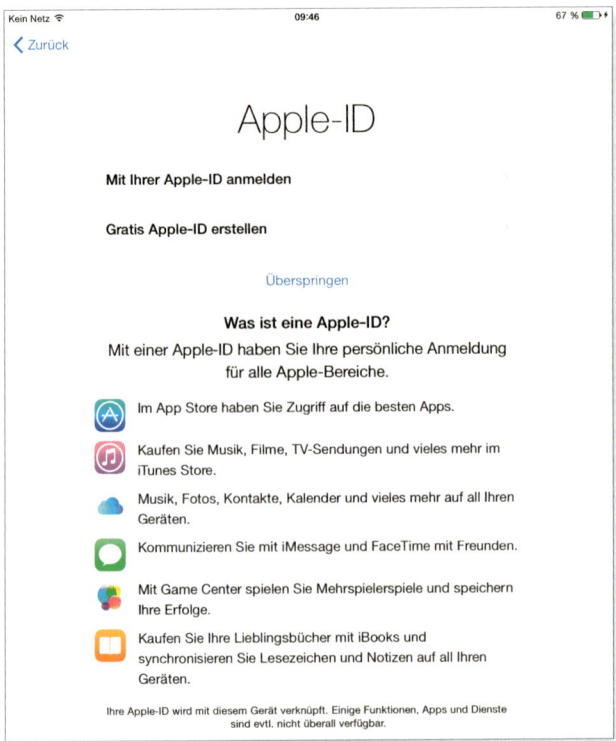

Das iPad möchte nun mit einer Apple-ID ausgestattet werden.

Sie können sich aber auf dem Bildschirm auch eine komplett neue Apple-ID anlegen bzw. über *Überspringen* ohne Apple-ID arbeiten.

> **!** Wenn Sie später eine Apple-ID beantragen, muss diese an verschiedenen Stellen in den **Einstellungen** eingetragen werden, wie z. B. bei **FaceTime**, **Nachrichten**, **iTunes & App Store** etc.

Sofern Sie also über eine Apple-ID verfügen, sollten Sie diese nun eintragen, um bereits gewisse Grundeinstellungen an Ihrem iPad vorzunehmen.

> **!** Sofern Sie bereits über ein iPhone oder einen Computer verfügen, haben Sie möglicherweise eine Apple-ID, die Sie zum Einkaufen in den Apple Stores nutzen. Genau diese ID können Sie auch hier verwenden. Sie können aber natürlich auch für Ihr Gerät eine vollkommen neue ID erzeugen. Wichtig dabei ist zu wissen, dass es derzeit keine Möglichkeit gibt, über verschiedene Apple-IDs erworbene Inhalte wie Musik, Filme, Bücher etc. auf einem Gerät zum Laufen zu bringen. Das heißt also, wenn Sie an Ihrem Rechner eine andere Apple-ID verwenden als an Ihrem iPad, dann können die Daten zwischen diesen Geräten nicht ausgetauscht werden. Der Austausch funktioniert nur im Rahmen derselben Apple-ID.

Sicherheit Ihrer Apple-ID: An dieser Stelle können Sie Ihre Apple-ID durch die Eingabe von Sicherheitsfragen und deren Antworten sichern. Außerdem besteht die Möglichkeit, eine alternative Mailadresse einzugeben, über die Sie im Notfall wieder Zugang zu Ihrer Apple-ID bekommen können. Wählen Sie an dieser Stelle aus, ob Sie das sofort machen möchten (*Sicherheitsfragen hinzufügen*) oder lieber erst zu einem späteren Zeitpunkt (*Später*). Tippen Sie dann auf *Weiter*.

- *Nutzungsbedingungen*: Zum Schluss kommen noch die Nutzungsbedingungen, die Sie via doppeltes *Akzeptieren* bestätigen müssen. Danach wird unter Umständen noch Ihre Apple-ID eingerichtet.
- *iCloud* konfigurieren: Haben Sie eine Apple-ID hinterlegt, dann kann nun zum Abschluss der Installation noch die iCloud konfiguriert werden. Über die iCloud können drahtlos Informationen, Daten usw. mit Ihrem Computer oder dem iPhone bzw. einem anderen iPad abgeglichen werden. Tippen Sie, sofern Sie das aktuell nicht möchten, auf *Nicht verwenden*.

 Wenn Sie zu einem späteren Zeitpunkt die iCloud-Einstellungen eintragen wollen, gehen Sie am iPad in die **Einstellungen** und dort zu **iCloud** und hinterlegen Sie hier Ihre Apple-ID.

- *Mein iPad suchen*: Falls Sie iCloud aktiviert haben, können Sie im nächsten Schritt die Suche nach Ihrem iPad aktivieren. Diese Funktion ist nützlich, wenn Sie Ihr Gerät verlegt haben oder es gestohlen wurde. Damit kann das iPad wieder aufgespürt werden. Da diese Funktion ein Bestandteil von iCloud ist, können Sie sie auch jederzeit unter *Einstellungen –> iCloud* ein- und ausschalten.

- *iMessage und FaceTime*: Noch einmal zurück zur Eingabe der Apple-ID wenige Bildschirme weiter vorne. Wurde diese hinterlegt, wird Ihr iPad nun noch nach den Kontaktinformationen fragen. Haben Sie keine Apple-ID eingetragen, wird auch diese Abfrage nicht auf Ihrem iPad erscheinen. iMessage ist nachträglich in den *Einstellungen –> Nachrichten* konfigurierbar.

- *Touch ID* (nur iPad Air 2 und iPad mini 3): Mit der Touch ID erstellen Sie einen Fingerabdruck für die Identifizierung. Dadurch können Sie in Zukunft mit Ihrem Fingerabdruck das iPad entsperren. Die Touch ID kann aber auch mit *Touch ID später einrichten* (*Einstellungen –> Touch Id & Code*) übersprungen werden. Zusätzlich muss aber auf alle Fälle noch ein vierstelliger Sicherheitscode eingestellt werden.

- *Code erstellen*: Legen Sie nun einen Code fest, mit dem Sie Ihr iPad später entsperren können. Diesen Code benötigen Sie auch dann, wenn Sie Ihr iPad löschen oder andere systemrelevante Einstellungen vornehmen möchten.

- *iCloud-Schlüsselbund*: Haben Sie in der Vergangenheit bereits Ihren iCloud-Schlüsselbund aktiviert, können Sie an dieser Stelle auch das iPad einbinden. In Kapitel 7 werden wir Ihnen noch ausführlich zeigen, was der Schlüsselbund kann und wie Sie ihn konfigurieren.

- *Siri*: Siri ist eine äußerst nützliche Funktion auf dem iPad. Aber auch hier gilt: Sie können zu jedem späteren Zeitpunkt die Funktion *Siri* aktivieren und auf Ihrem iPad testen und verwenden. Tippen Sie also beispielsweise auf *Siri nicht verwenden*, wenn Sie es aktuell nicht im Einsatz haben möchten.

> **!** Um Siri später zu aktivieren, gehen Sie in den **Einstellungen** bei **Allgemein** zum Eintrag **Siri**.

- *Diagnose*: Gleich haben Sie es geschafft. Wählen Sie hier noch, ob im Bereich *Diagnose & Nutzung* Daten an Apple zurückgesendet werden sollen. Möchten Sie das nicht, tippen Sie schlicht und ergreifend auf *Nicht senden*. Möchten Sie die Einstellungen zu einem späteren Zeitpunkt ändern, dann finden Sie diese hier: *Einstellungen –> Datenschutz –> Ortungsdienste –> Systemdienste*.

Ja, das war's, nun ist Ihr iPad grundkonfiguriert, sowohl das Betriebssystem als auch die wichtigsten Applikationen sind jetzt auf Ihrem iPad verfügbar, und Sie können sofort mit dem iPad arbeiten. Tippen Sie auf *Los geht's*, um zum Home-Bildschirm Ihres iPad zu gelangen.

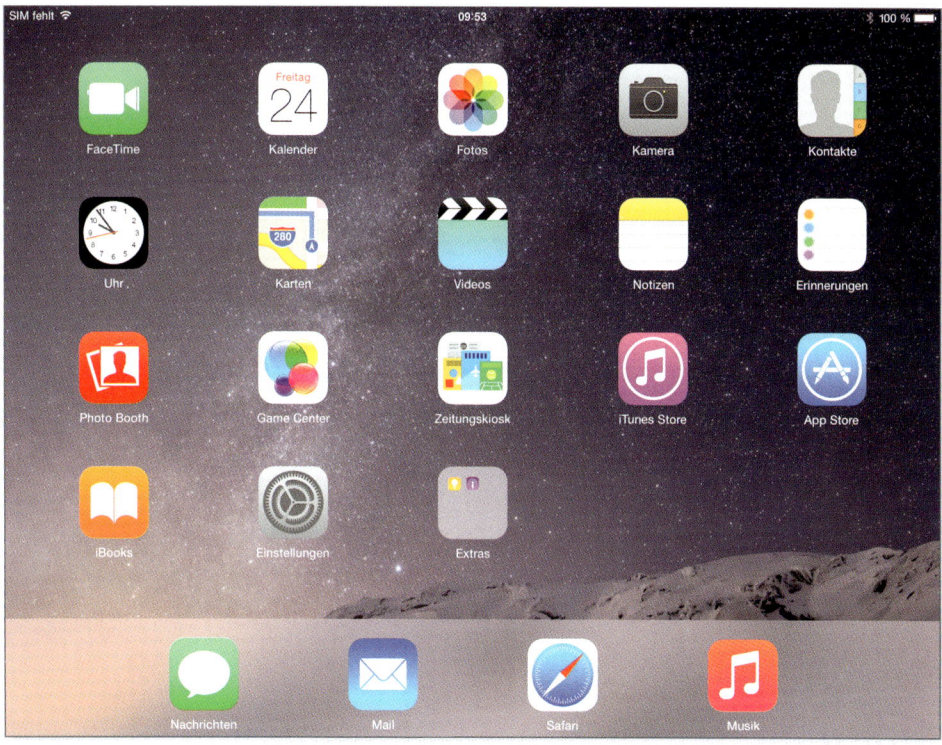

So sieht das iPad nach erfolgreicher Installation aus. Das ist der Home-Bildschirm mit den standardmäßig mitgelieferten Programmen (Apps).

Das iPad auf iOS 8 aktualisieren

Wenn Sie derzeit noch eine frühere Version von iOS im Einsatz haben, können Sie Ihr iPad sehr einfach auf iOS 8 aktualisieren. Öffnen Sie dazu *Einstellungen* *–> Allgemein –> Softwareaktualisierung*. Daraufhin bekommen Sie das Update auf die neue Version auch schon angeboten. Tippen Sie auf *Laden und installieren*, um den Vorgang zu starten, und folgen Sie den Anweisungen am Bildschirm.

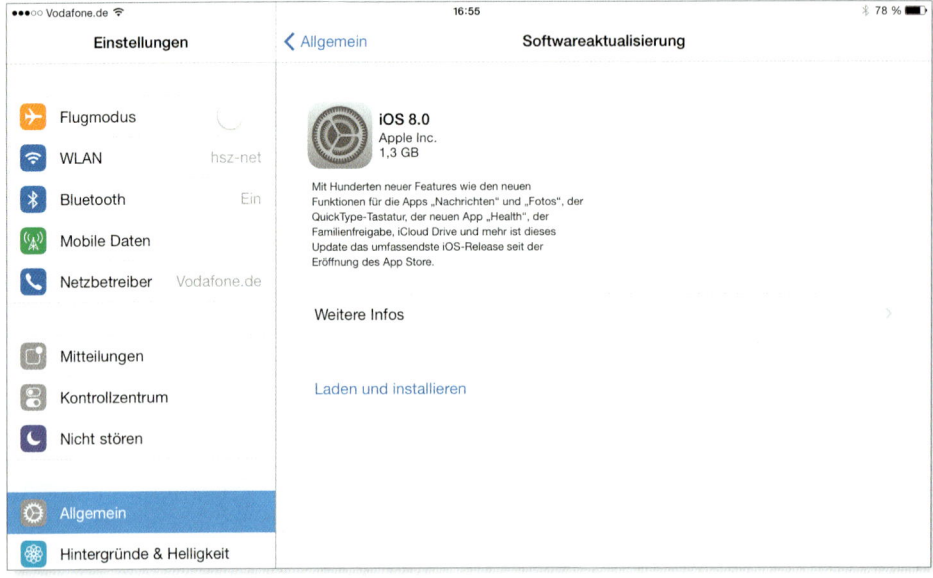

Sie können direkt am iPad auf iOS 8 aktualisieren.

Nach einer kurzen Einrichtung ist Ihr iPad dann auch schon wieder einsatzbereit und präsentiert Ihnen die Oberfläche von iOS 8.

Alternativ dazu funktioniert das Update auch über iTunes. Stecken Sie dazu das iPad an den Rechner an, starten Sie iTunes und wählen Sie in der Leiste oben das iPad aus. Tippen Sie dann im Bereich *Übersicht* auf *Laden und aktualisieren* und folgen Sie den Anweisungen am Bildschirm.

iOS kann auf Wunsch auch über iTunes am Mac oder Windows aktualisiert werden.

Weitere wichtige Grundeinstellungen

Wichtige Einstellungen zu Beginn

Was bringt Ihnen das beste System, wenn Sie es nicht oder nur schwer bedienen können? Ein Nachteil der aktuellen und hochauflösenden Tablet-Displays ist die teilweise sehr kleine und feine Anzeige von Text und Bildern. Wenn Sie bereits jetzt feststellen, dass Sie nur schwer erkennen, was am Bildschirm dargestellt wird, können Sie sich sehr einfach behelfen. Dazu starten wir einen kurzen Ausflug in die *Bedienungshilfen*, die Sie in den *Einstellungen* Ihres iPad im Bereich *Allgemein* finden und zu *Einstellungen –> Anzeige & Helligkeit*.

Die *Einstellungen* werden Ihnen im Verlauf dieses Buches noch öfter begegnen. Dort finden Sie den Großteil aller Einstellungsmöglichkeiten Ihres iPad. Um dorthin zu gelangen, tippen Sie auf Ihrem Home-Bildschirm einfach auf das entsprechende Icon.

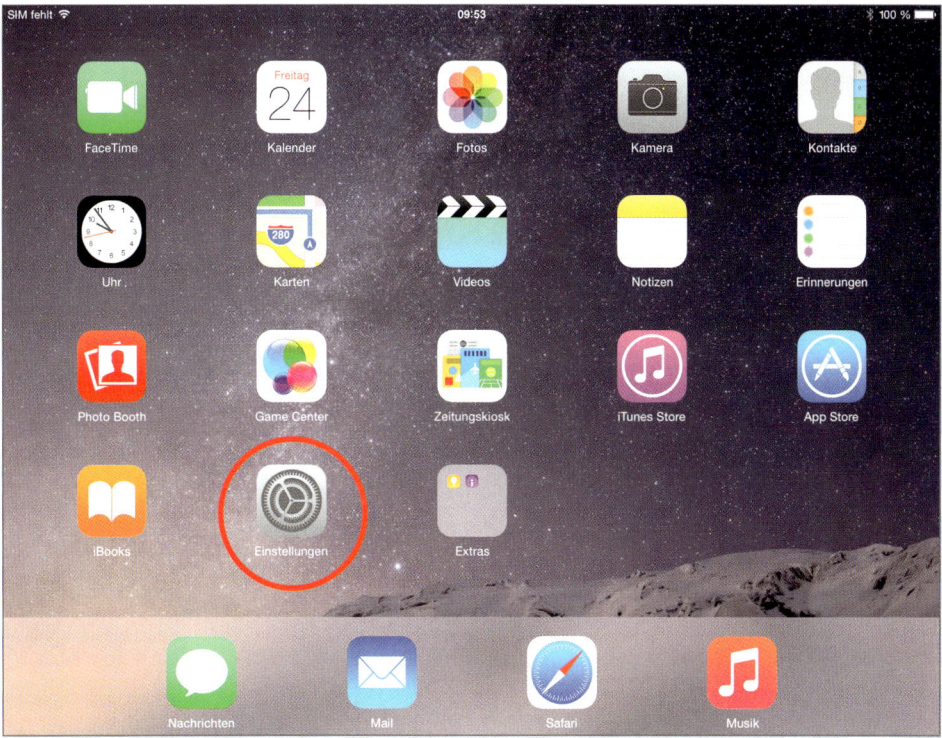

Hinter dieser Anwendung verbergen sich die Einstellungen.

Schrift vergrößern

Eine erste schnelle Hilfe bringt das Vergrößern der Schrift innerhalb der iPad-Programme (der Apps). Tippen Sie auf *Größerer Text* und aktivieren Sie den Punkt *Größerer dynamischer Text*. Daraufhin können Sie im unteren Bereich den Schieberegler nach links (kleinerer Text) oder rechts (größerer Text) bewegen. Was die Änderung zur Folge hat, erkennen Sie auch gleich am Erklärungstext, der größer oder kleiner dargestellt wird.

Was die Änderung in der Praxis bewirkt, zeigt ein Eintrag in der *Notizen*-App:

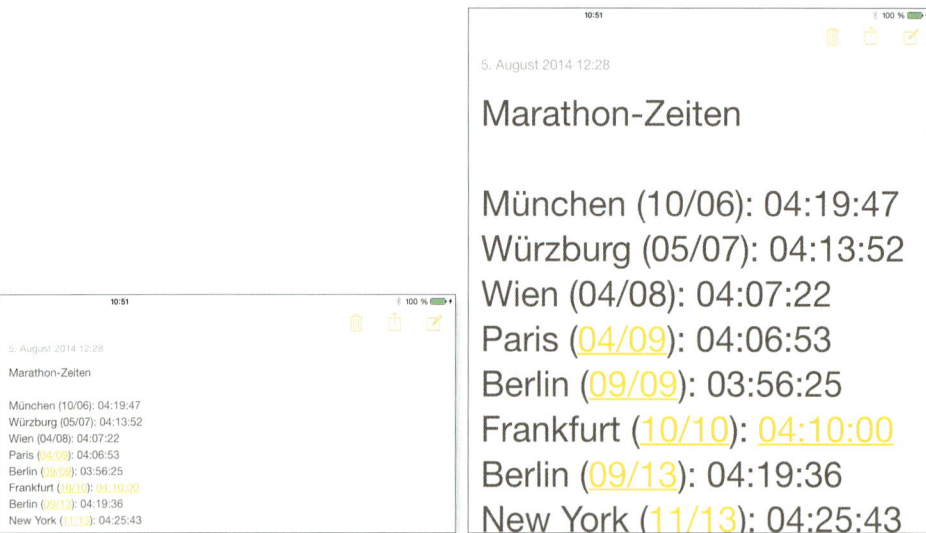

Links sehen Sie eine Notiz in normaler Schriftgröße, rechts eine in maximaler Vergrößerung.

Die höchste Vergrößerungsstufe ist häufig zu viel des Guten. Oft bringt ein Mittelweg die besten Ergebnisse. Probieren Sie es einfach aus, in welcher Einstellung die Übersicht erhalten bleibt, Sie aber dennoch alles gut lesen können.

Fetter Text

Würde es Ihnen bereits helfen, wenn der Text nicht größer, sondern nur fetter dargestellt wird? Dann aktivieren Sie die Option *Fetter Text*. Wenn Sie diesen Punkt aktivieren oder deaktivieren, muss Ihr iPad bei jeder Änderung dieser Option neu gestartet werden. Das Ergebnis ist aber deutlich:

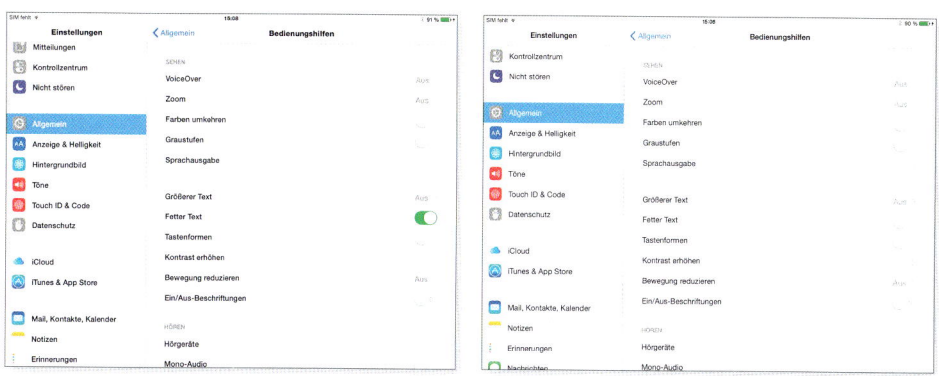

Links ist das „Einstellungen"-Menü in fetter Schrift zu sehen, rechts in normaler Schrift.

Ein/Aus-Beschriftungen

Wird ein Schieberegler bewegt, bewegt sich nicht nur der Schalter nach links oder rechts. Auch die Farbe ändert sich. Eine aktivierte Option wird durch eine grüne Fläche angezeigt, eine deaktivierte Aktion durch einen weißen Schalter.

Ist Ihnen das nicht deutlich genug, können Sie sich zusätzlich ein *I* für An oder ein *O* für Aus anzeigen lassen. Aktivieren Sie dazu den Punkt *Ein/Aus-Beschriftungen*.

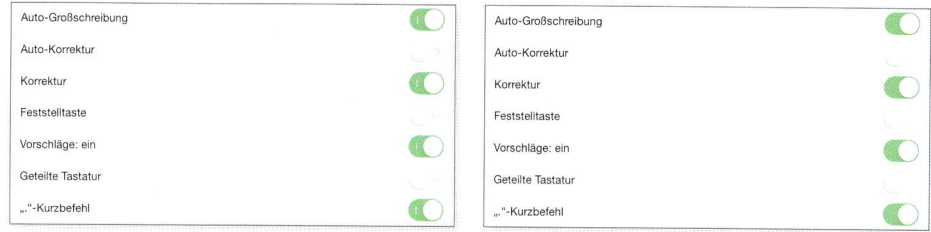

Die zusätzliche Markierung der Schalter kann dabei helfen zu erkennen, ob sie an oder aus sind.

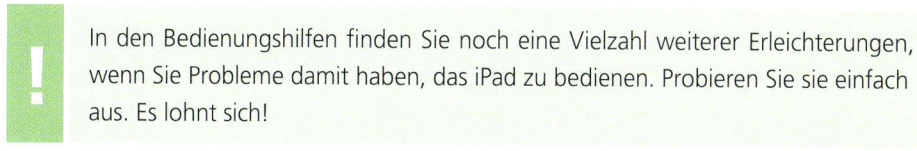

In den Bedienungshilfen finden Sie noch eine Vielzahl weiterer Erleichterungen, wenn Sie Probleme damit haben, das iPad zu bedienen. Probieren Sie sie einfach aus. Es lohnt sich!

Softwareaktualisierung

Wie bereits vorhin besprochen, ist das iPad ein Computer, und auch die iPad bekommen immer wieder neuere Software. Damit Sie auf Ihrem iPad immer den aktuellen Stand haben, sollten Sie ab und zu in den *Einstellungen* bei *Allgemein* den Eintrag *Softwareaktualisierung* aufrufen.

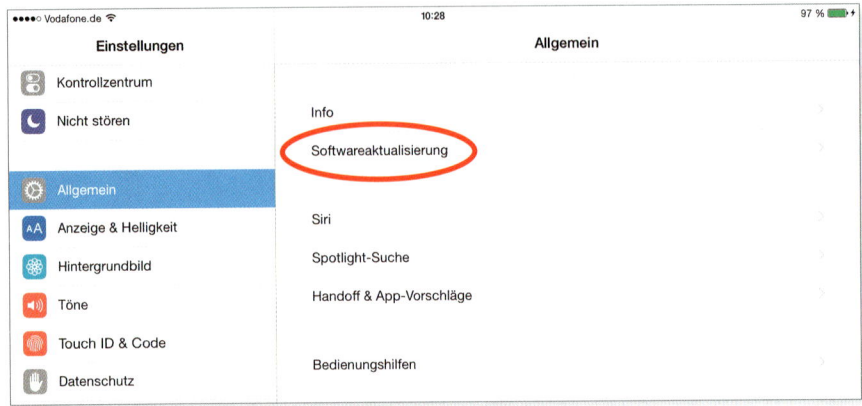

Via „Allgemein" –> „Softwareaktualisierung" können Sie Ihr iPad immer up to date halten.
Um ein Update einspielen zu können, muss das iPad mindestens zu 50 Prozent geladen oder
an die Stromversorgung angeschlossen sein.

Name des iPad

Via *Einstellungen –> Allgemein –> Info –> Name* können Sie Ihrem iPad einen eigenen Namen geben. Dieser wird beispielsweise angezeigt, wenn Sie das iPad mit iTunes verbinden oder die Funktion *Persönlicher Hotspot* verwenden.

Batterieladung anzeigen

Möchten Sie die Batterieladung permanent in der Titelzeile des iPad anzeigen lassen (oder auch nicht), aktivieren (oder deaktivieren) Sie diese Funktion unter *Einstellungen –> Allgemein –> Benutzung*.

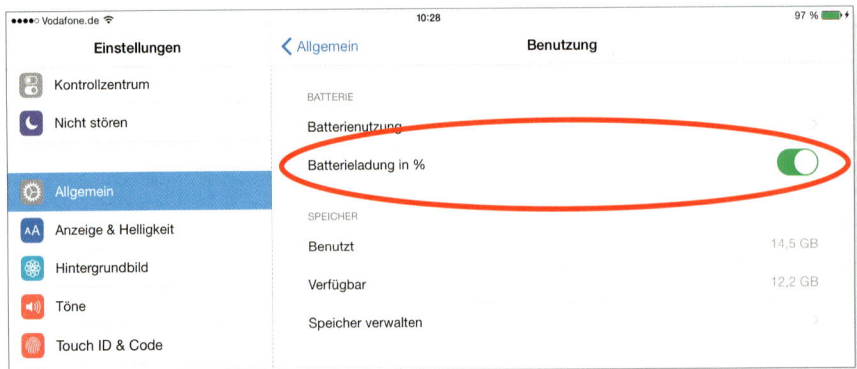

Unter „Allgemein –> Benutzung" finden Sie neben der Batterieladung weitere interessante
Informationen über Ihr iPad.

SIM-Karte einsetzen

Jetzt wäre auch ein guter Zeitpunkt, die SIM-Karte in Ihr neues iPad einzusetzen. Dazu wurde beim iPad eine kleine Klammer mitgeliefert, um den Schacht zu öffnen, in den die SIM-Karte eingesetzt wird.

 Das iPad mini bzw. iPad Air benötigen eine Nano-SIM-Karte, wohingegen die anderen iPad eine Micro-SIM-Karte verwenden. Sie sollten sich also für Ihr Gerät die passende SIM-Karte besorgen.

Gleich nach erfolgreichem Einlegen der Karte wird die PIN abgefragt. Diese finden Sie in den Unterlagen, die Sie mit Ihrer SIM-Karte bekommen haben. Damit Sie in Zukunft diese SIM-Abfrage umgehen können, sollten Sie danach in den *Einstellungen* den Eintrag *Mobile Daten* aufrufen und dort *SIM-PIN* anwählen, den Schieberegler auf *Aus* schieben und ein letztes Mal die richtige PIN eintragen.

So unterbinden Sie die PIN-Abfrage bei einem 3G/LTE-iPad.

Die Einträge *Mobile Daten*, *Persönlicher Hotspot* und *Netzbetreiber* sind nur auf iPads verfügbar, bei denen eine SIM-Karte eingelegt werden kann. WLAN-iPad-Modelle haben diese Einträge in den Einstellungen demzufolge also nicht.

 Sie sehen übrigens in der Menüleiste Ihres iPad, wie Sie mit dem Internet verbunden sind. Haben Sie eine SIM-Karte eingesteckt, erscheint dort Ihr Provider wie z. B. Vodafone, Telekom.de etc. Und neben dem Symbol finden Sie Icons, die etwas über die Geschwindigkeit aussagen. Dabei steht **E** für Edge, der Kreis **O** für GPRS, **3G** für UMTS bzw. HSDPA und **LTE** für die derzeit schnellste Verbindung mit dem Internet. Die LTE-Verbindung ist derzeit in Deutschland nur den Kunden der Deutschen Telekom, Vodafone und O₂ vorbehalten. Ob Sie LTE nutzen können, hängt zum einen von Ihrem Vertrag und zum anderen von Ihrem Provider ab. Welche Provider LTE anbieten, finden Sie stets aktuell im Internet unter **http:// www.apple.com/ipad/LTE/**.

Generell gilt: Wenn Ihr iPad sowohl über WLAN in das Internet gelangen kann als auch über die SIM-Karte, so wird WLAN bevorzugt. Erst sobald WLAN nicht mehr zur Verfügung steht, wird auf das im Regelfall langsamere mobile Datennetzwerk zurückgegriffen.

WLAN

Im Regelfall wird Ihr iPad also über WLAN ins Internet gelangen. Die notwendigen Einstellungen hierzu finden Sie bei *Einstellungen* unter *WLAN*. Besonders nützlich kann es sein, die Option *Auf Netze hinweisen* zu aktivieren.

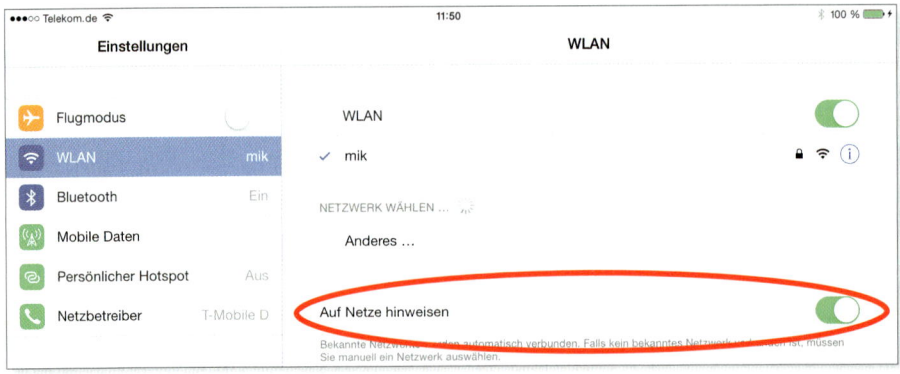

„Auf Netze hinweisen" bringt Ihnen automatisch die Meldung, sobald ein WLAN-Netzwerk verfügbar ist.

Wie Sie anhand des Bildschirmfotos sehen, ist das Netzwerk *mik* mit einem Schloss versehen. Das heißt, hier ist die Eingabe eines Kennworts notwendig, das Sie möglicherweise bereits während der Installation eingetragen haben. Manche Netzwerke müssen die sogenannte MAC-Adresse eines Geräts wissen, um die Internetverbindung herstellen zu können. Eine MAC-Adresse ist für jedes internetfähige Gerät eine individuelle Seriennummer. Auch Ihr iPad verfügt über eine solche Nummer. Sie finden die MAC-Adresse in den *Einstellungen,* dort unter *Allgemein* bei *Info*, und sie nennt sich *WLAN-Adresse*. Die dort hinterlegte Information geben Sie an die Person weiter, die sich um den WLAN-Router kümmert, und sogleich kann Ihr iPad dann auch problemfrei ins Internet gelangen.

Persönlicher Hotspot

Wenn Sie ein iPad Wi-Fi + Cellular (also inkl. SIM-Karte) besitzen, dann können Sie die mobile Internetverbindung anderen Geräten zur Verfügung stellen. Dabei kann die Verbindungsaufnahme über WLAN, USB oder Bluetooth stattfinden.

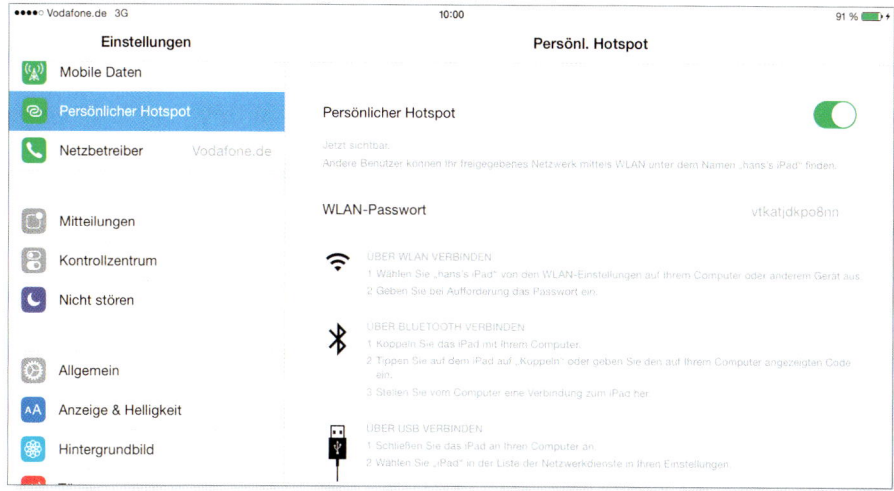

Das iPad stellt seine mobile Internetverbindung zur Verfügung.

Im einfachsten Fall sollten Sie WLAN verwenden. Das iPad hat bereits ein Passwort vorbereitet, das Sie aber Ihren Bedürfnissen entsprechend ändern können. An einem anderen Gerät sollte sich Ihr iPad nun als WLAN-Hotspot melden. Der dabei eingeblendete Hotspot-Name ist der, den Sie dem iPad gegeben haben (*Einstellungen –> Allgemein –> Info –> Name*).

War die Eingabe des Passworts erfolgreich, sehen Sie am iPad oben einen blauen Balken, der Sie darauf aufmerksam macht, dass nun eine Verbindung besteht und jemand über Ihr iPad ins Internet gelangen kann. Die Kosten werden natürlich über Ihre SIM-Karte abgerechnet.

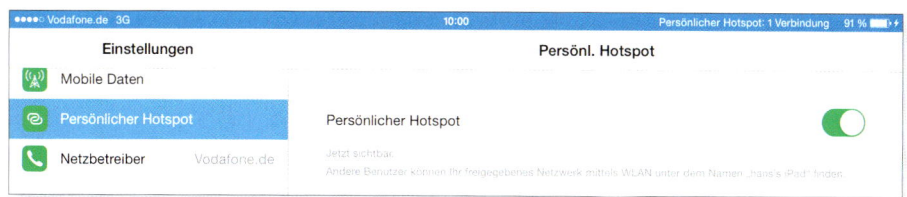

Der blaue Balken zeigt eine aktive Verbindung inklusive der Info darüber,
wie viele Geräte verbunden sind.

Sobald das andere Gerät Ihr WLAN verlässt bzw. Sie die Funktion *Persönlicher Hotspot* (siehe auch Seite 307) wieder ausschalten, wird die Verbindung getrennt.

Bluetooth

Bluetooth ist eine weitere sehr einfache Möglichkeit, um gewisse Gerätetypen drahtlos mit dem iPad in Verbindung zu bringen. Die Bluetooth-Konfigurationen finden Sie erneut in den *Einstellungen*. *Bluetooth* sollte standardmäßig aktiviert sein, wenn Sie sich des Öfteren mit Geräten über Bluetooth verbinden möchten. Ansonsten können Sie es auch ausschalten.

Andernfalls tippen Sie einmal auf den Schieberegler, um Bluetooth zu aktivieren.

Und sogleich wird Ihr iPad im Bereich *Andere Geräte* nach anderen Devices in seiner Reichweite suchen, die ebenfalls Bluetooth aktiviert haben. Dies kann z. B. eine Bluetooth-Tastatur, ein Bluetooth-Kopfhörer oder die Bluetooth-Anlage Ihres Autos sein. Unter *Meine Geräte* finden Sie eine Auflistung der in der Vergangenheit erfolgten Verbindungen.

 Bedenken Sie, dass Bluetooth Energie benötigt, das heißt, die Verwendung von Bluetooth-Verbindungen mit anderen Geräten kostet Ihrem iPad Akkulaufzeit. Deaktivieren Sie also bei Nichtverwendung Bluetooth, um die Akkulaufzeit zu erhöhen.

Kontrollzentrum

Ein sehr viel schnellerer Weg, um Bluetooth ein- und auszuschalten, ist das Kontrollzentrum. Dieses können Sie einblenden, wenn Sie vom unteren Displayrand einen Finger nach oben ziehen. Sie schieben praktisch das Kontrollzentrum damit heraus.

Das Kontrollzentrum enthält einen schnellen Zugriff auf die Bluetooth-Funktion.

Im Kontrollzentrum finden Sie neben dem *Flugmodus* ❶ und dem *WLAN* ❷ auch das *Bluetooth*-Symbol ❸. Ein Fingertipp darauf aktiviert bzw. deaktiviert die jeweilige Funktion.

Das Kontrollzentrum ist also eine einfache und elegante Möglichkeit, Funktionen rasch aufrufen zu können. Dazu gehören weiterhin die *Nicht stören-* ❹ bzw. die *Rotationssperre* ❺ bzw. *Ton aus* und *Rotationsperre* beim iPad Air 2. Selbst *AirDrop* und *AirPlay* ❻ sind schnell zur Verfügung. Beide dienen dem Datenaustausch und werden in Kapitel 9 genauer erläutert. Über ❼ können Sie die Lautstärke steuern. Um wichtige Apps wie *Uhr* ❽ oder *Kamera* ❾ zu starten, tippen Sie das jeweilige Icon an. Und schlussendlich via ❿ kann die Displayhelligkeit geregelt werden. Mit ⓫ haben Sie Zugriff auf den Musikplayer im iPad.

Das Kontrollzentrum kann jederzeit und überall aufgerufen werden. Möchten Sie das ändern, gehen Sie zu *Einstellungen –> Kontrollzentrum*. Alle Funktionen des Kontrollzentrums werden in Kapitel 3 ab Seite 80 besprochen.

Sicher ist sicher: Touch ID & Code-Sperre

Sie möchten sicher nicht, dass sich Unberechtigte an Ihrem iPad zu schaffen machen. Sofern Sie die Code-Sperre nicht schon im Rahmen der ersten iPad-

Starts aktiviert haben, können Sie diese nachträglich auch in den *Einstellungen* –> *Code* bzw. *Touch ID & Code* (iPad Air 2 und iPad mini 3) aktivieren.

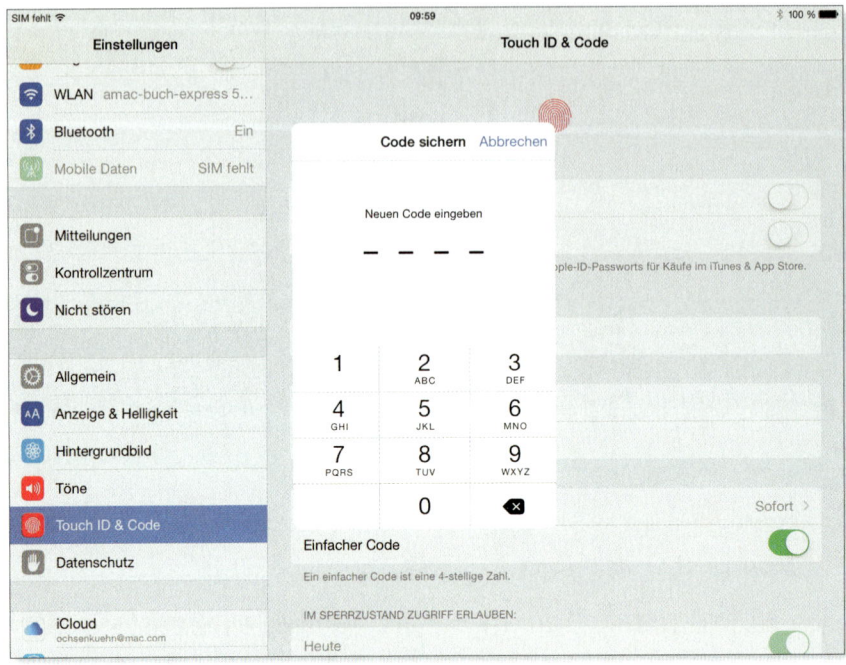

Eine Code-Sperre verhindert unautorisierten Zugriff auf Ihr iPad.

Sie sehen dort auch den Schieberegler *Einfacher Code*. Ein einfacher Code besteht aus einer vierstelligen Ziffernkombination. Sofern Sie *Einfacher Code* deaktivieren, können Sie eine beliebige Text- und Zahlenkombination hinterlegen. Vergessen Sie zudem nicht, bei *Code anfordern* ein Zeitintervall einzutragen, damit Sie nicht bei jeder kurzen Unterbrechung erneut den Code eingeben müssen.

 Die Code-Sperre ist auch wichtig, wenn Sie einen iCloud-Schlüsselbund verwenden, der eventuell Ihre Passwörter und Kreditkarteninformationen enthält. Mit der Sperre können Sie verhindern, dass fremde Personen Einblick in Ihre sensiblen Daten erhalten (siehe Kapitel 5 ab Seite 158).

Das Einrichten von Touch ID finden Sie ausführlich in Kapitel 10 ab Seite 354 beschrieben.

Ausschalten versus Ruhezustand

Wir haben nun die wichtigsten Einstellungen Ihres neuen iPad vorgenommen. Eine kleine Pause wäre nun angebracht. Wie aber soll das Gerät in den Pause-Modus gebracht werden? Nun, wir verwenden dazu den Stand-by-Schalter, den Sie im Hochformat am rechten oberen Geräterand finden. Wenn Sie diesen kurz drücken, wird Ihr Gerät in den Ruhemodus fallen. Es ist somit quasi eingeschaltet und jederzeit wieder in Bereitschaft. Durch einmaliges Drücken auf die Home-Taste wird Ihr Gerät aufwachen.

Nach dem Entsperren ist Ihr Gerät wieder betriebsbereit.

 An dieser Stelle schon einmal ein hilfreicher Hinweis: Ganz rechts unten im Eck sehen Sie im Sperrbildschirm ein kleines Kamerasymbol. Wenn Sie das nach oben wegschieben, kommen Sie sehr schnell und einfach zur Kamera-App.

Logischerweise wird Ihr iPad in diesem Ruhezustand weiterhin Energie benötigen. Für längere Pausen drücken Sie etwa zwei Sekunden den Stand-by-Schalter und ziehen den Schalter *Ausschalten* von links nach rechts.

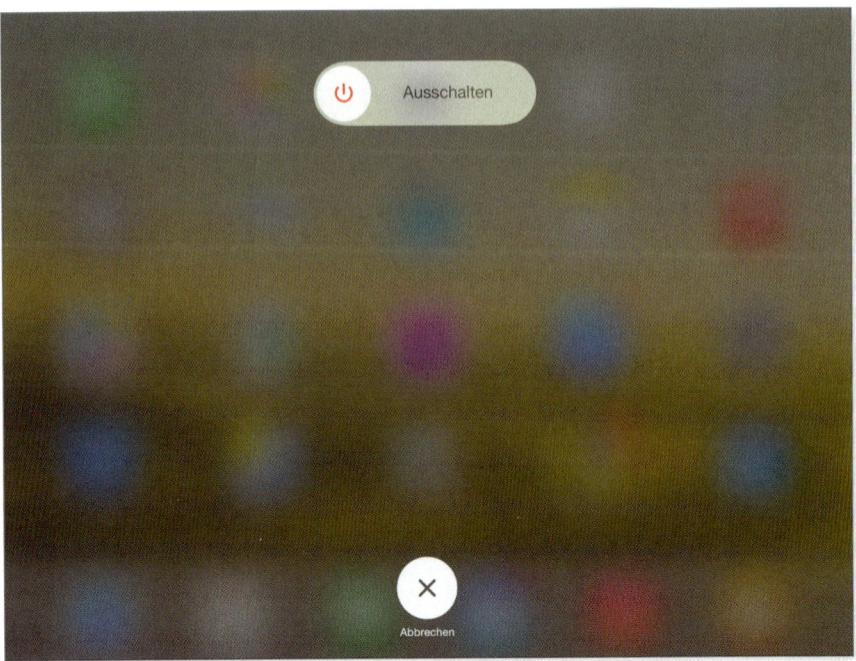

Via „Ausschalten" wird Ihr iPad komplett ausgeschaltet.

Haben Sie es sich anders überlegt, so tippen Sie entweder auf das X an der Unterseite des Bildschirms. Oder Sie warten ein paar Sekunden. Wenn Sie nichts tun, verschwindet der Hinweis von alleine.

Wenn Sie das iPad ausgeschaltet haben, müssen Sie anschließend das Betriebssystem wieder starten, um Ihr iPad einsatzbereit zu machen. Dazu betätigen Sie wieder etwa zwei Sekunden den Stand-by-Schalter. Das Apfel-Logo erscheint, und Ihr iPad startet. Sie sehen also, dass das Versetzen in den Ruhezustand das iPad deutlich schneller reaktiviert. Sie sollten deshalb das Ausschalten nur dann verwenden, wenn Sie das iPad ganz sicher längere Zeit nicht verwenden, aber das wird kaum vorkommen. Das heißt, der Ruhezustand ist die erste Wahl.

Die wichtigsten Bedienungsfeatures in aller Kürze

Die Tasten des iPads

Der große Vorteil des iPad ist es, dass es nur sehr wenige Bedienungsfunktionen an der Außenseite des Geräts gibt. Und diese werden wir uns nun kurz ansehen. Das Auffälligste ist die Home-Taste, die sich unter dem Display befindet, wenn Sie das Gerät im Hochformat halten. Über die Home-Taste wird das Gerät aktiviert, und Sie bekommen eine Reihe von Funktionen:

- Befindet sich Ihr Gerät im Ruhezustand, bringt ein einmaliges Tippen auf die Home-Taste es aus dem Ruhezustand. Über *Entsperren* und nach der Code-Eingabe steht das Gerät wieder zum Zugriff bereit.
- Wenn Sie nun Ihren Bildschirm mit den verschiedenen Apps sehen, bringt Sie ein einmaliges Drücken auf die Home-Taste zum ersten Screen.
- Das Doppelklicken der Home-Taste bringt das Multitasking zum Vorschein.

Die Multitasking-Anzeige zeigt alle aktuell gestarteten Programme. Gleich darüber haben Sie Ihre wichtigsten Kontakte im Zugriff. Möchten Sie die Kontakte nicht in der Multitaskingleiste haben, so können Sie die via „Einstellungen –> Mail, Kontakte, Kalender" im Bereich „Kontakte" bei „Im App-Umschalter" deaktivieren.

Jedes Programm (App), das Sie auf dem iPad starten, wird in die Multitasking-Anzeige gelegt, denn viele Apps können im Hintergrund etwas für Sie tun. Das E-Mail-Programm z. B. kann im Hintergrund für Sie E-Mails abholen. Das Programm *Erinnerungen* kann Sie im Hintergrund an wichtige Erledigungen erinnern und so weiter. Bisweilen kann es aber sein, dass Sie die Programme, die sich in der Multitasking-Leiste befinden, von dort entfernen möchten. Dazu schieben Sie die Anzeige der App nach oben. Mit etwas Übung können Sie sogar mit drei Fingern gleichzeitig drei Apps auf einmal beenden.

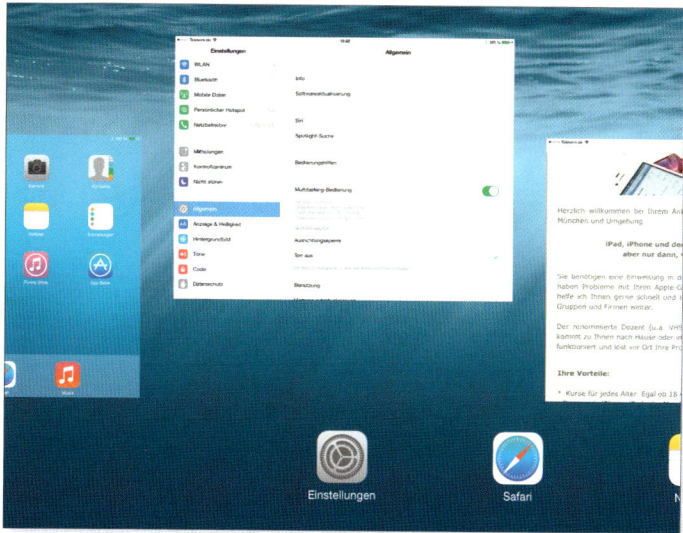

Durch Verschieben des App-Fensters aus der Multitasking-Anzeige wird die App beendet.

Damit läuft das Programm quasi nicht mehr im Hintergrund. Wenn Sie das Programm über den Bildschirm aufrufen, wird es sich dennoch wieder dort präsentieren, wo Sie es zuletzt geschlossen hatten, nur dass eben in der Zwischenzeit keine Funktionen ausgeführt werden konnten.

So viel zu den Funktionen der Home-Taste. Sie sehen, die Home-Taste ist auf der Vorderseite des Geräts der einzige Button, der zur Verfügung steht. Aber es gibt noch einiges mehr.

Stand-by-Button

Laut-Leise-Schalter

Die Tasten des iPad Air 2 ...

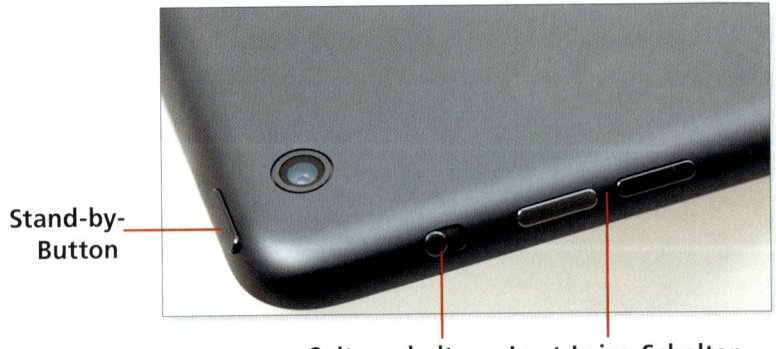

... und von allen anderen iPad-Modellen.

- *Stand-by-Button*: Über den Stand-by-Button können Sie das laufende Gerät durch kurzes Antippen in den Ruhezustand bringen, wie wir es bereits in Kapitel 1 besprochen haben. Längeres Drücken bringt das iPad dazu, Sie zu fragen, ob es ausgeschaltet werden soll. Das erneute Einschalten erfolgt wieder durch längeres Drücken auf den Stand-by-Button.
- *Laut-Leise-Schalter*: Völlig richtig, über die Laut-Leise-Schalter können Sie die Lautsprecherausgabe Ihres iPad steuern. Dabei können Sie durch Antippen die Lautstärke jeweils um ein Pünktchen erhöhen oder verringern. Noch besser ist es, wenn Sie mit dem Finger länger auf einem dieser Schalter bleiben, dann wird komplett stumm bzw. auf volle Lautstärke geschaltet.
- *Seitenschalter* (nicht iPad Air 2): Der Schalter oberhalb der Lautstärke-Schalter kann zwei Funktionen annehmen, je nachdem, welche Eigenschaft Sie definiert haben. Standardmäßig schaltet er die Lautstärke auf stumm, was Sie auch an einem Icon auf Ihrem Bildschirm sehen.

Das durchgestrichene Glockensymbol sagt Ihnen, dass Sie jetzt auf lautlos geschaltet haben.

Sie können diesen Schalter aber auch umprogrammieren. Wenn Sie in die *Einstellungen* gehen, finden Sie bei *Allgemein* den Eintrag *Seitenschalter.* Definieren Sie nun, ob dieser die Eigenschaft *Ton aus* oder *Ausrichtungssperre* haben soll.

Der Seitenschalter kann zwei verschiedene Funktionen haben.

! Sie haben übrigens die gerade nicht definierte Funktion im Kontrollzentrum verfügbar. Ist die Taste links also für **Ton aus** zuständig, dann wandert die Funktion **Ausrichtungssperre** in das Kontrollzentrum und umgekehrt.

! Da das iPad Air 2 keinen Seitenschalter mehr hat, müssen Sie die **Rotationssperre** und die Funktion **Ton aus** über das **Kontrollzentrum** einstellen. Dafür hat das iPad Air 2 zwei Extratasten im Kontrollzentrum.

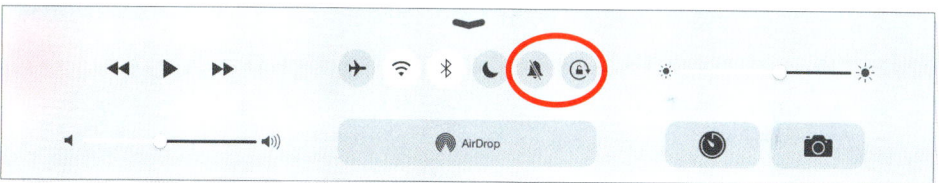

Das iPad Air 2 hat zwei spezielle Tasten im Kontrollzentrum (siehe Seite 31), die den Seitenschalter ersetzen.

iPad und Smart Cover bzw. Smart Case

Sofern Sie zum Schutz der Oberfläche des iPad ein Smart Cover oder Smart Case verwenden, hat dieses nicht nur eine mechanische Schutzfunktion für Ihr Display, sondern dieses Smart Cover kann zudem mit einer Funktion versehen werden. Wenn Sie das Smart Cover auf das iPad legen, kann dieses so in den Ruhezustand befördert werden.

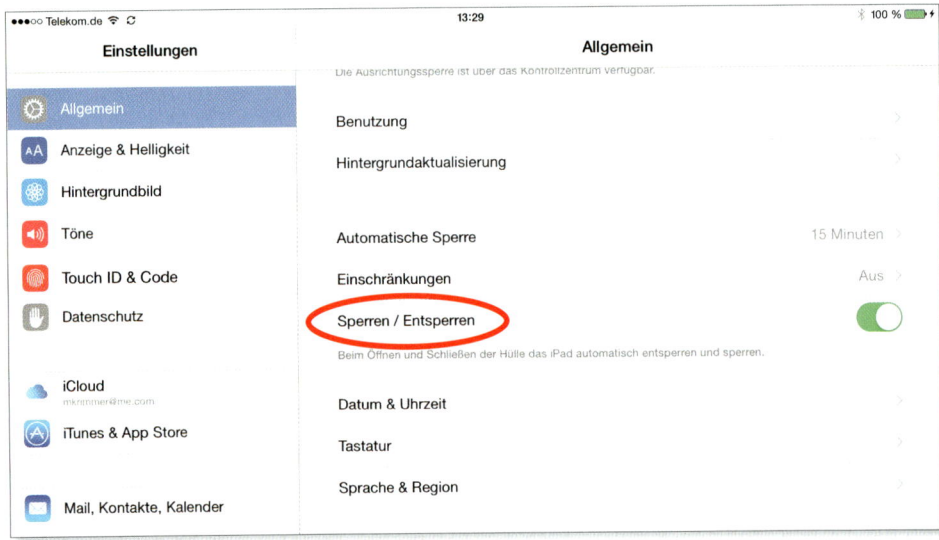

Die iPad-Hülle kann Ihr iPad automatisch in den Ruhezustand versetzen und es daraus erwachen lassen.

Sofern sich das Smart Cover auf Ihrem Gerät befindet, erscheint in den *Einstellungen* bei *Allgemein* dieser Eintrag.

 Sie können so das iPad entweder über das Smart Cover oder auch über den Stand-by-Button in den Ruhezustand bringen. Es gibt auch eine dritte Einstellung, die den Ruhezustand betrifft: Bei **Einstellungen –> Allgemein –> Automatische Sperre** können Sie eine Zeitperiode hinterlegen, nach der Ihr iPad automatisch in den Ruhezustand übergeht.

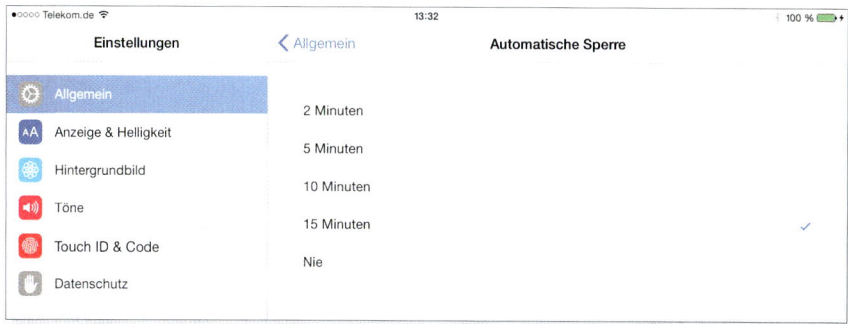

Die automatische Sperre definiert eine Zeitperiode, nach der das iPad den Ruhezustand automatisch aktiviert.

 Falls Sie für Ihr iPad Air 2 oder iPad mini 3 ein Smart Case oder ein Smart Cover verwenden und beim Öffnen das iPad entriegelt sein soll, müssen Sie folgende Einstellungen vornehmen. Die Option **Einstellungen –> Touch ID & Code –> iPad entsperren** müssen Sie ausschalten und zusätzlich bei **Code anfordern** ein Zeitintervall hinterlegen.

Alles ganz einfach: Gesten

Das iPad ist deshalb so einfach zu bedienen, weil jeder mit seinen Fingern in der Lage ist, das iPad, also diesen Computer, zu steuern. Es sind dazu keine komplexen Befehle oder anderen Dinge notwendig. Sie haben bereits erkannt, dass durch das Antippen eines Symbols ein Programm gestartet wird oder Einstellungen aufgerufen werden.

 Sie haben auch erkannt, dass durch das Antippen eines Schiebeschalters dieser zum Wechseln von An auf Aus imstande ist.

Links ist die Funktion ausgeschaltet, rechts eingeschaltet.

Sie haben bereits ganz intuitiv das Scrollen gelernt, indem Sie mit einem Finger auf dem Bildschirm nach oben oder unten wischen.

- *Scrollen*: In langen Listen oder auf Webseiten, die größer sind als eine Bildschirmseite, kommen Sie mit dem Scrollen an gerade nicht sichtbare Inhalte. Schieben Sie die sichtbaren Inhalte nach links, rechts, oben oder unten. Sofern es außerhalb noch etwas zu sehen gibt, werden Ihnen diese Bereiche angezeigt.

- *Vergrößern/Verkleinern*: Um Bildschirmausschnitte, beispielsweise bei Fotos oder Internetseiten, vergrößern zu können, legen Sie Daumen und Zeigefinger so auf den betreffenden Bildausschnitt, dass sich beide Finger berühren. Ziehen Sie die Finger dann auseinander, um eine Vergrößerung zu bekommen. Schieben Sie die Finger wieder zusammen, um zu verkleinern. Das geht stufenlos und ermöglicht eine sehr hohe Bandbreite an Zoomstufen.

Mit zwei Fingern lassen sich Bildschirminhalte stufenlos vergrößern oder verkleinern. Hier ein Foto, das mit dem iPad aufgenommen wurde.

- *Doppeltippen*: Nicht stufenlos, dafür aber sehr schnell, funktioniert eine weitere Art der Vergrößerung bzw. Verkleinerung: Tippen Sie mit einem Finger doppelt auf einen Bildschirmbereich, um eine sofortige Vergrößerung zu erreichen. Andersherum geht das dann natürlich auch. Zweimal tippen und schon wird es weniger detailliert, dafür aber übersichtlicher. Das Doppeltippen skaliert den Inhalt auf eine optimale Größe für das iPad-Display.

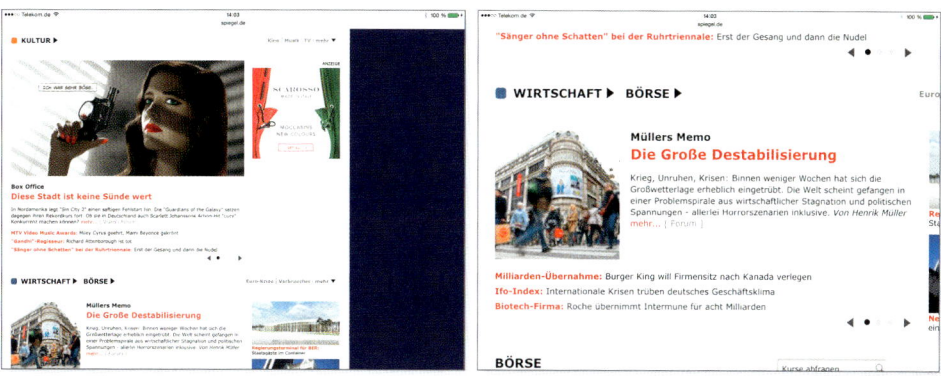

Gerade auf vollgepackten Webseiten wie der von SPIEGEL ONLINE kann beispielsweise ein Bild oder Textblock per Doppeltippen sehr schnell vergrößert werden.

> **!** In Apps wie Notizen oder Mail kann über einen Doppeltipp ein Wort markiert werden. Das funktioniert eben in allen Apps, in denen Sie mit Text arbeiten können.

Aber es gibt noch weitere Gesten, die Sie Ihrem iPad beibringen und nutzbringend einsetzen können. Gehen Sie dazu erneut zu *Einstellungen –> Allgemein* und aktivieren Sie dort die *Multitasking-Bedienung*.

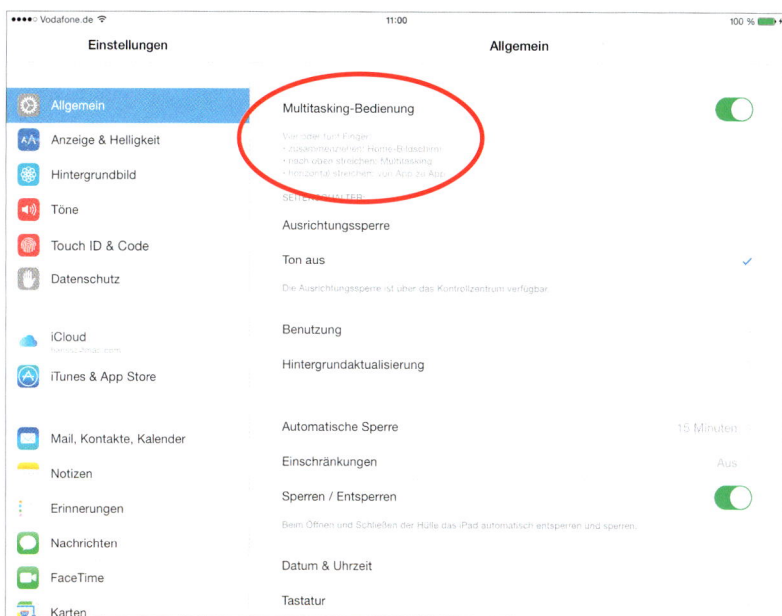

Über die Multitasking-Bedienung bekommen Sie weitere sehr nützliche Gesten.

Sie sehen es bereits an dem Hinweistext. Sie können durch die Verwendung von vier bzw. fünf Fingern eine Reihe weiterer Funktionen sehr schnell ausführen:

- Zum Beispiel das Aufrufen der Multitasking-Anzeige. Sie hatten dies vorher über ein doppeltes Antippen der Home-Taste erreicht, aber es geht nun noch schneller. Bewegen Sie einfach vier oder fünf Finger auf dem Bildschirm nach oben.
- Befinden Sie sich aktuell in einem Programm, wie in den Einstellungen oder Notizen, dann legen Sie fünf Finger auf den Bildschirm, ziehen Sie diese zusammen, um zum ersten Bildschirm zurückzukommen und das Programm temporär zu verlassen.
- Und zu guter Letzt, sollten mehrere Programme geöffnet sein, können Sie von einem Programm zum anderen wechseln, indem Sie mit vier Fingern auf Ihrem Bildschirm nach links oder rechts streichen.

Sie sehen, das iPad ist über die Multitasking-Gesten noch einmal deutlich leistungsfähiger und eleganter in der Bedienung geworden.

Die virtuelle Tastatur

Nun möchten Sie auf dem iPad auch Texte schreiben, z. B. E-Mails, Nachrichten oder auch Notizen, Erinnerungen etc. Dazu muss das iPad Ihnen eine Tastatur einblenden. Diese Tastatur werde ich Ihnen jetzt anhand des Programms *Notizen* näherbringen. Aktivieren Sie das Programm, indem Sie das Icon auf dem Home-Bildschirm antippen. Sogleich erscheint eine neue Notiz. Tippen Sie einmal auf diese Notiz, und wenige Augenblicke später wird von unten eine Tastatur in den Bildschirm hereingeschoben.

 Verwenden Sie das iPad im Querformat, dann sind die Tasten größer und etwas einfacher zu bedienen. Oder Sie koppeln eine externe Bluetooth-Tastatur mit Ihrem iPad.

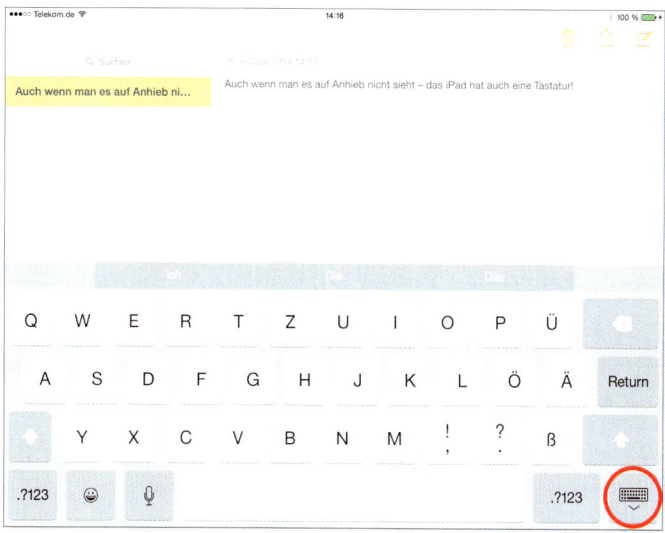

Die Tastatur im Querformat ist größer in der Darstellung und damit einfacher zu bedienen.

Sicher haben Sie in der rechten unteren Ecke das kleine Icon schon erkannt. Durch Antippen dieses Icons verschwindet die Tastatur wieder von Ihrem Bildschirm. Ein erneuter Fingertipp irgendwo auf den Notizzettel bringt die Tastatur wieder zum Vorschein. Außerdem können Sie das Icon dazu verwenden, die Tastatur vom unteren Rand des Bildschirms noch oben zu ziehen (*Abdocken*) und dabei in zwei Teile zu splitten (*Teilen*). Belassen Sie dazu den Finger auf der Tastatur und wählen Sie die gewünschte Funktion aus. *Andocken/Tastatur ins Dock* und *Zusammenführen* machen die Aktionen wieder rückgängig.

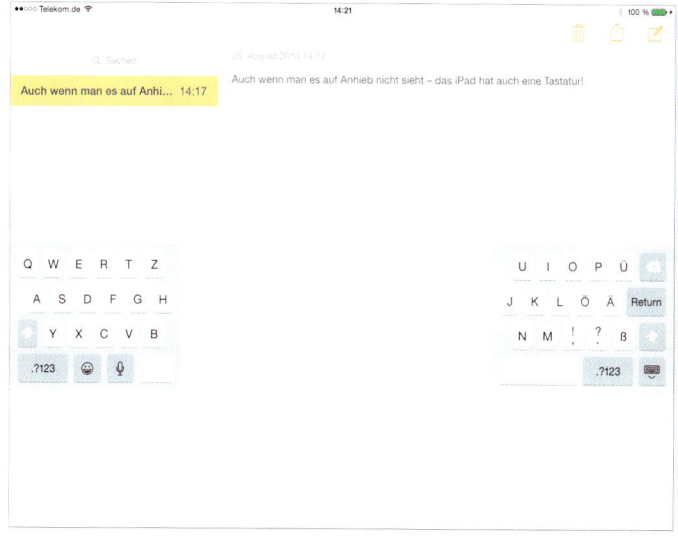

Die Tastatur kann auch geteilt und verschoben werden.

Wenn Sie bereits mit einem Computer gearbeitet haben, werden Sie auf den ersten Blick erkennen, dass es an dieser Tastatur einige Dinge gibt, die anders sind als an einer regulären Computertastatur. Wollen wir uns zunächst die wichtigsten Funktionen ansehen, denn Sie werden gleich erkennen, dass eigentlich alles vorhanden ist. Man muss einfach nur wissen, wo sich diese Features befinden.

- *Umlaute:* Möglicherweise hat Ihr iPad bereits die deutsche Tastatur inklusive der Umlaute in der Darstellung. Sollte das nicht der Fall sein, können diese ganz einfach permanent in der Tastatur eingeblendet werden. Gehen Sie dazu in den *Einstellungen* über *Allgemein* zu *Tastatur*, wählen Sie dort den Begriff *Tastaturen* aus und entscheiden Sie sich für die Tastatur *Deutsch* anstatt der Standardeinstellung *QWERTZ*.

Bei der Verwendung der Tastaturbelegung „Deutsch" statt „QWERTZ" bekommen Sie deutsche Umlaute permanent in der Tastatur eingeblendet.

- *Ziffern und Sonderzeichen:* Möglicherweise haben Sie in der linken unteren Ecke der Tastatur schon die Taste .?123 gesehen. Wenn Sie darauf tippen, bekommen Sie ein anderes Tastaturlayout, auf dem Sie Ziffern und wichtige Sonderzeichen sehen. Über die Taste #+= kommen weitere Sonderzeichen zum Vorschein. Über das Tippen auf die Taste ABC gelangen Sie wieder zur Grunddarstellung der Tastatur.
- *Cursortasten:* Ja, Sie haben es richtig erkannt, auch die anderen Tastaturlayouts verfügen über keine Cursor- bzw. Positionierungstasten. Das regeln Sie auch ganz einfach mit dem Finger. Lassen Sie den Finger etwa eine Sekunde auf einer bestimmten Textstelle, erscheinen eine Lupe und ein senkrechter Eingabecursor, mit dem Sie nun ganz exakt an die gewünschte Stelle navigieren können.

Ihr Finger ersetzt nun die Cursortaste.

- *Backspace-Taste:* Um Text wieder zu löschen, finden Sie auf der Tastatur die Backspace-Taste  ganz rechts oben auf dem Tastaturblock. Mit dieser Taste können Sie Text von rechts nach links wieder löschen. Durch Verwenden Ihres Fingers, wie gerade gesehen, können Sie den Cursor an eine beliebige Stelle setzen und von dort mit der Backspace-Taste den Löschvorgang einleiten.
- *Caps-Lock:* Wenn Sie permanent großschreiben wollen, ist das Verwenden der Shift-Taste etwas mühselig. Sie kennen vielleicht von herkömmlichen Computertastaturen die Caps-Lock-Taste. Auch diese Funktion können Sie am iPad verwenden. Tippen Sie dazu einfach doppelt auf die Shift-Taste.

Doppeltes Tippen auf die Shift-Taste lässt diese zur Caps-Lock-Taste werden. Tippen Sie erneut einmal auf die jetzt dunkel dargestellte sogenannte Caps-Lock-Taste, um den Caps-Lock-Modus wieder zu verlassen.

Textvorschläge sinnvoll nutzen

Weiter oben bei der Einführung zur Tastatur des iPad haben Sie es vermutlich schon gesehen und vielleicht auch schon beim Schreiben selbst bemerkt: iOS 8 bietet Ihnen ständig Texte an, die Sie gerade zu schreiben im Begriff waren. Schreiben Sie z. B. „Antw", so schließt iOS 8 daraus, dass eine hohe Wahrscheinlichkeit besteht, dass Sie „Antwort" oder „Antrag" schreiben möchten.

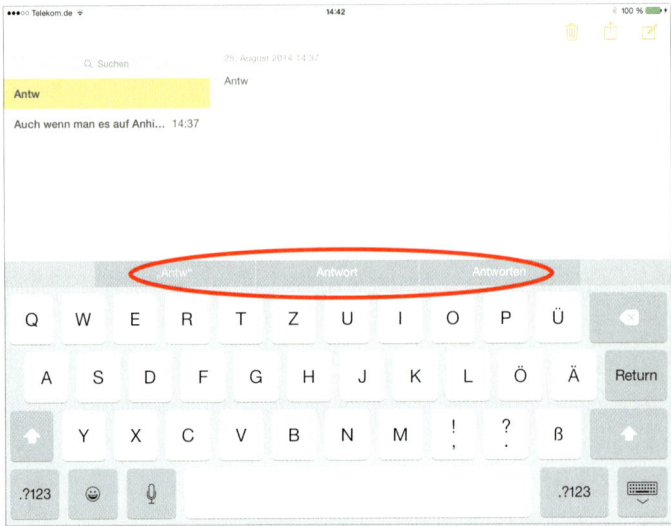

Die Vorschlagfunktion von iOS 8 interpretiert Ihre Texte und versucht, die nächsten Worte zu erkennen.

Wenn einer der Vorschläge zutrifft, müssen Sie das Wort nicht weiterschreiben. Tippen Sie dann einfach auf einen der Vorschläge, und das Wort wird eingefügt. Möchten Sie das Wort in der aktuellen Schreibweise behalten, tippen Sie links in das Feld mit den beiden Anführungszeichen oder tippen Sie auf die Leertaste. Sie können aber auch einfach weiterschreiben.

Wird Ihnen ein Textvorschlag blau angezeigt (was häufig bei Tippfehlern der Fall ist), dann müssen Sie nicht einmal drauftippen. Betätigen Sie dann lediglich die Leertaste, und dieser Vorschlag wird eingefügt.

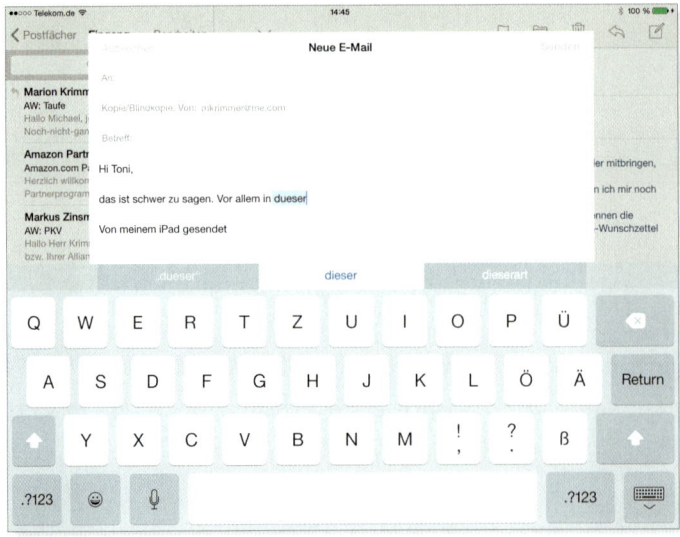

 Waren die Textkorrekturen in den bisherigen iOS-Versionen oft ein Grund zum Ärgern und keine Hilfe, so sind die Vorschläge in iOS 8 meistens zutreffend. Daher sollten Sie dieser neuen Funktion auch dann eine Chance geben, wenn Sie an sich genug haben von Korrekturfunktionen am iPad.

Vorschläge deaktivieren

Um die Vorschläge zu deaktivieren und die entsprechende Leiste über der Tastatur zu deaktivieren, haben Sie drei Möglichkeiten:

1. Legen Sie den Finger an die Oberseite der Vorschlagsleiste und schieben Sie sie nach unten weg.

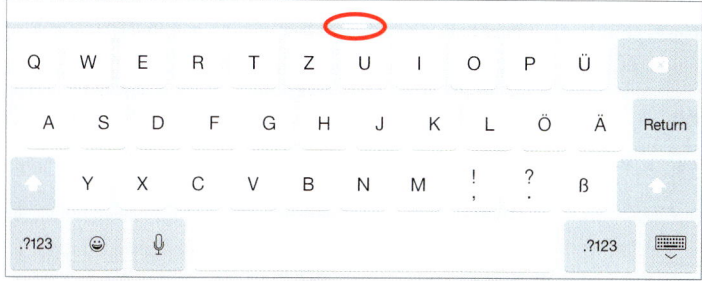

2. Tippen Sie auf die Taste mit dem Smiley zwischen der *.?123*-Taste und dem Mikrofonsymbol und belassen Sie den Finger auf dem Display. Daraufhin erscheint die Auswahl der verfügbaren Tastaturen. Zusätzlich gibt es einen Eintrag *Vorschläge*, den Sie über den Schalter deaktivieren können.

3. Und zuletzt finden Sie die entsprechende Option auch in den *Einstellungen –> Allgemein –> Tastaturen*. Deaktivieren Sie hier den Punkt *Vorschläge: ein*.

Bleiben wir gleich in diesem Menü der Einstellungen. Hier gibt es noch weitere sinnvolle Funktionen.

- „.“- *Kurzbefehl:* Das ist eine sehr nützliche Funktion. Wenn Sie z. B. im Programm *Notizen* zweimal schnell hintereinander die Leertaste verwenden, wird ein Punkt geschrieben und danach sogleich ein Leerschritt eingetragen. Sie sollten das einmal ausprobieren, denn das spart enorm viel Zeit und ist sehr nützlich.

- *Kurzbefehle:* Möchten Sie das Tippen weiter beschleunigen, könnten die Kurzbefehle für Sie sehr interessant sein. Diese finden Sie wiederum bei *Einstellungen –> Allgemein –> Tastatur.* Einige Kurzbefehle sind bereits hinterlegt: Mit der Buchstabenkombination *vlg* erscheint der Text *auf dem Weg.* Tippen Sie auf das + rechts oben, um einen weiteren Kurzbefehl zu definieren, wie z. B. *mgbd* – ausgeschrieben *Mach's gut und bis dann.* So können Sie in Zukunft überall, wo eine Tastatur eingeblendet wird, durch die Eingabe des Kürzels den vollständigen Text zum Vorschein bringen. Das ist beim Schreiben von E-Mails oder auch von Nachrichten eine sehr zeitsparende Funktion.

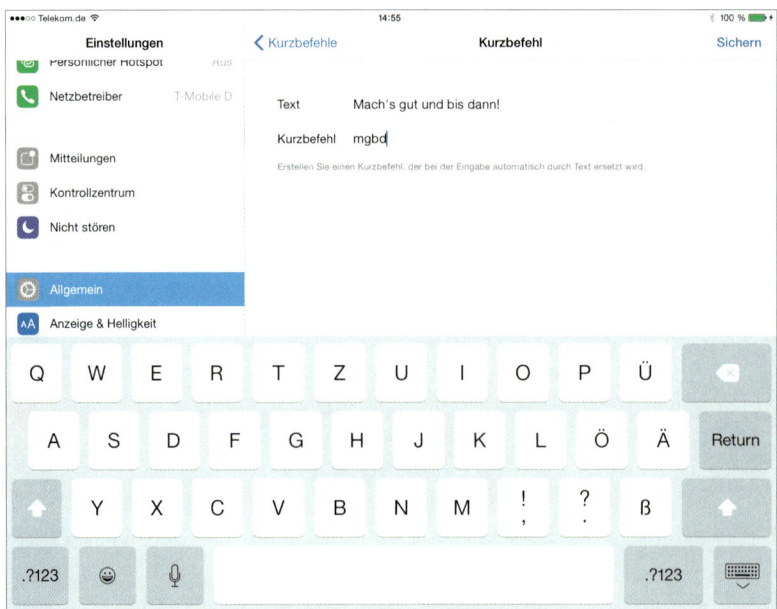

Ein Kurzbefehl kann Zeit sparen.

Um den Kurzbefehl in einem Dokument zu verwenden, tippen Sie das Kürzel ein, gefolgt von einem Leerschritt, und sogleich wird der belegte Langtext eingesetzt.

- *Weitere Sonderzeichen:* Wenn Sie noch immer nicht alle Zeichen auf Ihren Tastaturlayouts finden, dann kann es daran liegen, dass einige Zeichen sich hinter anderen verstecken, wie z. B. das *á*. Sie erreichen dieses, indem Sie etwa eine Sekunde lang auf den Buchstaben *A* tippen – daraufhin werden weitere Variationen dieses Buchstabens abhängig vom Tastaturlayout dargestellt.

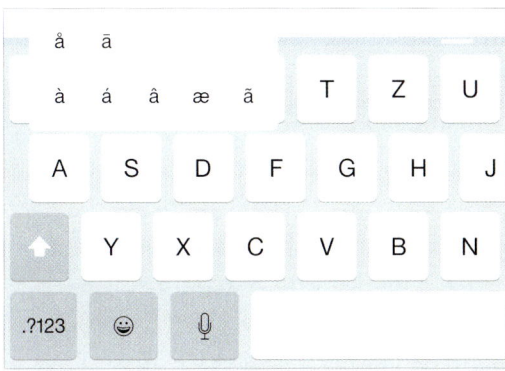

Sie sehen also beim Buchstaben „A", dass dort verschiedene Schreibweisen mit Akzenten zugänglich sind.

- *Schnelles Aufrufen von Sonderzeichen:* Angenommen, Sie wollen eine E-Mail-Adresse schreiben. Dazu benötigen Sie von einem anderen Tastaturlayout das @-Zeichen. Sie würden also auf die Taste .?123 tippen, um dort das @-Zeichen zu erreichen, und danach über ABC wieder auf das reguläre Tastaturlayout zurückwechseln. Das können Sie beschleunigen. Wenn Sie das @-Zeichen benötigen und das reguläre Tastaturlayout vor sich haben, tippen Sie auf die Taste .?123 und bleiben mit dem Finger auf dem Bildschirm. Bewegen Sie nun den Finger auf dem Bildschirm zum @-Zeichen und nehmen Sie dort den Finger vom Bildschirm. Daraufhin erscheint das @-Zeichen, und das iPad kehrt automatisch wieder zur vorherigen Tastaturbelegung zurück.
- *Emoji:* Möchten Sie es noch etwas aufwendiger und interessanter gestalten? Dann gibt es die Möglichkeit, Bildsymbole im Text zu verwenden. Sofern Sie das lachende Gesicht zwischen den Tasten *.?123* und dem Mikrofon nicht sehen, gehen Sie zu den *Einstellungen –> Allgemein –> Tastatur –> Tastaturen*. Tippen Sie auf *Tastatur hinzufügen* und wählen Sie etwas weiter unten in der Liste den Eintrag *Emoji-Symbole* aus.

Neben der „deutschen Tastatur" ist nun auch die „Emoji-Tastatur" verfügbar.

Um auf diese Spezialzeichen zurückgreifen zu können, tippen Sie auf das Emoji-Symbol rechts neben der .?123 -Taste.

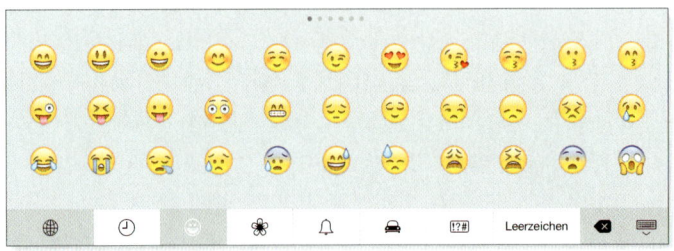

Über die Emoji-Symbole haben Sie Zugriff auf viele lustige Icons, die Sie als Text-Icons in Ihren Text, z. B. in E-Mails, Nachrichten etc., einsetzen können.

Und Sie wissen ja, ein Bild sagt meist mehr als tausend Worte. :-) Übrigens: Über ein erneutes Antippen des Weltkugelsymbols gelangen Sie zur ursprünglichen deutschen Tastatur zurück.

> **!** Wenn Sie weitere Tastaturen hinzufügen, werden diese allesamt über das Weltkugelsymbol verfügbar sein. Das heißt, jedes Tippen auf das **Weltkugelsymbol** auf der Tastatur bringt Sie zur nächsten aktivierten Tastatur. Um eine Tastatur wieder zu entfernen, gehen Sie in den **Einstellungen** bei **Allgemein** zu **Tastatur –> Tastaturen** und wählen **Bearbeiten**. Durch das Antippen des Minussymbols können Sie ein Tastaturlayout wieder entfernen.

Eine Tastatur kann natürlich auch wieder entfernt werden.

Bluetooth-Tastatur

Per Bluetooth lässt sich sehr einfach eine externe Tastatur mit dem iPad verbinden. Wer mit der Softwaretastatur nicht so recht klarkommt, kann so das Problem lösen und mit einer „richtigen" Tastatur schreiben.

Besonders sinnvoll ist, dass Sie mit der kabellosen Apple-Tastatur eine Reihe von hilfreichen Funktionen in Zusammenarbeit mit dem iPad bekommen:

- Die *CD-Auswurftaste* blendet die Tastatur ein und aus.
- *F10* stellt den Ton ab, mit *F11* verringern Sie die Lautstärke, mit *F12* erhöhen Sie sie.
- *F1* und *F2* machen das Display dunkler beziehungsweise heller.
- Besonders dann gut, wenn Sie am iPad Musik hören: *F8* steht für Play und Pause, Drücken Sie zweimal *F7*, rufen Sie darüber den Track davor (einmal Drücken springt zum Anfang des Liedes) und mit *F9* rufen Sie den Titel danach auf. Wenn Sie *F7* oder *F9* gedrückt halten, spulen Sie schnell zurück oder nach vorne.
- Ebenso ist die *Tabulatortaste* verfügbar: Damit springen Sie beim Erstellen einer neuen E-Mail der Reihe nach die einzelnen Eingabefelder an. Beim Ausfüllen eines Webformulars gelangen Sie damit ebenfalls zum jeweils nächsten Feld. In reinen Textfeldern erstellen Sie damit einen Einzug.
- Die *Cursortasten* können verwendet werden, um die Einfügemarke zu verschieben. Wird zusätzlich die Shift-Taste gedrückt gehalten, wird der Text zeichenweise, bei Navigation nach oben oder unten zeilenweise markiert.

Das Multitasking-Menü

Jede App, die Sie starten und danach mit der Home-Taste wieder in den Hintergrund bringen, wandert in das Multitasking-Menü. Das hat den Vorteil, dass Sie häufig genutzte Apps sehr schnell wieder aktivieren können.

Wenn Sie später einmal viele Home-Bildschirme mit vielen Apps vollgepackt haben, ist das Multitasking-Menü ein guter Weg, um diese Apps in Sekundenschnelle wieder zu starten.

Um das Multitasking-Menü zu starten, tippen Sie zweimal auf die Home-Taste. Dabei ist es egal, ob Sie das Menü aus einer App heraus starten oder vom Home-Bildschirm aus. In beiden Fällen erscheint das Menü.

So sieht das Multitasking-Menü in iOS 8 aus.

Im mittleren Bereich ❶ werden Ihnen die Apps angezeigt, die gerade inaktiv sind. Die App, von der aus Sie die Multitasking-Leiste gestartet haben, befindet sich ganz links ❷. In unserem Fall war es der Home-Bildschirm. Hier könnte aber auch eine beliebige andere App zu sehen sein, wenn Sie von dort aus das Multitasking-Menü aufgerufen haben. Gleich unter den Vorschaubildern der einzelnen Apps werden die Icons angezeigt ❸. Das ist dann hilfreich, wenn man die App anhand des Vorschaubildchens nicht eindeutig identifizieren kann.

Und ganz oben finden Sie zum einen Ihre Favoriten und zum anderen einen Verlauf der Personen, mit denen Sie zuletzt in Kontakt standen ❹. Tippen Sie auf eine der Personen, um zu den Kontaktmöglichkeiten zu gelangen.

Zwischen Apps wechseln

Um zu einer der Apps zu wechseln, tippen Sie entweder auf das Vorschaubild im Bereich ❶ oder das Icon darunter ❸.

Apps beenden

An dieser Stelle haben Sie auch die Möglichkeit, eine App zu beenden. Tippen Sie dazu mit dem Finger auf das Vorschaubild der App und schieben Sie sie nach oben aus der Leiste heraus. Nehmen Sie während der Schiebebewegung den Finger vom Display, und die App fliegt raus.

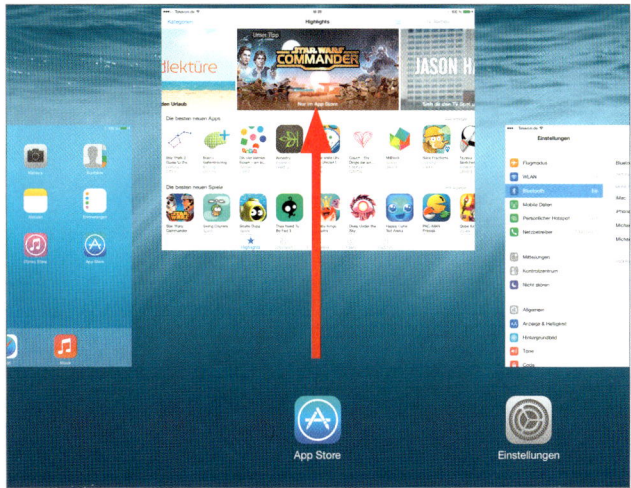

Apps lassen sich aus dem Multitasking-Menü heraus auch beenden. Sie können das mit bis zu drei Apps gleichzeitig tun.

> **!** Grundsätzlich ist es nicht nötig, dass Sie eine App beenden. Läuft sie im Hintergrund, verbraucht sie keine nennenswerten Systemressourcen und macht Ihr iPad damit auch nicht merklich langsamer. Aber mit der Zeit wird das Menü unübersichtlich, wenn sich sehr viele Apps darin befinden. Aus diesem Grund empfiehlt es sich, von Zeit zu Zeit aufzuräumen und die Apps zu entfernen, die Sie weniger oft benötigen.

Siri

Aber es kommt noch viel, viel besser. Sie haben bereits jetzt zahlreiche Möglichkeiten kennengelernt, wie Sie schnell und effizient mit dem iPad umgehen können, wie Sie Gesten verwenden, wie Sie Text eintippen etc. Mit Siri erreichen Sie eine völlig neue Bedienweise für Ihr iPad. Denn Siri ist in der Lage, für Sie Aufgaben auf dem iPad auszuführen, aber auch Texte für Sie auf dem iPad zu erfassen. Bevor wir uns das genauer ansehen, muss Siri aktiviert werden, sofern Sie das nicht bereits getan haben. Hierzu sind zwei Dinge notwendig.

In den Einstellungen *Allgemein* gibt es den Eintrag *Siri*. Achten Sie darauf, dass *Siri* aktiviert ist.

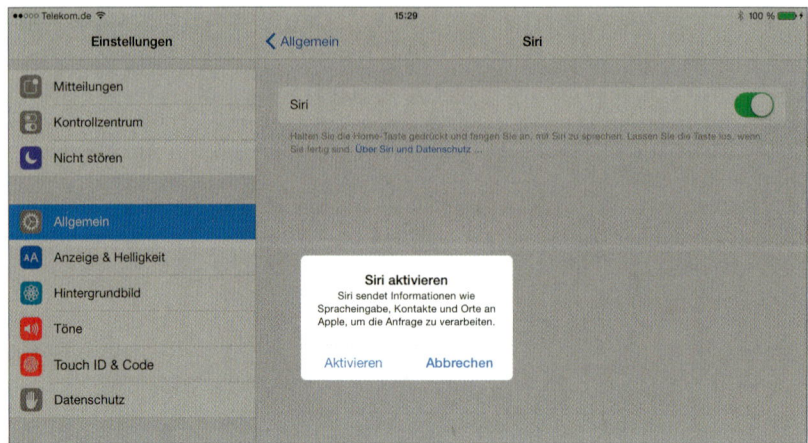

Siri wird aktiviert.

Um Siri verwenden zu können, müssen Sie eine Internetverbindung haben. Diese kann per WLAN, aber auch über 3G/LTE etabliert sein, denn Siri – und darauf weist Sie Apple im vorliegenden Bildschirm auch hin – sendet zunächst einmal Ihr Gesprochenes über das Internet zu Apple. Dort wird eine Übersetzung stattfinden, und zurück kommt der Befehl oder der Text, den Sie diktiert hatten.

Wenn Sie also mit dieser Vorgehensweise einverstanden sind, tippen Sie auf *Aktivieren*, um Siri zu verwenden. Entscheiden Sie weiterhin noch, ob Siri eine männliche oder weibliche Stimme haben soll (*Geschlecht*).

 Achten Sie nach der Aktivierung der Siri-Funktion auch darauf, dass Sie die deutsche Sprache eingeschaltet haben.

Sie wissen bereits, dass Siri zwei Arten von Funktionen für Sie erledigen kann. Siri führt Befehle aus und erfasst Texte für Sie. Haben Sie Siri aktiviert, erscheint nun, sofern Sie über eine Internetverbindung verfügen, ein Diktiersymbol im Tastaturlayout.

Das Mikrofon-Icon weist auf die Verfügbarkeit von Siri hin.

Ist Ihr Gerät nicht mit dem Internet verbunden, wird dieses Icon hellgrau dargestellt und ist inaktiv. So, und nun kann es auch schon losgehen. Tippen Sie auf das Diktiersymbol neben der Leertaste in Ihrer Tastatur und sprechen Sie den gewünschten Text. Dabei können Sie auch Satzeichen diktieren, wie z. B. Komma, Punkt, Ausrufezeichen, Doppelpunkt etc. Über „Neuer Absatz" wird eine neue Zeile bewirkt, und Sie werden staunen, wie zielsicher Siri den Text erkennt und auf Ihrem Notizzettel wiedergibt.

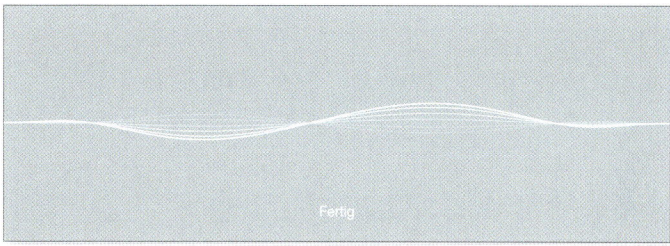

Siri im Einsatz

Wenn Sie Siri bereits von einer Vorversion von iOS 8 kennen, wird Ihnen gleich eine Neuerung auffallen: Siri wartet mit der Texterkennung nicht mehr, bis Sie zu Ende diktiert haben. In iOS 8 sehen Sie sofort, was Siri verstanden hat, weil der Text schon während des Diktierens eingetragen wird.

Um das Diktat zu beenden, tippen Sie auf *Fertig*. Es kann sein, dass Siri dann noch Veränderungen am Text vornimmt, weil sich durch das Ende eines Satzes der Zusammenhang ändern kann. Selbstverständlich können Sie diesen Text Ihren Bedürfnissen entsprechend modifizieren.

 Die Diktierfunktion ist in jeder App verfügbar, die auch die Tastatur aufrufen kann. Das heißt, in Programmen wie **Mail**, **Notizen**, **Erinnerungen**, **Kalender**, **Safari** etc. können Sie die Diktierfunktion von Siri gewinnbringend für sich nutzen. Und Sie sollten es tun, denn Siri erspart Ihnen enorm viel Zeit.

Sonderfunktionen im Diktat

Normalen Text zu diktieren, ist einfach: Sie sprechen das Wort aus, und Siri schreibt es. Satzeichen werden einfach ausgesprochen: „Punkt", „Komma", „Ausrufezeichen", „Fragezeichen". Das alles versteht Siri.

Außerdem kann Siri auch noch die folgenden Wörter in das entsprechende Zeichen umwandeln:

- Bindestrich
- Gedankenstrich
- Doppelpunkt
- Semikolon
- Klammer auf/Klammer zu
- Eckige Klammer auf/eckige Klammer zu
- Apostroph
- Einschaltungszeichen
- Kaufmännisches Und
- Sternchen
- Klammeraffe/At-Zeichen
- Urheberrechtssymbol

- Gradzeichen
- Dollarzeichen
- Eurosymbol
- Pfundsymbol
- Prozentzeichen
- Eingetragene Marke
- Paragrafzeichen
- Markensymbol
- Pluszeichen
- Minuszeichen
- Zitatanfang/Zitatende
- Nummernzeichen

> **!** Fordern Sie Siri einfach mal. Selbst Dinge wie dreihundertachtundsechzigtausend Euro und vierzehn Cent kann Siri korrekt interpretieren.

Und ganz wichtig: Auch die Aufforderungen „Neue Zeile" und „Neuer Absatz" funktionieren einwandfrei. So lassen sich auch umfangreiche Texte gut diktieren.

Aber damit nicht genug. Siri kann auch Funktionen für Sie aufrufen, wie z. B. das Starten von Apps. Wie geht das? Ganz einfach. Drücken Sie etwa zwei Sekunden auf die Home-Taste.

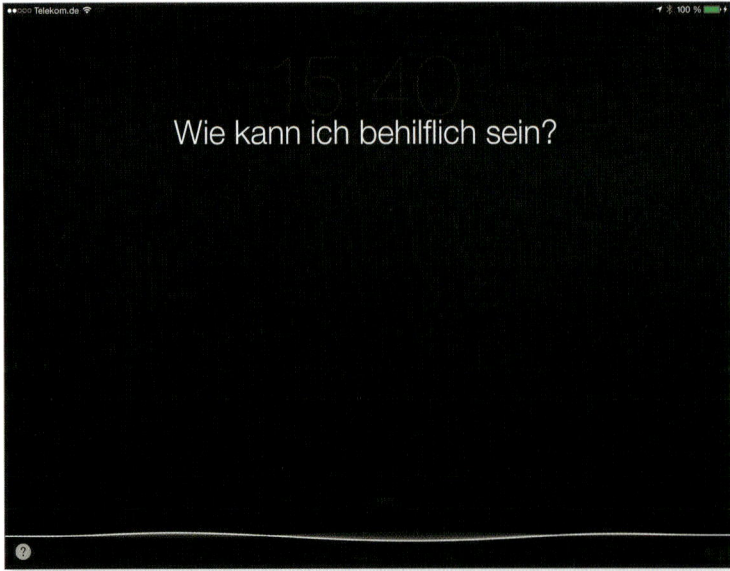

Längeres Drücken der Home-Taste bringt Siri zum Vorschein.

Sagen Sie nun z. B. „Öffne Notizen". Machen Sie danach eine kurze Pause oder drücken Sie auf die dargestellte Klangkurve im unteren Teil des Displays, wird dieser Befehl ausgeführt und das entsprechende Programm gestartet. Faszinierend, oder? Probieren Sie es ruhig ein wenig aus. Sie werden erstaunt sein, wie enorm leistungsfähig bereits die Funktion *Öffnen* ist.

 Statt **Öffnen** können Sie auch **Starte** sagen.

Und nun kann das Ganze auch noch kombiniert werden. Das heißt, Befehl und Inhalt können gemeinsam an Siri übergeben werden. Probieren Sie es doch einfach aus und fragen Sie Siri, wie das Wetter morgen in München sein wird.

Siri kann komplexe Fragestellungen erkennen und Antworten präsentieren.

Erstaunlich, wie exakt Siri erkennen kann, was der Befehl und was der Kontext Ihres Befehls ist. Damit Sie einen Überblick bekommen, was Siri alles für Sie tun kann, sollten Sie auf das ? links unten tippen, das erscheint, sobald Sie Siri aufrufen. Dort sehen Sie eine ganze Reihe von Befehlen und Vorschlägen, was Sie mit Siri alles tun können.

Dabei ist der Funktionsumfang von Siri eine Softwareeigenschaft. Das heißt, über künftige Betriebssystemupdates Ihres iPad (iOS-Updates) werden sukzessive weitere Funktionen in Siri verfügbar. Doch bereits jetzt ist der Befehlsumfang enorm. Sicher haben Sie in der Liste schon bemerkt, dass, wenn Sie auf einen Eintrag tippen, er danach verschiedenste Varianten von Befehlen aufzeigt, die Sie aussprechen können.

Siri verfügt über eine ganze Reihe von Befehlen, die Sie verwenden können.

Probieren Sie das z. B. am Fall *Zeig mir den Weg nach Hause* aus, um dort verschiedenste Befehle zu Gesicht zu bekommen, die Sie im Rahmen der *Karten*-App verwenden können.

An der Stelle erleben Sie unter Umständen etwas besonders Interessantes. Siri hat eindeutig erkannt, welche Funktion Sie auslösen möchten. Doch eine nicht korrekte Einstellung an Ihrem iPad verhindert möglicherweise das Auffinden Ihres Standorts. Siri muss nämlich wissen, wo Sie sich befinden, um einen Weg nach Hause anzeigen zu können. Deshalb ist es notwendig, in den *Einstellungen* bei *Datenschutz* die *Ortungsdienste* zu aktivieren, bevor Siri einen Vorschlag wagt.

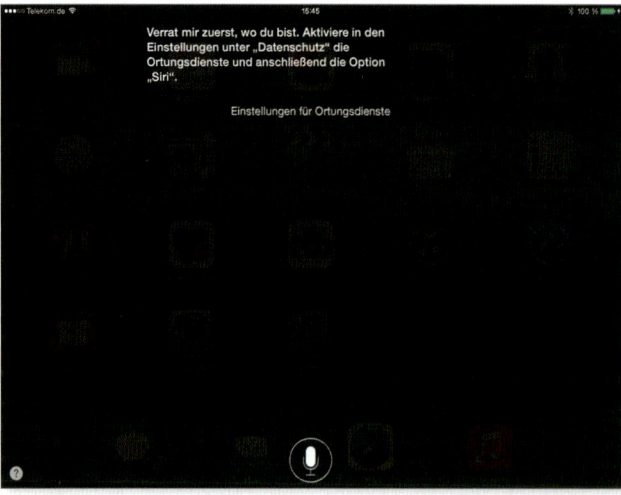

Damit Siri Ihren Standort bestimmen kann, müssen Sie die Ortungsdienste aktivieren.
Tippen Sie auf die Zeile ganz unten, um dorthin zu gelangen.

Sie beginnen zu verstehen, wie eng verzahnt die verschiedenen intelligenten Funktionen des iPad an dieser Stelle zusammenarbeiten, wie die Ortung mit Siri korrespondiert und dann im Programm *Karten* das Ergebnis ausspuckt. Um diese Funktion zu nutzen, sollten Sie neben der Aktivierung der *Ortungsdienste Siri* erlauben, die Ortungsdienste zu verwenden.

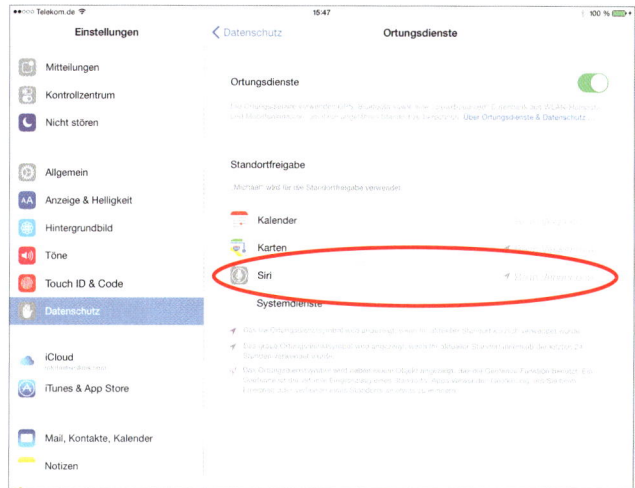

Achten Sie darauf, dass neben den Ortungsdiensten auch die Funktion „Siri" eingeschaltet ist. Damit erlauben Sie „Siri", die Ortungsdienste gewinnbringend für Sie einzusetzen.

Und auch das kann Siri. Fragen Sie Siri z. B. nach den Ergebnissen des letzten Bundesliga-Spieltags oder nach Informationen zu bekannten Fußballspielern.

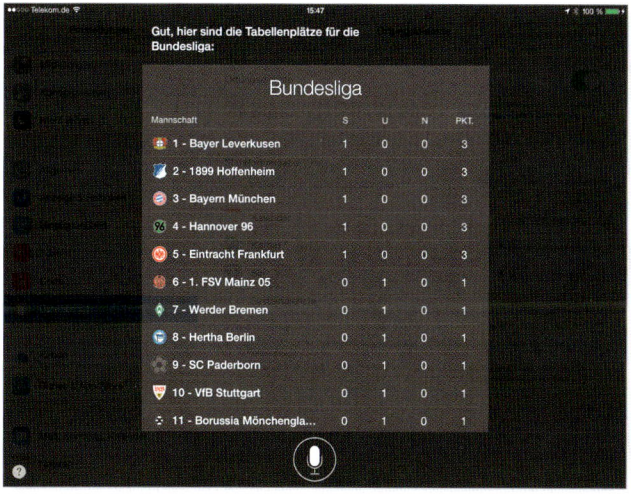

Sogar den aktuellen Stand der Bundesligatabelle kennt Siri.

Und Siri kann noch mehr. Probieren Sie beispielsweise folgende Funktionen einmal aus:

- „Wikipedia Schiller" ruft Wikipedia-Informationen zum Schriftsteller Friedrich Schiller auf.
- „Suche in Bing nach München" oder „Google München" oder „Yahoo-Suche München" rufen die Internetsuche nach München bei der jeweiligen Suchmaschine auf.
- Auch der Zugriff auf das Kontrollzentrum ist möglich: „Bluetooth ausschalten."
- „Maria Maier ist meine Frau" erzeugt in der *Kontakte*-App einen Eintrag, sodass Sie in Zukunft sagen können: „Sende meiner Frau eine Nachricht." Oder: „Trage für heute 19 Uhr einen Termin mit meiner Frau ein."

Sie sehen also, Siri ist eine sehr nützliche Eigenschaft auf Ihrem iPad, um an bestimmte Informationen zu gelangen, Befehle auszuführen oder schlichtweg Textinformationen zu diktieren. Besonders klasse ist natürlich das Zusammenspiel mit dem Programm *Karten*. Nachdem Ihr iPad über die Ortungsdienste weiß, wo Sie sich befinden, können Sie das Programm *Karten* auch als Navigationslösung einsetzen. Probieren Sie es einmal damit: „Zeige mir den schnellsten Weg nach Hamburg."

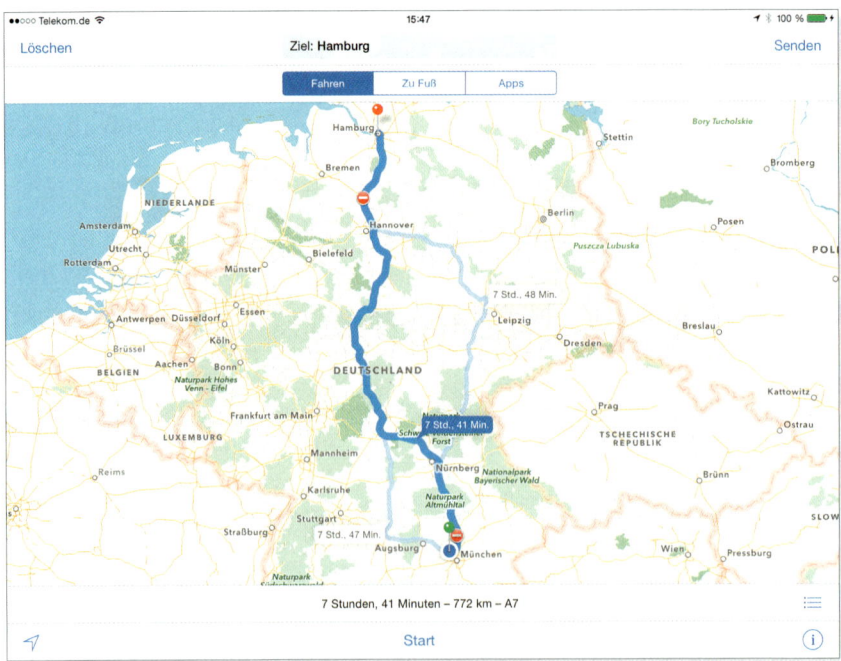

Siri überträgt die Aufgabe an das Programm „Karten", aktiviert die Ortungsdienste und schlägt Ihnen Routen vor.

Daraufhin wird das Programm *Karten* zu einer Navigationslösung, und das iPad wird Sie zielsicher nach Hamburg bringen.

Hey Siri!

In der Version 8 von iOS ist es nicht zwingend erforderlich, dass Sie die Home-Taste gedrückt halten, damit Siri mit Ihnen spricht. Sofern Ihr iPad am Stromnetz angeschlossen ist, hört es ständig darauf, ob Sie etwas benötigen. Sagen Sie einfach „Hey Siri" und schon können Sie loslegen, sofern es in den *Einstellungen* aktiviert ist.

Musik erkennen mit Siri und Shazam

Shazam ist ein Onlinedienst, mit dem sich Musik erkennen lässt, indem die App „zuhört" und dann das entsprechende Ergebnis liefert. Auf diese Funktion kann auch Siri zugreifen, indem Sie „Welches Lied läuft gerade?" fragen. Siri versteht die Frage sogar dann, wenn das Lied während der Frage schon im Hintergrund läuft. Daraufhin wird kurz zugehört und der Treffer präsentiert.

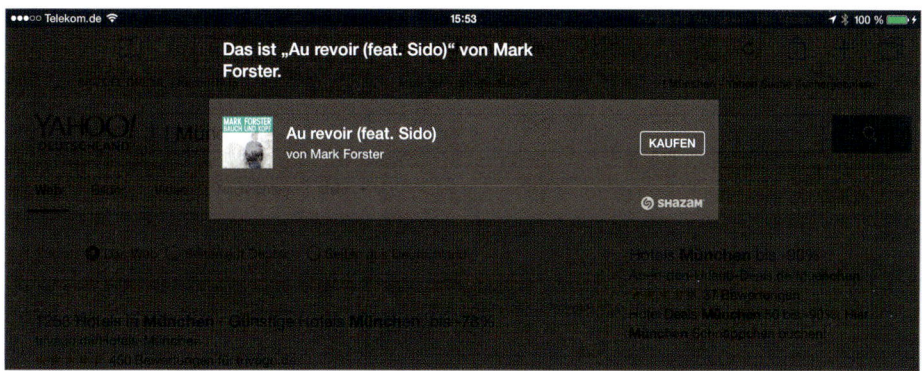

Siri tut sich in der deutschen Version zwar mit der Aussprache nicht immer leicht.
Aber mithilfe von Shazam hat sie das Lied eindeutig erkannt.

Wenn Sie möchten, können Sie das Lied auch gleich erwerben. Tippen Sie dazu auf die Schaltfläche *Kaufen* und Sie werden zum iTunes Store geleitet.

Probieren Sie Siri aus und Sie werden staunen, wie viele Funktionen Siri bereits jetzt beherrscht. Und Sie werden erst recht staunen, was Siri in ein, zwei oder auch drei Jahren alles für Sie tun kann.

 In den Siri-Einstellungen können Sie zwischen einer weiblichen und männlichen Stimme auswählen. Diese Einstellung finden Sie unter **Einstellungen –> Allgemein –> Siri –> Geschlecht**.

Das iPad seinen Bedürfnissen anpassen

Sie haben jetzt bereits einige Funktionen kennengelernt, die Sie mit und am iPad verwenden können. In diesem Kapitel geht es darum, weitere Einstellungen und Features genauer unter die Lupe zu nehmen. Das Erste und vielleicht Wichtigste ist das Einstellen des Erscheinungsbilds Ihres iPad.

Hintergrundbild festlegen

Apple hat standardmäßig ein Bild als Hintergrund auf Ihrem iPad eingeblendet. Sie können sich aber gerne ein anderes Hintergrundbild aussuchen. Die Auswahl der möglichen Fotos finden Sie in *Einstellungen –> Hintergrund*. Zunächst sehen Sie die beiden Bilder, die derzeit für den Sperrbildschirm und den Home-Bildschirm eingestellt sind.

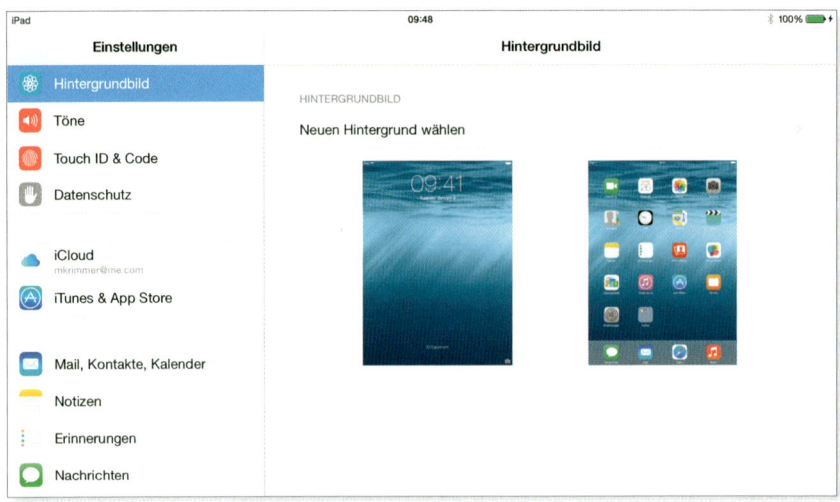

Zuerst sehen Sie, welche Hintergründe derzeit für den Sperrbildschirm (links) und den Home-Bildschirm (rechts) aktiviert sind.

Tippen Sie nun auf eines der beiden Bilder, so können Sie die Perspektive ein- oder ausschalten. Was das bewirkt, können Sie ganz einfach ausprobieren, indem Sie bei aktivierter Perspektive das iPad ein wenig nach oben/unten oder links/rechts kippen. So wird ein Gefühl von 3D-Ansicht simuliert.

Um ein neues Bild auszusuchen, tippen Sie auf *Neuen Hintergrund wählen*. Dort finden Sie eine größere Auswahl an vorgefertigten Bildern (*Dynamisch* und *Ein-*

zelbild). Gleich darunter im Bereich *Fotos* finden Sie Ihre eigenen Bilder, die Sie natürlich ebenfalls auswählen können. Zu den dynamischen Hintergründen gleich mehr.

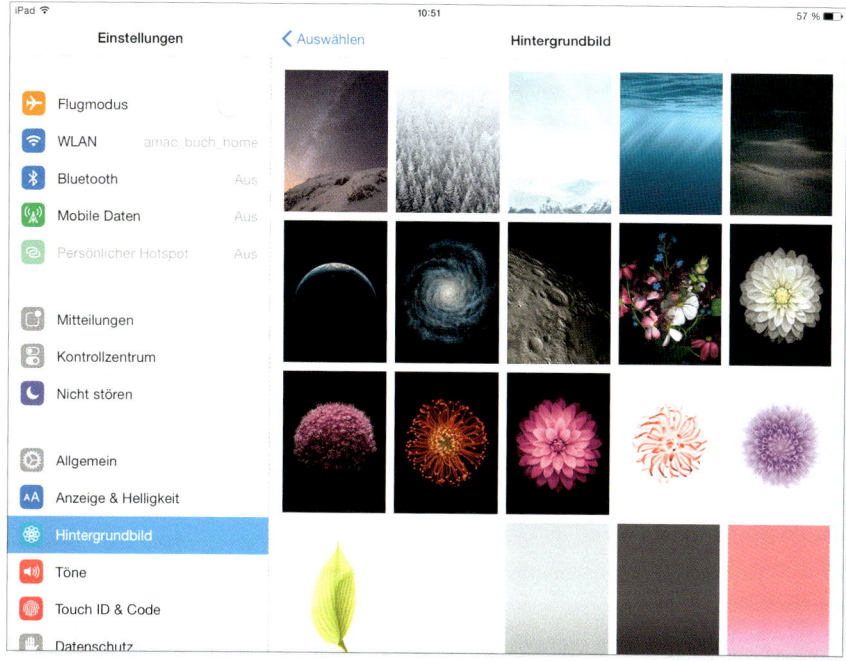

Sie können ein anderes Hintergrundbild für den Home- und Sperrbildschirm einstellen.

Wählen Sie ein Bild aus und legen Sie dann fest, ob das Bild für den *Sperrbildschirm* oder den *Home-Bildschirm* aktiviert werden soll. *Beide* ist auch möglich. Und auch hier lässt sich die Perspektive ein- oder ausschalten.

Seit iOS 8 stehen Ihnen auch dynamische Hintergründe zur Verfügung, die permanent ihr Aussehen ändern. Eine weitere Neuerung ist die Anpassung des Hintergrundbilds an den Blickwinkel. Wenn Sie das iPad etwas kippen, werden Sie bemerken, dass der Hintergrund sich verschiebt, damit Sie hinter die Apps blicken können. Probieren Sie es ruhig einmal aus.

Gefällt Ihnen dieser Effekt nicht so gut, können Sie ihn deaktivieren: *Einstellungen –> Allgemein –> Bedienungshilfen –> Bewegung reduzieren*. Dabei wird auch der Zoom-Effekt beim Starten und Beenden von Apps deaktiviert.

Sie sollten die Funktion noch einmal aufrufen, sobald Sie eigene Fotos/Bilder auf Ihr iPad übertragen haben, denn auch diese können dann als Hintergrundbild für Ihr iPad zum Einsatz kommen. Wie Fotos und Bilder auf das iPad übertragen bzw. direkt aufgenommen werden, sehen wir später noch (siehe Kapitel 7 ab Seite 208).

Helligkeit einstellen

Die Helligkeit Ihres iPad-Displays können Sie ebenfalls in den Einstellungen verändern. Rufen Sie dazu den Punkt *Anzeige & Helligkeit* auf. Dort können Sie die Helligkeit manuell einstellen und die *Auto-Helligkeit* aktivieren.

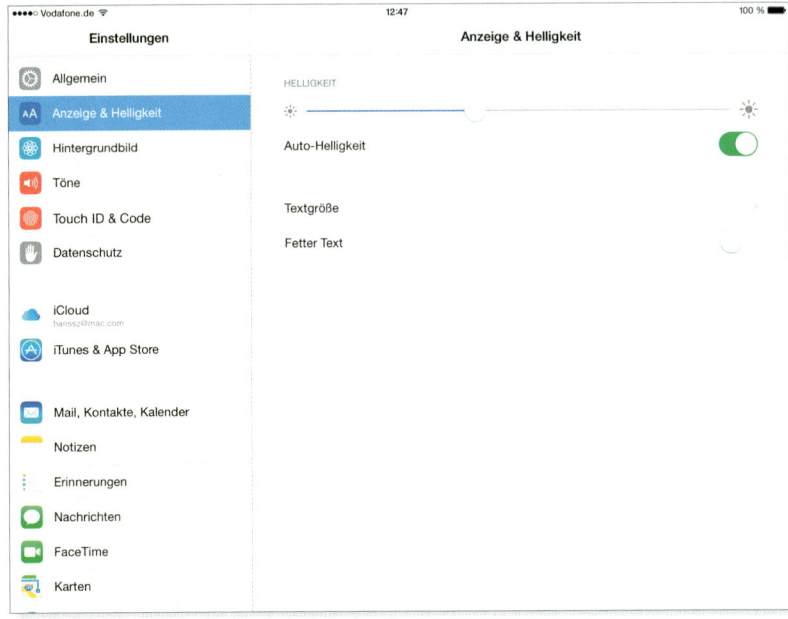

Über den Schieberegler lässt sich bequem die Helligkeit des iPad-Displays anpassen.

Schieben Sie den Regler nach links, um das Display abzudunkeln, und nach rechts, um es heller einzustellen. *Auto-Helligkeit* sorgt dafür, dass iOS 8 die Helligkeit automatisch anpasst, sobald sich die Lichtverhältnisse der Umgebung verändern. Sie können aber auch den Helligkeitsregler im *Kontrollzentrum* verwenden.

Home-Bildschirm anpassen

Bereits nach der ersten Installation Ihres iPad haben Sie ja die Programme auf dem iPad erhalten, die standardmäßig mitgeliefert werden. Diese befanden sich alle auf einem einzigen Bildschirm, dem Home-Bildschirm. Am unteren Rand des Home-Bildschirms finden Sie das Dock. In diesem Dock sind im Regelfall die wichtigsten Programme untergebracht.

Es wird nun allerhöchste Zeit, dieses Erscheinungsbild den eigenen Bedürfnissen entsprechend anzupassen. Zunächst einmal können Sie definieren, welche Programme im Dock erscheinen sollen. Um hier Änderungen vorzunehmen, müssen Sie in den Wackelmodus wechseln. Tippen Sie mit einem Finger etwa zwei Sekunden auf ein Programmsymbol, und sogleich beginnen alle Icons zu wackeln.

Sie können nun die Anordnung der Programme verändern, indem Sie ein Icon einfach an die gewünschte neue Stelle ziehen. Sie können ebenfalls Programme aus dem Dock herausziehen und durch andere Programme ersetzen, die sich derzeit noch im oberen Bereich des Home-Bildschirms befinden. Weiterhin können Sie über den Wackelmodus sehr einfach Programmsymbole aufeinanderziehen und so Ordner erzeugen.

Kamera und Fotos sind zu einem Ordner namens „Fotografie" zusammengefasst worden.

Sie können selbstverständlich noch weitere Programme (Apps) diesem Ordner hinzufügen. Tippen Sie neben den Ordner, um ihn zu schließen und zurück zum Home-Bildschirm zu gelangen. Während Sie sich im Wackelmodus befinden, können Sie auch sehr einfach Programme aus einem Ordner herausnehmen, indem Sie sie aus dem Ordner heraus auf die freie Fläche ziehen und kurz warten.

 Auch wenn ein Ordner nur noch ein Programm enthält, verschwindet dieser nicht vom Home-Bildschirm. Sie können ihn also zunächst mit nur einer App behalten und später weiter befüllen.

Natürlich können Sie dem Ordner auch einen anderen Namen geben. In diesem Fall ist „Fotografie" ein Vorschlag des Betriebssystems, den Sie aber Ihren Wünschen entsprechend modifizieren können. Und auch das ist möglich: Sie können im Wackelmodus ein Programm (App) auf einen weiteren Home-Bildschirm bringen.

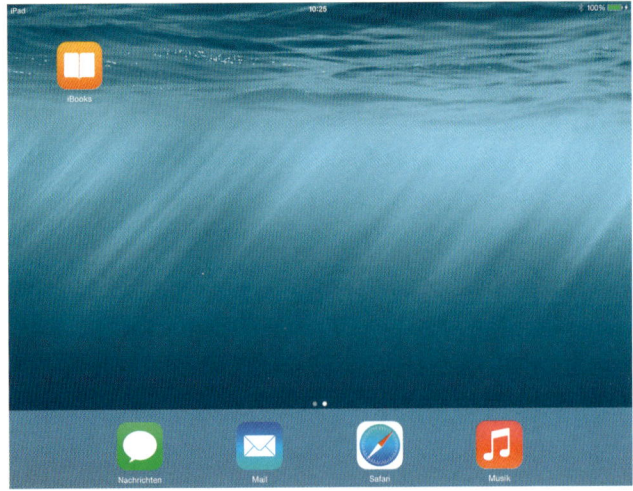

Das Programm „iBooks" befindet sich nun ganz alleine auf einem weiteren Home-Bildschirm.

Um eine App auf einen neuen Home-Bildschirm zu bewegen, ziehen Sie einfach mit dem Finger die App an den rechten (oder linken) Bildschirmrand, bis ein neuer Home-Bildschirm eröffnet wird, und lassen dann die App los.

Sie werden später sehen, dass dies eine hervorragende Möglichkeit ist, die Apps auf verschiedene Home-Bildschirme zu verteilen. Ergänzt durch die Eigenschaft der Ordner, können Sie, nachdem Sie noch viele weitere Apps auf Ihrem iPad installiert haben, so ein sehr schönes Ablagesystem generieren, um den Überblick zu bewahren.

 Weiterhin ist es möglich, einen Ordner in das Dock einzubringen und damit gleich auf eine ganze Reihe von Programmen schnellen Zugriff zu haben.

Ein Ordner namens „Fotografie" ist ins Dock eingebaut und enthält zwei Programme.

Sicher haben Sie schon gemerkt, dass die Anzahl der Bildschirme über kleine Pünktchen dargestellt wird.

Diese Punkte zeigen an, wie viele Home-Bildschirme es gibt und auf dem wievielten Sie sich gerade befinden.

Die bezeichnen zum einen die Anzahl der derzeit vorhandenen Home-Bildschirme. An dem weiß angezeigten Punkt erkennen Sie, wo Sie sich gerade befinden. Home-Bildschirme wechseln Sie entweder dadurch, dass Sie sie nach links oder rechts wegschieben, oder Sie tippen auf die Punkte.

Bevor wir Ihnen weitere Möglichkeiten zeigen, wie Sie Ihre(n) Home-Bildschirm(e) anpassen, sollten Sie erst einmal wissen, wie Sie wieder aus dem Wackelmodus rauskommen: Drücken Sie dazu einfach auf die Home-Taste. Aber erst dann, wenn Sie alle Anpassungen vorgenommen haben.

Mehrere Seiten innerhalb der App-Ordner anlegen

Zurück zum App-Ordner: Sie können nun analog dazu fortfahren, weitere Apps in diesen Ordner zu schieben. Wenn Sie fertig sind, beenden Sie den Wackelmodus wieder durch Drücken der Home-Taste. Bei den App-Ordnern in iOS 8 gibt es eine Neuerung: So, wie Sie mehrere Home-Bildschirme mit Apps befüllen können, bietet auch ein App-Ordner die Möglichkeit, mehrere Seiten anzulegen. Sobald eine Seite voll ist, wird die nächste erstellt und so weiter. Apple scheint da keine nennenswerte Grenze eingebaut zu haben. Im Test haben wir 14 Seiten innerhalb eines Ordners gefüllt und sind auf keine Fehlermeldung wegen Überfüllung gestoßen.

In einen App-Ordner passen zunächst neun Apps. Ist diese Anzahl erreicht, wird eine neue Seite angelegt, die wieder neun Apps Platz bietet. Das geht beliebig so weiter.

An den kleinen Punkten unter den Apps erkennen Sie, wie viele Seiten der Ordner hat.

Die Mitteilungszentrale

Die Aufgabe der Mitteilungszentrale ist schnell umrissen: Sie soll dem iPad-Benutzer auf einen Blick anzeigen, was für ihn wichtig ist. So muss nicht jede einzelne App auf Neuigkeiten hin überprüft werden, die Apps melden sich bei der Mitteilungszentrale, wenn es etwas zu vermelden gibt. Was wichtig ist und was nicht, das entscheiden Sie.

Während Sie das Kontrollzentrum von unten nach oben in das Display des iPad schieben, kommt die Mitteilungszentrale von oben nach unten ins Blickfeld. Legen Sie den Finger knapp über das Display und ziehen Sie den Finger nach unten.

Der erste Bildschirm der Mitteilungszentrale zeigt an, was heute wichtig ist.

 Sie schließen die Mitteilungszentrale dadurch, dass Sie sie wieder nach oben wegschieben.

Je nachdem, was Sie eingestellt haben, können Sie dieses Bild nach oben wegschieben und gelangen so zu all den anderen Infos, die heute wichtig sind. Das können beispielsweise Erinnerungen sein.

Neben *Heute* gibt es noch die Ansicht *Mitteilungen*. Dort finden Sie alle Infos, die Ihnen Ihre installierten Apps mitgeteilt haben. Das können beispielsweise Benachrichtigungen der Freunde-App oder des Kalenders sein. Auch verpasste Videoanrufe über FaceTime (beides besprechen wir in Kapitel 6 ab Seite 185) könnten dort angezeigt werden.

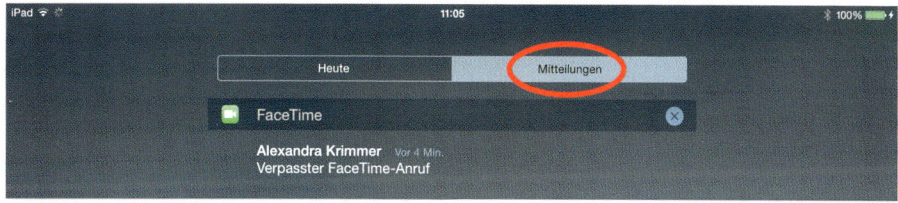

Mitteilungen finden Sie ganz rechts in der Mitteilungszentrale.

Um die Meldungen einer App aus der Mitteilungszentrale zu löschen, tippen Sie im Bereich *Mitteilungen* auf das *x* neben App-Namen und Icon und bestätigen durch *Löschen*. Daraufhin wird die App entfernt und erscheint erst dann wieder, wenn es neue Mitteilungen gibt.

Übrigens kann man zwischen *Heute* und *Mitteilungen* einfach von links nach rechts mit dem Finger scrollen.

Die Mitteilungszentrale anpassen

Wie bereits erwähnt, können Sie selbst festlegen, welche Apps die Mitteilungs-zentrale nutzen dürfen und wie die Zentrale aufgebaut sein soll. Gehen Sie dazu in *Einstellungen* und wählen Sie dort *Mitteilungen*.

Legen Sie im ersten Schritt im Bereich *Mitteilungsansicht* fest, ob die Mittei-lungen manuell (*Manuell sortieren*) oder chronologisch (*Nach Uhrzeit sortieren*) angezeigt werden sollen. Im ersten Fall erhalten Sie dann die Mitteilungen in der Reihenfolge, wie Sie sie unter *Anzeigen* festgelegt haben. Im zweiten Fall stehen die aktuellen Mitteilungen immer vor den älteren.

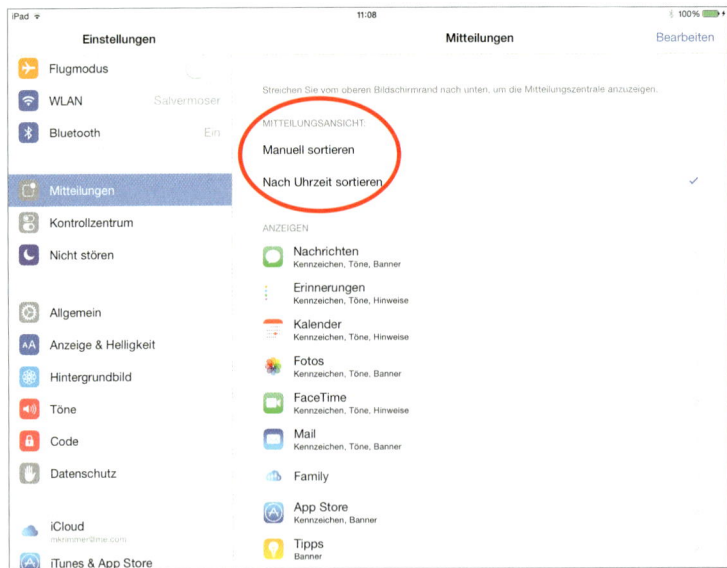

Geben Sie zuerst an, nach welchem Kriterium die Nachrichten sortiert werden: „manuell"
oder „Nach Uhrzeit".

Unter *Anzeigen* sind die Apps gelistet, die die Zentrale nutzen dürfen. In iOS 8 ist das nicht mehr nur System-Apps wie dem Kalender und dem Telefon erlaubt. Auch die Apps anderer Entwickler können sich hier einklinken. Soll einer App dieses Privileg entzogen werden, tippen Sie auf *Bearbeiten* und verschieben Sie die App nach unten in den Bereich *Nicht anzeigen*.

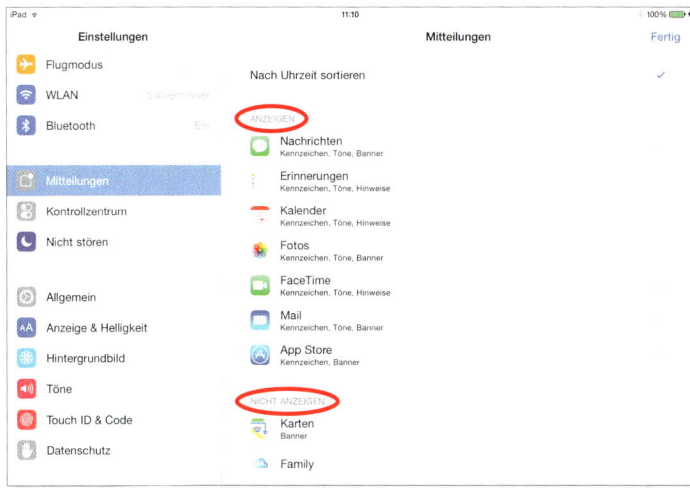

Die Apps im Bereich „Anzeigen" dürfen die Mitteilungszentrale nutzen, die unter „Nicht anzeigen" nicht.

 Während Sie im **Bearbeiten**-Modus sind, können Sie auch die Reihenfolge der Apps verändern, was für die Einstellung **Manuell sortieren** wichtig ist.

Die Art der Signale festlegen

Sie sehen in der App-Leiste, dass manche von ihnen *Kennzeichen*, *Töne*, *Banner*, *Hinweise* oder Kombinationen daraus aktiviert haben. Diese Optionen ändern Sie, indem Sie jeweils auf die App tippen.

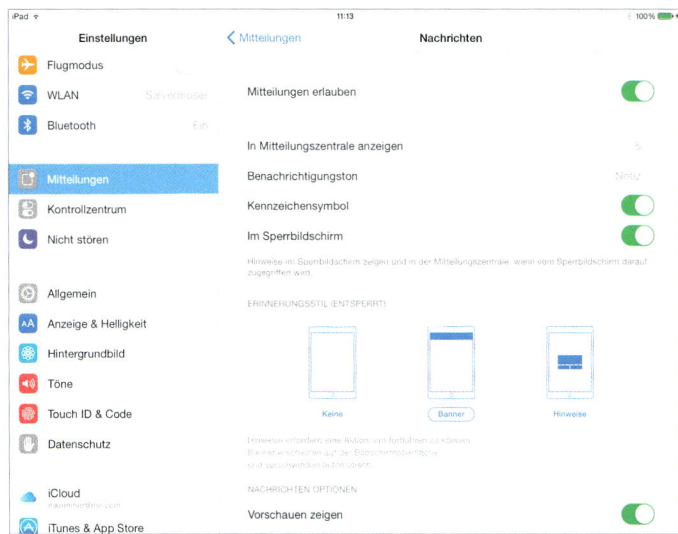

Legen Sie hier unter anderem fest, wie eine App auf sich aufmerksam machen darf.

- *Mitteilungen erlauben*: Ist dieser Schalter an, darf die App die Mitteilungs-zentrale nutzen. Deaktivieren Sie diesen Punkt, dann ist es so, als würden Sie die App in den Bereich *Nicht anzeigen* verschieben. Und dort landet sie dann auch.

- *In Mitteilungszentrale anzeigen*: Geben Sie hier an, mit wie vielen Nachrich-ten diese App die Zentrale nutzen darf. Wenn Sie nur wenigen Apps den Zugriff erlauben, können Sie ruhig einen höheren Wert wählen. Bei vie-len Apps wird es aber schnell unübersichtlich, wenn Sie jeder den Maxi-malwert von *20 Mitteilungen* geben.

- *Benachrichtigungston*: Hier stellen Sie den Ton ein, den die App zur Benachrichtigung nutzen darf, wenn das iPad nicht stumm geschaltet ist.

- *Kennzeichensymbol:* Diese Einstellung legt fest, ob eine App im Icon mit kleinen Zahlen über die Anzahl der Ereignisse informieren soll oder nicht. Der Unterschied sieht dann so aus:

Links ist das Kennzeichensymbol bei Mail und FaceTime aktiv, rechts bei FaceTime deaktiviert.

- *Im Sperrbildschirm*: Möchten Sie über neue Ereignisse wie E-Mails oder verpasste Telefonanrufe sofort informiert werden, so lassen Sie die App den Sperrbildschirm nutzen. Dann sehen Sie die Meldung, sobald Sie Ihr iPad aus dem Ruhezustand holen.

- Der *Erinnerungsstil (entsperrt)* gibt an, in welcher Form (und welcher Dringlichkeit) sich die App melden darf, wenn etwas Neues geschehen ist.

- Ein *Banner* wird für kurze Zeit am oberen Bildschirmrand angezeigt, ver-schwindet aber wieder von selbst. Ein *Hinweis* wird so lange angezeigt, bis Sie etwas damit machen.

Links sehen Sie ein Banner, das nach kurzer Zeit wieder verschwindet, rechts einen Hinweis, der eine Aktion erfordert.

 Wenn Sie die Benachrichtigung per Banner wählen, verdeckt es einen Teil der iPad-Oberfläche, verschwindet aber nach kurzer Zeit von selbst. Wenn Ihnen das zu lange dauert, dann können Sie es auch nach oben wegschieben.

Sie haben bei einem Banner auch die Möglichkeit, die Benachrichtigung nach unten wegzuziehen. Dann erhalten Sie je nach Anwendung weitere Möglichkeiten. Bei einer E-Mail und einer Nachricht sieht das dann so aus:

 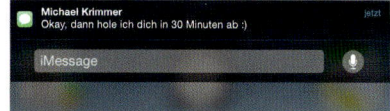

Bei einer E-Mail erhalten Sie die Punkte „Als gelesen markieren" und „Löschen". Eine Nachricht lässt sich dann auch direkt dort beantworten.

- *Vorschauen zeigen*: Diese Funktion erklären wir im Detail im Kapitel 10 ab Seite 365.

Auf Ereignisse im Sperrbildschirm reagieren

Hier ein Tipp, wenn Sie sich Ereignisse *Im Sperrbildschirm* zeigen lassen: Wischen Sie mit dem Finger nach rechts über eine der Mitteilungen, gelangen Sie direkt zur entsprechenden App, beispielsweise den *Nachrichten* oder dem *Telefon*. Wischen Sie dagegen nach links, erhalten Sie in iOS 8 weitere Möglichkeiten. So können Sie beispielsweise eine E-Mail als gelesen markieren, sie löschen oder über das *x* den Hinweis löschen. Vor iOS 8 war es dazu erforderlich, dass Sie aus dem Sperrbildschirm in die App wechseln und die Aktion durchführen.

 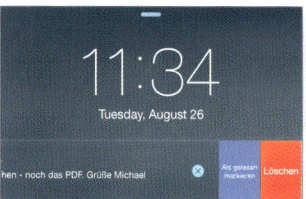 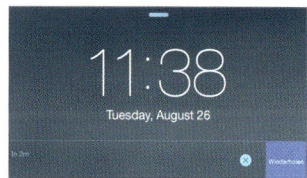

Links lässt sich die Mitteilung über einen verpassten FaceTime-Anruf direkt löschen, in der Mitte sehen Sie die Optionen bei einer E-Mail und rechts bei einem Termin aus dem Kalender.

Antworten aus anderen Apps heraus

Das ist auch neu in iOS 8. Um beispielsweise auf eine iMessage zu antworten, müssen Sie nicht erst in die Nachrichten-App wechseln. Haben Sie die Benachrichtigung als Hinweis konfiguriert, erhalten Sie auch an anderer Stelle im System eine Benachrichtigung über die eingegangene Nachricht.

Dass Nachrichten in anderen Apps angezeigt werden, ist nicht neu.

Klicken Sie auf *Schließen*, verschwindet der Hinweis, und Sie können wieder in der App arbeiten. Wenn Sie aber nun auf *Antworten* tippen, öffnet sich nicht wie in iOS 7 die Nachrichten-App. Sie können nun direkt in der App antworten und ersparen sich den Wechsel der Anwendungen.

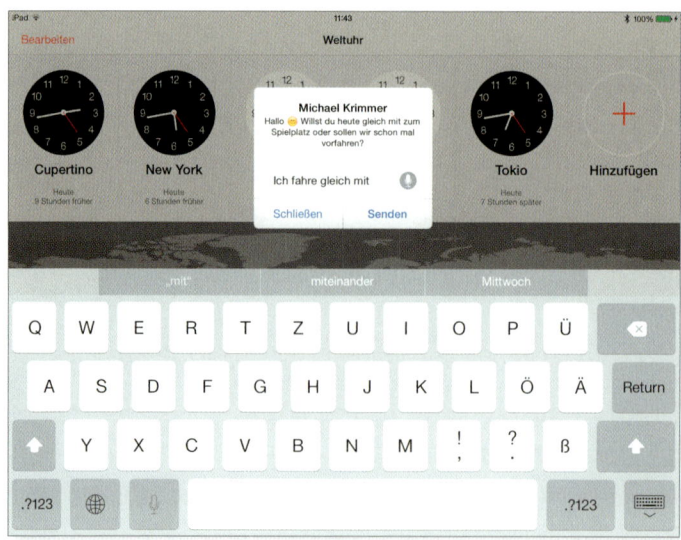

Direkt in einer anderen App auf die Nachricht antworten zu können, bietet iOS 8 neu an.

Und selbst direkt im Sperrbildschirm können Sie auf eine Nachricht antworten, indem Sie den Hinweis nach links verschieben und *Antworten* wählen.

Sie können auf eine Nachricht auch direkt im Sperrbildschirm antworten.

Nicht stören

Dieser Punkt ermöglicht es Ihnen, mit nur einem Schalter alle potenziellen Störquellen des iPad zu deaktivieren. Dann bekommen Sie keine visuellen oder akustischen Mitteilungen über eingegangene Nachrichten, E-Mails oder FaceTime-Anrufe.

Sie können in den *Einstellungen –> Nicht stören* die Funktion *Manuell* oder *Geplant* aktivieren. *Manuell* bleibt dabei so lange aktiv, bis Sie sie wieder deaktivieren. Bei *Geplant* geht es bei *Von* los und hört bei *Bis* wieder auf. Das ist eine hervorragende Möglichkeit, beispielsweise die Nacht über Ruhe zu haben.

- *Anrufe zulassen:* In diesem Bereich legen Sie fest, welcher Benutzerkreis eine Ausnahme von dieser Regel erhält, was FaceTime-Anrufe und Nachrichten angeht. Aktivieren Sie hier entweder *Alle*, *Keine* oder eine der angegebenen *Gruppen*. Im ersten Fall dürfen alle anrufen, im zweiten Fall niemand und im dritten nur die, die Bestandteil der betreffenden Gruppe sind.

- *Wiederholte Anrufe*: Was aber, wenn es einen Notfall gibt und Sie jemand erreichen muss, es aber aufgrund der festgelegten Regeln nicht kann? Dann schalten Sie *Wiederholte Anrufe* an. Ruft Sie dann jemand von derselben Nummer innerhalb von drei Minuten zweimal an, so wird er durchgestellt.

- Und zuletzt noch eine abschließende Einstellung: Soll die Stumm-schaltung auch dann gelten, wenn Sie das iPhone gerade im Gebrauch haben, dann aktivieren Sie *Immer*. Wenn Sie in diesem Fall so lange Infos bekommen möchten, bis Sie das Gerät wieder gesperrt weglegen, dann tippen Sie auf *Nur im Sperrzustand*.

Sehr schnell aktivieren und deaktivieren Sie **Nicht stören** auch aus dem Kontroll-zentrum heraus.

Das Kontrollzentrum

Eine in der Vergangenheit schmerzlich vermisste Funktion in iOS war das schnel-le Aktivieren und Deaktivieren von Flugmodus, WLAN und Bluetooth. Bisher war es dazu erforderlich, dass der Anwender das iPad entsperrt, die Einstellungen aufruft und dann dort die entsprechende Funktion anklickt. Das war nicht dra-matisch, aber wenn man beispielsweise im Auto vor und nach der Fahrt Bluetooth aktivieren und deaktivieren wollte, dann hat das auf Dauer schon genervt.

Das gehört der Vergangenheit an! Apple hat in iOS das Kontrollzentrum inte-griert und neben den erwähnten Funktionen auch gleich noch den schnellen Zugriff auf einige Apps ermöglicht.

Das Kontrollzentrum aufrufen und beenden

Sie rufen das Kontrollzentrum auf, indem Sie den Finger zwischen Touchscreen und Home-Taste legen und nach oben wischen. Daraufhin erscheint das Kon-trollzentrum im unteren Bereich des Displays.

Haben Sie das iPad ins Querformat ausgerichtet, können Sie dort natürlich auch das Kontrollzentrum nach oben schieben. Dann befindet sich aber die Home-Taste natürlich nicht unten, sondern links oder rechts.

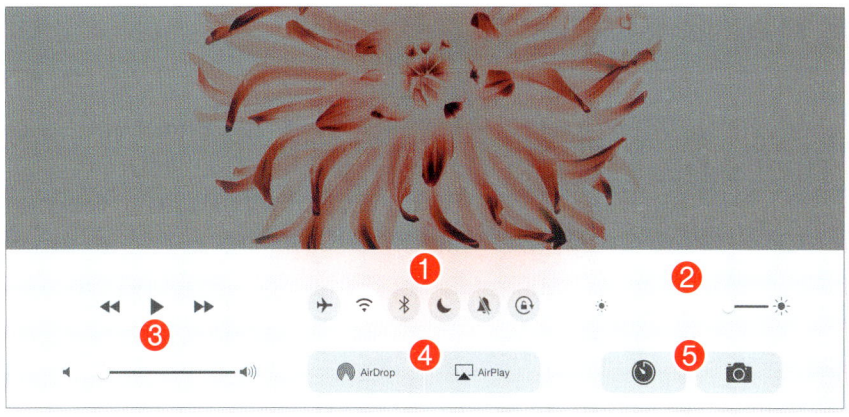

Das Kontrollzentrum schieben Sie immer von unten nach oben in den Sichtbereich des Displays hinein.

 Sie schließen das Kontrollzentrum in der Art, wie Sie es auch öffnen. Greifen Sie es oben am Pfeilsymbol über dem Bluetooth-Symbol und schieben Sie es nach unten weg.

Das Kontrollzentrum ist dabei in mehrere Bereiche eingeteilt: In der Mitte ❶ finden Sie die An- und Ausschalter für (von links nach rechts) den Flugmodus, *WLAN*, *Bluetooth*, *Nicht stören* und die *Rotationssperre* bzw. beim iPad Air 2 *Ton aus* und *Rotationssperre*. Was die einzelnen Punkte bewirken, zeigen wir gleich im Anschluss.

Im Bereich rechts oben ❷ können Sie die Displayhelligkeit anpassen. Schieben Sie den Regler nach links, um das Display zu dimmen. Nach rechts erhöhen Sie die Helligkeit.

Der Bereich ❸ betrifft den iPod im iPad. Wenn Sie Musik oder ein Hörbuch hören, können Sie hier ganz schnell auf *Pause* oder *Start* tippen, in der Zeitleiste manövrieren oder die Lautstärke anpassen.

AirDrop und *AirPlay* ❹ sind Technologien, die drahtlos Dateien oder Musik bzw. Videos an andere Geräte senden. Diese beiden Funktionen beschreiben wir in Kapitel 8 noch ausführlich.

 Für AirDrop ist es erforderlich, dass Sie ein aktuelles iPad oder iPhone haben. Sollte Ihr Gerät AirDrop nicht unterstützen, dann sehen Sie nur AirPlay.

Rechts ❺ gibt es dann noch zwei Abkürzungen zu häufig genutzten Apps: *Uhr* und *Kamera*. Auf diese Apps gehen wir in Kapitel 7 noch genauer ein.

Flugmodus

Wie der Name schon sagt, ist der Flugmodus eine sehr sinnvolle Funktion, wenn man gerade in einem Flugzeug sitzt. Während man ein Telefon und ein Tablet mit aktivierter Datenverbindung dort meist nicht verwenden kann, darf man die anderen Funktionen des iPad in der Regel nutzen. Im Flugmodus deaktiviert das iPad alle Funktionen, die Funk benutzen, wie z. B. WLAN, Bluetooth und GPS.

Einmal aktiviert, erkennen Sie den Flugmodus am kleinen Flugzeugsymbol in der Statusleiste.

WLAN

Im Kontrollzentrum lässt sich die WLAN-Funktion sehr einfach ein- und ausschalten. Verbunden wird aber auf Anhieb nur mit bereits bekannten WLAN-Hotspots.

Bluetooth

Wenn Sie Ihr iPad bereits mit einem Bluetooth-Gerät gekoppelt haben, können Sie im Kontrollzentrum die Verbindung dadurch herstellen, dass Sie Bluetooth aktivieren. Das spart beispielsweise bei einer Freisprecheinrichtung im Auto viel Zeit, weil man nicht immer erst in das entsprechende Menü in den *Einstellungen* gehen muss.

Nicht stören

Schalten Sie am Abend Ihr Tablet ab oder versetzen Sie es in den Flugmodus, damit Sie nachts nicht gestört werden? Gerade Anwender, die ihr iPad als Wecker benutzen, folgen jeden Abend diesem Ritual. Am Morgen wird dann der Flugmodus wieder deaktiviert.

Wenn Sie *Nicht stören* aktivieren, empfängt Ihr iPad auch nachts E-Mails und andere Dinge wie beispielsweise iMessage-Nachrichten. Sie werden darüber aber erst informiert, wenn Sie das Gerät aus dem Ruhezustand holen.

Ist die „Nicht stören"-Funktion aktiviert, finden Sie ein kleines Mondsymbol in der Statusleiste.

Querformat und die Ausrichtungssperre

Sie können das iPad fast immer auch im Querformat verwenden. Kippen Sie dazu das Gerät nach links oder rechts. Das ist beispielsweise sinnvoll, wenn Sie ein Video ansehen, das im Breitbildformat abgespielt wird.

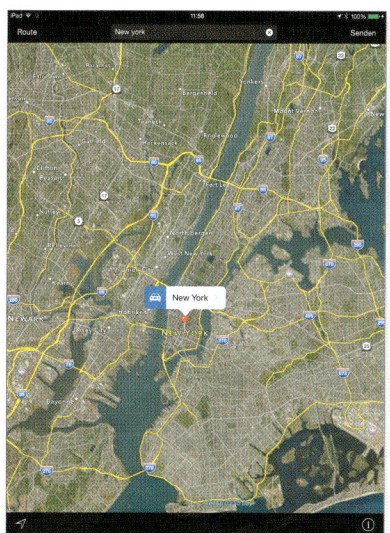
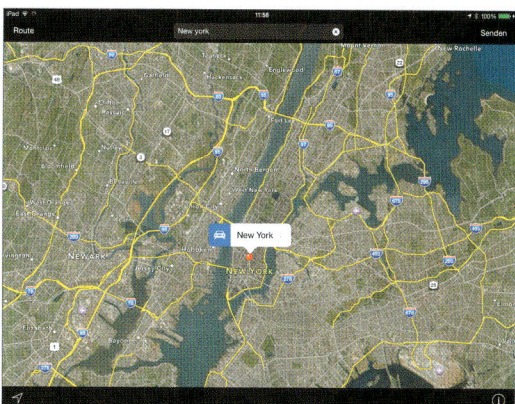

Ihr iPad unterstützt neben dem Hoch- auch das Querformat, hier in der „Karten"-App.

Kontrollzentrum anpassen

Was das Kontrollzentrum macht, wie es aussieht und wie es funktioniert, das haben Sie soeben erfahren. Sollten Sie aber auf das Problem stoßen, dass wie von Geisterhand immer ein Fenster von unten nach oben in den Sichtbereich rutscht, obwohl Sie das überhaupt nicht möchten, ist eventuell das Kontrollzentrum daran schuld.

Häufig passiert es, wenn man beispielsweise in einem Spiel von unten nach oben wischen will, dass dann nicht die gewünschte Funktion des Spiels aktiviert wird, sondern jener ungewollte Bildschirm.

Tritt dieses Phänomen bei Ihnen auf, dann deaktivieren Sie einmal testweise das Kontrollzentrum. Starten Sie dazu die *Einstellungen* und tippen Sie auf *Kontrollzentrum*. Hier haben Sie zwei Möglichkeiten:

- *Zugriff im Sperrbildschirm*: Legen Sie hier fest, ob das Kontrollzentrum bereits im Sperrbildschirm verfügbar ist, noch bevor Sie die Displaysperre gelöst haben.

Ob das Kontrollzentrum im Sperrbildschirm verfügbar ist, erkennen Sie bereits am Vorhandensein oder Fehlen des kleinen Striches in der Mitte am unteren Bildschirmrand.

- *Zugriff von Apps aus*: Hier geben Sie an, ob das Kontrollzentrum innerhalb von Apps zu erreichen sein soll. Deaktivieren Sie diese Option, sollte sich das Problem mit Ihrem Spiel in Wohlgefallen auflösen.

Spotlight – die Suchfunktion für Ihr iPad

Sie haben nun erfahren, wie Sie z. B. die Apps auf Ihrem iPad arrangieren können. Weiterhin haben Sie über die Mitteilungszentrale aktuelle Meldungen diverser Programme wie *Erinnerungen*, *Kalender*, *Mail* etc. zentral auf einen Blick. Aber wie kommen Sie rasch an Daten, bei denen Sie nicht genau wissen, wo Sie diese suchen sollen?

Populäre Beispiele hierfür sind z. B. Adressinformationen innerhalb Ihrer *Kontakte*-App. Nun gut, auch hier hat Apple vorgesorgt und eine zentrale Instanz geschaffen, mit der die Suche über das komplette iPad möglich ist. Diese Suchfunktion nennt sich *Spotlight* und kann ganz einfach so aufgerufen werden: Ziehen Sie mit dem Finger auf dem Display nach unten, um im oberen Bereich das Suchfeld einzublenden.

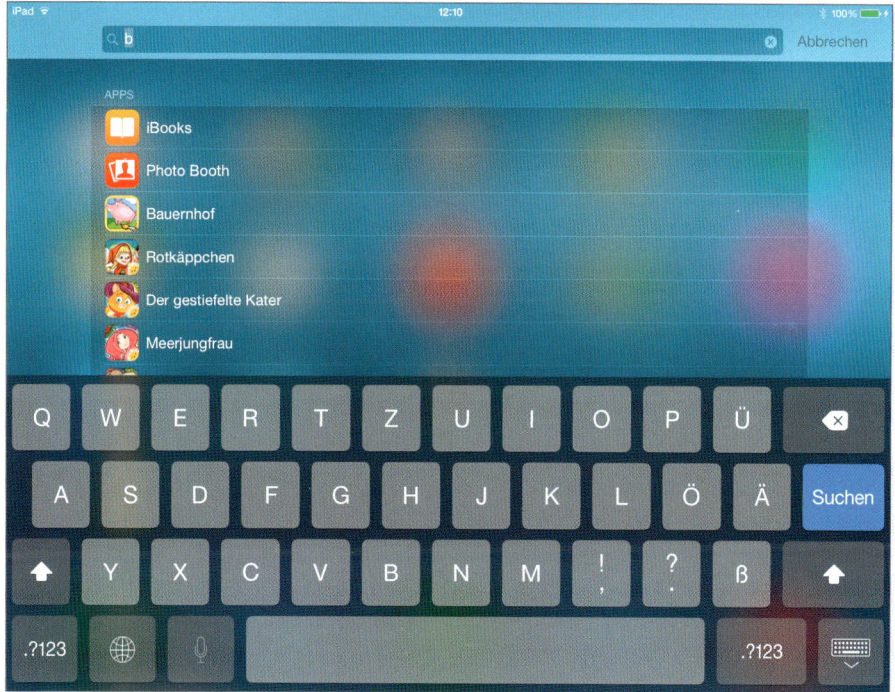

Tippen Sie dort den gewünschten Suchbegriff ein. Wenige Augenblicke später listet Ihnen das Gerät alle Fundstellen auf – unabhängig davon, in welchem Programm dieser Suchbegriff gefunden wurde.

In unserem Beispiel sehen Sie viele Apps, die etwas mit „b" zu tun haben. Darunter kommen dann noch die entsprechenden Treffer in den Kontakten, die aber von der Tastatur überdeckt werden. Blenden Sie die Tastatur über die Taste ganz unten rechts aus, um mehr zu sehen.

 Dass sich die Spotlight-Suche nun über dem Home-Bildschirm befindet, bringt einen großen Vorteil mit sich: Sie können die Spotlight-Suche von jedem Home-Bildschirm aus sehr schnell erreichen.

Auch wenn Spotlight so gut wie alle auf dem iPad vorhandenen Infos auffinden kann, haben wir als Beispiel die Apps gewählt. Diese Suche ist besonders elegant, weil man damit sehr schnell die gewünschte App auffinden kann. Geben Sie beispielsweise einen Teil eines Programmnamens ein, wird diese App wenig später in der Liste erscheinen. Mit einem einzigen Fingertipp kann das dazugehörige Programm gestartet werden. Besonders nützlich ist die Funktion, wenn Sie sehr viele Programme auf Ihrem iPad installiert haben.

 Die Namen von App-Ordnern auf Ihrem iPad sind über diese Spotlight-Suche nicht zugängig.

Aber darüber hinaus findet Spotlight alles, was sich auf Ihrem iPad an Daten befindet: Adressen innerhalb Ihres *Kontakte*-Programms, Informationen, die Sie in den *Notizen* oder *Erinnerungen* hinterlegt haben, Termine im *Kalender*-Programm, Musiktitel in Ihrer *Musik*-App etc., etc. Spotlight ist auch in der Lage, den kompletten Text von E-Mails zu durchsuchen, was diese Funktion zu einem sehr guten Instrument zum Auffinden von Informationen macht. Die Spotlight-Suche ist also ein sehr gewaltiges Werkzeug, um Informationen ans Tageslicht zu befördern. Und natürlich kann die Spotlight-Suche an Ihre Bedürfnisse angepasst werden. Gehen Sie hierzu in *Einstellungen –> Allgemein –> Spotlight-Suche*, um dort individuelle Modifikationen vorzunehmen.

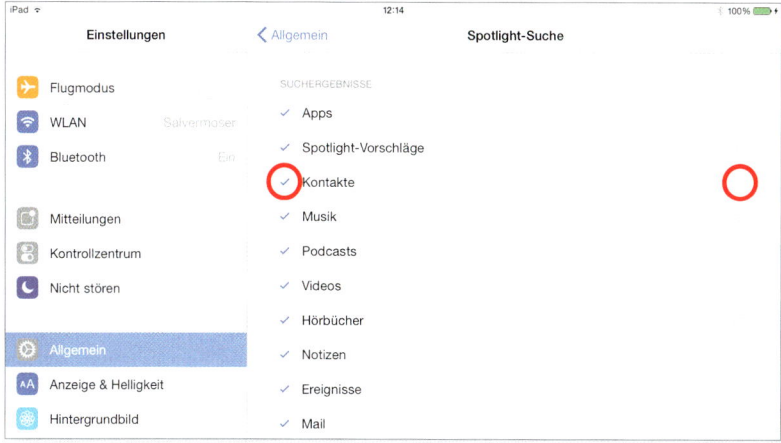

Deaktivieren Sie Einträge, die Sie nicht in der Suchliste haben möchten. Über die drei Balken rechts können Sie die Reihenfolge ändern.

Suche innerhalb von Apps

In vielen Apps haben Sie zudem bereits eine integrierte Suchfunktion parat. So finden Sie die Suche in der *Kalender*-App rechts oben (Lupe), in *Mail* links oben, in der *Kontakte*-App wieder links oben. Hier sehen Sie einige Beispiele, wie die Spotlight-Suche in die Apps integriert ist:

Notizen: Starten Sie die *Notizen*-App und geben Sie in das Suchfeld links oben den gewünschten Begriff ein. Sollten Sie das Suchfeld nicht auf Anhieb sehen, schieben Sie die Liste der Notizen nach unten weg. Und schon erscheint das Suchfeld.

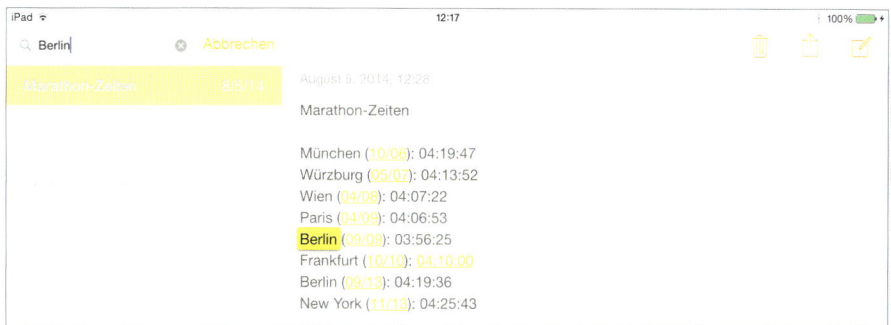

Tippen Sie auf die gefundene Notiz, um sich den Treffer anzeigen zu lassen.

Bei der *Mail*-App verhält es sich ähnlich. Auch hier finden Sie das Suchfeld links oben. Geben Sie den Suchbegriff ein und schon erhalten Sie die Treffer.

Neben den Adressfeldern wird auch der eigentliche Text der Nachrichten durchsucht.

Und apropos *Nachrichten*: Auch hier finden Sie die hilfreiche Suchfunktion. Wie bei den *Notizen* gilt: Wenn Sie das Suchfeld nicht sehen, schieben Sie die Liste der Unterhaltungen nach unten weg.

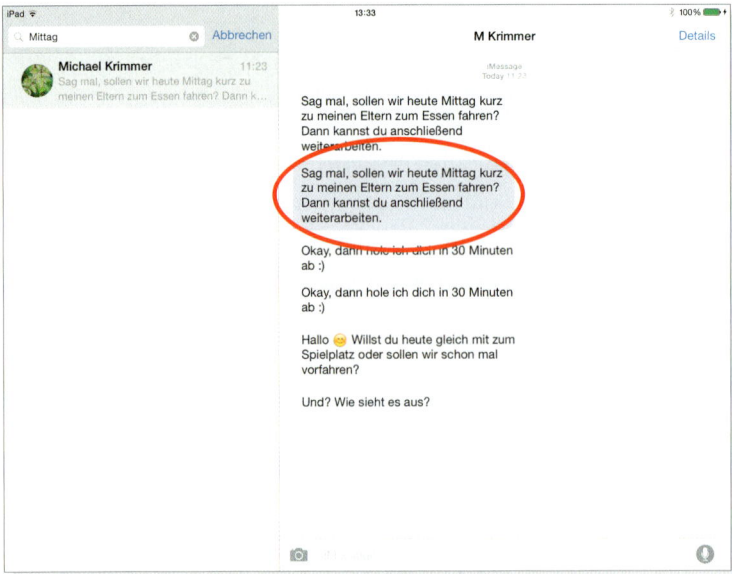

Und auch Inhalte der „Nachrichten"-App lassen sich bequem durchsuchen. Das leicht dunklere Textfeld rechts zeigt den Treffer an.

Suche im Web bzw. in Wikipedia

Wenn Sie die Spotlight-Suche auf einem Home-Bildschirm aufrufen, können Sie auch direkt im Internet bzw. bei Wikipedia suchen. Geben Sie dazu wie gewohnt den Suchbegriff ein und scrollen Sie dann in der Liste ganz nach unten.

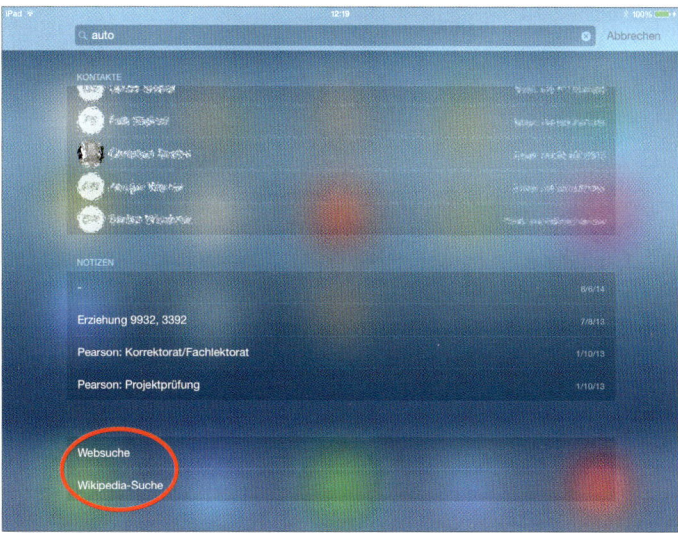

Auf dem Home-Bildschirm kann die Suche im Internet fortgesetzt werden.

Alle installierten Apps anzeigen lassen

Spotlight kann nicht nur nach Inhalten suchen. Es eignet sich auch dazu, alle installierten Apps aufzulisten. Starten Sie dazu eine Suche nach den Satzzeichen Punkt oder Komma (oder Ausrufezeichen etc.), und Spotlight listet alle Apps auf, die sich derzeit auf dem iPad befinden.

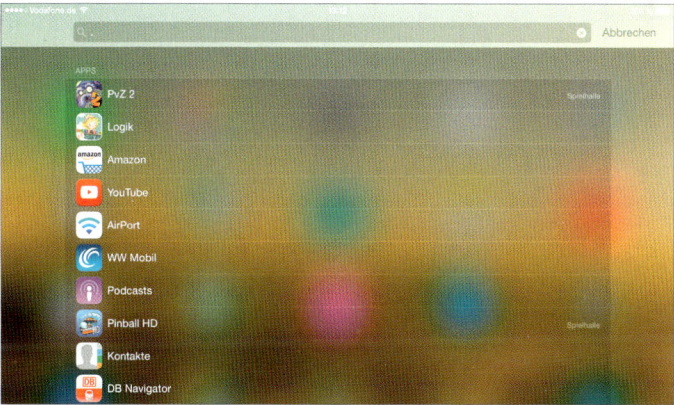

Geben Sie als Suchbegriff ein Komma oder einen Punkt ein, so listet Spotlight alle installierten Apps auf.

Befindet sich eine App innerhalb eines App-Ordners, so sehen Sie den Namen des Ordners rechts neben dem App-Namen.

Zwischenablage

Das iPad ist eigentlich ein Computer. Ja, und wenn das iPad ein Computer ist, dann muss es wie ein regulärer Computer auch über eine Zwischenablage verfügen, sodass man programmübergreifend Informationen austauschen kann. Und genau die gibt es auch.

Starten Sie beispielsweise das Programm *Safari*. Dort finden Sie eine Information, die Sie nun im Rahmen einer E-Mail weiterverwenden möchten. Sobald Sie mit dem Finger auf eine Textstelle tippen und für circa zwei Sekunden halten, haben Sie die Möglichkeit, eine Textmarkierung mit angrenzenden blauen Linien und blauen Anfassern zu erzeugen. Tun Sie das und ziehen Sie so einen Rahmen auf, in dem sich der zu markierende Text befindet.

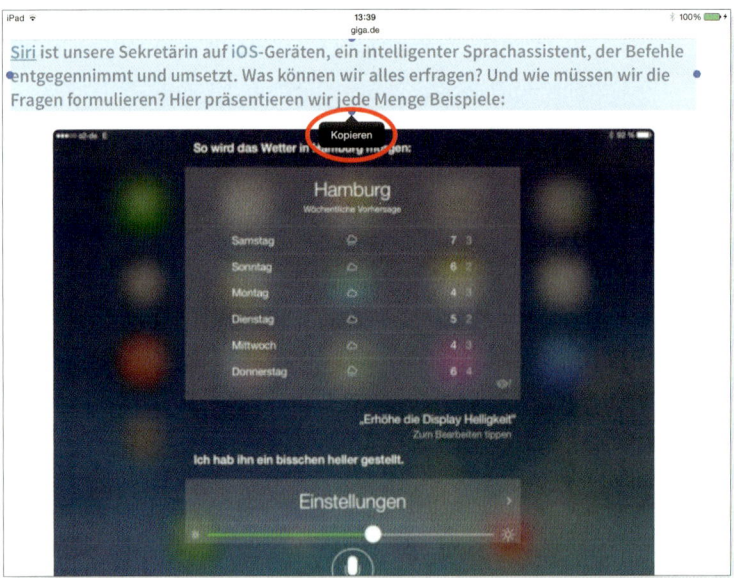

Ein Text wurde markiert, und das iPad schlägt die Funktion „Kopieren" vor.

Verwenden Sie diese Funktion, um den Text in die Zwischenablage zu befördern. Wechseln Sie nun z. B. in das Programm *Mail* oder auch in das Programm *Notizen*, tippen Sie mit dem Finger etwa eine Sekunde an die gewünschte Bildschirmstelle und verwenden Sie die Funktion *Einsetzen*, um den Inhalt der Zwischenablage an der Cursorposition anzubringen.

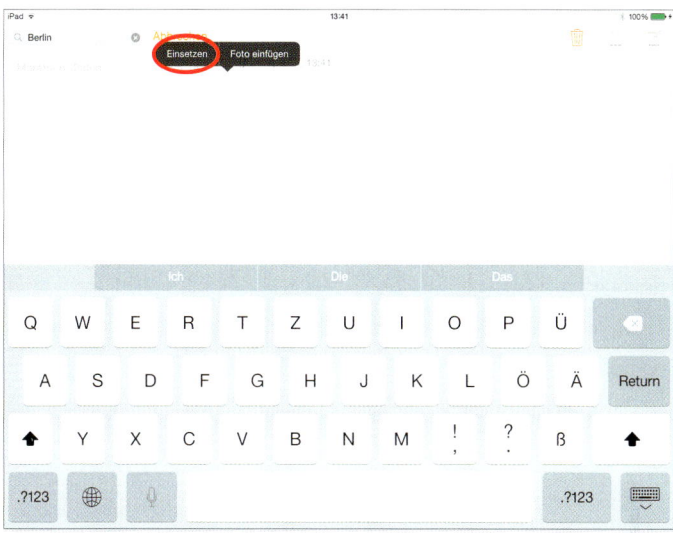

Via „Einsetzen" wird der Inhalt der Zwischenablage an die aktuelle Cursorposition eingesetzt.

So einfach funktioniert das! Eben genau so, wie Sie das von einem Computer gewohnt sind. Je nach Programm hat die Zwischenablage etwas unterschiedliche Funktionen.

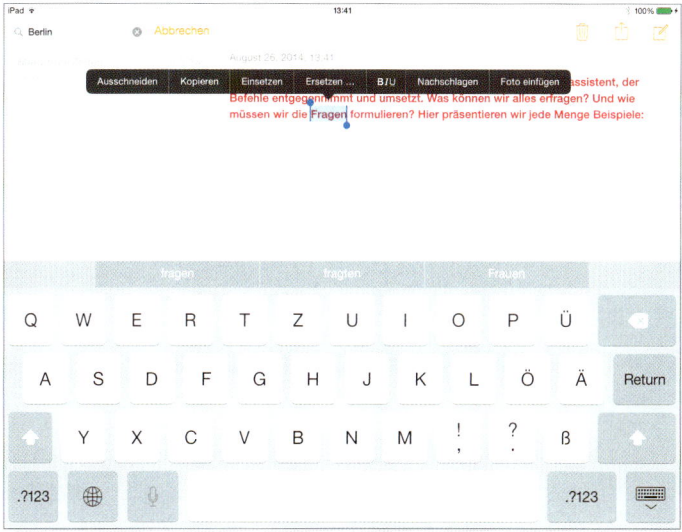

Die Zwischenablage im Programm „Notizen" im Einsatz. Ein Doppeltipp mit dem Finger markiert nur ein einzelnes Wort.

Sie sehen hier das Programm *Notizen*. Dort gibt es nicht nur die Eigenschaft des *Kopierens*, sondern auch die Eigenschaft des *Ausschneidens*. Beides Funktionen, die den Inhalt in die Zwischenablage befördern.

Und genauso, wie Sie es vom Computer kennen, funktioniert das auch am iPad. Sie können auch eine Kombination aus Text und Bild über die Zwischenablage von einer Anwendung in eine andere übertragen..

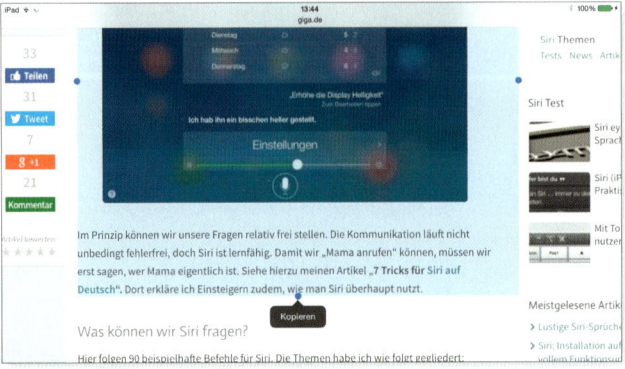

Im Programm „Safari" wurde eine Kombination aus Text und Bild markiert.

Über das *Kopieren* wird auch dieser Inhalt in die Zwischenablage befördert. Im Programm *Mail* z. B. kann dieser Inhalt in eine neue E-Mail eingebaut werden.

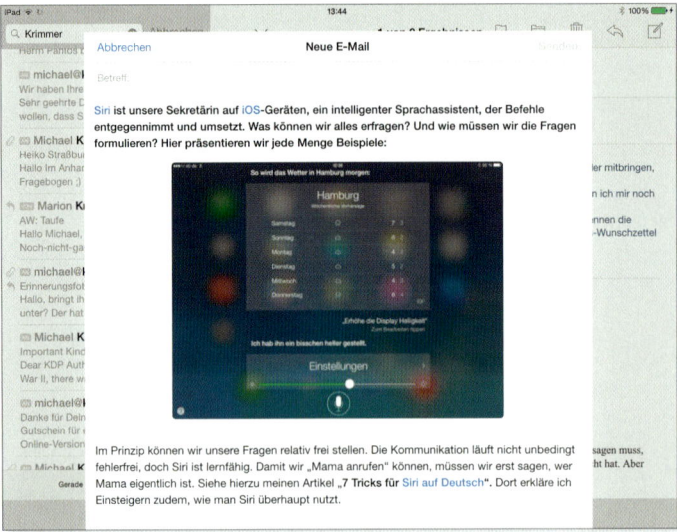

Bild und Text wurden über die Zwischenablage von „Safari" nach „Mail" transportiert.

Und genauso wie die Zwischenablage im Computer ist auch die Zwischenablage im iPad mit nur einem Inhalt befüllbar. Das heißt, sobald Sie via **Kopieren** einen neuen Inhalt in die Zwischenablage befördern, wird der vorherige Inhalt ohne Rückfrage automatisch überschrieben.

Rückgängigmachen

Wenn das iPad sich schon nahezu wie ein Computer anfühlt, dann muss es auch die Funktion des Rückgängigmachens enthalten.

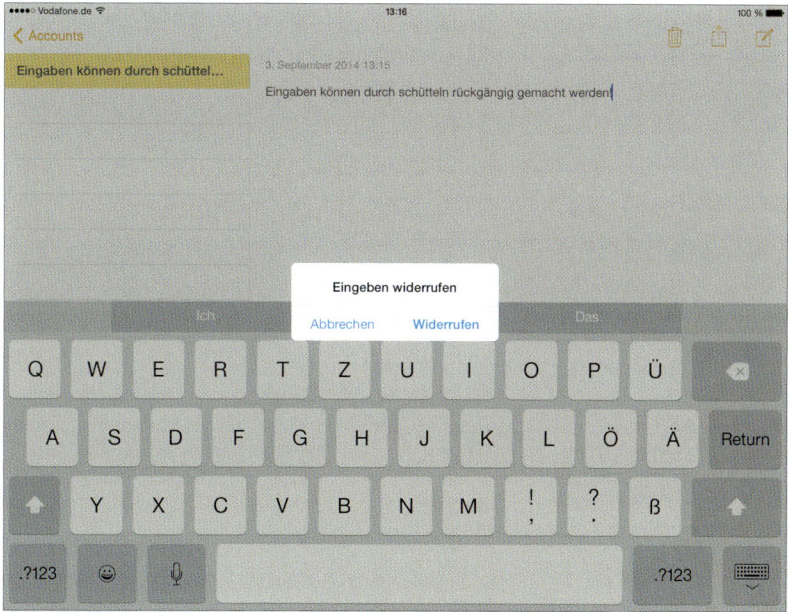

Durch Schütteln des iPad nach links und nach rechts öffnen Sie die „Widerrufen"-Funktion.

Sie schütteln das iPad und können so den letzten Arbeitsschritt widerrufen.

 Die meisten Programme im iPad erlauben nur das Rückgängigmachen des letzten Schritts. Es gibt aber auch Programme, wie Keynote, Pages und Numbers von Apple, die es gestatten, viele Schritte rückgängig zu machen bzw. diese auch wiederherzustellen.

Für die Kleinen: Einschränkungen und geführter Zugriff

Einschränkungen

In vielen Familien ist das iPad bei den Kleinen begehrter als bei den Erwachsenen. Und damit die Kleinen nicht Funktionen verwenden, die den Erwachsenen vorbehalten sind, hat Apple hier vorgesorgt und Einschränkungen integriert. Sie finden die Einstellungen diesbezüglich in *Einstellungen –> Allgemein –> Einschränkungen*. Damit die Einschränkungen wirksam werden, müssen Sie zunächst via *Einschränkungen aktivieren* einen Code hinterlegen, den Sie selbstverständlich Ihren Sprösslingen nicht weitergeben sollten.

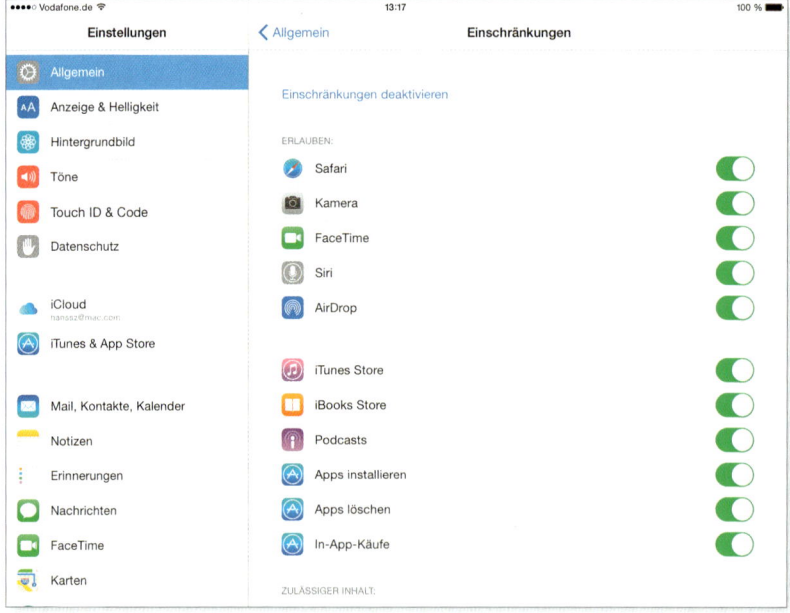

Entscheiden Sie über die diversen Schiebeschalter, welche Programme bzw. welche Funktionen nicht ausgeführt werden dürfen.

Wenn Sie hernach auf den Home-Bildschirm zurückkehren, werden Sie feststellen, dass alle Programme, die Sie nicht erlaubt haben, von den Screens verschwunden sind und somit nicht aufgerufen werden können.

 Besonders oft wird übrigens die Eigenschaft **In-App-Käufe** deaktiviert. Damit wird unterbunden, dass Ihre Sprösslinge in einem Game sukzessive weitere Werkzeuge/Spiellevels etc. dazu erwerben können.

Weitere vielfältige Einstellungen finden Sie darunter in den Bereichen *Zulässiger Inhalt*, *Datenschutz*, *Änderungen zulassen* und *Game Center*.

Bedienungshilfen

Geführter Zugriff

Anders vom Ansatz her funktioniert die Eigenschaft *Geführter Zugriff*. Via *Geführter Zugriff* können Sie ein Programm in den Vordergrund bringen und durch einen Code absichern, sodass dieses Programm nicht mehr verlassen werden kann. Darüber hinaus können Sie zudem definieren, ob bestimmte Bereiche innerhalb eines Programms aktiviert bzw. nicht aktiviert werden dürfen.

Beispiel: Stellen Sie sich vor, Sie haben für Ihre Kleinen ein Spiel gekauft, doch dieses Spiel verfügt über die leidige Möglichkeit sogenannter In-App-Käufe, also über Nachkäufe weiterer Spiellevel oder Spielfunktionen. Das möchten Sie nicht. Sie möchten, dass Ihr Sprössling das Spiel bedient, aber ansonsten keinen Schabernack treibt. Dann ist die Eigenschaft *Geführter Zugriff* genau richtig, denn damit ist es auch Ihrem Nachwuchs nicht möglich, das Spiel zu verlassen, um eine andere Funktion auf dem iPad auszuführen. Um diese Funktion zu aktivieren, gehen Sie zu *Einstellungen –> Allgemein –> Bedienungshilfen*, dort finden Sie im Bereich *Lernen* den Eintrag *Geführter Zugriff*.

Der „Geführte Zugriff" befindet sich in den Bedienungshilfen und wird durch dreimaliges Antippen der Home-Taste gestartet.

Beim iPad Air 2 und beim iPad mini 3 kann der „Geführte Zugriff" über die Touch ID beendet werden („Bedienungshilfen –> Geführter Zugriff –> Codeeinstellungen")

Wenn Sie den *Geführten Zugriff* aktivieren wollen, sollten Sie gleich einen Code festlegen (*Codeeinstellungen –> Code für geführten Zugriff festlegen*). Dieser ist wiederum zweimal einzutragen. Starten Sie dann das Programm, das Ihre Sprösslinge aufrufen dürfen.

Durch einen Dreifachklick auf die Home-Taste startet der „Geführte Zugriff".

Sie können auch innerhalb einer App Bereiche aufziehen, die nicht angetippt werden dürfen. Am Beispiel des Bildschirmfotos sehen Sie Bereiche, die zum Spielen von weiteren Inhalten vorgesehen sind. Via *Starten* läuft dann die App wie gewohnt, nur sind bestimmte Bereiche nicht verfügbar, und auch das Verlassen der App ist nicht möglich. Denn nur mit einem Dreifachklick auf die Home-Taste und der Eingabe des Codes kann man diese App wieder verlassen und den geführten Zugriff beenden.

Sie haben aber im Bereich ganz unten die Möglichkeit, die Verwendung von Tasten zu deaktivieren (*Hardwaretasten*) und auch das Tippen und Wischen unwirksam zu machen (*Berührung* aus). Dann kann beispielsweise ein Film angesehen werden, Stopp, Pause, Vorlauf, Lauter, Leiser etc. sind dann nicht möglich, ebenso das Beenden der App. Der Punkt *Zugriffszeit* ermöglicht es Ihnen, den Zugriff nur bis zum Ablauf der festgelegten Zeit (z. B. *1 Stunde*) zu erlauben.

AssistiveTouch

Die Funktion *AssistiveTouch* ist ebenfalls in den *Bedienungshilfen* zu finden. Damit können einige häufig verwendete Funktionen wie Rotationssperre, Lautstärkeregelung, Schütteln, Bildschirmfoto etc. ganz einfach aufgerufen werden.

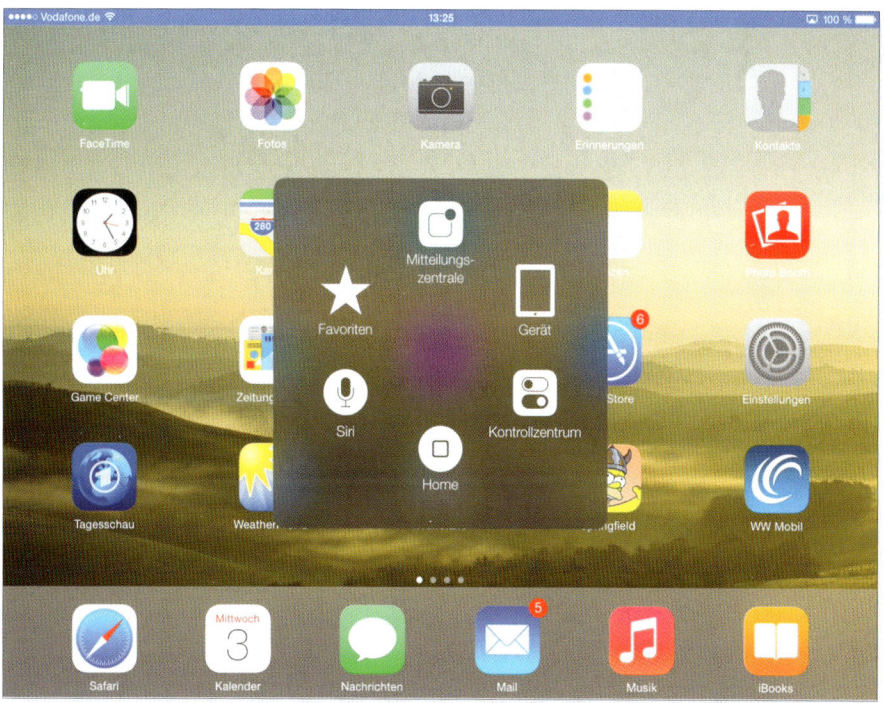

Via „AssistiveTouch" können einige wichtige Funktionen clever erreicht werden.

Weitere nützliche Funktionen

Außer den bereits genannten Funktionen können Sie in den *Bedienungshilfen* unter anderem noch das aktivieren:

VoiceOver liest Ihnen Bildschirmobjekte vor. Rufen Sie den Punkt auf, um die Funktion ein- oder auszuschalten und festzulegen, welche Elemente vorgelesen werden sollen und wie schnell.

Zoom vergrößert den gesamten Bildschirm. Einmal aktiviert, können Sie mit drei Fingern auf das Display tippen, um die Vergrößerung zu aktivieren. Ebenfalls mit drei Fingern erreichen Sie die durch die Vergrößerung in den nicht sichtbaren Bereich gewanderten Bereiche.

Farben umkehren ist eine Art Negativ der Anzeige. Aus Schwarz wird Weiß, aus Grün Pink. Blaue Elemente werden orange.

Sie können sich eine Auswahl an Text auch per Sprachausgabe vorlesen lassen. Auswahl bedeutet, dass Sie einen Text markieren und im daraufhin erscheinenden Menü die Option *Sprechen* erscheint.

Das iPad kann Ihnen markierten Text auch vorlesen, wenn Sie „Auswahl vorlesen" in den Bedienungshilfen aktiviert haben.

Sollten Sie die Funktion *Sprechen* nicht erhalten, so schalten Sie die Funktion *Sprachausgabe* ein. Aktivieren Sie dazu *Auswahl sprechen*. Dort gibt es noch weitere dazu passende Einstellungen. Die Option *Auto-Text vorlesen* bezieht sich auf die Auto-Korrektur und die Auto-Großschreibung. Einmal aktiviert, werden diese Elemente beim Tippen vorgelesen.

Apps, Musik, Filme, E-Books und mehr

Apple-ID

Bevor Sie beginnen, in den diversen Stores bei Apple online einzukaufen, sollten Sie die notwendigen Grundeinstellungen vornehmen. Gehen Sie diesbezüglich zu *Einstellungen –> iTunes & App Stores* und prüfen Sie, ob dort eine Apple-ID hinterlegt ist.

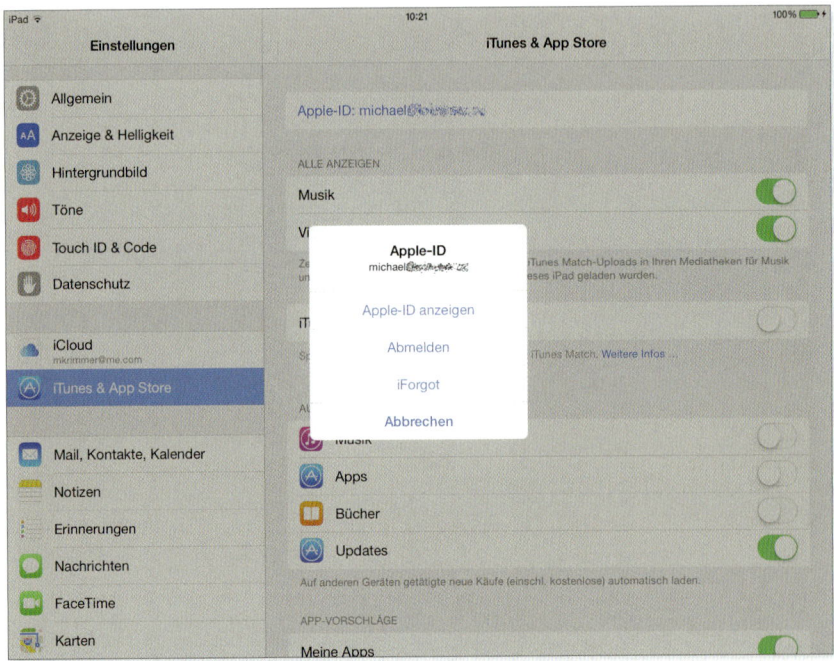

Eine Apple-ID ist notwendige Bedingung für den Einkauf in den diversen Stores.

Jeder Einkauf in einem der Apple Stores (App Store, iTunes Store, iBooks Store etc.) wird mit einer Apple-ID verknüpft. Deshalb sollten Sie stets die selbe Apple-ID verwenden. Dies ist besonders wichtig, wenn Sie mehrere tragbare Apple-Geräte besitzen, wie z. B. ein iPhone und ein iPad. Ist auf beiden Geräten dieselbe Apple-ID hinterlegt, können Sie Ihre Einkäufe auf dem anderen Gerät problemfrei laden und die App sofort verwenden.

Aber noch einmal kurz zurück zu den *Einstellungen*. Es könnte durchaus vorkommen, dass Sie Ihr Passwort vergessen. Tippen Sie dann, wie auf dem Screenshot zu sehen, auf Ihre Apple-ID (ganz oben in Blau gehalten) und verwenden Sie den Eintrag *iForgot*. Damit können Sie ein neues Kennwort vergeben. Und wie

Sie anhand des Bildschirmfotos auch sehen, können Sie die aktuelle Apple-ID abmelden und sich unter einer anderen Apple-ID anmelden.

 Jeder Einkauf wird einer Apple-ID zugeordnet, das hatten wir bereits erwähnt. Wichtig zu wissen ist: Wenn Sie über mehrere Apple-IDs verfügen, gibt es derzeit keine Möglichkeit, die Einkäufe von einer zu einer anderen Apple-ID zu übernehmen.

Eine Apple-ID ist immer an ein Land gekoppelt. Es ist also nicht möglich, mit einer deutschen Apple-ID im US-amerikanischen Store einzukaufen. Das schließt auch Gratis-Angebote mit ein. Sie haben allerdings die Möglichkeit, mehrere Apple-IDs zu benutzen. Dann können Sie – eine US-Adresse und US-Kreditkarte vorausgesetzt – in beiden Stores einkaufen.

Die jeweils gewünschten Anmeldeinformationen geben Sie in den *Einstellungen* im Bereich *iTunes & App Store* ein.

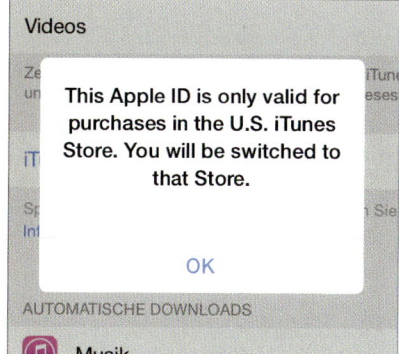 

Eine US-Apple-ID ist auch nur für Einkäufe in den US-Shops geeignet, die deutsche dagegen nur für die deutschen Stores.

Eine Apple-ID erstellen

Sofern Sie noch keine Apple-ID haben und im iPad auch noch keine eingetragen hatten, ist die sehr schnell angelegt. Sie können den Vorgang in den *Einstellungen –> iTunes & App Store* beginnen. Tippen Sie dort auf *Neue Apple-ID erstellen*.

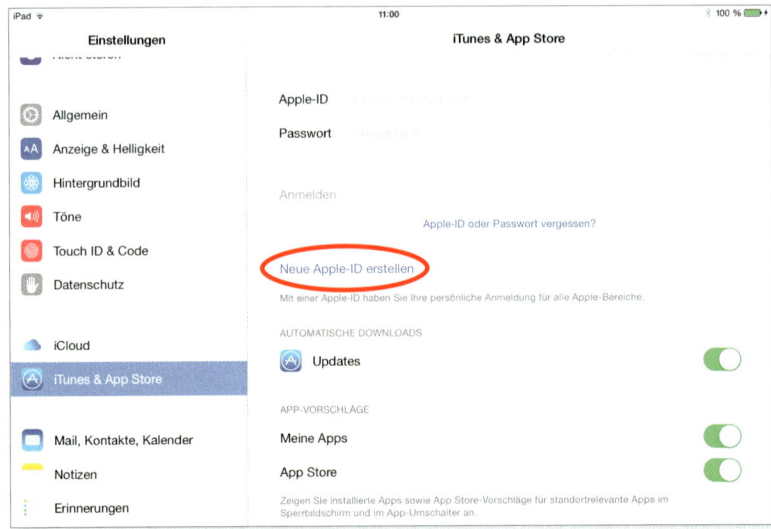

Dort, wo Sie die bestehende Apple-ID eintragen, können Sie auch eine neue anlegen.

Geben Sie dann im ersten Schritt den Store an, in dem Sie einkaufen möchten. Vorzugsweise sollten Sie hier *Deutschland* wählen, damit Sie deutsche Apps, deutsche Bücher und andere lokal interessante Artikel kaufen und in Euro bezahlen können. Tippen Sie dann auf *Weiter*.

Danach folgen 36 Seiten (Stand: November 2014) *Geschäftsbedingungen und Datenschutzrichtlinien* von Apple, die Sie lesen oder *Per E-Mail senden* können. Scrollen Sie ganz nach unten, um zu den weiteren Seiten zu gelangen oder die Bedingungen zu *Akzeptieren*. Das müssen Sie zweimal tun, bevor es weitergeht.

Im nächsten Schritt geben Sie eine *E-Mail*-Adresse an, die dann zugleich Ihre neue Apple-ID wird. Auch ist die Vergabe eines Kennworts nötig, das Sie einmal bestätigen müssen. Geben Sie an dieser Stelle auch gleich einige Sicherheitsfragen mit dazu passenden Antworten an. Und Sie haben auch die Möglichkeit, eine optionale E-Mail-Adresse anzugeben. Das alles kann Ihnen dabei helfen, wieder Zugang zu Ihrer Apple-ID zu bekommen, wenn Sie einmal das Kennwort vergessen haben.

Kennwort	••••••••••
Kennwort	••••••••••

Kennwörter müssen aus mindestens 8 Zeichen bestehen und müssen eine Zahl, einen Groß- und einen Kleinbuchstaben enthalten. Verwenden Sie weder Leerzeichen noch das gleiche Zeichen drei Mal hintereinander. Geben Sie nicht Ihre Apple-ID oder ein Kennwort ein, das Sie während des vergangenen Jahres verwendet haben.

Bei der Vergabe eines Kennworts müssen Sie sich an einige Regeln halten, sonst wird es nicht akzeptiert.

Geben Sie dann noch Ihr Geburtsdatum an. Möchten Sie über Neuigkeiten im iTunes Store informiert werden oder Neuigkeiten, Sonderangebote und Infos von Apple bekommen, legen Sie die betreffenden Schalter um. Sie können auf diese Werbung verzichten, indem Sie die beiden Möglichkeiten ausgeschaltet lassen. Tippen Sie auf *Weiter*.

Nun geben Sie noch die Rechnungsdaten an. Dazu gehören eine *Zahlungs-methode*, Ihre *Rechnungsadresse* sowie eine *Telefonnummer*.

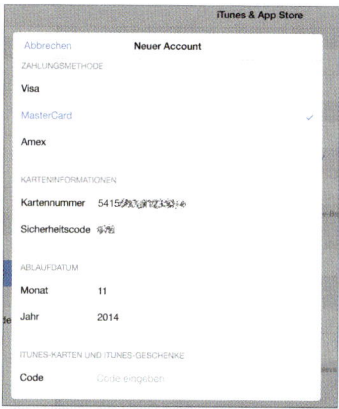

Bei der Wahl der Zahlungsmethode haben Sie neben diversen Kreditkarten auch die Möglichkeit, einen Gutschein oder eine iTunes-Karte einzulösen.

Damit ist der Vorgang beendet. Sie erhalten noch eine Bestätigungs-E-Mail mit einem Link, den Sie anklicken müssen, um die Anmeldung abzuschließen. Tippen Sie am iPad auf *Fertig*, um wieder zu den Einstellungen zu gelangen.

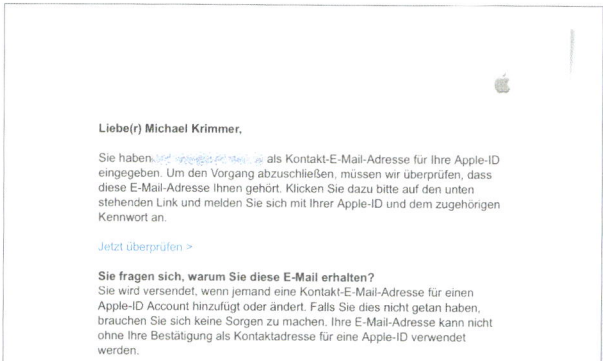

Zuletzt bestätigen Sie den Link in der E-Mail, um Ihre Apple-ID zu erstellen.

So, damit sind die Einstellungen getätigt, und wir können uns der Reihe nach die verschiedenen Stores und ihre Einsatzbereiche ansehen.

App Store

Das App-Store-Icon ist bereits direkt auf Ihrem Home-Bildschirm angebracht. Durch Antippen des Icons startet das dazugehörige Programm, und Sie bekommen eine ganze Fülle von Apps präsentiert.

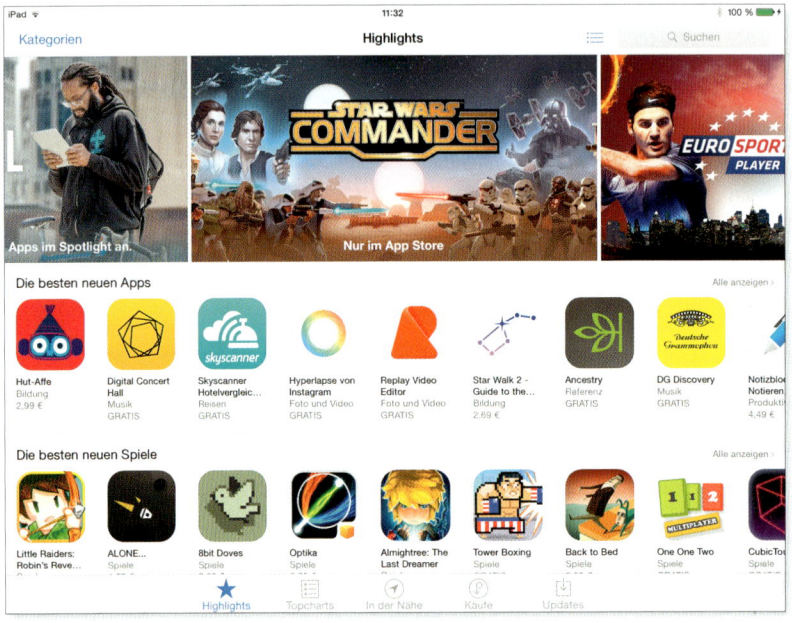

So präsentiert sich der App Store.

Sie können nun horizontal oder vertikal navigieren, um die Angebote des App Store zu durchforsten. Sie haben sicher bereits im oberen Bereich des Fensters den Begriff *Kategorien* gesehen. Dort können Sie Apps sortiert nach Rubriken wie *Kinder*, *Spiele*, *Bildung*, *Zeitungskiosk* sortieren.

Im November 2014 befanden sich über 1,3 Mio. Apps im App Store. Dabei sind etwa 400.000 speziell für das iPad gedacht und die anderen für die Verwendung auf dem iPhone programmiert, laufen aber auf dem iPad genauso, allerdings in geringerer Auflösung.

Weiterhin sehen Sie im unteren Bereich des App-Store-Fensters die *Highlights*, *Topcharts* und auch die Einträge *In der Nähe*, *Käufe* und *Updates*.

Eine pfiffige Sache im App Store sind die Apps **In der Nähe**. Dort bestimmt das iPad über die Ortungsdienste Ihren aktuellen Standort und gibt Ihnen die Apps aus, die an diesem Ort besonders beliebt sind. Ein Beispiel könnte ein Reiseführer sein, der am Flughafen oder Bahnhof der Stadt besonders oft geladen wurde. Damit Sie diese Funktion nutzen können, muss bei **Einstellungen –> Datenschutz –> Ortungsdienste** die Option **App Store** aktiviert sein.

Wollen wir uns einige Details etwas genauer ansehen. Klicken Sie beispielsweise auf *Topcharts*, bekommen Sie eine mehrspaltige Darstellung, in der Sie die meistgekauften, die meistgeladenen und die umsatzstärksten Apps in einer Übersicht sehen.

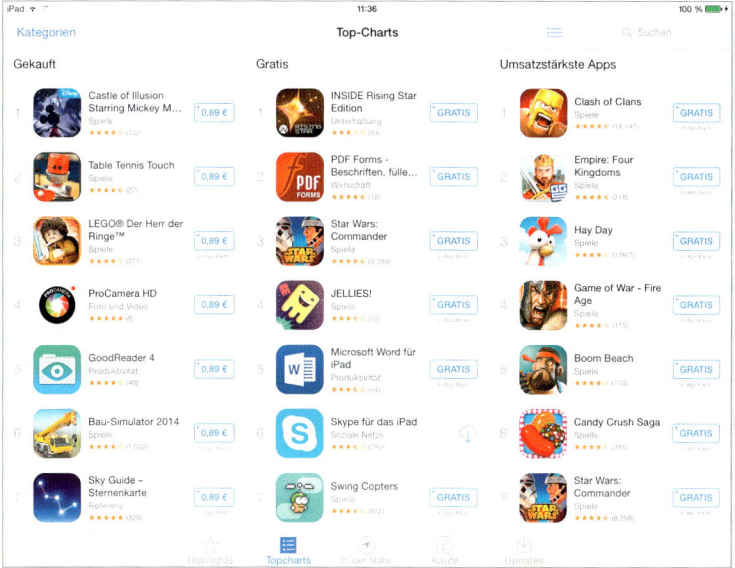

Die Charts geben einen guten Überblick über die aktuellen Topseller.

Apps installieren

Sofern Sie noch nie eine App geladen und installiert haben, sollten Sie den Vorgang anhand einer Gratis-App einmal ausprobieren. Tippen Sie dazu auf den Begriff *Gratis.* Und sogleich wird aus dem Begriff *Gratis* der Begriff *App installieren*. Klicken Sie erneut darauf und geben Sie, falls abgefragt, Ihr Apple-ID-Kennwort ein. Und schon beginnt der Download Ihrer App. Je nach Größe der App und der Internetverbindung (WLAN oder 3G/LTE) kann es ein wenig dauern, bis sie auf Ihrem iPad angekommen ist.

Ist die App größer als 100 MB, muss der Download über WLAN erfolgen und kann nicht über das 3G-Netzwerk stattfinden.

Nach Abschluss des Downloads finden Sie auf Ihrem Home-Bildschirm das Icon der heruntergeladenen App. Sie sehen also, das Herunterladen und Installieren eines neuen Programms auf Ihrem iPad ist sehr, sehr einfach. Hätten Sie im Gegensatz zu einer Gratis-App eine kostenpflichtige App geladen, so wäre auch dies problemlos vonstattengegangen, denn im Regelfall haben Sie Ihrer Apple-ID ja eine Zahlungsmethode zugeordnet (beispielsweise eine Kreditkarte). Die Zahlungsmethode können Sie überprüfen bzw. ändern, wenn Sie über die *Einstellungen* zu *iTunes & App Store* gehen, auf die *Apple-ID* tippen und dort den Eintrag *Apple-ID anzeigen* wählen. Tippen Sie anschließend auf *Zahlungsmethode* und geben Sie dort die notwendigen Informationen ein.

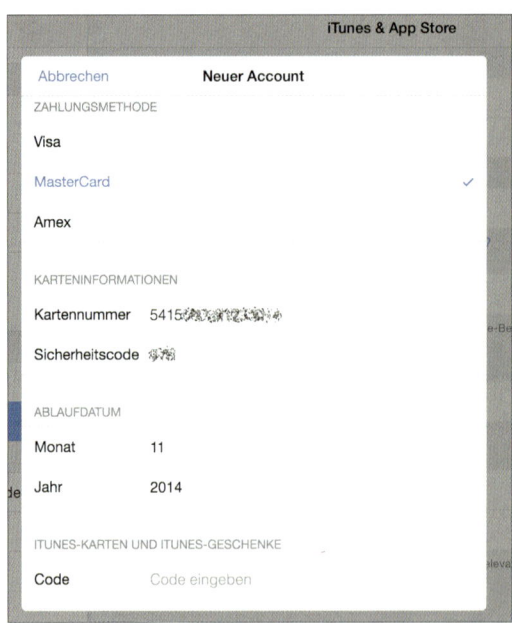

Einer Apple-ID kann eine Zahlungsmethode, wie z. B. eine Kreditkarte, direkt zugeordnet werden, was den Einkauf in den Stores erleichtert.

Gutscheincode einlösen

Bevorzugen Sie hingegen das Einlösen von Gutscheincodes, die Sie ja mittlerweile in Supermärkten, Tankstellen etc. erwerben können, so bewerkstelligen Sie dies über das Programm *App Store*. Starten Sie dieses, wählen Sie die *Highlights* aus und scrollen Sie ganz nach unten, um auf den Begriff *Einlösen* zu tippen und dort Ihren Gutscheincode zu hinterlegen.

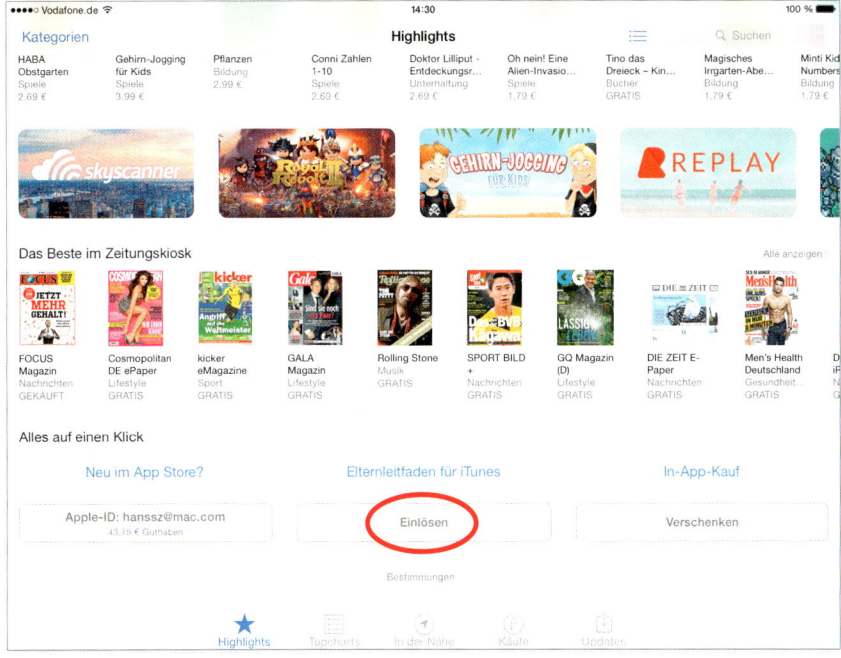

Via „Einlösen" können Sie die Gutscheine Ihrem Konto hinzufügen.

Jeder Kauf, den Sie nun tätigen, wird mit diesem Gutschein verrechnet.

 Der Gutschein ist Ihrer Apple-ID zugeordnet. Das heißt, er ist neben Apps auch für Bücher, Musik, Filme etc. einsetzbar.

Apps erneut laden

Kommen wir noch einmal zurück zum Stöbern im *App Store*. Sicher haben Sie den Button *Einkäufe* bemerkt. Dort bringen sich alle Apps ein, die Sie unter Ihrer Apple-ID auf eines Ihrer Geräte (iPhone, iPad etc.) geladen haben.

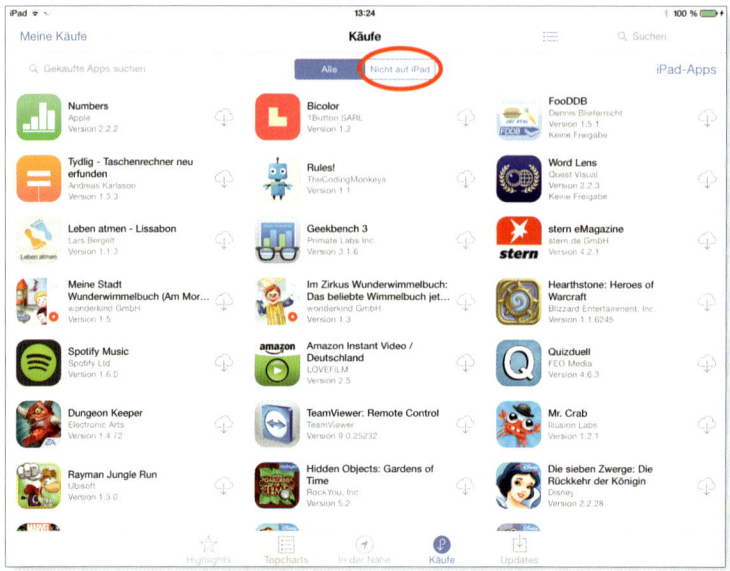

Gekaufte Artikel befinden sich alle in der iCloud.

Und Sie sehen, dass all die geladenen Apps rechts daneben ein kleines Wolkensymbol zeigen. Das bedeutet, die Apps sind für Sie unter Ihrer Apple-ID bei Apple in der iCloud abgelegt worden und können jederzeit erneut ohne Kennwortabfrage geladen werden.

Sicher haben Sie im oberen Teil des Fensters den Button *Nicht auf diesem iPad* schon gesehen. Dort erhalten Sie eine Liste von allen Programmen, die sich derzeit nicht auf Ihrem iPad befinden, aber bereits mit Ihrer Apple-ID bezogen wurden.

 Wir haben vorhin ja schon erwähnt, dass von den etwa 1,3 Mio. Apps circa ein Drittel für das iPad entwickelt wurde. Die restlichen sind auf das iPhone zugeschnitten. Wenn Sie rechts oben auf den Begriff **iPad-Apps** tippen, sehen Sie diese Unterscheidung.

In der Cloud von Apple sammeln sich alle Apps, die entweder auf dem iPad oder auf dem iPhone mit Ihrer Apple-ID installiert wurden.

Wenn Sie Apps in diesem umfangreichen Store ausfindig machen möchten, können Sie selbstverständlich rechts oben die *Suchen*-Funktion verwenden. *Gekaufte Apps suchen* durchsucht dagegen nur die Liste der bereits mit Ihrer Apple-ID verbundenen Apps.

 Und vergessen Sie nicht, durch die Installation der Apps bekommen Sie immer mehr Icons auf Ihren Home-Bildschirm, die Sie durch das Erstellen von Ordnern sinnvoll zusammenfassen sollten, um Ihre Apps schneller finden zu können. Erinnern Sie sich dabei auch an **Siri** sowie an **Spotlight**, die beiden schnellsten Möglichkeiten, um Apps rasch starten zu können.

App-Updates

Und zu guter Letzt werden diese Programme bisweilen aktualisiert. Es ist dazu nicht notwendig, immer wieder auf das App-Store-Icon zu tippen und bei Updates nach Neuerungen zu suchen. Sobald Updates verfügbar sind, wird das Icon des Programms *App Store* dies mit einer Ziffer auch anzeigen. Diese Ziffer sagt aus, wie viele Apps derzeit in einer neuen Version vorliegen. Durch Antippen des *App Store*-Buttons und des Eintrags *Updates* werden diese auf Ihr Gerät heruntergeladen. Damit haben Sie die Kontrolle darüber, welche Updates installiert werden.

Das App-Store-Icon zeigt verfügbare Updates für vorhandene Apps an.

Falls Sie das manuelle Updaten der Apps zu aufwendig finden, bietet Ihnen iOS seit Version 7 auch die automatische Installation von App-Updates. Dazu müssen Sie in den *Einstellungen* bei *iTunes & App Store* im Bereich *Automatische Downloads* die Funktion *Updates* einschalten. Damit werden App-Updates automatisch im Hintergrund heruntergeladen und installiert.

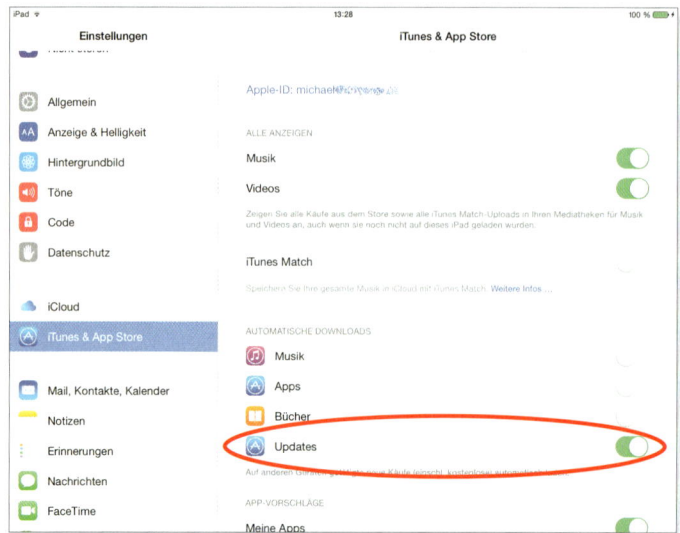

Updates für Apps können automatisch geladen und installiert werden.

Jede Update-Installation wird natürlich dokumentiert und ist kurzfristig in der Mitteilungszentrale aufgelistet. Eine genaue Übersicht finden Sie im *App Store* bei *Updates*. Dort sind die installierten Updates nach Datum sortiert. Zudem finden Sie rechts oben eine Suchfunktion.

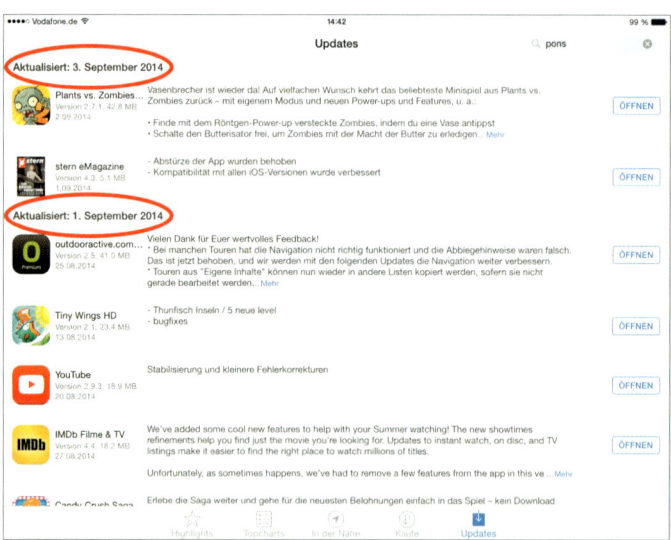

Die Installation der Updates wird im „App Store" dokumentiert.

Aktualisierte Apps erkennen Sie an einem kleinen blauen Punkt neben dem App-Namen.

Apps verschenken

Sie haben auch die Möglichkeit, eine App zu verschenken. Dann entrichten Sie den Kaufpreis, und der Beschenkte erhält eine Nachricht und kann die App kostenlos herunterladen.

Um eine App zu verschenken, rufen Sie die entsprechende Anwendung auf und tippen auf das Symbol rechts oben.

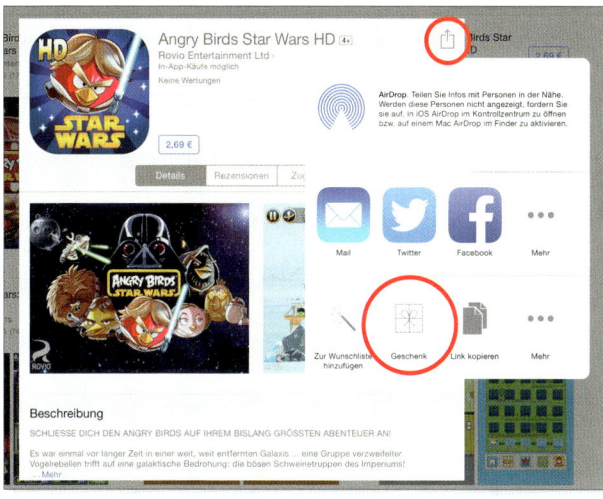

Tippen Sie auf das Symbol rechts oben und dann auf „Geschenk", um eine App zu verschenken.

Im nächsten Schritt geben Sie an, wer die App bekommen soll. Hier ist auch Platz für eine kurze Nachricht mit maximal 2000 Zeichen. Handelt es sich um ein Geburtstagsgeschenk, das erst später zu einem bestimmten Datum „ausgeliefert" werden soll, wählen Sie das Datum ganz unten im Bereich *Verschenken* aus. Tippen Sie anschließend auf *Weiter*.

Kostenfrei: Keynote, Pages, Numbers, iMovie, GarageBand und iPhoto

Mit iOS 7 hat Apple eine Reihe wichtiger Apps kostenfrei fürs iPad verfügbar gemacht. Zum einen sind das die iWork-Apps *Numbers*, *Pages* und *Keynote* sowie *iMovie* und *iPhoto*. Diese können Sie bequem über den App Store gratis herunterladen. Verwenden Sie dazu die Suchfunktion, um diese Apps rasch ausfindig zu machen.

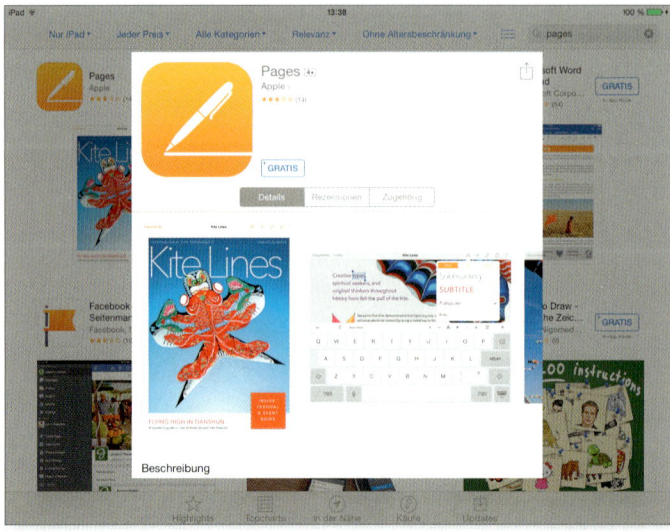

Eine Reihe hochwertiger Apple-Apps fürs iPad bietet Apple gänzlich gratis an.

Hintergrundaktualisierung und Mobile Daten verwenden

Viele Apps, die Sie über den App Store erwerben, können im Hintergrund ihre Informationen aktualisieren. Dazu muss das iPad eine Verbindung zum Internet haben. Dies kann per WLAN oder mobil geschehen. Eine Übersicht über alle Apps, die sich selbstständig mit Daten versorgen können, finden Sie unter *Einstellungen –> Allgemein –> Hintergrundaktualisierung.*

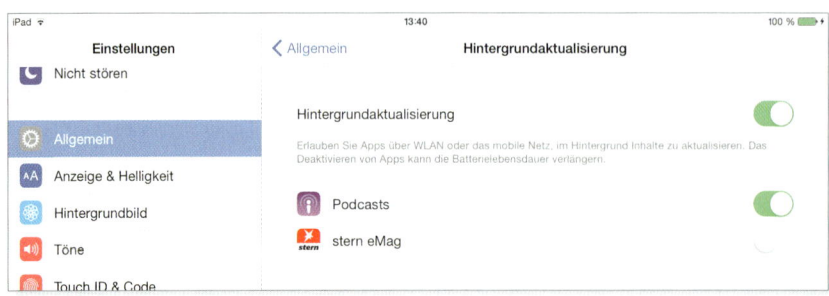

Viele Apps können sich im Hintergrund mit neuen Informationen versorgen.

Klar, dass die Hintergrundaktualisierung auf Kosten der Akkulaufzeit geht und zudem Ihr mobiles Datenkontingent belastet. Sie könnten nun entweder die Hintergrundaktualisierung komplett deaktivieren oder eben nur einzelne Apps ausschalten.

Um Ihr mobiles Datenvolumen einsehen zu können, sollten Sie zu *Einstellungen –> Mobile Daten* navigieren.

Dort sehen Sie bei *Mobile Datennutzung*, wie viele MBytes oder GBytes Sie bereits verbraucht haben. Ebenso wird dort Ihr verbrauchtes Roaming-Kontingent angezeigt. Unterhalb der App-Liste finden Sie zudem den Button *Statistiken zurücksetzen*.

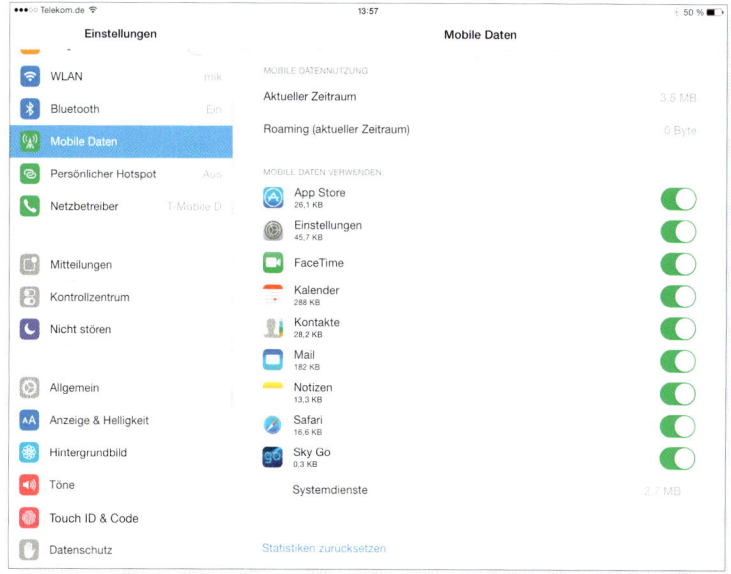

„Mobile Daten" zeigt Ihnen Ihr verbrauchtes Datenvolumen an.

Weiterhin können Sie in der Liste detailliert festlegen, welche Apps über das mobile Datennetz (3G oder LTE) kommunizieren dürfen. Schalten Sie hierbei wenig benutzte oder sehr hungrige Apps einfach aus. Sinnvoll ist in jedem Fall, *FaceTime*, *Erinnerungen*, *Kalender*, *Karten*, *Safari*, *Notizen* und *Kontakte* aktiv zu belassen. So können Sie z. B. via *FaceTime* dann auch unterwegs per Audio- oder Videochat erreichbar sein. Die anderen Einträge gewährleisten den Abgleich der iCloud-Informationen, während Sie im mobilen Datennetz unterwegs sind.

 Leider können die Systemdienste für die mobile Datennutzung nicht im Detail ein- bzw. ausgeschaltet werden. Sie können jedoch die Nutzung der mobilen Daten unterwegs auch komplett deaktivieren.

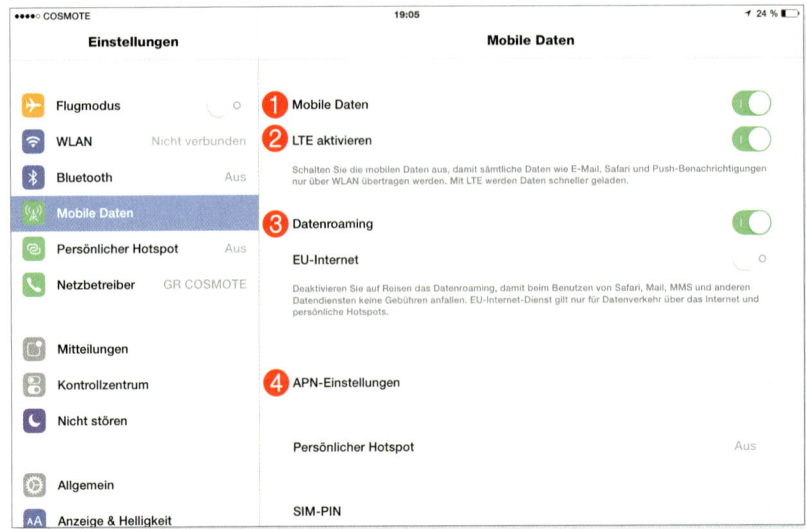

Die mobile Datennutzung kann im Detail konfiguriert werden.

Wollen Sie unterwegs das mobile Datennetz nicht nutzen, deaktivieren Sie es einfach komplett ❶. Wer über LTE ❷ verfügt, kann sich ebenfalls entscheiden, ob dies genutzt werden soll. Dessen Verwendung beschleunigt den Internetzugriff enorm, benötigt aber etwas mehr Akku und kann eventuell Ihr begrenztes mobiles Datenvolumen schnell ausschöpfen. Das mobile Internet im Ausland (*Datenroaming* ❸) kann zu hohen Kosten führen. Erkundigen Sie sich vor dem Reiseantritt über die Vertragskonditionen, um keine bösen Überraschungen zu erleben. Will unterwegs die Internetverbindung nicht klappen, sollten Sie die Einstellungen ❹ diesbezüglich prüfen. Die korrekten Einstellungen finden Sie in Kapitel 1 ab Seite 13.

Energiefresser erkennen

Apps können je nach Typ mehr oder weniger Strom verbrauchen. Manche verbrauchen mehr Strom, weil Sie beispielsweise sehr ausschweifend auf Ortungsdienste zugreifen (z. B. Navigations-Apps). Andere wären an sich sehr stromsparend, würde man sie nicht ständig offen haben und nutzen.

Wenn Sie sich dafür interessieren, wie viel Strom Ihre Apps verbrauchen, dann statten Sie den *Systemeinstellungen* –> *Allgemein* –> *Benutzung* einen Besuch ab und tippen Sie dort auf *Batterienutzung*. Dort sehen Sie dann auf den ersten Blick, welche Apps in den vergangenen 24 Stunden oder den vergangenen 3 Tagen viel Strom verbraucht haben.

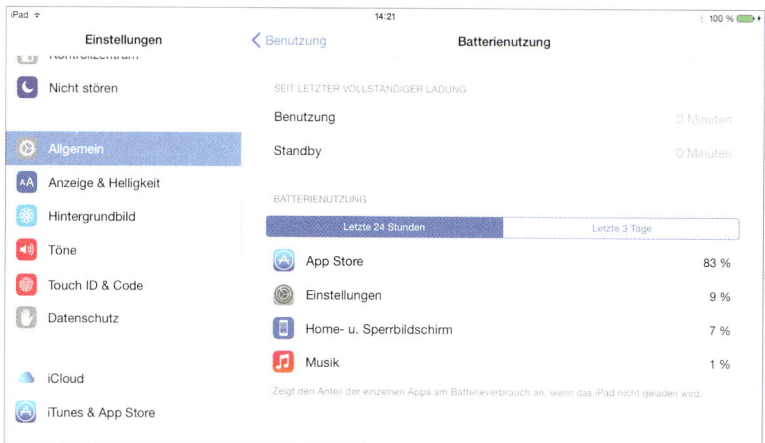

In diesem Beispiel hat der App Store den mit Abstand größten Teil der Batterie verbraucht.

Sie können aus den nun gewonnenen Erkenntnissen Ihr Verhalten in Bezug auf die App-Nutzung verändern. Entweder Sie nutzen die Stromfresser nicht mehr so häufig und sparen dadurch Energie für andere Dinge. Oder Sie löschen Apps komplett, wenn Sie sie eigentlich gar nicht benötigen.

iTunes Store

Ähnlich im Aufbau ist der iTunes Store. Darin finden Sie folgende Inhalte:

- Musik
- Filme
- TV-Sendungen
- Hörbücher

Und ähnlich wie beim App Store haben Sie sowohl im oberen als auch im unteren Bereich der Darstellung verschiedene Navigationsmöglichkeiten. Unten sehen Sie die verschiedenen Kategorien. Dort gibt es übrigens den *Genius*, der Ihre Wünsche analysiert und entsprechende Vorschläge unterbreitet. Auch hier gibt es wieder die Topcharts mit den meistgekauften Musiktiteln und Filmen etc.

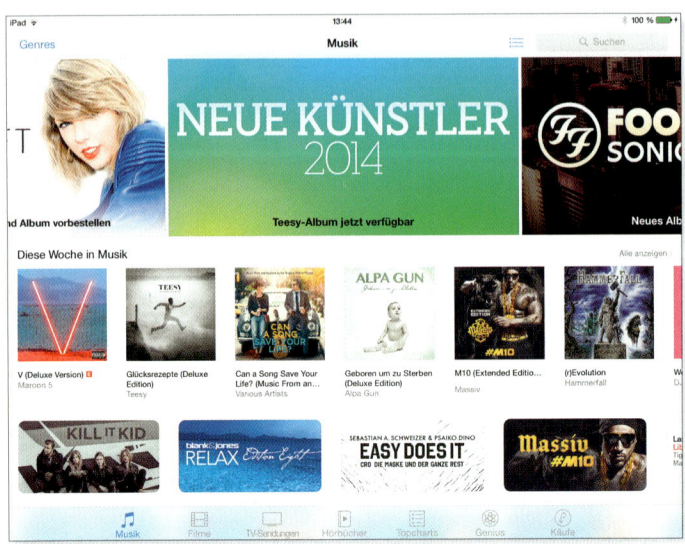

Der iTunes Store lässt sich ähnlich wie der App Store bedienen. Sie können horizontal und vertikal scrollen, um weitere Inhalte einzusehen.

Und sicher haben Sie auch in der rechten oberen Ecke bereits die *Suchen*-Funktion gesehen, bei der Sie beliebige Suchbegriffe eingeben können, für die in der jeweiligen Sparte dann die Inhalte erscheinen. Und auch das ist ähnlich zum App Store: In jeder Kategorie können Sie nach unten scrollen und erhalten dort den Button *Einlösen*, um Ihren Account mit Gutscheinen aufzuladen.

Regeln für den Filmverleih

Wenn Sie übers iPad im iTunes Store einen Film ausleihen, gelten ein paar Regeln, die Sie kennen sollten:

Wenn Sie einen Film leihen, haben Sie 30 Tage Zeit, den Film anzusehen. Sobald Sie die Wiedergabe gestartet haben, bleiben Ihnen 48 Stunden, um den Film zu sehen. Danach verschwindet er aus Ihrer Bibliothek. Innerhalb dieser 48 Stunden können Sie den Film aber so oft ansehen, wie Sie möchten.

> **!** Vor allem für Filme oder TV-Serien ist es besonders nützlich, wenn Sie über ein Apple-TV-Gerät verfügen. Über die Eigenschaft **AirPlay** können Sie Ihren iPad-Bildschirm über das Apple-TV an ein HD-TV-Gerät übertragen und so TV-Serien oder Filme ganz komfortabel sehen (siehe Kapitel 8). Weiterhin gibt es zum Anhören von Musik AirPlay-fähige Lautsprecher oder AV-Receiver, sodass die Musik an diese Geräte übertragen und in voller Soundqualität angehört werden kann.

iTunes Match

iTunes Match ist auf den ersten Blick ein Service, der zwar 25 Euro pro Jahr kostet, aber keinen wirklichen Mehrwert zu bieten scheint. Sieht man aber genauer hin, so ergeben sich mit iTunes Match durchaus Vorteile.

Haben Sie diesen Service abonniert, werden alle Musiktitel, die sich in Ihrer iTunes-Mediathek befinden, mit der iCloud abgeglichen. Alle Titel, die Apple im iTunes Store vorrätig hat, werden künftig aus diesem Pool geladen, alle anderen laden Sie einmalig in die Cloud hoch.

 iTunes Match aktivieren Sie am Computer mit dem Programm **iTunes**. Dort finden Sie im Menüpunkt **Store** den Eintrag **iTunes Match aktivieren**. Danach können Sie diese Funktion ebenso am iPad starten: **Einstellungen –> iTunes & App Store –> iTunes Match**.

Ist der Abgleich erfolgt und haben Sie alle unbekannten Titel hochgeladen, können Sie von diesem Zeitpunkt an auf allen Ihren Geräten über das Internet auf Ihre Musik zugreifen und alle Titel laden, solange Sie Platz auf dem iPad und eine Internetverbindung haben. Ist ein Titel einmal geladen, so benötigen Sie künftig dafür keine Onlineverbindung mehr, weil das Musikstück abgespeichert wird.

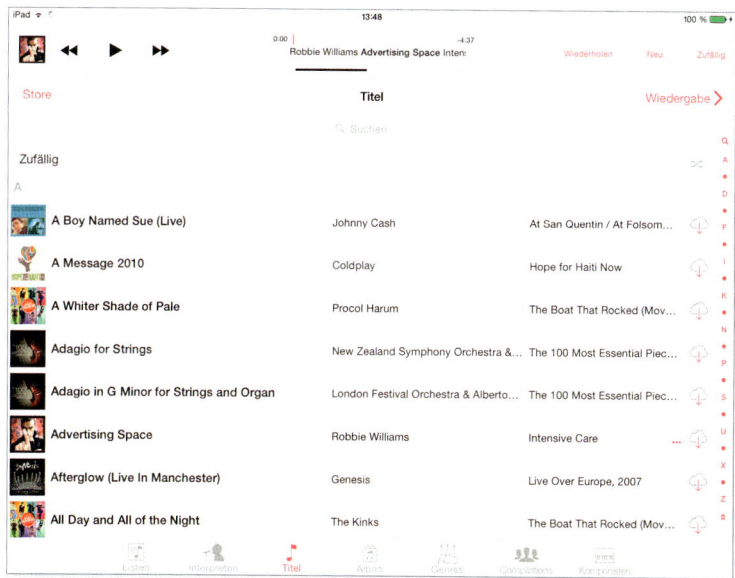

Alle Titel Ihrer iTunes-Mediathek stehen auch am iPad zum Download bereit.

Ein weiterer Vorteil: Haben Sie ein Musikstück in geringerer Qualität als die des iTunes Store (AAC mit 256 Kbit/Sekunde ohne DRM), so können Sie das Lied in besserer Qualität laden, als Sie es selbst besitzen. Das ist legal und ohne Probleme möglich, weil sich Apple ja aus dem eigenen Shop bedient.

Tipps für iTunes Match

- Laden Sie Musik, so oft es geht, aus dem WLAN. Das geht schneller und belastet nicht Ihr Datenvolumen über das Mobilfunknetz.
- Möchten Sie Musik nicht unterwegs laden, sondern nur über ein WLAN, deaktivieren Sie in den *Einstellungen –> Mobiles Netz* den Punkt *Mobile Daten*. Dann können Sie zwar immer noch eine Ausnahme machen, werden aber vorher gefragt.
- Musiktitel werden – sofern dort vorhanden – aus dem iTunes Store geladen. Das bedeutet, dass Sie die Musik auch immer in der besseren Qualität laden können. Selbst dann, wenn Sie das Lied ursprünglich in schlechterer Qualität hatten.

iTunes Radio

iTunes Radio ist ein Dienst innerhalb der *Musik*-App, die es Ihnen ermöglicht, über das Internet eine Art Webradio zu empfangen. Dieser Dienst ist zurzeit (Stand: Oktober 2014) nur in den USA verfügbar. Es wird aber nur eine Frage der Zeit sein, bis er auch in Europa verfügbar sein wird. Sind Sie im Besitz einer Apple-ID, die in den USA registriert ist, können Sie iTunes Radio bereits jetzt nutzen. Wir wollen Ihnen schon vorab einen Einblick in die Funktionen von iTunes Radio geben.

Zuerst wählen Sie einen Sender aus und Sie hören die Musik, die dieser zu bieten hat.

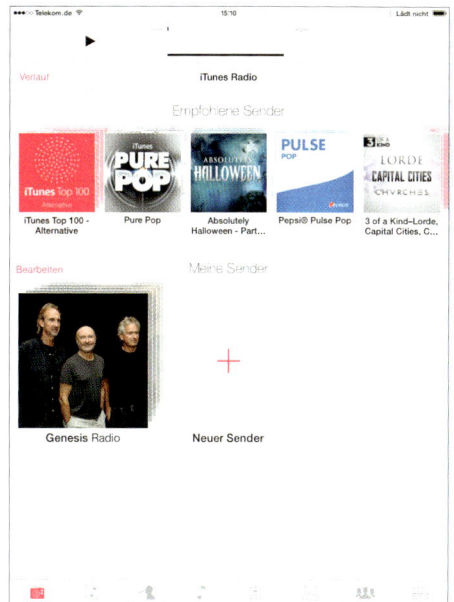

Zunächst erhalten Sie Empfehlungen, die Ihrem Musikgeschmack entsprechen könnten (links). Nach der Auswahl eines Senders beginnt die Wiedergabe (rechts).

Pausieren Sie die Wiedergabe ❶ oder springen Sie zum nächsten Titel ❷. Und auch sonst haben Sie weitere Möglichkeiten, die Sie aus der *Musik*-App kennen: Zeitleiste ❸ und Lautstärkeregler ❹.

Interessant ist der Stern ❺. Darüber legen Sie fest, ob Ihnen der gerade gespielte Titel gefällt und ob Sie künftig mehr davon hören möchten oder ob der Titel nie wieder gespielt werden soll. iTunes Radio wird das künftig bei der Auswahl Ihrer persönlichen Radioliste berücksichtigen.

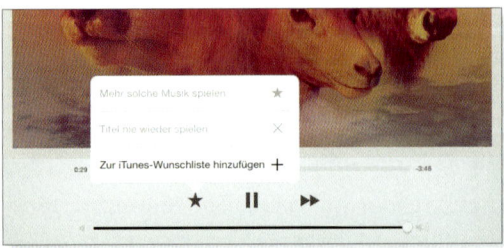

Sagen Sie „iTunes Radio", ob der gespielte Titel Ihrem Geschmack entspricht oder nicht.

Rechts oben wird Ihnen der Preis des Titels angezeigt. Über diese Schaltfläche können Sie den Titel im iTunes Store kaufen. Es kann auch vorkommen, dass der Titel einzeln nicht zu haben ist, Sie daher das gesamte Album kaufen müssten. Diese Information wird dann aber anstelle des Preises angezeigt.

Tippen Sie oben in der Leiste auf das eingekreiste *i*, haben Sie noch weitere Möglichkeiten:

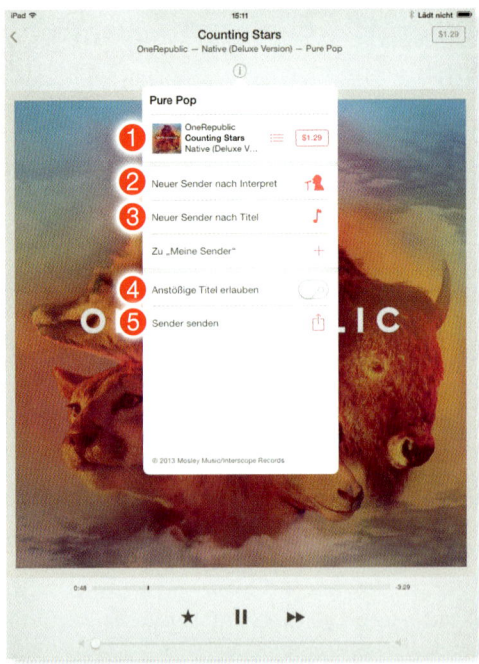

iTunes Radio hat eine ganze Reihe weiterer Funktionen an Bord.

❶ Hier sehen Sie Infos zum Titel, können sich das Album ansehen und Titel oder Album kaufen.

❷ Erstellen Sie einen neuen Sender, der Ihnen zum Interpret passende Titel abspielt.

❸ Erstellen Sie einen neuen Sender, der Ihnen zum Titel passende Musik abspielt.

❹ Legen Sie hier fest, ob auch Titel mit anstößigen Texten gespielt werden dürfen.

❺ Teilen Sie Ihren Freunden und Bekannten über *Nachrichten*, *Mail*, *Twitter* oder *Facebook* mit, welchen Sender Sie gerade hören. Alternativ dazu können Sie den *Link kopieren*.

iTunes U und Podcasts

Neben dem iTunes Store, in dem Sie Filme, Musik, TV-Serien und Hörbücher finden, gibt es noch zwei weitere sehr interessante Angebote. Das eine nennt sich *iTunes U*. Hierbei handelt es sich um spezielle Angebote für den Bildungsbereich. Dort haben beispielsweise Universitäten Vorlesungen aufgezeichnet, die sie hier gratis zur Verfügung stellen.

Im Bereich *Podcasts* können Video- und Audiosendungen, ähnlich wie bei You-Tube, angesehen werden. Podcasts sind vergleichbar mit Radio- oder Fernseh-sendungen, die Sie zu einem beliebigen Zeitpunkt konsumieren können. Um auf iTunes-U- bzw. Podcast-Angebote zugreifen zu können, müssen Sie die dazuge-hörigen Apps installieren.

iTunes U können Sie kostenfrei aus dem App Store laden, die Podcasts-App ist unter iOS 8 bereits vorinstalliert. Beide sind kostenfrei und selbstverständlich im App Store zu finden. Tippen Sie im App Store auf das Suchfeld rechts oben und geben Sie *iTunes U* ein, wenig später werden Sie die dazugehörige App finden.

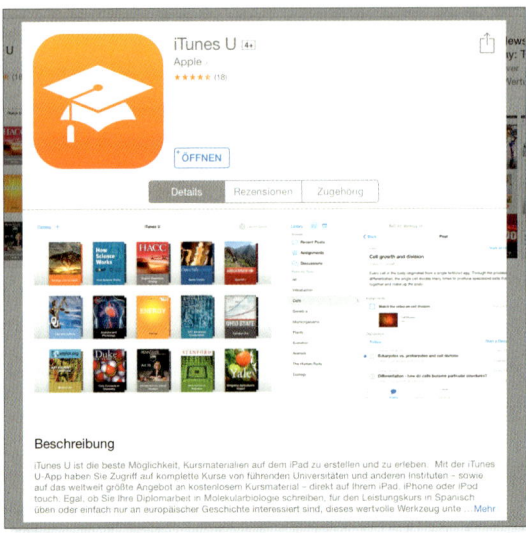

Die App „iTunes U" ist gratis, stammt von Apple und kann auf Ihr Gerät übernommen werden.

Sie werden staunen, wie viele neue Inhalte über diese beiden Gratis-Apps für Sie zugänglich sind. Die App, die wir jetzt gleich intensiver besprechen werden, ist bereits auf Ihrem iPad installiert und muss nicht erst über den App Store geladen werden. Die App heißt *iBooks* und ist dafür zuständig, dass Sie aus Ihrem iPad einen perfekten E-Book-Reader machen können.

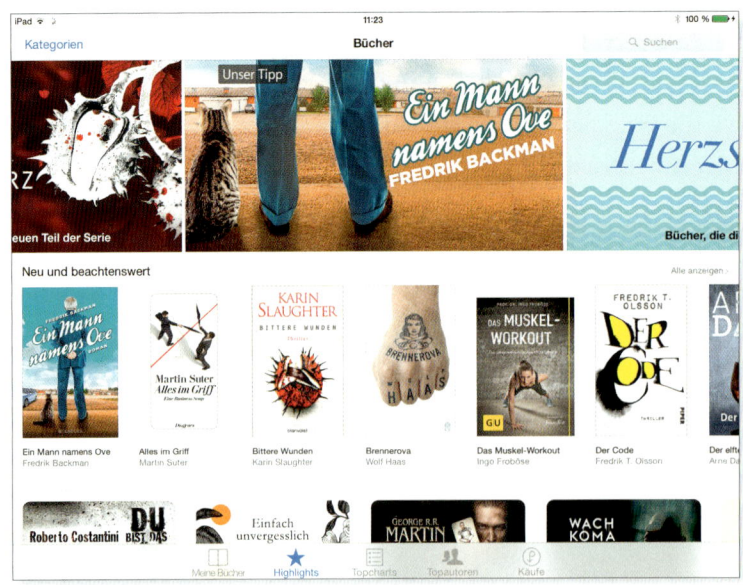

Die App „iBooks" mit dem hier gezeigten iBooks Store macht aus Ihrem iPad einen fast perfekten E-Book-Reader.

Der iBooks Store und die App iBooks

E-Book laden

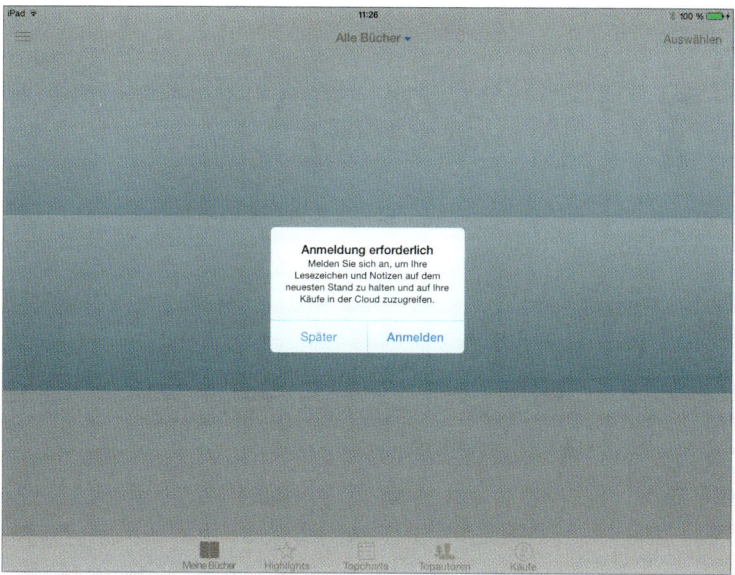

Sobald Sie „iBooks" auf Ihrem iPad starten, sehen Sie zunächst ein leeres Buchregal.

Apple weist Sie sofort darauf hin, dass ebenso wie gekaufte Apps sich auch E-Books in der iCloud befinden können. Sollten Sie also mit einem anderen Gerät bereits im iBooks Store eingekauft haben, finden Sie Ihre Einkäufe in der iCloud und können diese nun in das aktuell leere Programm *iBooks* laden. Haben Sie noch keine Einkäufe getätigt, können Sie über die Store-Buttons *Highlights, Topcharts* und *Topautoren* in den iBooks-Laden eintreten und ähnlich wie beim App Store oder beim iTunes Store nach Herzenslaune stöbern.

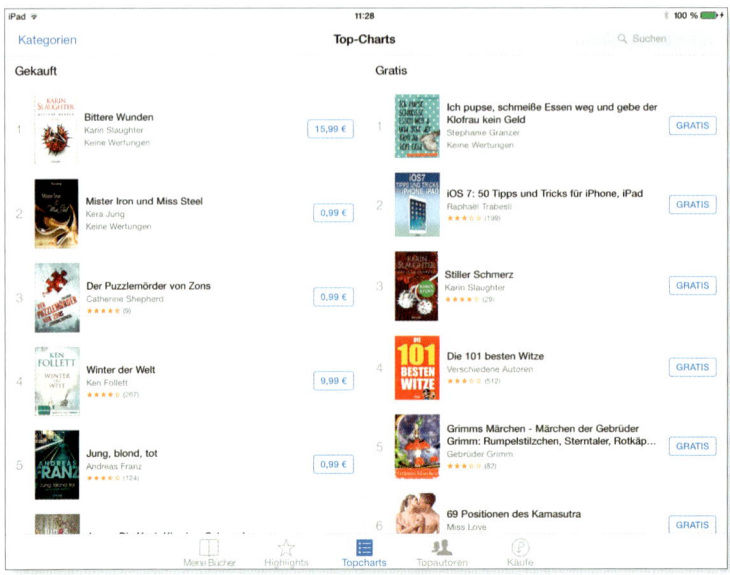

Der iBooks Store präsentiert sich ähnlich wie der App Store und der iTunes Store und bietet vielfältige Inhalte wie die „Topcharts".

Sicher haben Sie auch schon bemerkt, dass Ihnen in den *Highlights*, sobald Sie nach unten scrollen, auch dort über *Einlösen* wieder die Möglichkeit der Gutscheineinlösung zur Verfügung steht. Wenn Sie beispielsweise die *Topautoren* auswählen, können Sie hier nach Ihren Lieblingsautoren suchen und sehen zugleich die im iBooks Store erhältlichen E-Books.

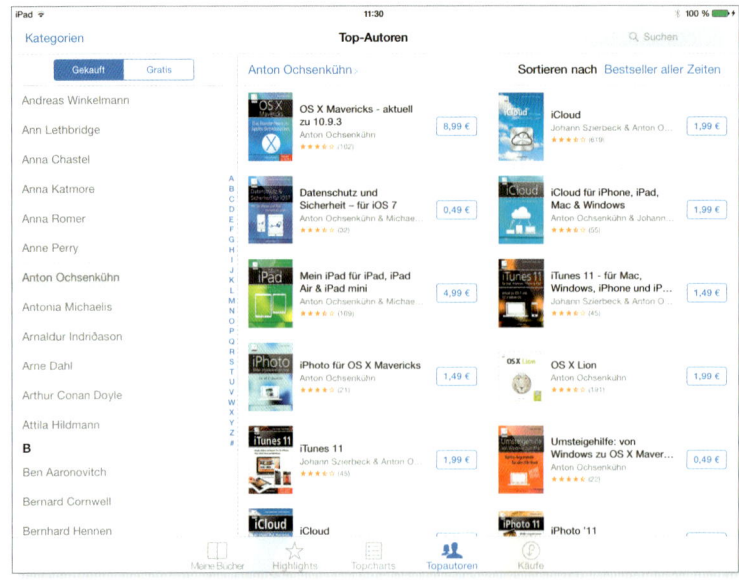

An dieser Stelle sehen Sie die von mir im iBooks Store erhältlichen Bücher.

Sobald Sie einen Titel anklicken, bekommen Sie eine detaillierte Vorschau mit Kundenbewertungen und der Möglichkeit, einen kostenlosen Auszug zu laden.

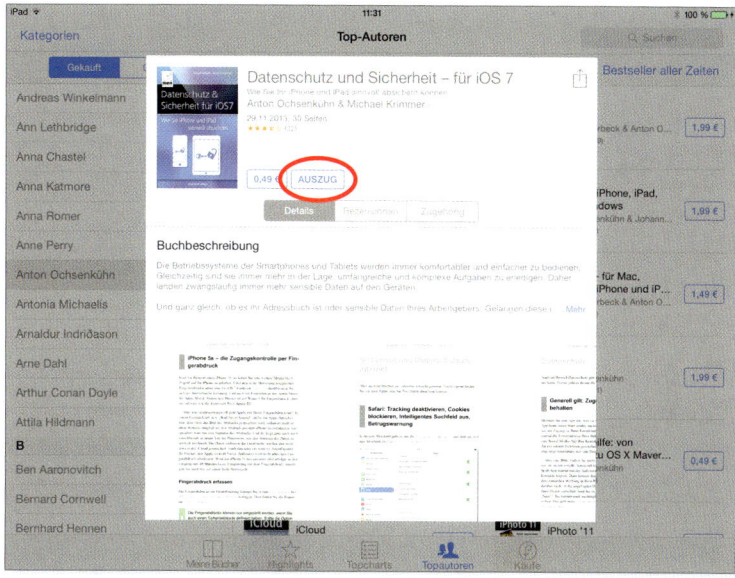

Zu jedem E-Book im iBooks Store steht die Funktion „Auszug" zur Verfügung, womit Sie sich einen Eindruck verschaffen können, bevor Sie das E-Book tatsächlich kaufen.

 Nutzen Sie auch hier die Chance, mit einem kostenlosen Gratis-E-Book die ersten Schritte in der Handhabung des Programms **iBooks** zu gehen. Tippen Sie dazu auf **Gratis**, anschließend auf **Buch laden**, geben Sie Ihre Apple-ID ein, und schon wird das E-Book in Ihr Bücherregal heruntergeladen.

Ein E-Book wird soeben aus dem iBooks Store auf Ihr iPad heruntergeladen.

Ist der Download erfolgreich abgeschlossen, tippen Sie auf das Buchcover, und sofort wird sich dieses öffnen und steht für das Lesen auf dem iPad zur Verfügung.

Wichtige Funktionen von iBooks

Das Programm *iBooks* ist also der E-Book-Reader, der sich auf Ihrem iPad befindet.

 Haben Sie schon bemerkt, dass sich die Darstellung Ihres E-Books ändert, wenn Sie vom Hoch- ins Querformat wechseln?

Und wie bei einem herkömmlichen Buch können Sie nun durch Ihr E-Book blättern. Dabei sind grundsätzlich vier Methoden denkbar:

- Tippen Sie auf den rechten Rand Ihres E-Books, um eine Seite nach vorne zu blättern. Entsprechendes Tippen auf den linken Rand Ihres E-Books bringt Sie eine Seite zurück. Das funktioniert sowohl im Hoch- als auch im Querformat.

- Oder Sie handhaben es wie bei einem echten Buch. Nehmen Sie die rechte untere Blattecke und blättern Sie einfach nach vorne.

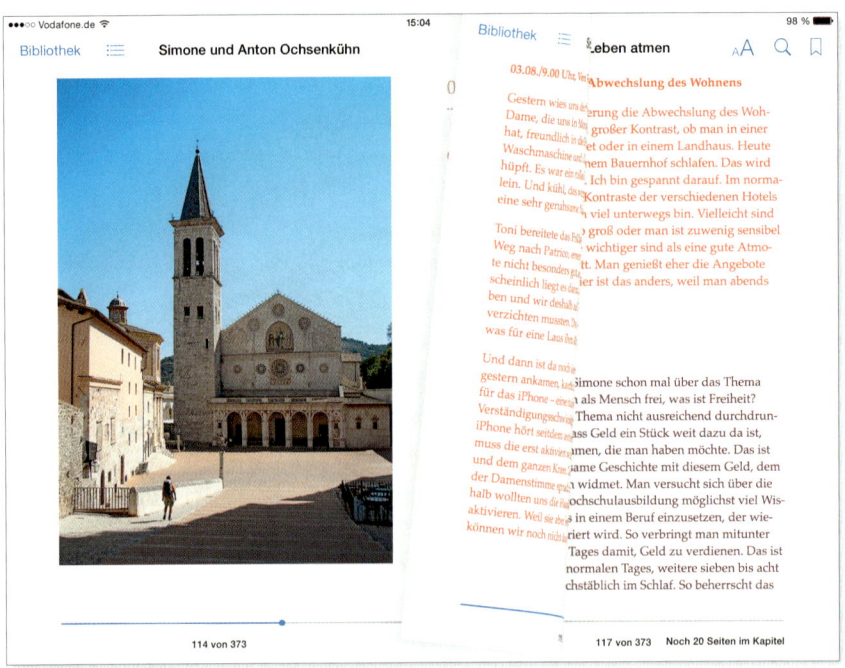

Fühlt sich fast an wie ein richtiges Buch – das Umblättern im Programm „iBooks".
Ein Doppeltipp auf ein Bild stellt es bildschirmfüllend dar.

- Schnelles Blättern: Sicher haben Sie am unteren Rand Ihres E-Books bereits die kleinen Pünktchen erkannt. Die Seite, die Sie lesen, wird durch ein kleines Quadrat dargestellt. Sie können auch sehr schnell navigieren, indem Sie dieses Icon an eine andere Stelle ziehen.

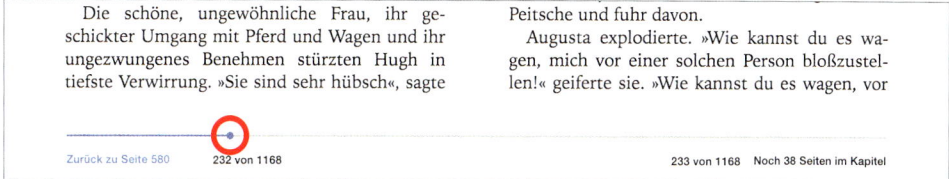

Schnelles Navigieren durch Ziehen des Sliders

Es ist auch möglich, dass Sie das Buch ohne Umblättern einfach durch Scrollen nach unten bequem lesen. Tippen Sie dazu auf das Icon ᴀA und schalten Sie die *Rollansicht* ❶ ein.

Via „Rollansicht" können Sie das Buch fortlaufend lesen, ohne umblättern zu müssen.

- Aktivieren Sie den *Autom. Nachtmodus* ❷, so schaltet iBooks je nach Umgebungshelligkeit vom Tag- in den Nachtmodus.
- Und auch das ist möglich: Neben der Darstellung der schwarzen Schrift auf weißem Hintergrund können Sie die Nachteinstellung ❸ verwenden, um eine weiße Schrift auf dunklem Hintergrund zu erhalten. Und mit der *Sepia*-Einstellung gehen Sie einen Mittelweg mit einem leicht abgedunkelten Hintergrund und schwarzer Schrift.
- Ein E-Book ist im Gegensatz zu einem richtigen gedruckten Buch in der Lage, verschiedene Darstellungen anzunehmen. Tippen Sie auf den Begriff *Schriften* ❹, um dort eine Schriftenliste zu bekommen, aus der Sie eine beliebige Schrift auswählen können. Sogleich wird Ihr E-Book mit dieser Schrift neu dargestellt und anders umgebrochen. Die beiden

Schaltflächen mit einem kleinen und großen A **❺** sind zum Ändern der Schriftgröße gedacht. Ein Fingertipp auf die jeweilige Schaltfläche macht die Schrift größer bzw. kleiner.

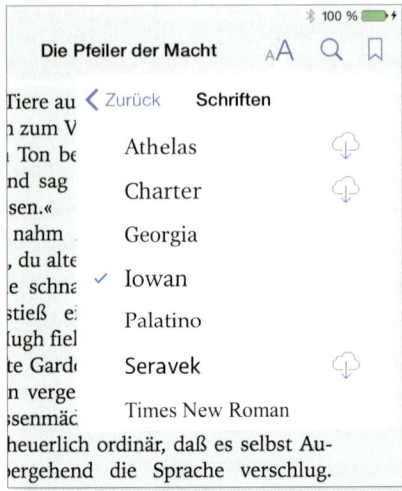

Sie können das E-Book in der Schriftdarstellung und der Schriftgröße nach Ihren Wünschen anpassen.

- Einige der Schriften müssen aus der iCloud geladen werden, bevor Sie sie auswählen können. Sie erkennen diese Schriften am iCloud-Symbol rechts.
- Kennen Sie noch die Eselsohren, die man in Bücher einbringt, um wichtige Seiten schnell aufzufinden? Auch iBooks kennt Eselsohren, nennt das aber Lesezeichen. Tippen Sie dazu auf das *Lesezeichen*-Icon ganz rechts oben.

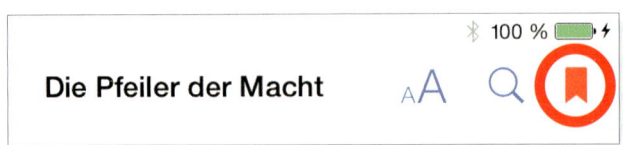

Auch „iBooks" kennt das Anbringen von Eselsohren und nennt sie Lesezeichen.

- Eine Übersicht über alle Lesezeichen erhalten Sie, wenn Sie auf das Inhaltsverzeichnis ☰ tippen. Neben dem regulären Inhaltsverzeichnis des E-Books finden Sie dort im Bereich *Lesezeichen* Ihre „Eselsohren".

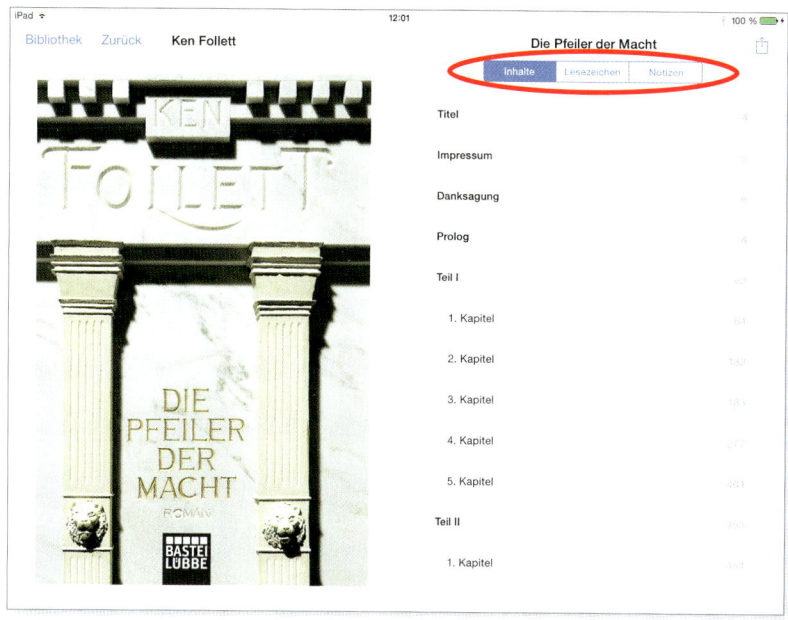

Neben dem regulären „Inhalte"-Verzeichnis bekommen Sie auch ein „Lesezeichen"- und ein „Notizen"-Verzeichnis dargestellt.

Was sind Notizen? Sie können sich an einer beliebigen Stelle in Ihrem E-Book eine Notiz machen. Dazu markieren Sie den gewünschten Text in einem E-Book und wählen die Eigenschaft *Notiz* aus.

Auch das Anbringen von Notizen in einem E-Book ist möglich.

Neben dem Erstellen von Notizen ist hier eine Reihe weiterer sehr nützlicher Funktionen verfügbar.

- *Kopieren*: Wie bereits erwähnt, ist das iPad ein Computer. Via *Kopieren* wird ein Teil des E-Books in die Zwischenablage gelegt und kann an anderer Stelle weiterverwendet werden.
- *Definition*: Via *Definition* rufen Sie das interne Lexikon auf, das aber zunächst geladen werden muss.

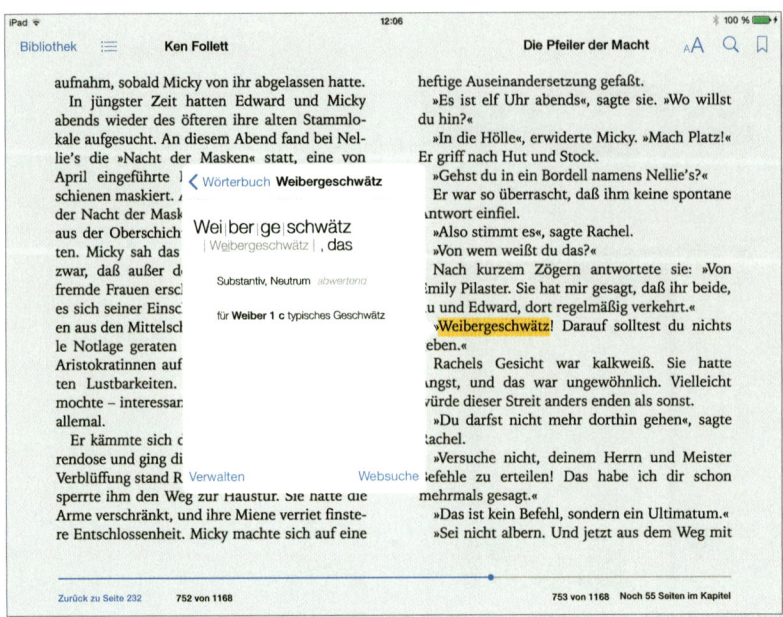

Über „Definition" können Begriffe in einem Lexikon nachgeschlagen werden. Via „Websuche"
wird der Suchbegriff an das Internet weitergegeben. Und via „Verwalten" können Sie weitere
Lexika nachladen.

- *Markieren*: Markieren ist besonders nützlich, um bestimmte Textstellen hervorzuheben. Sobald Sie die *Markieren*-Funktion ausgewählt haben, können Sie sich auch für eine Markierungsvariante entscheiden.

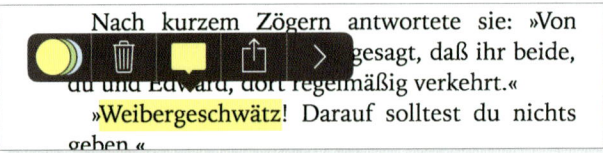

Neben der Farbauswahl können Sie auch Textstellen durchstreichen bzw. mit Notizen
hinterlegen.

Die farblichen Markierungen bzw. die Notizzettel sind natürlich über das Notizen-Verzeichnis einsehbar. Dort können diese durch Wischen von links nach rechts wieder entfernt werden.

- Über *Bereitstellen* können Textpassagen z. B. per E-Mail oder per Facebook weitergegeben werden.

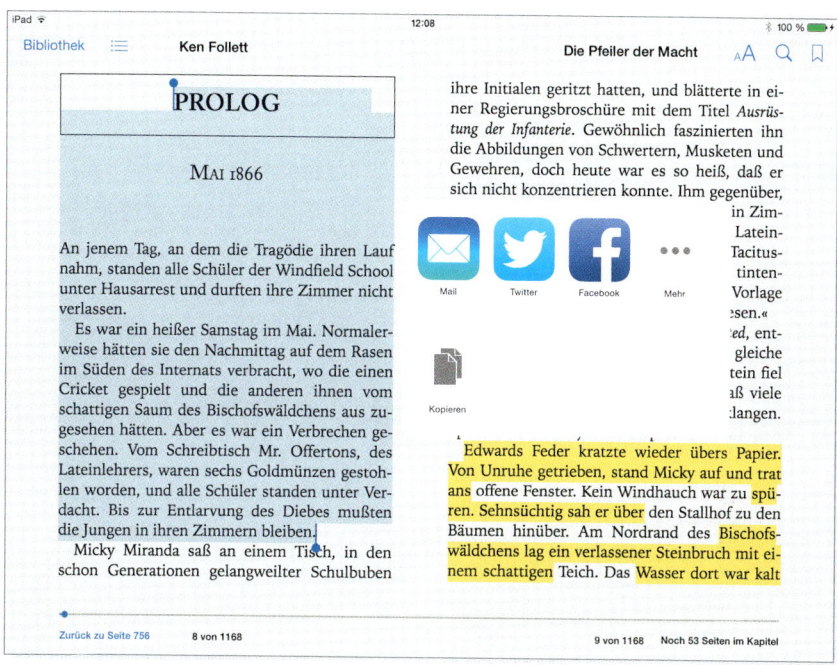

Mit „Bereitstellen" können E-Book-Informationen weitergereicht werden.

- *Suchen*: Wie nicht anders zu erwarten, bekommen Sie über die *Suchen-*Funktion die Möglichkeit, in Ihrem gesamten E-Book nach einem Begriff suchen und die Fundstellen auflisten zu lassen.

Wir haben ja bereits die Funktion *Siri* kennengelernt, mit der es möglich ist, dem iPad Texte und Befehle einzugeben. Ist es nun auch andersherum möglich, dass uns das iPad im Bereich E-Books Texte vorliest? Selbstverständlich! Nur muss diese Funktion erst aktiviert werden. Sie aktivieren sie über *Einstellungen –> Allgemein –> Bedienungshilfen –> Sprachausgabe –> Auswahl sprechen*.

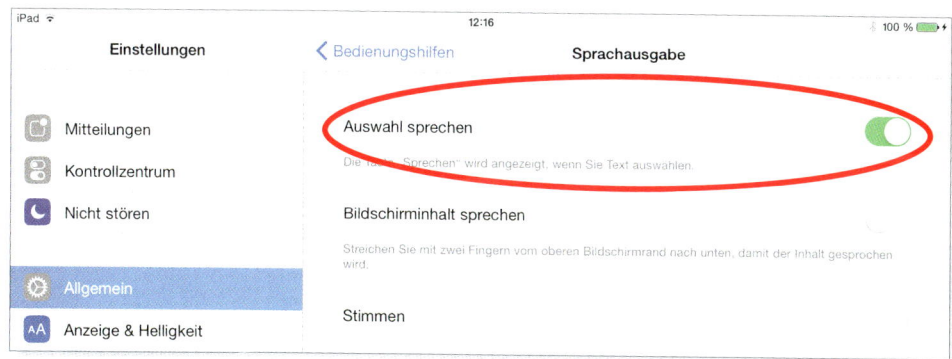

Das iPad kann auch Texte vorlesen, sobald diese Funktion aktiviert ist.

Stellen Sie nun noch die Lesegeschwindigkeit bzw. eine der zur Auswahl stehenden Stimmen ein und wechseln Sie zurück in das Programm *iBooks*.

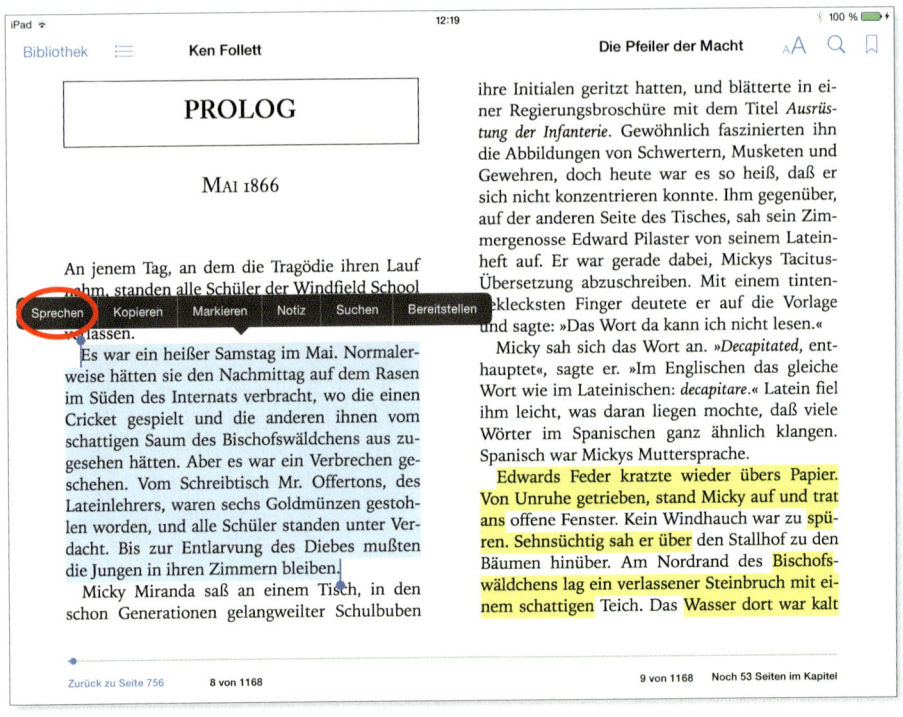

Markieren Sie einen Text in Ihrem E-Book und wählen Sie „Sprechen", um sich den Text vorlesen zu lassen.

Sie haben also gesehen, dass Sie mit dem Programm *iBooks* einen sehr bequemen und gut zu nutzenden E-Book-Reader bekommen.

 Wenn Sie bereits E-Books im Kindle-Format erworben haben, können Sie auf Ihrem iPad die dazugehörige kostenfreie Kindle-App installieren und diese E-Books dann damit bequem lesen.

Bildschirminhalte vorlesen lassen

Noch eleganter funktioniert das Vorlesen, wenn Sie die Eigenschaft *Bildschirm sprechen* (*Allgemein –> Bedienungshilfen –> Sprachausgabe*) aktivieren. Von nun an können Sie zwei Finger verwenden, von oben nach unten streichen und das Vorlesen starten. Über das eingeblendete Menü könnne Sie z. B. die Vorlesegeschwindigkeit ändern.

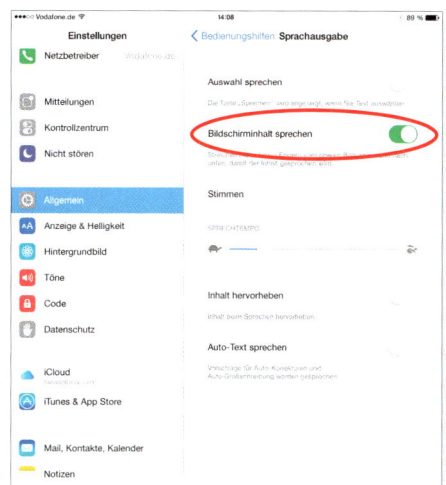

Via „Bildschirminhalt sprechen" können neben E-Books auch Webseiten, E-Mails etc. vorgelesen werden.

Sammlungen

Kommen wir noch einmal zurück zum Buchregal. Damit Sie bei vielen gekauften E-Books die Übersicht behalten, haben Sie die Möglichkeit, *Sammlungen* anzulegen und Ihre Bücher zu verwalten.

Über „Sammlungen" (zu erreichen, wenn Sie auf „Alle Bücher" tippen) können Sie umfangreiche E-Book-Bibliotheken Ihren Bedürfnissen entsprechend kategorisieren.

Tippen Sie auf den Begriff *+ Neue Sammlung*, um eine neue Sammlung zu erstellen. Über *Bearbeiten* können Sie bestehende Sammlungen löschen, umbenennen oder deren Position in der Liste verändern. Mit *Fertig* beenden Sie die Bearbeitung wieder.

iCloud-Bücher ausblenden hat zur Folge, dass Ihnen bereits in der iCloud vorliegende Bücher nicht mehr zum einfachen Herunterladen angezeigt werden. Dann sehen Sie nur noch Bücher, die sich auch tatsächlich auf dem iPad befinden.

Um ein E-Book, das sich bereits jetzt in Ihrem Buchregal befindet, in eine andere Sammlung zu verschieben, wählen Sie in der Bibliothek ganz rechts oben den Begriff *Auswählen* aus. Markieren Sie das Buch (oder auch mehrere) und tippen Sie auf *Bewegen*. Im Anschluss daran können Sie die gewünschte Sammlung auswählen. Übrigens: Hier lässt sich ein Buch auch löschen.

> **!** Apples Betriebssystem OS X ab Version Mavericks (10.9), verfügt ebenfalls über eine **iBooks**-Anwendung. Und wenn Sie dort mit derselben Apple-ID angemeldet sind wie am iPad, erhalten Sie auf beiden Geräten immer auch die Sammlungen, die Sie im jeweils anderen Gerät angelegt oder bearbeitet haben. Voraussetzung hierfür ist, dass Sie in den **Einstellungen –> iBooks** die Synchronisation der Sammlungen aktivieren.

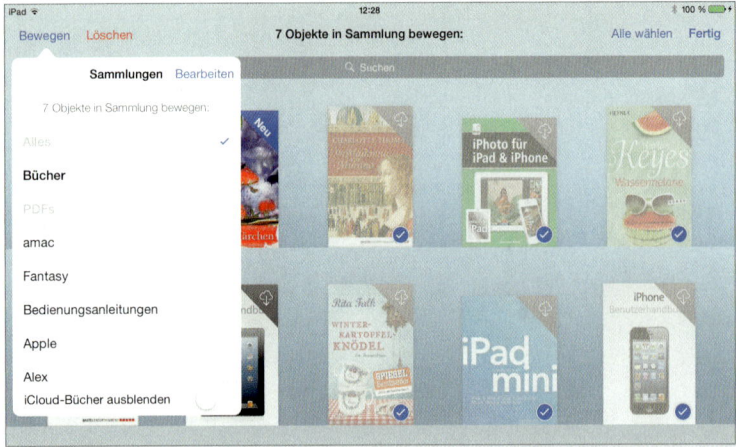

Mehrere E-Books werden von der Standardsammlung „Bücher" in eine andere Sammlung bewegt.

Dies können Sie mit mehreren E-Books gemeinsam erledigen. Und sicher haben Sie auch schon bemerkt, dass Sie sich die Inhalte einer Sammlung sowohl in der Listen- als auch in der Icon-Darstellung anzeigen lassen können. Tippen Sie dazu zunächst auf das Symbol ≔ und wählen Sie dann in der Leiste oben eine der angebotenen Ansichten aus. Zurück kommen Sie wieder über das Symbol links oben.

Umfangreiche E-Book-Sammlungen sind in der Listendarstellung übersichtlicher als in der Symboldarstellung. Im Fußbereich finden Sie weitere Sortierkriterien wie „Titel", „Autoren", „Kategorien" etc.

Bei vielen Titeln in der Sammlung *Gekaufte Bücher* sehen Sie auch hier rechts das iCloud-Symbol. Das heißt, diese E-Books wurden über die Apple-ID bereits geladen, befinden sich aber aktuell nicht auf dem iPad. Durch einmaliges Anklicken des Cloud-Symbols wird das E-Book auf Ihr Gerät heruntergeladen.

PDF und EPUB

Es gibt verschiedene Dateiformate eines E-Books. Das derzeit gängige, das Apple im Rahmen des iBooks Store verwendet, ist das sogenannte EPUB-Format. Wie wir vorhin gesehen haben, ermöglicht das EPUB-Format eine auf das Ausgabegerät angepasste Darstellung. Das heißt, über die Änderung der Schriftgröße, der Schriftart etc. und die Änderung der Ausrichtung vom Hoch- in das Querformat wird das Layout des digitalen Buches ständig Ihrem Gerät angepasst.

Viele haben jedoch bereits digitale Bücher im sogenannten PDF-Format vorliegen. Das Programm *iBooks* kann auch PDF-Dateien hervorragend darstellen. Wie aber gelangen PDF-Dateien oder generell E-Books eigentlich in das Programm *iBooks*? Hier gibt es im Wesentlichen drei Möglichkeiten.

1. Wie eben gesehen, können E-Books bequem über den iBooks Store in das Programm heruntergeladen werden. Apple verwendet dafür das EPUB-Format.

2. *Per E-Mail-Anhang:* Haben Sie z. B. bereits PDF-E-Books oder auch EPUB-E-Books aus anderen Stores erworben, können Sie diese per E-Mail an Ihr iPad senden. Tippen Sie auf den E-Mail-Anhang und übertragen Sie diesen zum Programm *iBooks*.

Tippen Sie mit Ihrem Finger auf den E-Mail-Anhang, belassen Sie den Finger kurz auf dem Display und wählen Sie In „iBooks" öffnen aus. Daraufhin wird aus dem E-Mail-Programm das PDF-E-Book zum Programm iBooks übertragen.

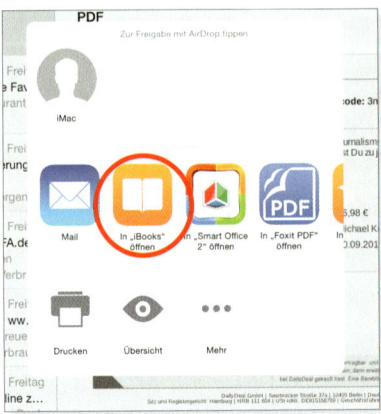

In diesem Fall enthält die E-Mail als Anhang eine PDF-Datei.

Im Gegensatz zu einer EPUB-Datei haben Sie nun keinerlei Möglichkeit, die Schriftgröße, Schriftart etc. zu ändern, denn das PDF ist starr in seinem Design und Layout. Aber am unteren Rand sehen Sie eine Übersicht über alle PDF-Seiten, die dieses Dokument enthält.

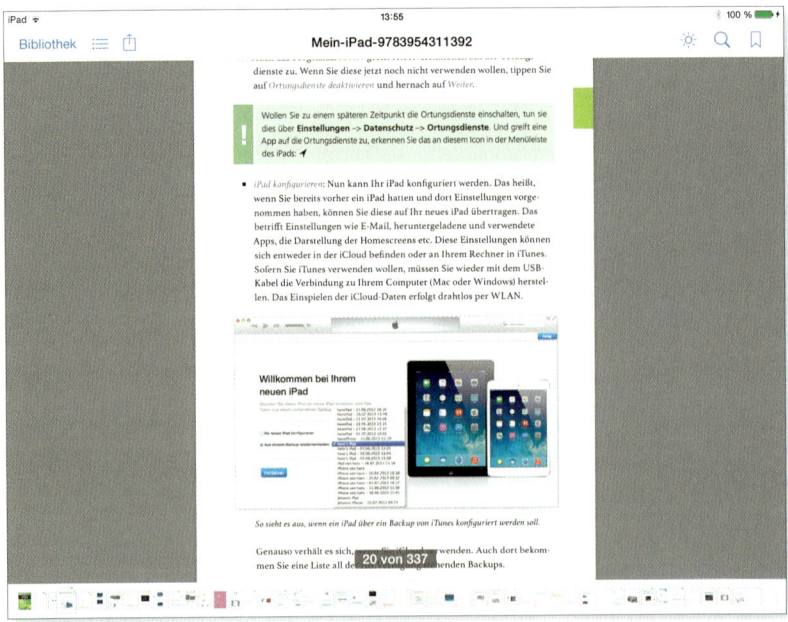

Eine PDF-Datei fühlt sich in „iBooks" sehr wohl.

3. Darüber hinaus können E-Books über andere Wege wie AirDrop, iTunes, Dropbox, Air Sharing, GoodReader etc. von einem Computer auf das iPad übertragen werden. Wie das im Detail funktioniert, werden wir uns in Kapitel 8 noch genauer ansehen.

iBooks Author Textbooks

Neben den beiden E-Book-Typen PDF und EPUB gibt es einen neuen E-Book-Typ, den Apple eingeführt hat. Mit dem Programm *iBooks Author* kann man Textbooks erstellen. Diese sind weder PDF- noch EPUB-Dateien und lassen sich sehr komfortabel und bequem auf einem iPad lesen und darstellen.

 Diese iBooks-Author-Textbooks können lediglich auf einem iPad dargestellt werden, wohingegen PDF- und EPUB-Dateien auch auf anderen Geräten wie Computern oder iPhones bequem gelesen werden können.

Besonders toll an diesen Textbooks ist, dass dort neben einem wunderschönen Layout interaktive Elemente in die E-Book-Datei integriert werden können.

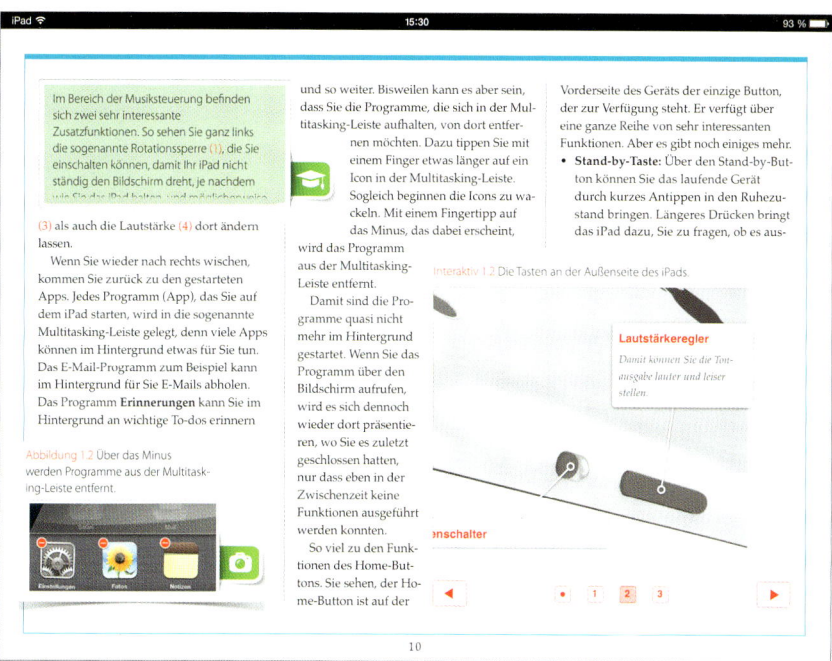

In den „iBooks Author"-Textbooks wird das Lesen durch interaktive Elemente besonders spannend.

Sie sehen anhand des Bildschirmfotos ein interaktives Bild. Das heißt, das Bild enthält mehrere Bestandteile, und durch Antippen eines Bestandteils wird der entsprechende Eintrag dargestellt und hervorgehoben. Auch Video- und Audioinformationen können in derartige Textbooks integriert werden. Mit dem Programm *iBooks Author*, das es kostenlos für Apple-Computer im Mac App Store gibt, kann man also ganz wunderschöne Bucherlebnisse auf das iPad bringen. Sie sollten einmal im iBooks Store stöbern, denn dort gibt es bereits eine ganze Fülle sehr interessanter Textbooks.

> **!** Leider sieht man im iBooks Store nicht auf den ersten Blick, ob es sich um ein reguläres EPUB oder um ein multimedial angereichertes Textbook handelt.

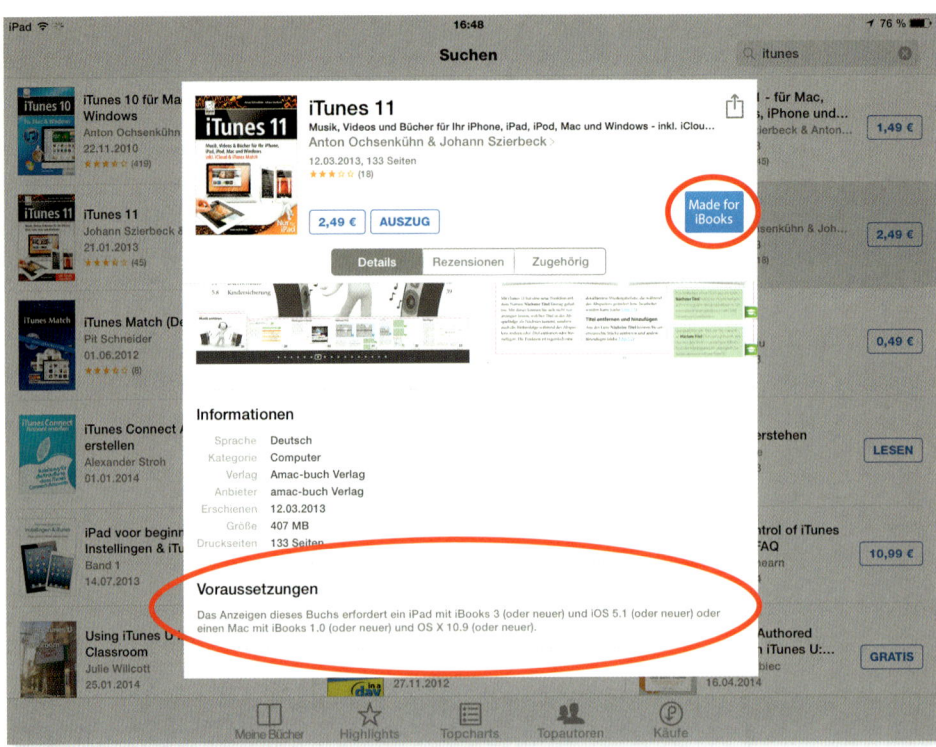

Mit „iBooks Author" erstellte Textbooks erkennt man im iBooks Store erst auf den zweiten Blick.

Sie sehen hier in den Detailinformationen des E-Books die Voraussetzung zum Lesen des Titels: Dieses E-Book kann nur auf einem iPad oder einem Mac ab OS X Mavericks in iBooks angezeigt werden. Das ist ein deutlicher Hinweis dafür, dass es sich um ein multimedial angereichertes Textbook handelt.

Zeitungskiosk

Was die App *iBooks* für digitale Bücher (E-Books), ist das Programm *Zeitungskiosk* für digitale Zeitschriften und Magazine. Auch diese App finden Sie standardmäßig bereits auf Ihrem iPad. Sobald Sie das Programm *Zeitungskiosk* starten, können Sie auch dort in einen Store gelangen und Zeitungen und Zeitschriften abonnieren. Im Regelfall sind digitale Magazine deutlich günstiger im Abonnement als deren gedruckte Ausgaben. Und genauso wie beim App Store werden Sie durch ein Update-Icon stets informiert, sobald eine neue Ausgabe zum Download bereit steht.

Automatische Downloads

Sie haben nun gesehen, dass Sie über den iTunes Store, über den iBooks Store etc. sehr bequem in den verschiedenen Apple Stores einkaufen können. Noch deutlich bequemer macht es Ihnen Apple, wenn Sie in den *Einstellungen* bei *iTunes & App Stores* die automatischen Downloads aktivieren.

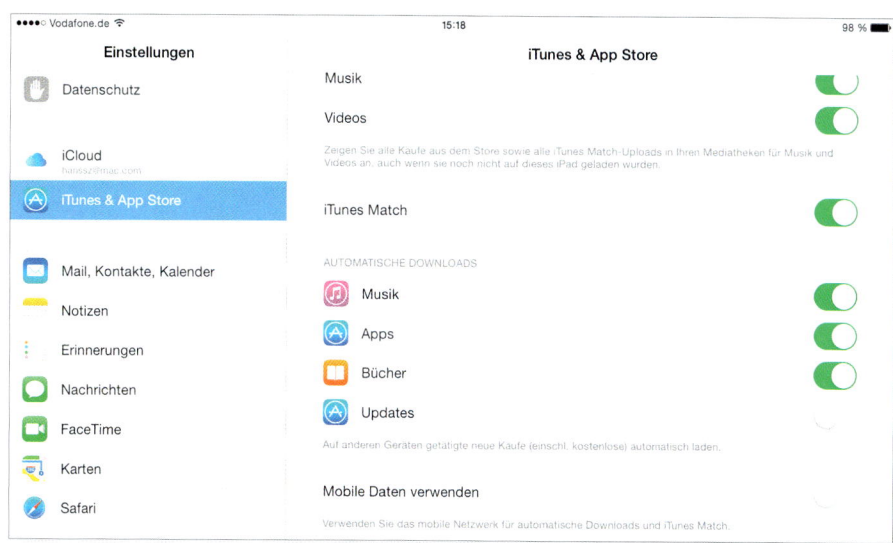

Automatische Downloads bringen Inhalte automatisch auf Ihr iPad.

Diese Funktion ist dann besonders nützlich, wenn Sie mehrere tragbare Apple-Geräte besitzen. Über automatische Downloads werden also auf einem anderen Gerät erworbene Musiktitel, Apps und E-Books sogleich auf dieses Gerät heruntergeladen, wenn die entsprechende Funktion aktiviert ist.

Aktivieren Sie zusätzlich unter *Einstellungen* die Funktion *Mobile Daten verwenden*, wenn Sie diesen automatischen Abgleich nicht nur per WLAN, sondern auch per 3G/LTE-Netzwerk verwenden möchten.

>  In der Schweiz und in Österreich haben Sie noch zusätzlich die Möglichkeit, Filme automatisch herunterladen zu lassen. Für Nutzer des deutschen iTunes- und App Store ist dies aus rechtlichen Gründen leider nicht möglich.

Noch einmal kurz zum Programm *iBooks*: Sollten Sie dort die auf einem anderen Gerät bereits verwendeten E-Books nicht dargestellt bekommen, so könnte es daran liegen, dass Sie in der Übersicht über alle Sammlungen die Funktion *iCloud-Bücher ausblenden* aktiviert haben.

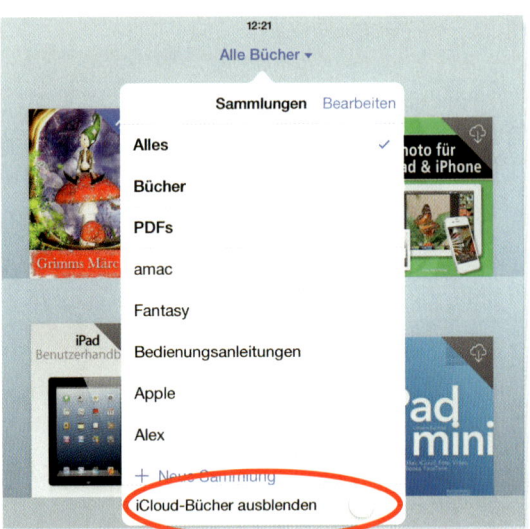

Wenn Sie „iCloud-Bücher ausblenden" nicht einschalten, sehen Sie innerhalb des Programms „iBooks" im Bereich „Alles" alle bereits erworbenen Bücher mit dem Cloud-Symbol.

>  Auch in **Einstellungen –> Musik** bzw. **Videos** sollte diese Option aktiviert sein. Bei Musik ist die Funktion **Alle Musikdateien** zu aktivieren und bei Videos **Alle Videos einblenden**.

Im Internet unterwegs – Safari

Safari

Safari ist der Standardbrowser, der auf dem iPad hinterlegt ist, und wie bereits erwähnt, sehr einfach über Gesten zu bedienen. Doch der Browser hat noch einige sehr raffinierte Funktionen an Bord, um effektiv mit Internetseiten umgehen zu können.

Safari kennt keine Plug-Ins

Sollten Sie bisher mit einem Windows-Computer gearbeitet haben, werden Sie rasch erkennen, dass nicht jede Internetseite auf einem iPad dargestellt wird. Das liegt daran, dass das iPad keine Installation sogenannter Plug-Ins zulässt. Das bekannteste Plug-In kommt von der Firma Adobe und ist für Flash-Inhalte zuständig. Safari auf dem iPad kennt keinerlei Plug-Ins. Deshalb sind bestimmte Informationen auf Internetseiten auf dem iPad nicht darstellbar. Und dafür gibt es keine Abhilfe und keinen Workaround.

Was auf den ersten Blick wie ein reiner Nachteil aussieht, hat einen durchaus sinnvollen Hintergrund: Apple ist der Meinung, dass ein Internetbrowser ohne Flash weniger Strom verbraucht und stabiler läuft. Das war der Grund, warum seit jeher auf dem iPad (und dem iPhone übrigens auch) kein Flash läuft. Außerdem gibt es heutzutage durchaus auch andere Technologien, mit denen man Videos und andere Inhalte auf Webseiten anbieten kann. Und die laufen dann auch auf dem iPad.

Tabs

Der Safari-Browser kann mehrere Internetseiten gleichzeitig darstellen und zwar mithilfe von Tabs.

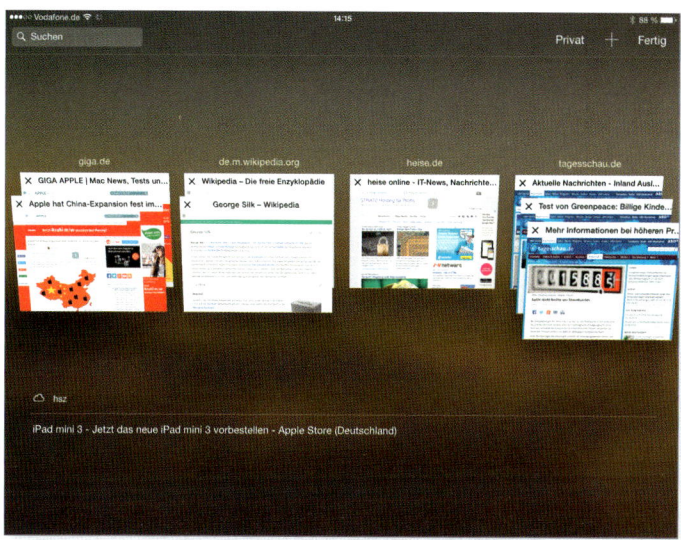

Haben Sie von einer Webseite mehrere Tabs geöffnet, werden diese auch gruppiert dargestellt.

Haben Sie mehrere Tabs geöffnet, können Sie diese in der Reihenfolge ganz einfach ändern: Tippen Sie auf den Tab Ihrer Wahl, halten Sie einen Finger darauf und ziehen Sie diesen nach links oder rechts.

Alle Ihre aktuell geöffneten Tabs erreichen Sie, indem Sie auf das Zeichen ⬚ rechts neben dem + tippen. Dabei werden Tabs, die von der selben Internetseite stammen, gruppiert angezeigt. Und via Vor- und Zurückblättern ‹ › können Sie wie bei jedem Browser bequem navigieren. Sofern Sie den Finger etwas länger auf einem der Buttons verweilen lassen, bekommen Sie eine Liste der zuletzt besuchten Internetseiten.

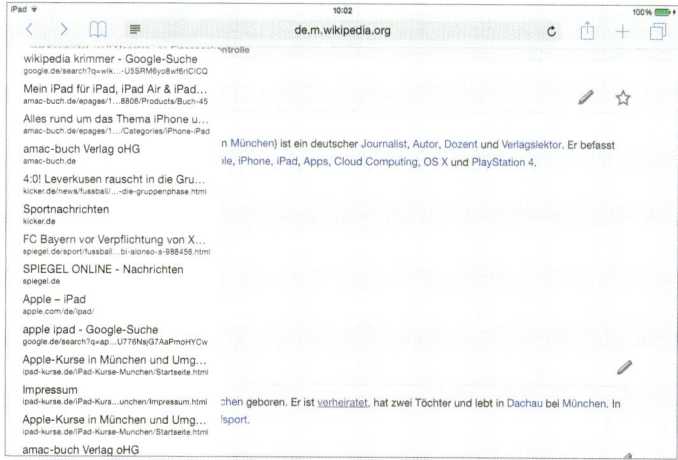

Das Vorwärts- und Rückwärtsblättern ist sehr pfiffig gelöst.

Und das ist ein Prinzip von Safari: Bleiben Sie mit einem Finger etwas länger auf einem Element, werden dabei meist Zusatzfunktionen dargestellt. Tippen Sie beispielsweise länger auf das +-Icon rechts oben, so erscheint eine Liste der zuletzt geschlossenen Tabs.

Surfen im Web

Um eine beliebige Webseite aufzurufen, tippen Sie in das Adressfeld ganz oben. Wird Ihnen das Adressfeld in der aktuellen Ansicht nicht angeboten, tippen Sie ganz oben in das Display. Daraufhin wechselt die Anzeige und sieht so aus:

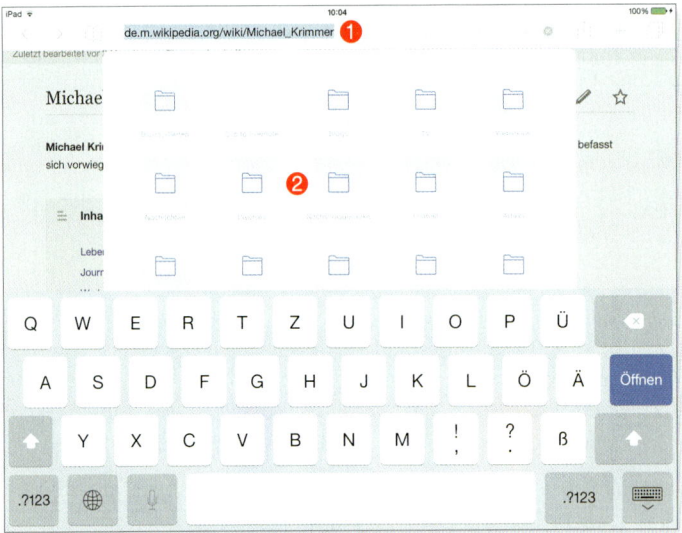

So sieht Safari aus, wenn es die Eingabe einer Adresse oder Suche erwartet.

Ganz oben wird – sofern schon eine Adresse drinsteht – die aktuelle Adresse markiert ❶. Sie können also einfach lostippen und die markierte Adresse überschreiben. Oder Sie tippen in die Adresse und ändern sie ab.

Gleich darunter blendet Safari Ihre Lesezeichen ein ❷. Das ist sinnvoll, schließlich kann es durchaus sein, dass Sie eine Ihrer favorisierten Seiten aufrufen möchten.

Während Sie tippen, sieht Safari nach, ob es bereits in der Vergangenheit eine Seite aufgerufen hat, die zu dieser Adresse passt. Ist das der Fall, ergänzt Safari die Eingabe. Gleich darunter bekommen Sie automatisch Suchergebnisse angeboten. Passt eines davon, tippen Sie darauf und Sie kommen auf die entsprechende Ergebnisseite.

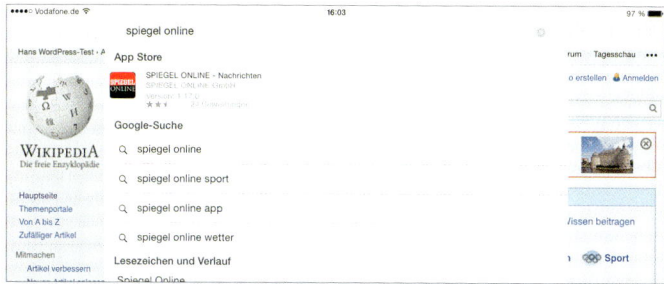

Safari zeigt automatisch bekannte Seiten und Suchergebnisse an.

Weiter unten können Sie auch noch Lesezeichen oder Seiten aus Ihrem persönlichen Verlauf angeboten bekommen. *Abbrechen* bringt Sie wieder zurück zur zuletzt angezeigten Seite.

Apps, Musik, Filme & Co. finden

Wenn Sie in der Suche einen Begriff eingeben, zu dem es eine iPad-App im App Store gibt (wie oben die App von Spiegel Online), so wird Ihnen dieser Treffer auch entsprechend angezeigt. Tippen Sie dann auf den Eintrag in der Liste und Sie werden sofort zur Detailseite im App Store geleitet.

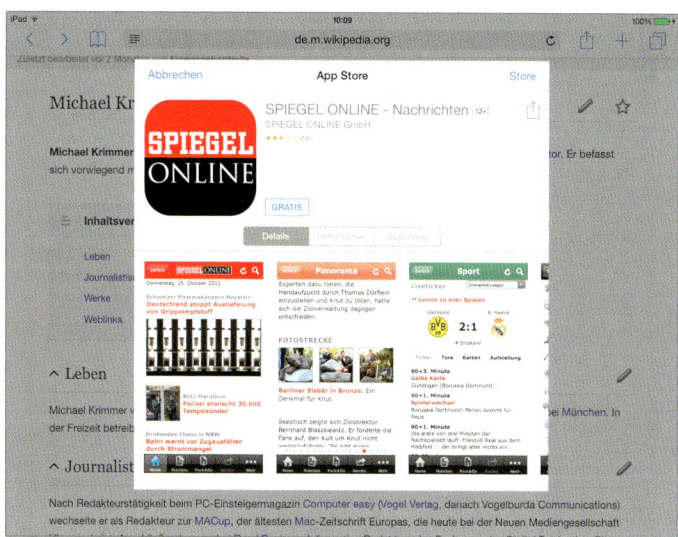

Gibt es zu einer Suche eine App, so wird das direkt in der Trefferliste von Safari angezeigt.

Mit anderen Inhalten verhält es sich ähnlich. So sieht es aus, wenn es zur Suche Musik, einen Film, einen Wikipedia-Eintrag oder einen Webseitenvorschlag gibt:

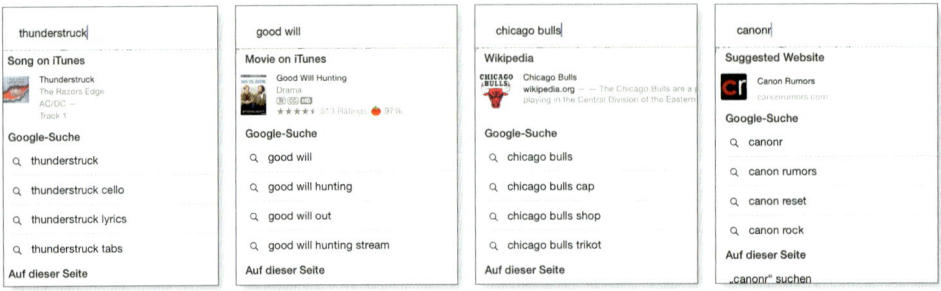

Fotos von Webseiten verwenden

Wenn Sie ein Bild von einer Webseite abspeichern möchten, können Sie das sehr einfach erledigen. Tippen Sie auf das Bild und lassen Sie den Finger auf dem Display. Es erscheint ein Menü, in dem Sie *Bild sichern* auswählen. Daraufhin landet das Bild im Fotospeicher Ihres iPad.

Sie können das Bild einer Webseite entweder abspeichern oder in die Zwischenablage kopieren.

Links weiterverwenden

Ganz ähnlich verhält es sich mit Links. Wenn Sie darauf tippen und den Finger auf dem Display behalten, bekommen Sie ebenfalls weitere Optionen angezeigt:

Halten Sie einen Link gedrückt, um weitere Möglichkeiten zu erhalten.

Ganz oben können Sie zunächst den Link als Text ansehen. So erkennen Sie, ob der Link auch das hält, was die Seite versprochen hat. Das ist ein gutes Werkzeug, um Phishing-Mails (die zum Identitätsklau benutzt werden) zu erkennen.

Wenn der Link okay ist, können Sie ihn *Öffnen*, *In einem neuen Tab öffnen*, *Zur Leseliste hinzufügen* oder die Adresse in die Zwischenablage *Kopieren*. Um das Menü wieder zu schließen, tippen Sie an eine andere Stelle auf dem Display.

Reader

Sie kennen das sicher. Es gibt eine Menge interessanter Internetseiten, doch meist gibt es mehr Werbung als sinnhaften Text auf der Seite zu erkennen. Dieser Angelegenheit hat sich Apple angenommen und bietet über die Reader-Funktion eine sehr komfortabel zu bedienende Möglichkeit, um sich auf die Story einer Internetseite zu konzentrieren.

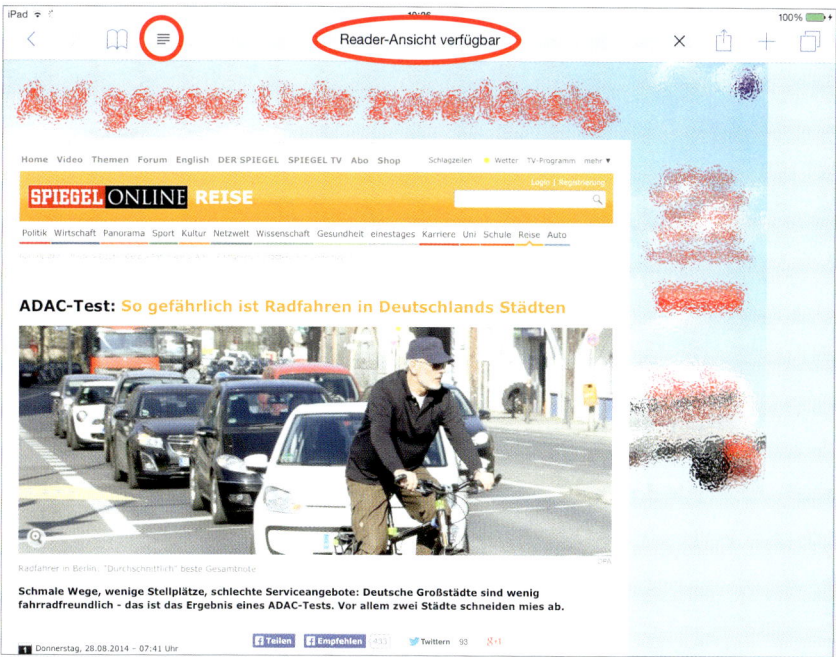

Sobald in der Adressleiste der Internetseite links das Reader-Symbol (und der Hinweis „Reader-Ansicht verfügbar") erscheint, kann diese Seite in einer modifizierten Darstellung betrachtet werden.

Tippen Sie einmal auf das Reader-Symbol ☰, um sogleich eine völlig neue Darstellung der Internetseite zu bekommen.

Die Reader-Darstellung erlaubt das bequeme Lesen einer Internetseite.

Sie sehen, dass Sie nun ohne lästige Werbeeinblendungen den für Sie interessanten Text in Ruhe lesen können. Und über die beiden A A-Symbole können Sie die Schrift auch vergrößern oder verkleinern. Um die Reader-Darstellung zu verlassen, tippen Sie erneut auf das Reader-Symbol in der Adresszeile. Daraufhin kehren Sie zur regulären Darstellung der Internetseite zurück.

> **!** Den Internetbrowser **Safari** gibt es nicht nur für das iPad, sondern auch für das iPhone und für Mac sowie Windows. Auf all diesen Geräten ist ebenfalls die Reader-Darstellung möglich.

Wie gesehen, erscheint das Reader-Symbol in der Adressleiste automatisch. Sie können es nicht erzwingen. Das heißt, Apple liest die Struktur der Internetseite aus, und nur wenn die Reader-Darstellung möglich ist, wird der entsprechende Button auch eingeblendet.

> **!** Safari kennt noch zwei weitere sehr effektive Möglichkeiten, um mit Internetseiten gut umgehen zu können. Zum einen bringt das doppelte Antippen eines Artikels einer Webseite den Vorteil, dass dieser bildschirmfüllend dargestellt wird. Erneutes Doppeltippen bringt wieder die vorherige Ansicht. Und möchten Sie ganz schnell an den Anfang der Webseite gelangen, tippen Sie einfach in der Menüleiste ganz oben auf die Uhrzeit, und schwupps, saust die Anzeige an den Anfang zurück. Dieses superschnelle Scrollen funktioniert auch in anderen Programmen wie **Mail**, **Erinnerungen** etc.

Suchen

Keine Frage, manchmal müssen Sie im Internet nach etwas suchen. Auf dem iPad ist im Regelfall Google als Suchmaschine eingerichtet. Sie können diese Einstellung überprüfen, indem Sie in den *Einstellungen* bei *Safari* den Eintrag *Suchmaschine* aufrufen.

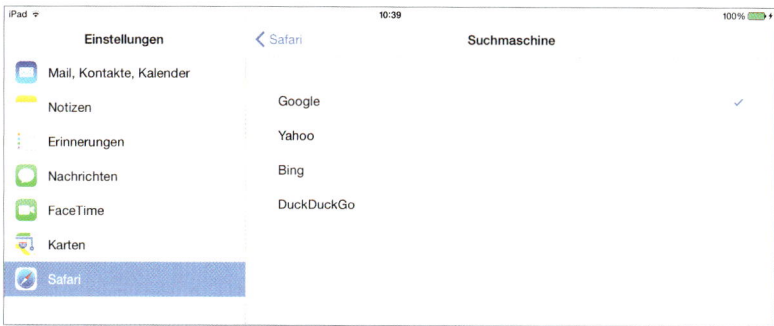

Das iPad hat neben Google auch Yahoo!, Bing und DuckDuckGo als Suchmaschinen an Bord.

Sobald Sie die gewünschte Einstellung vorgenommen haben, können Sie in die Adressleiste des Browsers tippen und dort den zu suchenden Begriff eingeben. Wenn Sie nun genauer hinsehen, werden Sie erkennen, dass neben den Suchmaschinen-Vorschlägen (z. B. von Google) auch Fundstellen von dieser Internetseite dargestellt sind.

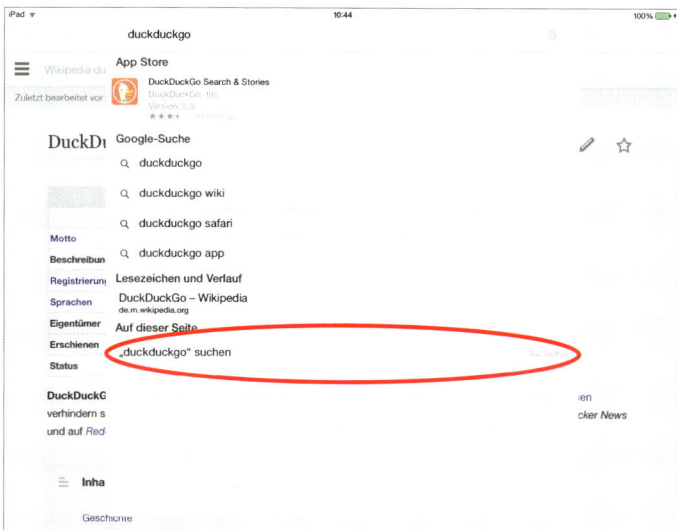

Über das Adressfeld ist sowohl die Suche mit der Internetsuchmaschine als auch die Suche auf der aktuell geladenen Webseite möglich.

Darüber hinaus sehen Sie, dass auch der Eintrag *Auf dieser Seite* (suchen) existiert, womit Sie ebenfalls auf der aktuellen Internetseite eine Suche durchführen können.

Leseliste, Lesezeichen und mehr

Lesezeichen

Wenn Sie eine interessante Internetseite gefunden haben, möchten Sie diese auch im Zugriff behalten. Die gängige Möglichkeit ist hierzu das Lesezeichen. Um ein Lesezeichen zu erzeugen, wählen Sie links neben der Adressleiste das *Teilen*- oder *Bereitstellen*-Feld aus und dort den Eintrag *Lesezeichen*.

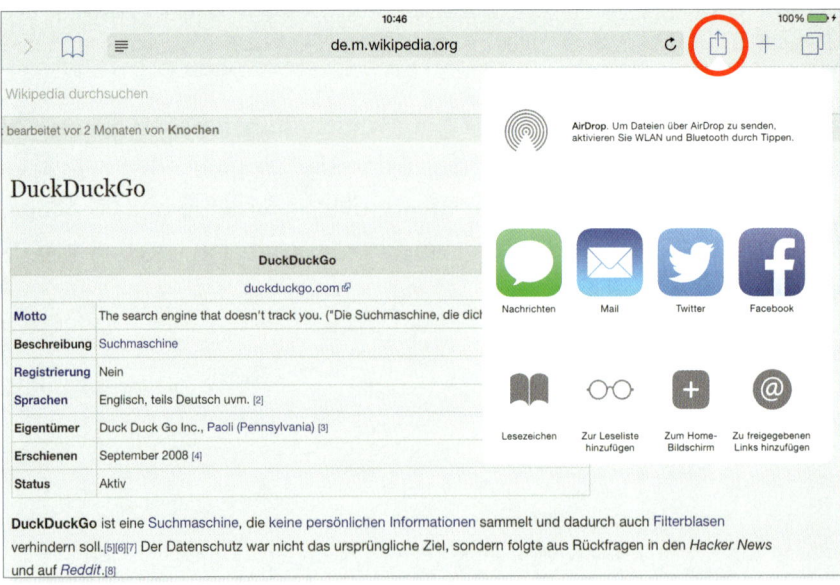

Via „Teilen"-Feld stehen mannigfaltige Funktionen zur Verfügung.

Sogleich wird diese Internetseite zu einem Lesezeichen umgewandelt. Geben Sie noch einen griffigen Text ein und spezifizieren Sie, in welchen Lesezeichen-Ordner dieses Lesezeichen abgelegt werden soll. Das Lesezeichen-Icon selbst finden Sie links neben der Adressleiste.

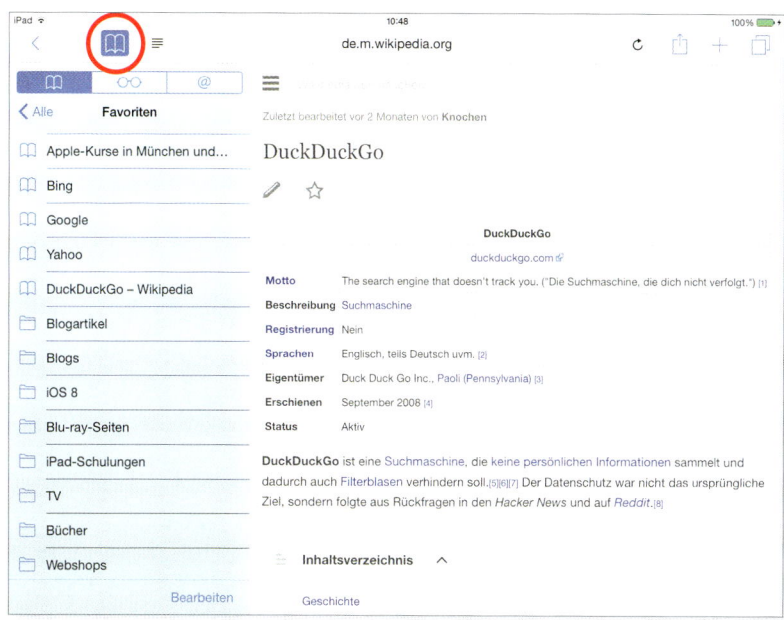

Das iPad bietet eine komfortable Lesezeichen-Verwaltung.

Hier können Sie Ordner erstellen (*Bearbeiten –> Neuer Ordner*) und mit ihnen die Lesezeichen sinnvoll verwalten. Auch das Umbenennen, Verschieben oder Löschen ist möglich. Um die Lesezeichen wieder zu schließen, tippen Sie erneut auf das Buchsymbol.

Lesezeichen sind also die gängigste Möglichkeit, öfters benötigte Internetseiten zu speichern. Aber Apple wäre nicht Apple, wenn es nicht weitere deutlich elegantere Möglichkeiten gäbe, wichtige Internetseiten abzulegen. Wenn Sie erneut auf das *Teilen*-Feld klicken, erhalten Sie die Eigenschaft *Zum Home-Bildschirm*. Damit wird ein Lesezeichen zu einem Icon auf Ihrem Home-Bildschirm. Probieren Sie das einfach einmal aus.

In dem Bildschirmfoto erkennen Sie, dass die Spiegel-Online-Internetseite nun ein Icon bzw. eine Verknüpfung auf dem Home-Bildschirm geworden ist.

Und dieses verhält sich wie ein reguläres Lesezeichen, quasi wie eine App. Sobald Sie einmal auf dieses Icon tippen, wird der Safari-Browser gestartet und die dazugehörige Internetseite geladen.

 Sie erinnern sich, dass man App-Icons in Ordner zusammenfassen kann. Das gilt natürlich genauso für Internetadressen, die Sie so als Icons auf dem Home-Bildschirm abgelegt haben. Erzeugen Sie Ordner, in denen Sie wichtige Internetadressen für Telebanking, für Ihren Verein, für private Hobbys etc. zusammenfassen, um schnell darauf zugreifen zu können.

Leseliste

Aber auch damit hat sich Apple noch nicht zufriedengegeben und noch eine weitere sehr pfiffige Eigenschaft eingebaut. Vielleicht kennen Sie diese Situation: Sie sitzen zu Hause an Ihrem iPad und studieren eine Internetseite. Sie werden aber unterbrochen und müssen sich rasch auf den Weg machen, haben die Seite aber noch nicht ganz gelesen. Über die Funktion *Zur Leseliste hinzufügen*, die Sie ebenfalls über das *Teilen*-Menü erreichen können, wird die Internetseite komplett heruntergeladen und steht auch dann zum Lesen zur Verfügung, wenn Sie keine aktive Internetverbindung haben.

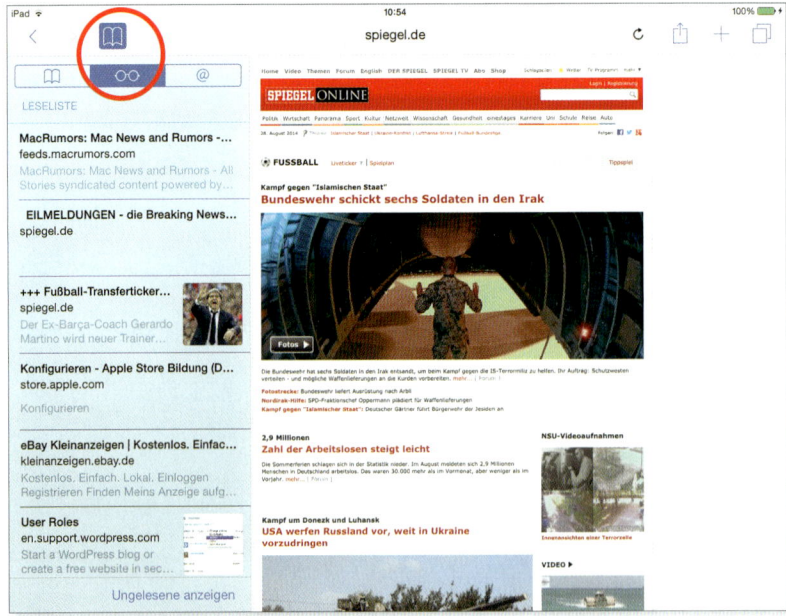

Die Leseliste ist Bestandteil der Lesezeichen.

Der Vorteil liegt klar auf der Hand. Sie können nun die Internetseite in aller Ruhe weiterlesen, obwohl Sie vielleicht unterwegs gar keine Internetverbindung haben. Und noch raffinierter ist es, wenn Sie über mehrere Geräte verfügen, denn diese Internetseite wird auf allen Geräten heruntergeladen, die über dieselbe Apple-ID verfügen. Dies ermöglicht der iCloud-Account. Damit diese Eigenschaften wie Leselisten- oder Lesezeichen-Einträge auch synchronisiert werden, sollten Sie dies in den Einstellungen zu iCloud aktivieren. Notwendig ist, den Schiebeschalter *Safari* auf *Ein* zu stellen.

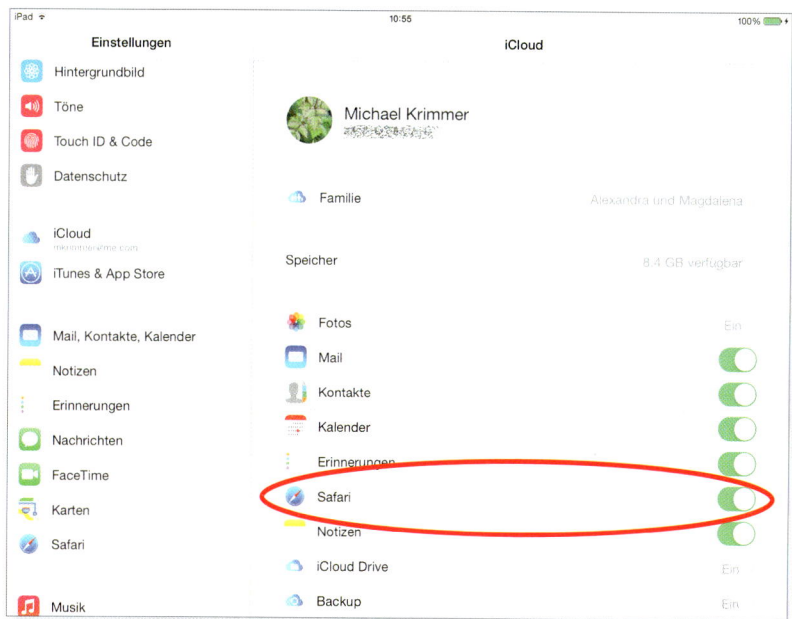

Wenn Sie die Safari-Synchronisation in den iCloud-Einstellungen einschalten, werden Lesezeichen, Leselisten und weitere Einstellungen automatisch synchronisiert.

Übrigens verschwindet ein Eintrag der Leseliste wieder automatisch, sobald an einem Gerät der Artikel aufgerufen und gelesen wurde. Durch Tippen auf *Alle anzeigen* sehen Sie dann die gelesenen Artikel erneut und über *Ungelesene anzeigen* eben die offenen. Sie können einen Artikel ebenfalls durch Wischen von links nach rechts aus der Liste entnehmen und somit löschen.

Freigegebene Links

Und auch das ist möglich: Haben Sie in den *Einstellungen –> Twitter* Ihre Zugangsdaten hinterlegt, wird neben den Lesezeichen und der Leseliste der Eintrag *Freigegebene Links* eingeblendet. Dieser zeigt Hyperlinks von Twitter-Einträgen an.

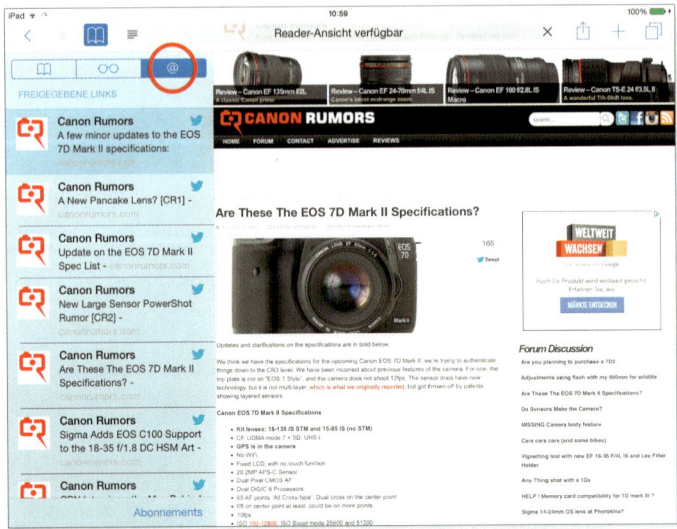

„Freigegebene Links" steht nur zur Verfügung, wenn ein Twitter-Account in den Einstellungen konfiguriert wurde.

iCloud-Tabs

Und noch eine Eigenschaft wird so über verschiedene Geräte hinweg synchronisiert, nämlich die iCloud-Tabs. Wenn Sie Safari aufrufen und dort das Symbol ganz rechts ⬜ antippen, bekommen Sie neben den Tabs am iPad auch eine Liste Ihrer Geräte mit den dort geöffneten Internetseiten.

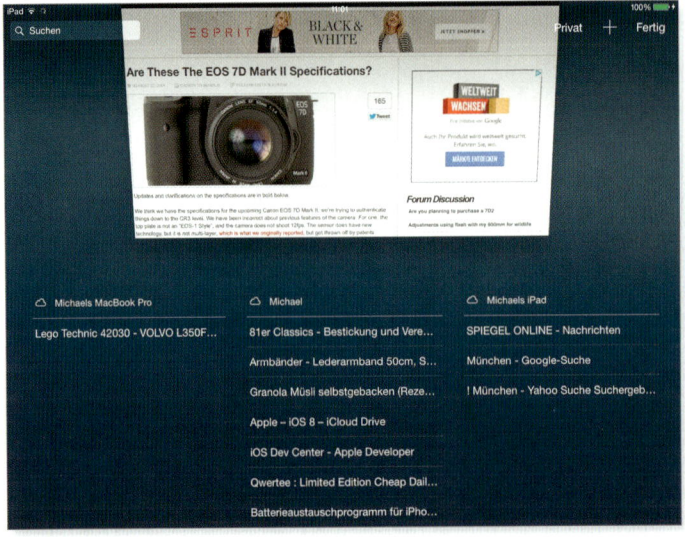

Via „iCloud-Tabs" sehen Sie, welche Internetseiten Sie aktuell auf Ihren anderen Geräten geöffnet haben.

Das heißt, wenn Sie auch einen Mac besitzen, dort Safari einsetzen und dieselbe Apple-ID in den iCloud-Einstellungen hinterlegt haben, werden die bei geöffnetem Safari dort aufgerufenen Internetseiten auch auf Ihrem iPad dargestellt. Und genauso verhält es sich, wenn Sie zusätzlich noch ein iPhone verwenden. Alle Geräte verwenden dieselbe Apple-ID und müssen in den iCloud-Einstellungen die Safari-Synchronisation aktiviert haben. Drahtlos über Apples iCloud werden also diverse Einstellungen synchronisiert.

Sie erkennen immer mehr, dass die Verwendung von iCloud äußerst nützlich ist. Nicht nur im Zusammenhang mit Safari, sondern auch mit vielen anderen Programmen im iPad, wie z. B. Kontakte, Kalender, Erinnerungen etc., werden dabei die Inhalte drahtlos und für Sie als Anwender nutzbringend synchronisiert.

 Sie gelangen auch zur Übersicht über Ihre geöffneten Tabs und die iCloud-Tabs, indem Sie vier oder fünf Finger auf eine in Safari angezeigte Webseite legen und sie zusammenziehen (Verkleinern-Geste).

Privates Surfen

Vielleicht kennen Sie diese Situation: Sie haben Besuch, und dieser möchte kurzfristig Ihr iPad verwenden. Sie möchten aber nicht, dass die dort besuchten Internetseiten vom iPad gespeichert werden. Privates Surfen ist eine sehr einfache Eigenschaft, damit eine andere Person Ihr iPad und das Programm Safari verwenden kann, ohne Spuren auf Ihrem iPad zu hinterlassen.

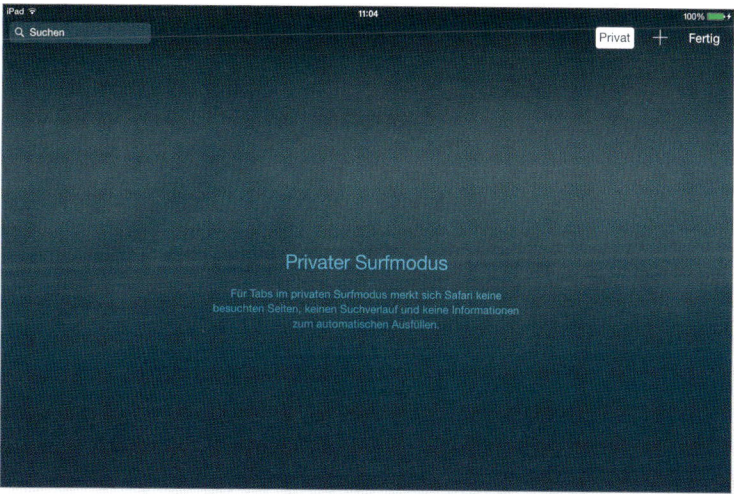

Der „Private Surfmodus" von Safari auf dem iPad.

Die Funktion *Privat* finden Sie direkt in Safari in der gerade gezeigten Tab-Ansicht. Tippen Sie dort auf *Privat*, öffnen Sie mit + einen neuen Tab und schon werden keine Spuren aufgezeichnet. Sobald das private Surfen aktiviert ist, erscheint Safari in dunklem Gewand.

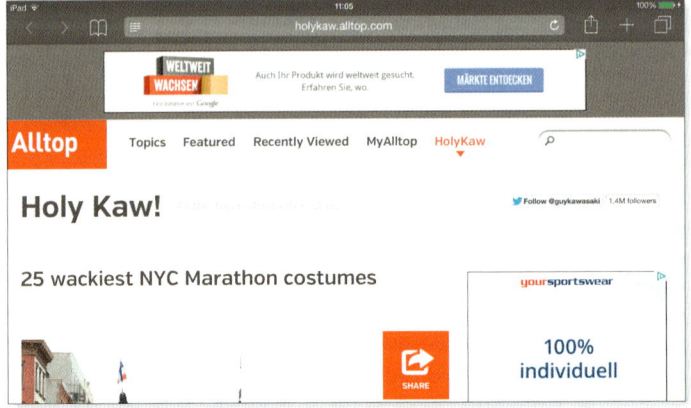

Das private Surfen ist aktiv, und Sie hinterlassen keine Spuren auf dem iPad. Sie erkennen die Funktion an der dunklen Safari-Leiste.

Safari-Einstellungen

In den *Einstellungen* bei *Safari* gibt es noch zwei sehr nützliche und deshalb erwähnenswerte Funktionen, die Sie unbedingt testen sollten.

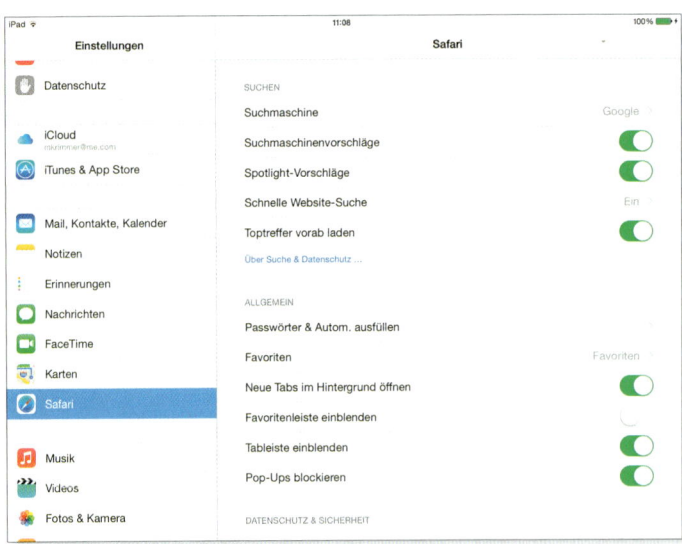

In den Safari-Einstellungen finden sich einige sehr interessante Perlen.

- *Passwörter & Autom. ausfüllen*: Diese Funktion sollten Sie unbedingt aktivieren, denn damit können Sie Safari erlauben, Namen, Kennwörter und Kreditkarteninformationen zu speichern.

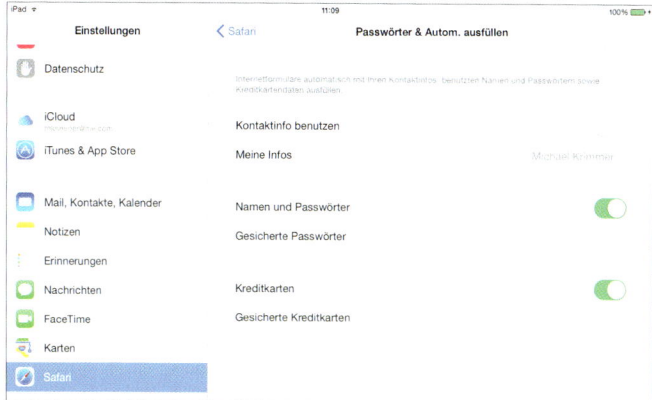

Über „Passwörter & Autom. ausfüllen" kann sich Safari Namen, Passwörter und Kreditkartendaten merken.

Wenn Sie nun beispielsweise eine Internetseite aufrufen, auf der Sie Ihre Zugangsdaten eintragen müssen, kann der Browser bei Safari anfragen, ob er sich diese merken soll.

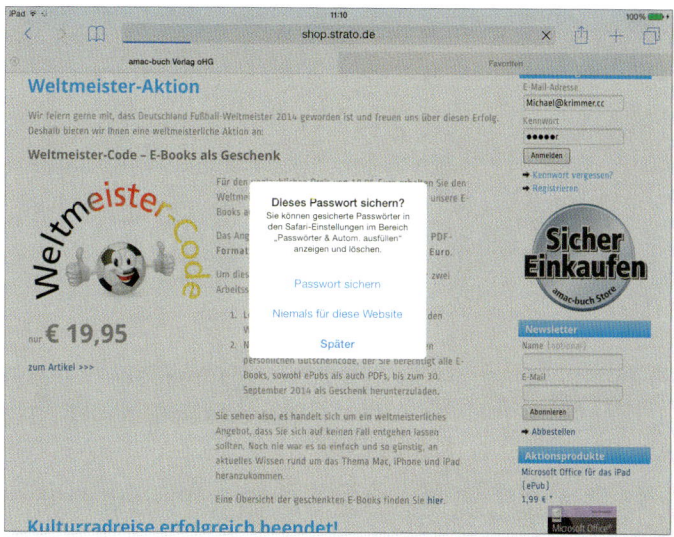

Safari kann sich Log-in-Daten von Internetseiten für Sie merken.

Sofern Sie hier mit *Passwort sichern* antworten, brauchen Sie bei einem erneuten Besuch der Internetseite Ihre Zugangsdaten nicht mehr einzugeben. Das ist natürlich eine sehr praktische Funktion, aber – sofern noch weitere Personen Zugriff auf Ihr iPad haben – ein Sicherheitsrisiko. Weiterhin können diese Passwort- und Kreditkarteninformationen über Apples iCloud zu Ihren anderen iOS-Geräten übertragen werden. Wie dies im Detail funktioniert, können Sie im nächsten Abschnitt nachlesen.

- *Favoritenleiste einblenden:* Wie Sie vorhin gesehen haben, können Sie mit Safari im iPad wichtige Internetseiten als Lesezeichen (Favoriten) ablegen. Innerhalb der Lesezeichen-Verwaltung gibt es eine Kategorie mit dem Namen *Favoriten*. All die darin abgelegten Internetadressen können Sie permanent unterhalb der Adresszeile Ihres Browsers darstellen lassen. So haben Sie die für Sie wichtigen Internetseiten stets mit einem Fingertipp im Zugriff.

> Genauso wie ein Browser in einem Computer merkt sich natürlich Safari die besuchten Internetseiten, erstellt also einen Verlauf. Am unteren Rand der Lesezeichen-Verwaltung finden Sie ein Icon mit einer Uhr, über die Sie die besuchten Internetseiten, also den **Verlauf**, einsehen können.

iCloud-Schlüsselbund

Wie Sie gesehen haben, kann sich Safari Nutzerdaten und Kreditkarteninformationen merken. Über den iCloud-Schlüsselbund können diese sensiblen Daten, verschlüsselt über Apples iCloud, anderen iOS-Geräten oder auch dem Mac-Computer übermittelt werden.

Das bedeutet, Sie müssen sich in Zukunft keine Benutzernamen und Passwörter mehr für die diversen Internetportale merken, bei denen Sie angemeldet sind. Das erledigt in Zukunft Ihr Mac bzw. iPhone, iPad oder iPod touch. Jedes Mal, wenn Sie in Safari einen Anmeldedialog ausfüllen, werden Sie gefragt, ob die Daten im iCloud-Schlüsselbund gesichert werden sollen. Wenn Sie dies bestätigen, sind die Anmeldedaten sofort auf allen Geräten verfügbar, die mit Ihrer Apple-ID verknüpft sind und den iCloud-Schlüsselbund verwenden.

Ist das auch sicher? Ja! Die gespeicherten Daten werden verschlüsselt in der iCloud gesichert und können von niemandem, außer von Ihnen, eingesehen werden, nicht mal von Apple. Es ist also vollkommen sicher.

iCloud-Schlüsselbund einrichten

Wir werden Ihnen nun exemplarisch zeigen, wie Sie am iPad den iCloud-Schlüsselbund einrichten. Öffnen Sie dazu die *Einstellungen* und wechseln Sie zu *iCloud*. Tippen Sie auf *Schlüsselbund* und aktivieren Sie den *iCloud-Schlüsselbund*.

Der Schlüsselbund wird über „Einstellungen –> iCloud –> Schlüsselbund" aktiviert.

Sie werden nun nach einem Sicherheitscode für den Schlüsselbund gefragt. Dieser wird gebraucht, wenn Sie später ein weiteres Gerät für den Schlüsselbund hinzufügen wollen. Falls Ihr iPad bereits einen Sperrcode eingerichtet hat, können Sie entweder diesen verwenden oder einen neuen definieren.

Entweder verwenden Sie den Sperrcode des Geräts ...

... oder Sie definieren einen neuen Sicherheitscode.

Wenn Sie einen neuen Code definieren, können Sie zwischen einem einfachen vierstelligen Code oder einem etwas komplexeren wählen. Dazu tippen Sie auf *Erweiterte Optionen*, wählen *Einen komplexen Sicherheitscode verwenden* aus und tippen auf *Nächstes*. Nun können Sie einen beliebig langen alphanumerischen Code eingeben.

 Merken Sie sich diesen Code sehr gut bzw. dokumentieren Sie ihn irgendwo. Nur mit diesem Code können Sie nachträglich die Einstellungen im Schlüsselbund ändern.

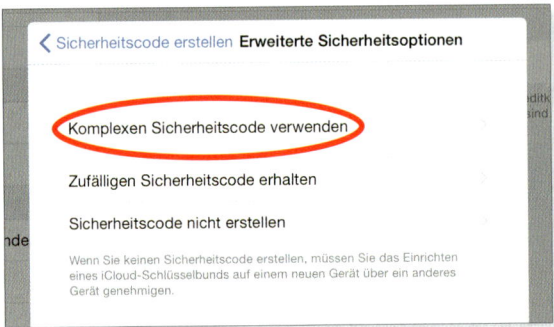

Der Sicherheitscode für den Schlüsselbund kann auch komplexer ausfallen.

 Sie können auch den Sicherheitscode komplett ausschalten. Dadurch kann die Verwendung des Schlüsselbunds mit einem fremden Gerät auch nur durch ein anderes Gerät erlaubt werden (siehe nächsten Abschnitt).

Ist der Sicherheitscode definiert, müssen Sie im nächsten Schritt eine Telefonnummer angeben, die SMS empfangen kann. Warum wird das benötigt? Apple verwendet diese zusätzliche Schutzmaßnahme, um unerlaubte Änderungen im iCloud-Schlüsselbund zu verhindern, z. B. um den Zugriff eines fremden Geräts auf den Schlüsselbund zu verhindern. Wenn Sie nämlich bei einem Gerät den Schlüsselbund aktivieren, wird nicht nur der Sicherheitscode abgefragt, sondern auch eine Ziffernkombination, die Apple per SMS an die angegebene Telefonnummer geschickt hat – also eine zweifache Absicherung.

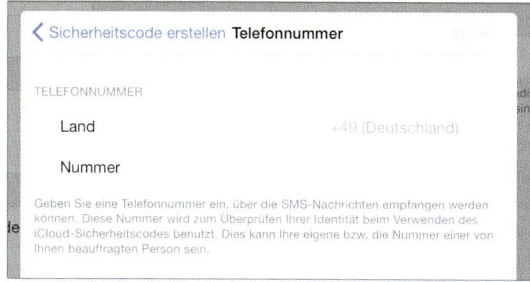

Als zusätzliche Sicherung wird noch eine Telefonnummer verlangt, die SMS empfangen kann.

Das war der letzte Arbeitsschritt. Der Schlüsselbund ist nun aktiviert und kann mit Anmeldedaten und Kreditkarteninformationen bestückt werden.

 Der iCloud-Schlüsselbund kann grundsätzlich in jedem Gerät eingerichtet werden. Bei den iOS-Geräten wird dazu nur iOS 7 oder höher und auf dem Mac OS X Mavericks (10.9) oder höher benötigt.

iCloud-Schlüsselbund auf weiteren Geräten verwenden

Sie können nicht einfach ein neues Gerät für Ihren iCloud-Schlüsselbund frei-schalten. Sonst könnte das ja jeder machen, der sich Ihrer Apple-ID bemäch-tigt hat. Um ein weiteres Gerät hinzuzufügen, müssen Sie es an einem bereits aktivierten Gerät bestätigen. Alternativ dazu geben Sie den bei der Einrichtung festgelegten Sicherheitscode ein. Daraufhin wird Ihnen eine SMS mit einer Bestätigungskennung zugeschickt.

Das zweite iPad wird nicht so einfach Bestandteil des iCloud-Schlüsselbunds.

In unserem Beispiel möchten wir das iPad für unseren iCloud-Schlüsselbund aktivieren. Das geht aber nur dann, wenn wir entweder an einem bereits aktivierten Gerät eine Bestätigung versenden oder wenn wir den Code eingeben, der bei der Einrichtung vergeben wurde (siehe Kapitel 1 auf Seite 31).

Über unser iPad können wir das iPhone und sogar einen Mac autorisieren.

Der Vorgang über den Code läuft dann so ab:

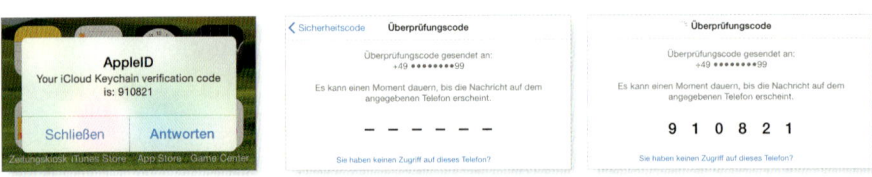

Sie bekommen einen Code per SMS zugeschickt, den Sie in das vorgesehene Feld eingeben.
Daraufhin wird das Gerät freigegeben.

Nachdem wir die Apple-ID am iPad eingegeben und damit beiden Geräten das Okay gegeben haben, werden iPhone und Mac-Computer hinzugefügt.

 Anstatt über den Code können Sie das neue Gerät auch über ein bestehendes Schlüsselbund-Gerät freischalten. Nach kurzer Zeit erhalten Sie dort die Anfrage, die Sie durch die Eingabe des Apple ID-Passworts bestätigen. Daraufhin erhält das neue Gerät den Zugriff auch ohne den Code per SMS.

Den iCloud-Schlüsselbund für Passwörter und Kreditkartendaten nutzen

Sichere Kennwörter generieren: Sobald Sie sich neu auf einer Webseite anmelden und es darum geht, ein Passwort festzulegen, meldet sich iOS 8 mit dem iCloud-Schlüsselbund. Zunächst bietet Safari die Funktion an.

Entscheiden Sie hier, ob Sie ein „Passwort vorschlagen" lassen möchten.

An dieser Stelle kann es auch erforderlich sein, dass Sie auf *Passwort vorschlagen* tippen.

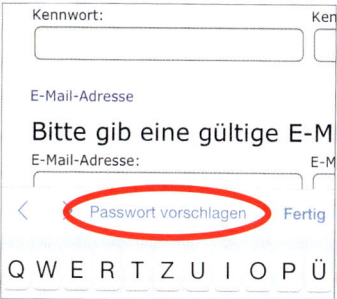

Beantworten Sie die Frage mit *Passwort vorschlagen*, erhalten Sie im nächsten Schritt ein Passwort.

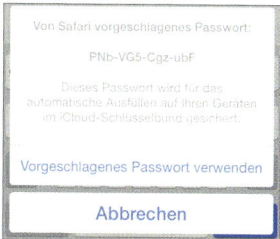

Dieses Passwort ist vorbildlich. Es ist lang genug, besteht aus Buchstaben und anderen Zeichen und ist kein Wort, das in einem Wörterbuch steht. Standardmäßig wird dabei ein 12-stelliges Passwort erzeugt.

Mit *Vorgeschlagenes Passwort verwenden* nehmen Sie es an. Daraufhin wird es auch gleich in die entsprechenden Felder auf der Webseite eingetragen.

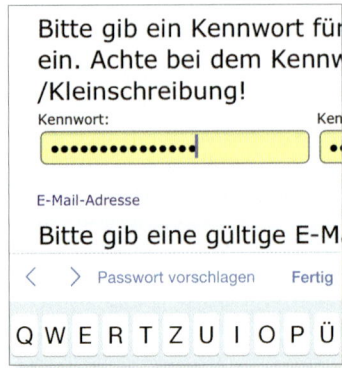

Das von iOS generierte Passwort wurde angenommen und auch gleich eingetragen.

 Mit den beiden Pfeilen können Sie übrigens beim Ausfüllen eines Formulars feldweise vor- und rückwärts springen.

Loggen Sie sich dann später wieder auf dieser Seite ein, so trägt Ihr iPad das Passwort automatisch ein. Das erreichen Sie auch über die Taste *Passwort autom. ausfüllen*.

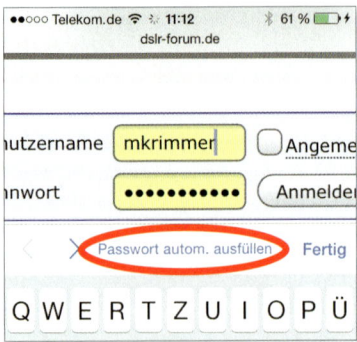

Auch bestehende Zugangsdaten kann der iCloud-Schlüsselbund verwalten.

Und wenn Sie in Safari Ihre Kreditkartendaten eingeben und danach damit bezahlen möchten, meldet sich ebenfalls der iCloud-Schlüsselbund und bietet dort seine Dienste an.

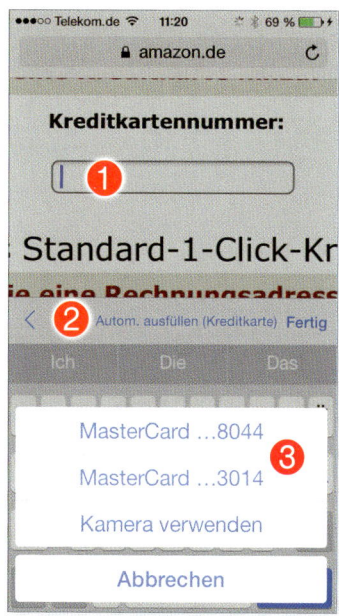

Auch Kreditkartendaten verwaltet der iCloud-Schlüsselbund auf Wunsch.

Sobald ein Feld erkannt wird, in das eine Kreditkartennummer eingegeben werden soll ❶, erscheint die Taste für das automatische Ausfüllen ❷. Gibt es in Ihrem iCloud-Schlüsselbund mehr als eine hinterlegte Kreditkarte, so erhalten Sie eine Auswahl ❸. Über *Kamera verwenden* können Sie sogar eine Karte in die Kamera des iPad halten, und iOS 8 liest die Nummer und den Karteninhaber automatisch ein.

In den *Einstellungen –> Safari* können Sie im Bereich *Passwörter & Autom. ausfüllen* die bisher gespeicherten Daten einsehen und bei Bedarf auch abändern.

Tippen Sie dort auf *Gesicherte Passwörter.* Danach bekommen Sie eine Liste Ihrer Passwörter angezeigt. Wenn Sie auf einen der Einträge tippen, können Sie nach Eingabe Ihres Codes die Zugangsdaten ansehen.

Tippen Sie in der Übersicht über die Zugänge auf *Bearbeiten*, lassen sich einzelne Einträge markieren und dann *Löschen.*

Diese Möglichkeit zum Löschen haben Sie auch beim Punkt *Gesicherte Kreditkarten.* Wählen Sie hier eine Kreditkarte aus, können Sie – ebenfalls über *Bearbeiten* – die gespeicherten Daten verändern. Auf Wunsch haben Sie außerdem die Möglichkeit, die Kreditkarte zu löschen. Und was natürlich hier auch geht: eine neue Karte eintragen oder in die Kamera halten.

Gespeicherte Kreditkartendaten lassen sich auch bearbeiten oder löschen.

Geben Sie zudem unter *Meine Infos* Ihre Kontaktdaten an, sodass diese beim Ausfüllen von Formularen automatisch verwendet werden können. Dazu muss die Eigenschaft *Kontaktinfo benutzen* aktiviert sein.

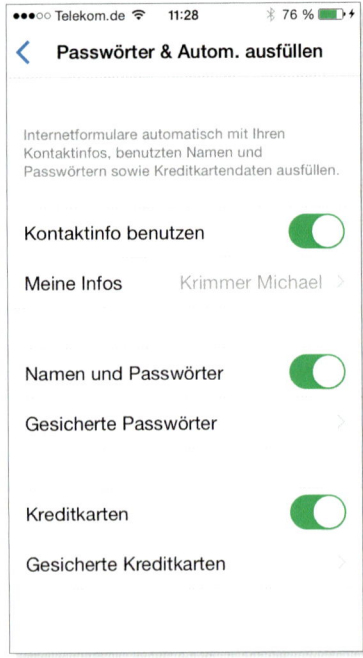

Ihre Kontaktdaten können in Formularen im Internet automatisch eingesetzt werden.

Keine Frage, das iPad ist kein iPhone. Deswegen kann mit dem iPad auch nicht so einfach telefoniert werden. Zumindest nicht auf den ersten Blick. Auf den zweiten Blick funktioniert das aber schon, und es gibt eine Reihe weiterer Möglichkeiten, wie Sie mit Ihren Freunden, Bekannten und Liebsten in Kontakt treten können. Freuen wir uns also, alle Möglichkeiten der Kommunikation im Rahmen dieses Kapitels eingehender zu begutachten.

Twitter, Facebook, Flickr und Vimeo

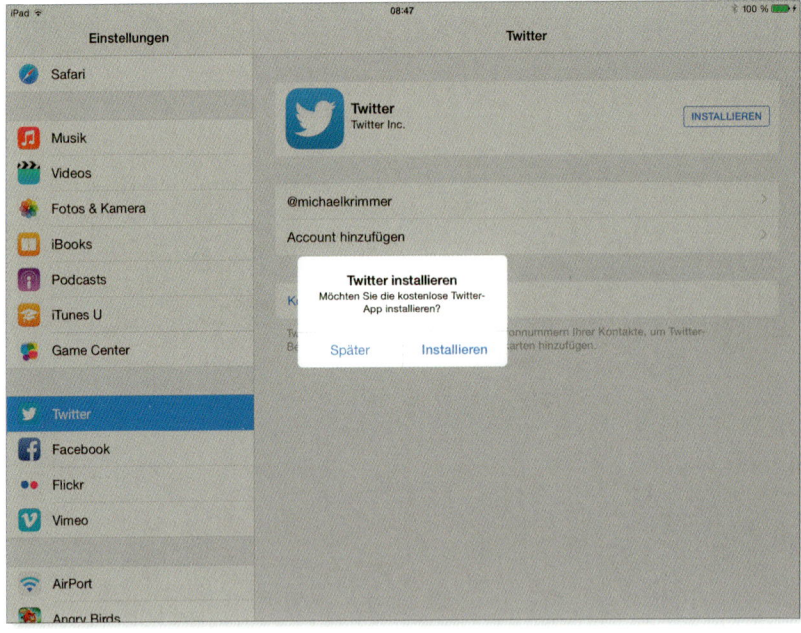

In den Einstellungen können zentral die Zugangsdaten für Ihre Twitter-, Facebook-, Flickr- und Vimeo-Accounts hinterlegt werden.

Tragen Sie beispielsweise Ihre Twitter-Daten in den *Einstellungen* ein, können Sie sogleich die kostenlose *Twitter*-App aus dem App Store herunterladen, um Ihre Twitter-Aktivitäten fortzuführen.

Etwas anders verhält es sich bei Facebook. Auch bei den Facebook-Einstellungen sind die Daten zu hinterlegen.

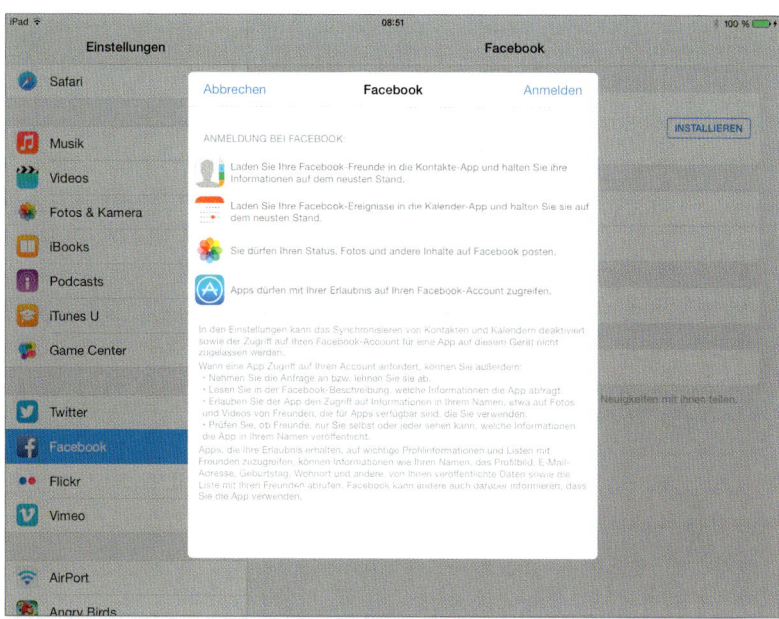

Facebook-Anmeldedaten wurden erfolgreich auf dem iPad hinterlegt.

Sie sehen, dass nun nicht sofort die Aufforderung folgt, die *Facebook*-App herunterzuladen, sondern auf Ihrem iPad befinden sich bereits einige Programme, die mit Facebook-Daten gefüllt werden können, wie z. B. Ihre *Kontakte*-App. Wenn Sie dies zulassen, wird in Ihrer *Kontakte*-App eine neue Gruppe namens *Facebook* angelegt, wo Sie all Ihre Facebook-Freunde wiederfinden. Von dort aus können Sie z. B. per E-Mail mit diesen Personen in Kontakt treten. Erst im zweiten Schritt bietet Ihnen Ihr iPad an, die *Facebook*-App auf Ihrem iPad zu installieren.

 Neben der **Kontakte**-App kann auch die **Kalender**-App mit Daten aus Facebook versorgt werden. Das sind im Regelfall die von Ihren Facebook-Mitgliedern hinterlegten Geburtstagstermine oder Veranstaltungen, die sich dann automatisch in Ihrem Kalender befinden.

Wenn Sie nun per Twitter oder Facebook etwas mitteilen möchten, ist dies auf dem iPad sehr einfach möglich. Wir stellen Ihnen hier zwei nützliche Wege vor, um neue Twitter- oder Facebook-Einträge zu erstellen:

1. *Siri:* Verwenden Sie *Siri*, um per Twitter oder Facebook eine neue Nachricht einzustellen. Für Twitter sprechen Sie beispielsweise: „Erstelle einen Tweet." Für Facebook sagen Sie: „Poste an meine Pinnwand", und geben hernach noch die Information ein.

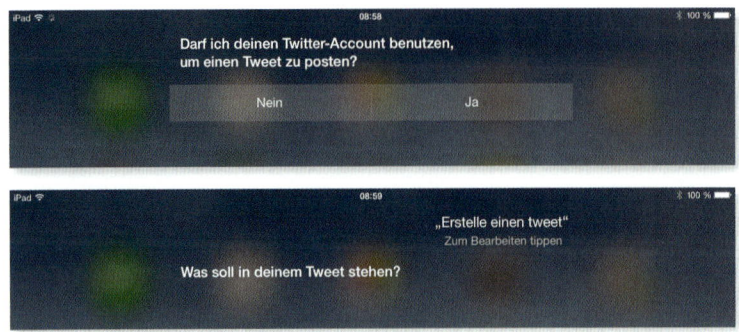

Nachdem Sie Siri erlaubt haben, Ihren Twitter-Account zu benutzen (oben), können Sie Tweets auch diktieren (unten). Das geht analog auch mit Facebook.

> **!** Über **Siri** erhalten Sie somit eine genial einfach zu bedienende und extrem rasche Möglichkeit, um neue Informationen in **Facebook** oder **Twitter** weiterzugeben.

2. Kommen wir noch einmal zurück zu *Safari*. Sie erinnern sich an die *Teilen*-Funktionalität neben der Adressleiste. Dort finden Sie die Begriffe *Twitter* und *Facebook* wieder.

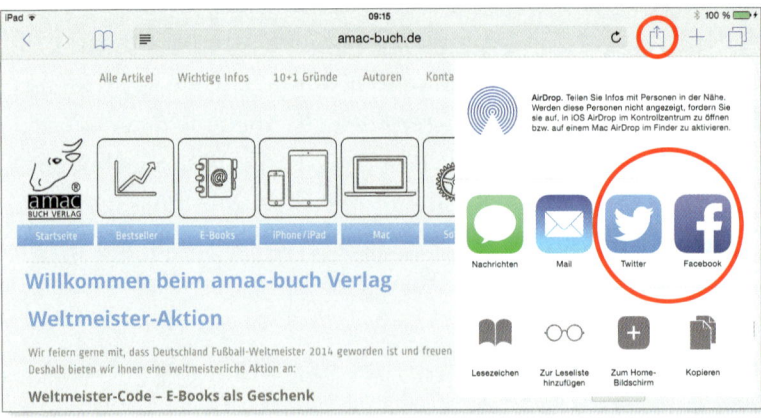

Über das „Teilen"-Feld in diversen Applikationen können Informationen direkt zu Twitter oder Facebook übermittelt werden.

Diese Funktionalität ist an sehr vielen Stellen möglich, nicht nur innerhalb von Safari. Auch Ihre Software *iBooks* kann Informationen von E-Books an diese sozialen Netzwerke weitergeben. Und in den Stores (App Store, iTunes Store etc.) gibt es ebenfalls Verlinkungen zu Facebook.

Und wie verhält es sich umgekehrt? Wie werden Sie also informiert, sobald via Facebook oder Twitter von anderen neue Informationen eingetragen wurden? Ganz einfach: über die Mitteilungszentrale!

Notwendig ist hierzu, dass Sie die Facebook- bzw. Twitter-App installiert und schon einmal gestartet haben.

Beim ersten Start der „Facebook"- bzw. „Twitter"-App werden Sie gefragt, ob Sie Push-Mitteilungen erlauben möchten.

Falls Sie dies akzeptieren, bedeutet das nichts anderes, als dass sich *Twitter* bzw. *Facebook* in die Mitteilungszentrale einklinken. Je nachdem, wie Sie es speziell für diese Apps konfigurieren, werden neue Informationen per *Banner*, per *Hinweis*, per *Töne* oder wie auch immer auf Ihrem Bildschirm erscheinen.

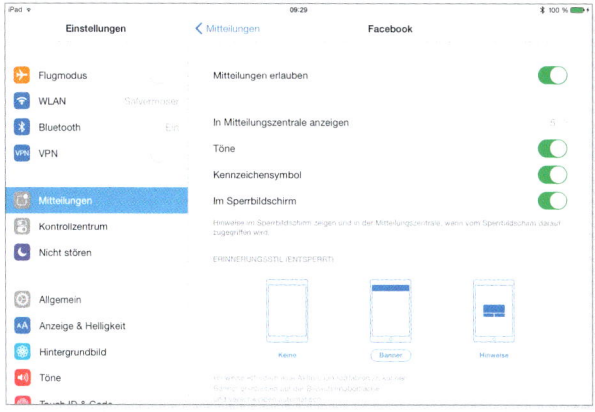

„Facebook" ist nun Bestandteil der Mitteilungszentrale. Neue Informationen werden per Banner auf Ihrem Display dargestellt.

Sie sehen an dieser Stelle wieder sehr schön, wie die verschiedenen Elemente eines iPad ineinandergreifen, wie die zentrale Konfiguration der Twitter- und Facebook-Accounts an die Apps weitergereicht wird und wie die Apps ihrerseits dann über die Mitteilungszentrale mit dem Betriebssystem kommunizieren. Also eine sehr enge und für Sie als Anwender nützliche Verzahnung.

Auch das Betriebssystem OS X, das auf Apple-Computern läuft, kennt diese Funktionen.

Nachrichten

Wir haben eingangs geschrieben, dass über das iPad – anders als über das iPhone – nicht einfach telefoniert werden kann. Dennoch können Sie von Ihrem iPad kostenlose SMS- bzw. MMS-Nachrichten an andere Apple-Anwender versenden. Notwendig hierzu ist das Aktivieren von *iMessage* in den *Einstellungen* bei *Nachrichten*.

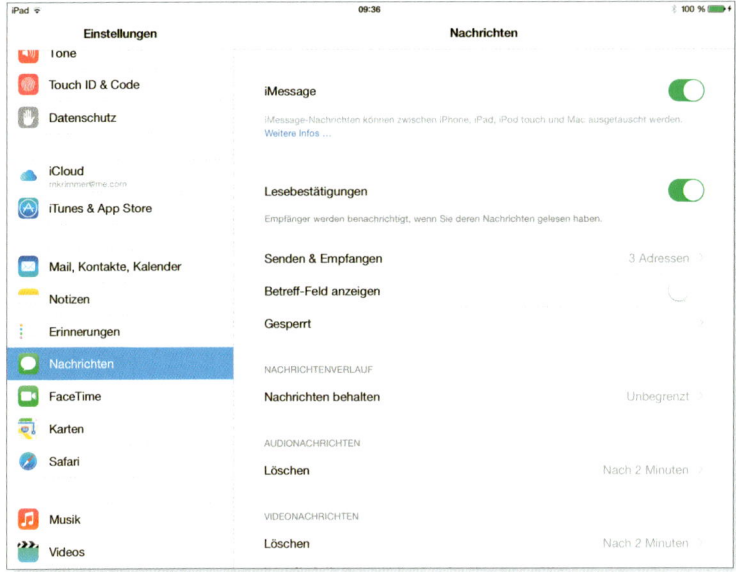

Die Apple-ID wird für die Verwendung von „iMessage" eingetragen.

Schon ist Ihr iPad bereit, um Nachrichten mit anderen iOS-Geräten kostenfrei auszutauschen, die ebenfalls *iMessage* eingeschaltet haben.

Erste Einstellungen der Nachrichten-App

An dieser Stelle können Sie auch gleich die erste hilfreiche Einstellung vornehmen: Aktivieren Sie *Lesebestätigungen*, damit die Absender von Nachrichten an Sie erkennen können, ob Sie eine Nachricht erhalten bzw. gelesen haben. Möchten Sie das nicht, dann deaktivieren Sie diesen Punkt.

Es gibt noch weitere Einstellungen, die wir Ihnen am Ende des Nachrichten-Kapitels noch erklären.

Das Programm *Nachrichten* selbst ist sehr einfach in der Bedienung.

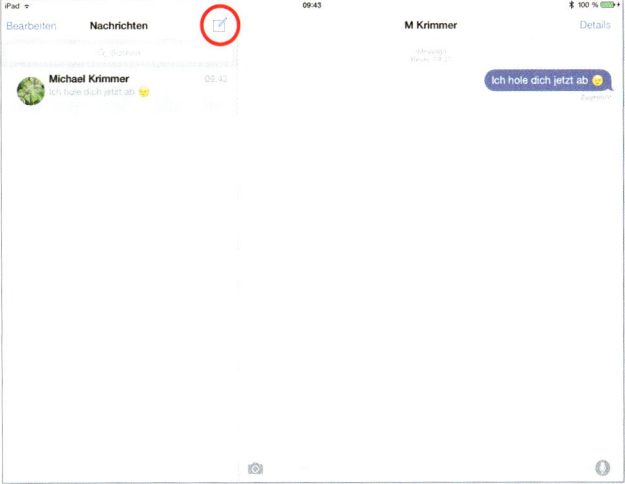

Tippen Sie links oben auf den Erstellen-Button und geben Sie dort die E-Mail-Adresse eines oder mehrerer Empfänger an.

 Alternativ können Sie natürlich auch auf Adressen Ihres **Kontakte**-Programms zurückgreifen.

Tippen Sie dann den Nachrichtentext ein. Wenn Sie möchten, können Sie noch ein Foto oder ein Video an diese Nachricht anhängen. Dieses können Sie entweder unmittelbar über die Kamera erstellen (*Foto od. Video aufnehmen*) oder aus der *Fotos*-App verwenden (*Fotoarchiv*).

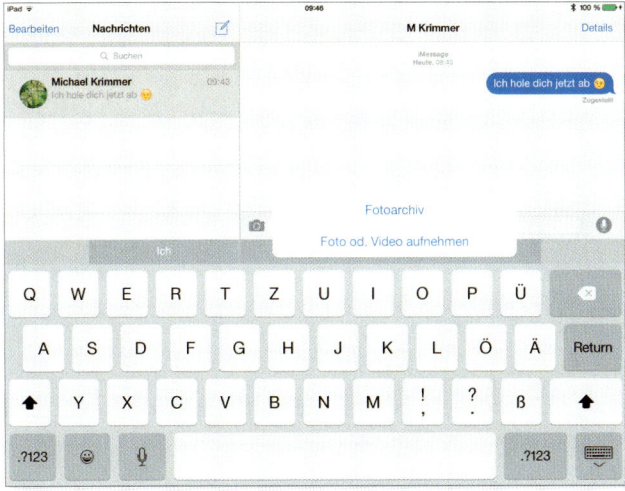

Eine neue Nachricht wird erstellt.

> ❗ Das Versenden von Nachrichten mit Text-, Bild- und Videoinformationen wird von Apple über die kostenfreie Apple-ID abgewickelt und funktioniert nur, wenn die Empfänger ebenfalls eine Apple-ID auf ihren Geräten eingestellt haben. Das sind Anwender, die einen Mac, ein iPhone oder ein iPad verwenden. Das heißt, es verhält sich anders als bei SMS- oder MMS-Nachrichten, wo Sie geräteübergreifend Informationen senden können. Für diesen Nachrichtendienst sind Sie auf Geräte der Firma Apple angewiesen.

Adressen und Telefonnummer (bzw. die dazugehörigen Namen), die mit einer Apple-ID verknüpft sind, werden in Blau dargestellt. Das bedeutet konkret: Wann immer Sie einen „blauen Empfänger" in der Nachrichten-App sehen, können Sie iMessage-Nachrichten dorthin versenden. Ist die Farbe dagegen grün, so versucht iOS 8 statt dessen, eine SMS-Nachricht zu versenden. Wenn das nicht klappt, dann ist die Nachricht schlicht nicht zuzustellen.

Dieser Empfänger verfügt über keine aktive Apple-ID.

Sie sehen bereits am grünen Text (und am Wort „Nachrichten" im Textfeld), dass Sie die Nachricht an diesen Empfänger nicht per *iMessage* versenden können, da dieser über keine Apple-ID verfügt bzw. Sie diese nicht kennen.

> ❗ Um zu einem späteren Zeitpunkt komplette Konversationen zu löschen, tippen Sie links oben auf **Bearbeiten**. Und noch ein Tipp: Schieben Sie den rechten Teil des **Nachrichten**-Fensters nach links, um die exakten Uhrzeiten der Meldungen zur Anzeige zu bringen.

Und noch etwas ist an diesem „grünen Empfänger" zu erkennen: Rechts neben dem Textfeld für die Nachricht fehlt im Vergleich zum Screenshot weiter oben das Mikrofonsymbol. Darüber erreichen Sie nämlich die iMessage-exklusive Funktion, Sprachnachrichten an einen iMessage-Empfänger zu versenden. Da die grüne Adresse aber zeigt, dass am anderen Ende der Leitung kein iOS-Gerät hängt, das die Nachricht auch korrekt ausgeben könnte, ist diese Funktion deaktiviert. Geht die Nachricht aber an einen iMessage-Empfänger, erscheint das Mikrofon wieder. Und dann haben Sie diese Möglichkeiten:

Sprach- und Videonachrichten senden

Vermutlich haben Sie rechts neben dem Eingabefeld für Nachrichtentexte bereits das Mikrofonsymbol gesehen. Darüber lassen sich sehr einfach Sprachnachrichten verschicken.

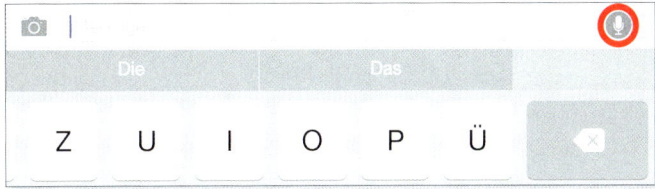

Dieses Mikrofon ist nicht zu verwechseln mit dem in der Tastatur. Über das hier lassen sich Sprachnachrichten aufnehmen und verschicken.

Um eine Sprachnachricht aufzuzeichnen, tippen Sie auf das Mikrofon und lassen während der Aufnahme den Finger darauf.

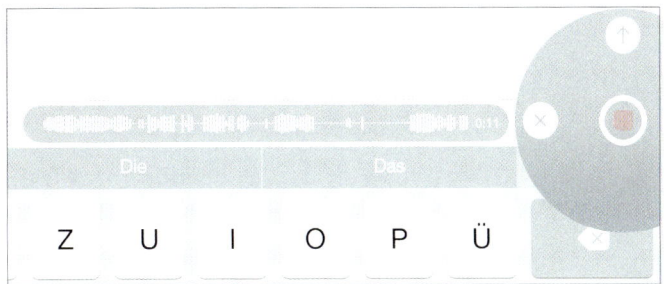

Die Aufnahme läuft. Im Bereich links sehen Sie, wie laut die einzelnen Passagen aufgenommen wurden.

Um die Nachricht direkt zu verschicken, schieben Sie den Finger nach oben in Richtung des Pfeils und nehmen dann den Finger vom Display. Darauf geht die Nachricht sofort raus. Schieben Sie den Finger nach links zum *x*, um die Aufnahme zu verwerfen. Nehmen Sie den Finger vom Display, ohne ihn nach oben zu verschieben, stoppt die Aufnahme.

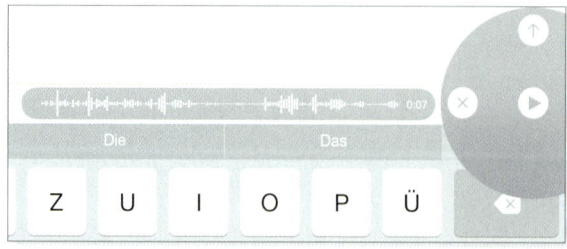

Die Aufnahme wurde beendet. Sie können sie nun anhören, löschen oder versenden.

Wenn Sie nun auf das Wiedergabesymbol tippen, hören Sie die Nachricht an. Der Pfeil nach oben verschickt die Datei, und das *x* löscht sie.

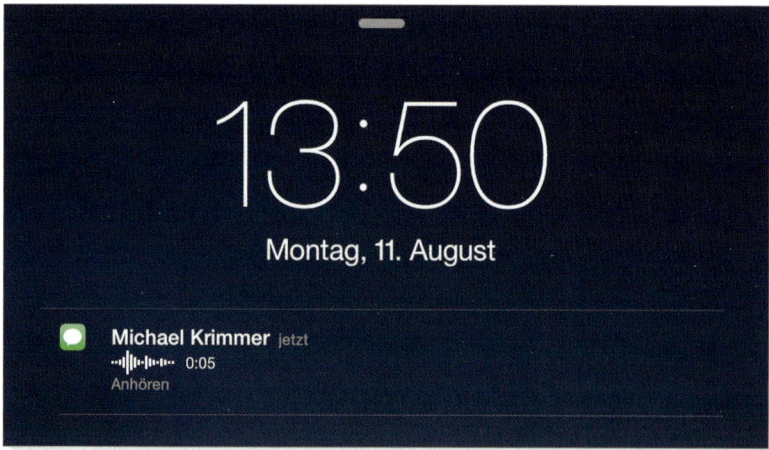

So zeigt beispielsweise iOS 8 am iPad den Eingang einer Sprachnachricht an.

Um Platz zu sparen, löscht iOS 8 eine bereits abgehörte Sprachnachricht nach zwei Minuten automatisch. Möchten Sie die Datei darüber hinaus speichern, tippen Sie auf **Behalten**. Das können Sie in den **Einstellungen** –> **Nachrichten** auch deaktivieren.

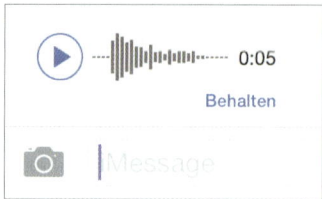

Wenn Sie hier nicht auf „Behalten" tippen, wird die Nachricht zwei Minuten nach dem Abhören gelöscht.

Möchten Sie statt einer Audio- eine Videonachricht versenden, so können Sie das fast genauso machen wie gerade beschrieben. Halten Sie dazu die Kamerataste links neben dem Eingabefeld gedrückt und tippen Sie dann auf den roten Aufnahmeknopf, um die Aufnahme zu starten. Sie stoppen die Aufnahme durch erneutes Drücken auf den Knopf. Danach lässt sich die Videobotschaft ansehen, versenden oder löschen.

SMS-Empfang und -Versand

Mit iOS 8 und einem iPhone können Sie auf dem iPad auch „normale" SMS- bzw. MMS-Nachrichten versenden und empfangen. Nötig hierfür ist die einmalige Verbindungsherstellung zwischen dem iPad und dem iPhone sowie die gleiche Apple-ID für iCloud. Sind diese Vorausetzungen erfüllt sind, kommt die Verbindungsanfrage, sobald Sie am iPad die App *Nachrichten* starten.

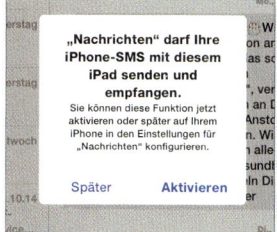

Nach der Eingabe des Codes ist die Verbindung hergestellt.

Nun können Sie am iPad an beliebige Mobilfunknummern SMS-Nachrichten versenden. Dabei werden diese über das iPhone versendet.

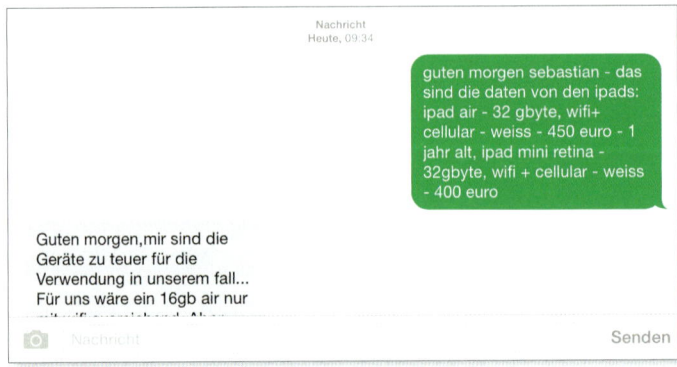

Die Nachrichten-App kann SMS- und MMS-Nachrichten senden und empfangen.

Möchten Sie zu einem späteren Zeitpunkt die Kopplung iPhone-iPad wieder aufheben, so sollten Sie am iPhone in den *Einstellungen* den Eintrag *Nachrichten* aufrufen. Tippen Sie dort auf *Weiterleitung von SMS* und deaktivieren Sie das entsprechenden Gerät.

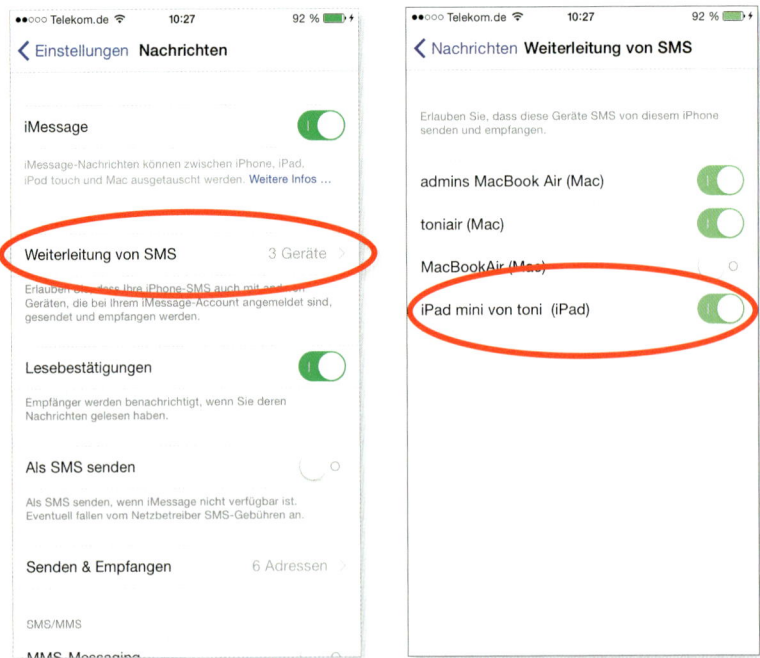

Am iPhone kann die Verbindung zum iPad wieder unterbrochen werden.

Gruppennachrichten

Möchten Sie eine Unterhaltung mit mehreren Personen führen, geben Sie einfach mehr als einen Empfänger in das *An*-Feld ein. Dann gehen alle Nachrichten, die Sie in dieser Unterhaltung schreiben, auch an alle Teilnehmer.

In der Übersicht erkennen Sie Gruppennachrichten an den Empfängern und rechts am Hinweis „Gruppe". Zum Vergleich: Die Nachricht darüber ging nur an eine Person.

Innerhalb der Unterhaltung steht dann bei jeder Nachricht zu lesen, wer sie geschrieben hat. Die eigenen Nachrichten sind rechts zu sehen, die der anderen Teilnehmer links.

Die Unterhaltung der Gruppe füllt sich.

Optionen während der Unterhaltung

Wenn Sie rechts oben auf *Details* tippen, kommen Sie zu den Optionen der Unterhaltung.

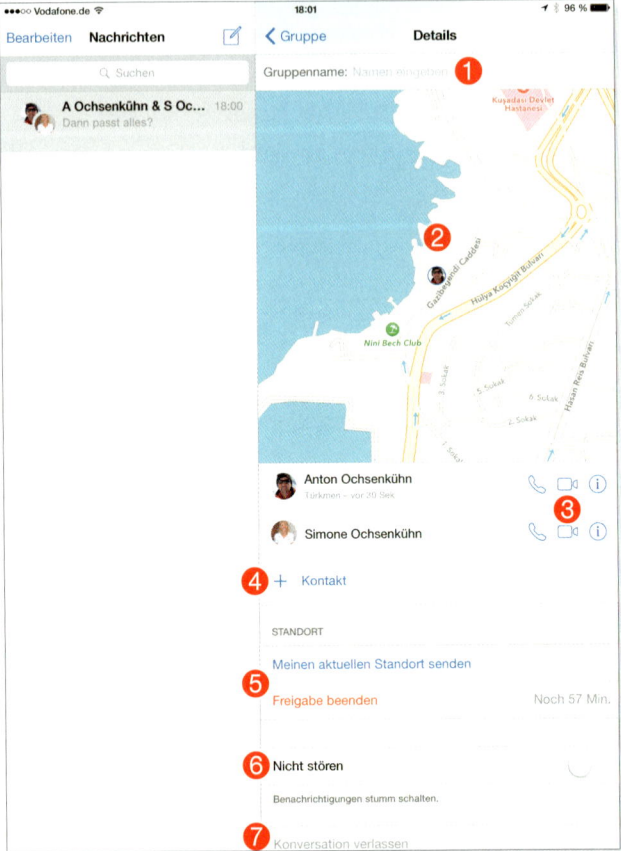

Zunächst erhalten Sie Infos zum Standort und den Kontaktdaten der Teilnehmer. Scrollen Sie weiter nach unten, um weitere Möglichkeiten zu erhalten.

❶ Hier können Sie der Gruppe einen Namen geben. Über eine Änderung wird die Gruppe informiert. Sollten Sie das Feld für den Gruppennamen nicht sehen, schieben Sie das Fenster etwas nach unten weg.

❷ Auf der Karte sehen Sie, wo sich die Teilnehmer befinden. Tippen Sie auf die Karte, um zur Großansicht zu wechseln.

❸ Rechts neben den Namen gibt es die Tasten zur schnellen Kontaktaufnahme per *Telefon* und *FaceTime*. Das eingekreiste *i* bringt Sie zur Visitenkarte.

❹ Über diese Schaltfläche fügen Sie der Unterhaltung eine neue Person hinzu.

❺ Geben Sie hier Ihren Standort als Information für die anderen Teilnehmer frei. Die erste Option gibt den Standort für den aktuellen Zeitpunkt frei.

Die zweite kann *1 Stunde*, *Bis zum Ende des Tages* oder *Unbegrenzt* freigeben. Sie haben aber jederzeit die Möglichkeit, die Freigabe wieder zu beenden.

❻ Ist *Nicht stören* aktiv, werden Sie über keine Nachrichten informiert, wenn das iPad gesperrt ist. Perfekt für Besprechungen.

❼ Via *Konversation verlassen* können Sie sich als Gruppennachrichten-Empfänger verabschieden.

Anhänge an einem zentralen Ort

Wurden in einer Unterhaltung Fotos und Videos geteilt, so können Sie alle zentral ebenfalls in den *Details* ansehen und aufrufen.

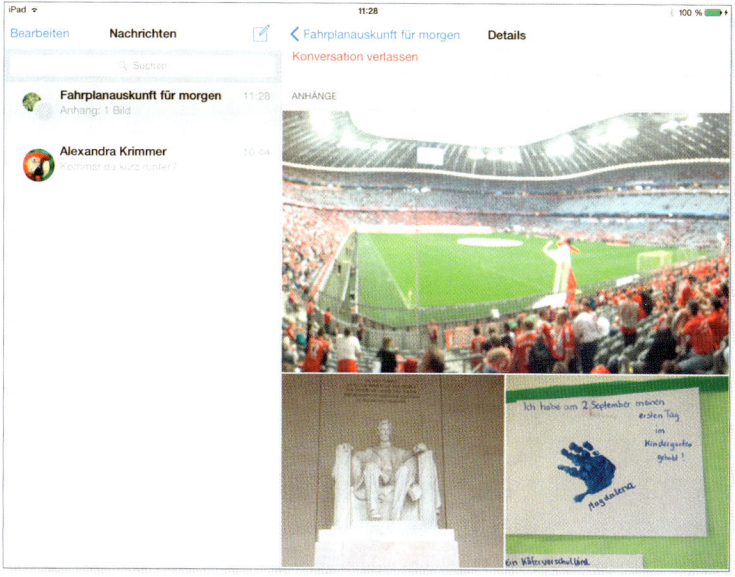

Die zentral angezeigten Dateien können auch vergrößert und weiterverwendet werden.

Einstellungen für Nachrichten

Für die *Nachrichten*-App im iPad gibt es ein paar wenige Konfigurationsmöglichkeiten, die aber sehr interessant sind. Sie finden sie unter *Einstellungen –>Nachrichten*.

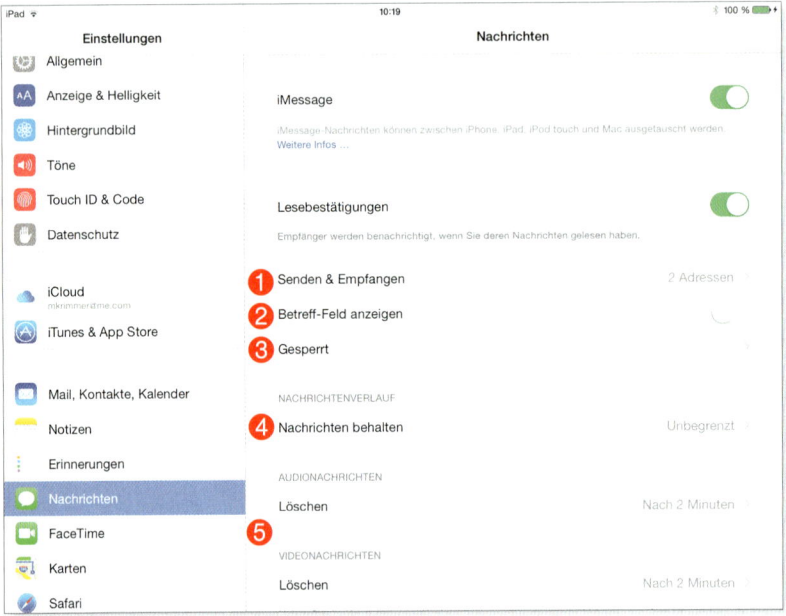

Die „Nachrichten"-App bietet wenige, aber hilfreiche Einstellungen.

❶ Die Einstellungen zu *iMessage*, den *Lesebestätigungen* und *Senden & Empfangen* haben Sie bereits kennengelernt.

❷ Haben Sie diese Option aktiviert, bekommen Sie beim Verfassen von iMessage-Nachrichten neben dem eigentlichen Feld für die Nachricht noch ein Betreff-Feld. Damit können Sie wie bei einer E-Mail der Nachricht ein Thema mitgeben.

❸ Möchten Sie von einem bestimmten Empfänger keine Nachrichten mehr empfangen, können Sie ihn der Gesperrt-Liste hinzufügen. Diese Liste blockiert diese Person dann auch bei *FaceTime*.

❹ Legen Sie hier fest, wie lange Sie Ihre Nachrichten archivieren möchten. Neben *Unbegrenzt* gibt es noch die Wahlmöglichkeiten *30 Tage* und *1 Jahr*.

❺ Und hier definieren Sie, ob Ihre Audio- und Videonachrichten bereits *Nach 2 Minuten* gelöscht werden sollen, um Speicherplatz auf dem iPad zu sparen. Hier können Sie aber auch *Nie* auswählen, dann bleiben die Nachrichten erhalten.

Unterhaltungen und Nachrichten löschen

Eine komplette Unterhaltung löschen Sie dadurch, dass Sie in der Übersicht der Nachrichten eine Konversation nach links wegschieben. Dann erhalten Sie den bereits aus anderen Apps bekannten *Löschen*-Knopf, über den Sie die Aktion ausführen.

Das Löschen von ganzen Konversationen klappt über die bekannte Wischgeste.

Alternativ dazu tippen Sie auf *Bearbeiten*, wählen eine oder mehrere Einträge aus, indem Sie den Kreis davor auswählen und tippen dann auf *Löschen*.

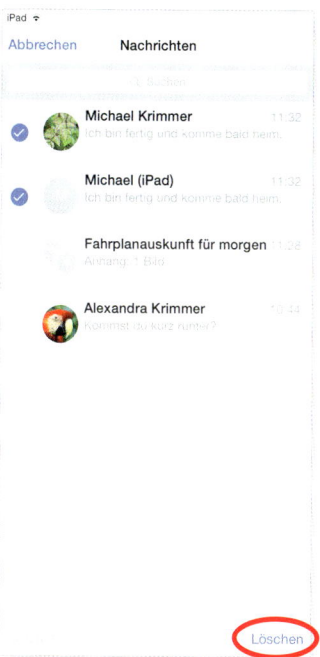

Wenn Sie Konversationen markieren und dann löschen, können Sie bequem auch mehrere Einträge auf einmal löschen.

Möchten Sie innerhalb einer Unterhaltung eine bestimmte Nachricht löschen, so funktioniert das auch. Es ist nur auf Anhieb nicht zu sehen. Tippen Sie dazu auf die Nachricht und belassen Sie den Finger kurz auf dem Display. Im daraufhin erscheinenden Menü wählen Sie *Mehr* aus. Und nun können Sie über das Papierkorbsymbol links unten alle ausgewählten Nachrichten löschen.

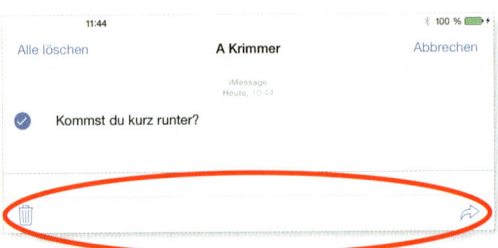

Über das Papierkorbsymbol löschen Sie die markierte(n) Nachricht(en). Der Pfeil leitet sie weiter.

> **!** Zum Abschluss noch ein Tipp: Oft kommt es vor, dass man den Eingang einer Nachricht beim ersten Hinweis nicht zur Kenntnis nimmt. Wenn Sie gerne noch weitere Hinweise hätten, dann können Sie das in den **Einstellungen** –> **Nachrichten** festlegen. Rufen Sie den Punkt **Hinweise wiederholen** auf und dort eine der verfügbaren Optionen (**1-mal** bis **10-mal**). Dann werden Sie künftig so oft erinnert, bis Sie die Nachrichten ansehen.

FaceTime

Na gut, Sie haben recht, über *iMessages* (Nachrichten) können wir noch nicht telefonieren, aber zumindest per Text, Foto und Video kommunizieren. Soll die Verbindungsaufnahme noch direkter sein, können Sie *FaceTime* verwenden. *FaceTime* ist Bildtelefonie, – seit iOS 7 auch Audiotelefonie und seit iOS 8 können Sie in Zusammenarbeit mit einem iPhone auch ganz normal telefonieren. Sie haben längst erraten, was notwendig ist, um mit *FaceTime* zu arbeiten. Richtig, Sie müssen die Apple-ID hinterlegen! Wo? Natürlich in den *Einstellungen* und dort wiederum bei *FaceTime*.

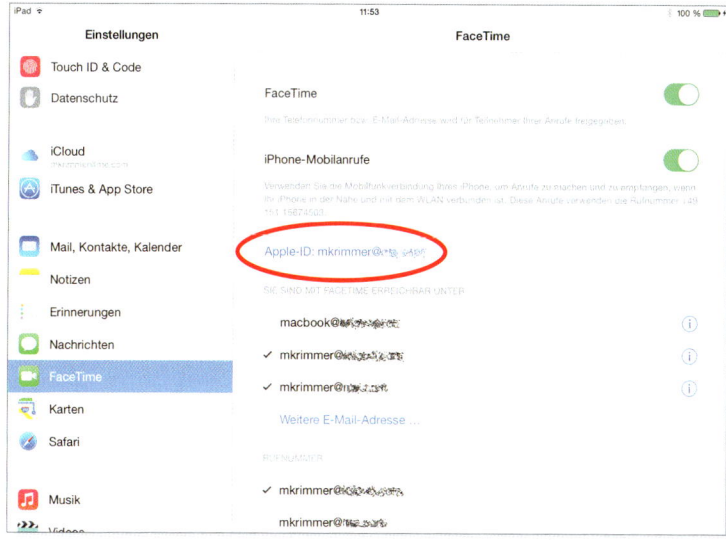

„FaceTime" kann nur aktiv werden, wenn auch hier die Apple-ID eingetragen ist.

Und wie Sie am Bildschirmfoto sehen, können Sie hier auch weitere E-Mail-Adressen eintragen, unter denen Sie dann per *FaceTime* erreichbar sind.

> **!** Sie haben ja vorhin beim Programm **Nachrichten** gesehen, dass nicht alle Anwender über eine Apple-ID verfügen. Es könnte also sein, dass Sie von einem anderen Anwender eine E-Mail-Adresse haben, die keine Apple-ID ist. Würde dieser aber seine E-Mail-Adresse seiner Apple-ID zuordnen, wäre er sowohl per **Nachrichten** als auch über **FaceTime** erreichbar. Ergo: Sie selbst sollten Ihre E-Mail-Adressen an die Apple-ID andocken, damit Sie von potenziellen Kommunikationspartnern über **Nachrichten** oder auch **FaceTime** erreicht werden können.

Wenn Sie zusätzlich zum iPad ein iPhone haben, kann an dieser Stelle auch eine Telefonnummer stehen. Da das iPhone eine Telefonnummer hat, trägt sich diese automatisch in die FaceTime-, aber auch in die Nachrichtenkontakte ein. Das heißt, sendet jemand an diese Telefonnummer eine Nachricht oder versucht, per Videotelefonie Kontakt aufzunehmen, wird der Anruf auf das iPad weitergeleitet.

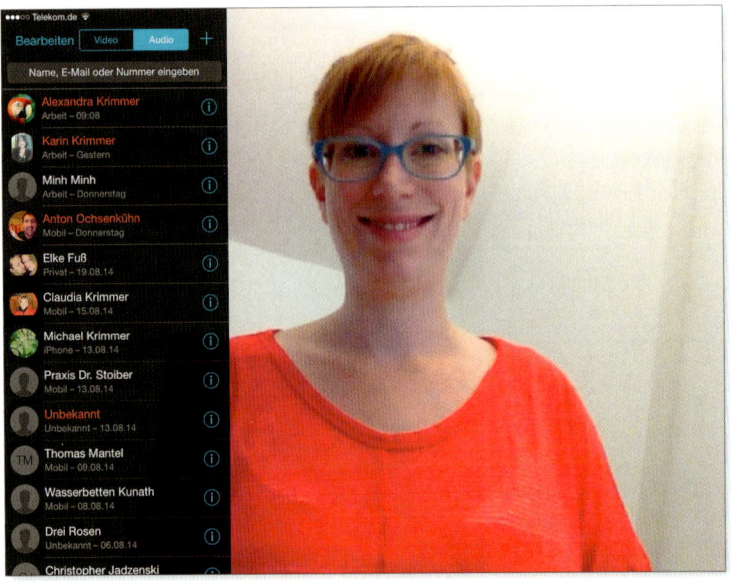

Über FaceTime können Video- und Audiotelefonate gestartet werden.

In dieser Abbildung sehen Sie, dass auf der linken Seite die bereits bekannten Kontakte eingeblendet werden. Tippen Sie also auf eine Adresse, um die Verbindung herzustellen. Gleich darüber können Sie zwischen *Video-* und *Audio-* Verbindungen wählen.

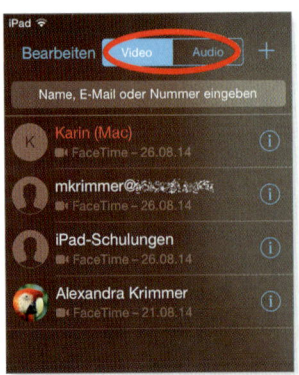

Soll ein Video- oder ein Audiotelefonat geführt werden?

Sie können auch in das Suchfeld unter *Video/Audio* einen Namen, eine E-Mail-Adresse oder eine Nummer eingeben. Daraufhin erhalten Sie auch alle Treffer aus Ihren Kontakten. Wenn bei einem Treffer eine Kontaktmöglichkeit für Face-Time-Video und FaceTime-Audio vorhanden ist, wählen Sie das dadurch aus, dass Sie auf die Kamera- (Video) oder das Telefonhörersymbol (Audio) tippen.

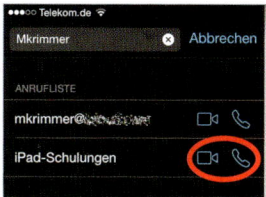

Noch drei letzte Anmerkungen zu *FaceTime*: Die iPad- und iPhone-Modelle ab 2012 sind in der Lage, nicht nur per WLAN, sondern auch per 3G/LTE-Netzwerk eine Bild- oder Audiotelefonieverbindung aufzubauen. Damit das funktioniert, muss dies in den *Einstellungen* bei *Mobile Daten* auch konfiguriert werden.

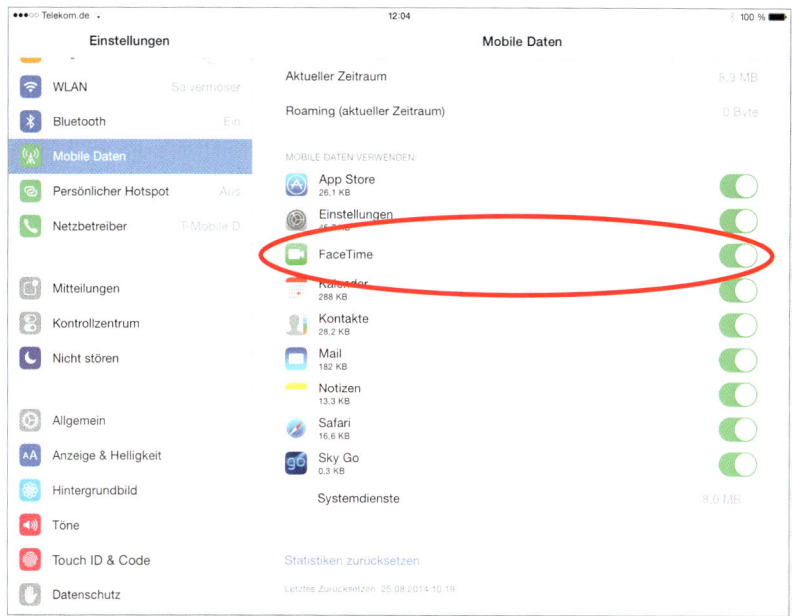

Wenn Sie unterwegs FaceTime-Anrufe bekommen und senden wollen, aktivieren Sie „FaceTime" in den dazugehörigen Einstellungen.

Und auch das ist möglich: Während Sie einen FaceTime-Anruf führen, können Sie durch Tippen auf die Home-Taste die App verlassen und eine andere App starten, um z. B. den Kalender zu prüfen oder in den Erinnerungen einen Eintrag vorzunehmen.

Während eines FaceTime-Anrufs können andere Apps gestartet und verwendet werden. Über die Menüleiste kommt man wieder zu „FaceTime" zurück.

Übrigens: Während eines Videocalls können Sie zwischen Front- und Rückkamera wechseln. :-). Und Sie können weitere Personen per FaceTime kontaktieren und so ganz einfach eine Konferenz einberufen.

Telefonieren mit dem iPad

Wenn Sie in den *Einstellungen* zu *FaceTime* den Punkt *iPhone-Mobilanrufe* (am iPhone und iPad!) aktiviert haben, dann kann sich Ihr iPad die Telefonverbindung des iPhone ausleihen und darüber eine Telefonverbindung aufbauen. Ganz so, als würden Sie den Anruf vom iPhone aus starten.

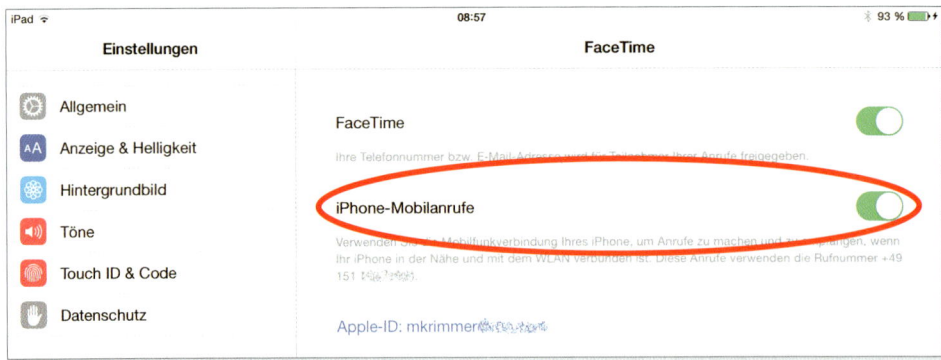

Aktivieren Sie „iPhone-Mobilanrufe", um am iPad über das iPhone telefonieren zu können.

Um einen Anruf zu starten, wählen Sie z. B. den entsprechenden Kontakt aus und tippen auf das Telefonsymbol rechts neben der Rufnummer. Und schon baut das iPad die Verbindung auf und informiert im Dispay darüber, dass das Telefonat „mit Ihrem iPhone" geführt wird.

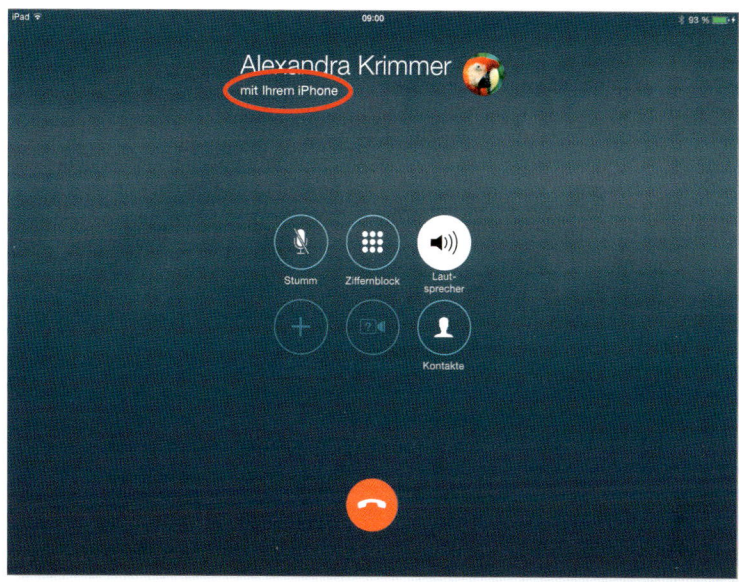

Die Verbindung wird aufgebaut. Das iPad nutzt die Telefonfunktion des iPhone, um den Anruf durchzuführen.

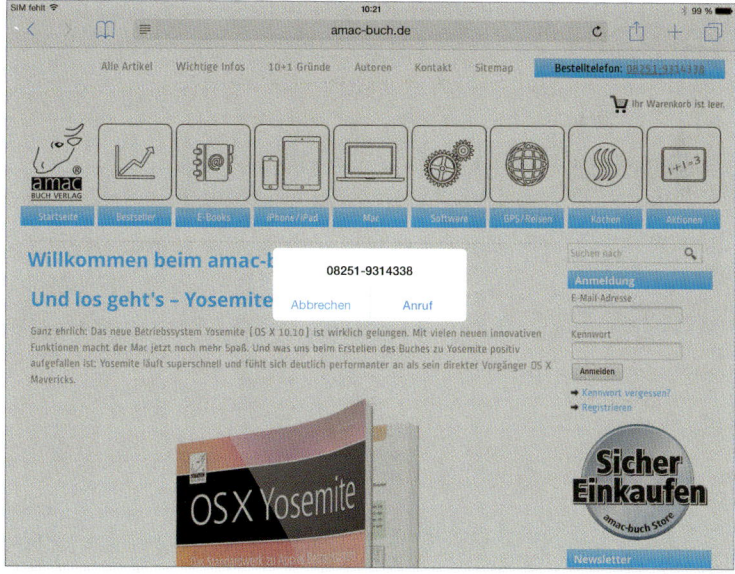

Sie können aber auch jede beliebige Telefonnummer auf einer Webseite in Safari antippen und von dort aus den Anruf über das iPhone starten.

Andersherum geht es übrigens auch: Wenn Sie einen Anruf am iPhone empfangen, können Sie diesen Anruf auch am iPad annehmen. Und in Kombination mit dem Mac funktioniert es auch.

Auch der Mac ist in der Lage, Anrufe über das iPhone zu starten oder anzunehmen.
Notwendig hierfür ist der Einsatz des Betriebssystems OS X Yosemite und die Aktivierung in
der App „FaceTime" und dort in den „Einstellungen".

> **!** Um diese Funktion nutzen zu können, muss sowohl am iPad als auch am iPhone in den FaceTime-Einstellungen dieselbe Apple-ID eingetragen sein. Außerdem müssen sich beide Geräte im gleichen WLAN befinden.

E-Mail

Die noch gängigste Kommunikationsmöglichkeit über das Internet ist das Senden von E-Mails. Und keine Frage, auch das iPad versteht sich ganz hervorragend auf das E-Mailen. Bevor Sie das erste Mal das Programm *Mail* starten und zu arbeiten beginnen, sollten Sie in den *Einstellungen* die notwendigen Konfigurationen vornehmen.

> **!** Sie erinnern sich, bei der Installation Ihres Geräts konnten Sie eine Apple-ID eintragen und iCloud spezifizieren. Haben Sie dies während der Installation getan, sind in den Einstellungen bei **Mail, Kontakte, Kalender** sowie bei **Nachrichten** als auch bei **FaceTime** bereits Ihre Apple-ID-Daten hinterlegt. Ebenso haben iTunes und App Store die Apple-ID bekommen. Wenn Sie das während der Installation nicht getan haben, müssen Sie eben nachträglich Ihre Apple-ID-Daten samt dazugehörigem Passwort in den jeweiligen Kategorien eintragen.

   Aber kommen wir zurück zu der Möglichkeit des E-Mail-Sendens und -Empfangens. Haben Sie in den iCloud-Einstellungen die Apple-ID eingetragen und den Schiebeschalter bei *Mail* aktiviert, erhalten Sie einen E-Mail-Account, der im Bereich *Mail, Kontakte, Kalender* fertig eingerichtet ist.

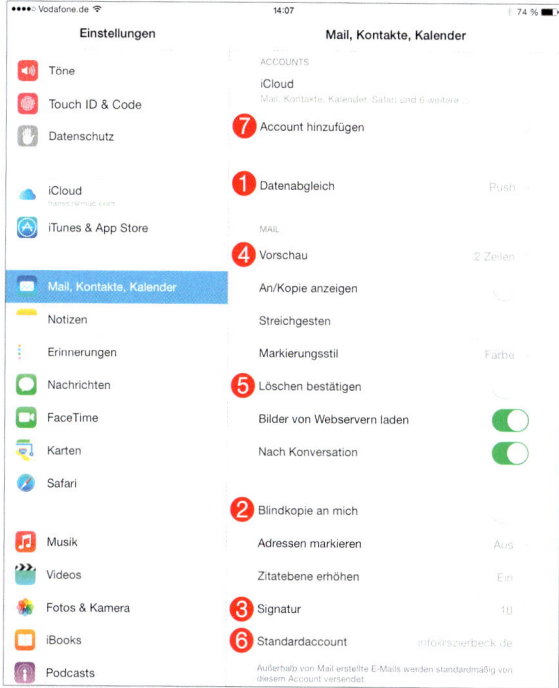

Der iCloud-Account hat sich als Mail-Account sofort eingetragen.

Achten Sie darauf, dass Sie einige wichtige Grundeinstellungen des Programms *Mail* vorgenommen haben:

❶ *Datenabgleich:* Via Datenabgleich regeln Sie, ob Ihr E-Mail-Programm die E-Mails automatisch (*Push*) oder zu bestimmten Zeiten laden soll (*Alle 15 Minuten*, *Alle 30 Minuten*, *Stündlich*, *Manuell*). Wenn Sie den automatischen E-Mail-Abruf aktivieren, kostet das bisweilen etwas Akkulaufzeit. Das Zeitraster bzw. manuelle Laden ist zu empfehlen, wenn Sie weniger häufig E-Mails bekommen und diese weniger dringend sind. Weiterhin können Sie das Laden der E-Mails manuell starten, wenn Sie die Liste aller Nachrichten nach unten ziehen.

Durch Ziehen der Liste nach unten werden neue E-Mails geladen.

❷ *Blindkopie an mich:* Es gibt viele Anwender, die diese Funktion aktivieren. Jede gesendete E-Mail wird daraufhin per *Bcc* automatisch auch an Sie gesendet.

> **!** Jede E-Mail, die das iPad verlässt, wird aber zudem innerhalb des E-Mail-Accounts im **Gesendet**-Ordner abgelegt. Deshalb ist es meist nicht notwendig, die Blindkopie zu verwenden.

❸ *Signatur:* Wenn Sie von Ihrem iPad auch E-Mails versenden, wäre es sinnvoll, dass Sie hier eine individuelle Signatur eingeben und den Eintrag *Von meinem iPad gesendet* durch Ihren Textbeitrag ersetzen. Haben Sie mehrere E-Mail-Accounts eingerichtet, können die Signaturen *Pro Account* eingetragen werden.

❹ Stellen Sie hier ein, ob die *Vorschau* auf den Mailtext zwischen *1 Zeile* und *5 Zeilen* groß sein soll. Auch *Keine* ist als Option verfügbar.

❺ *Löschen bestätigen* kann das irrtümliche Löschen von Mails verhindern. Einmal aktiviert, müssen Sie den Löschauftrag noch einmal gesondert bestätigen.

❻ Und hier legen Sie noch fest, welcher Ihrer Mail-Accounts der *Standardaccount* ist. Der wird dann automatisch gewählt, wenn Sie eine neue Nachricht im gemeinsamen Posteingang erstellen oder beispielsweise ein Bild per E-Mail versenden. Antworten Sie auf eine Nachricht, wird dagegen die Adresse verwendet, an die die Mail ursprünglich adressiert war. Ebenso wird der Standardaccount nicht verwendet, wenn Sie im Posteingang eines anderen Accounts eine Nachricht erstellen.

Da, wie ja schon öfters erwähnt, das iPad ein leistungsfähiger Computer ist, können Sie weitere E-Mail-Konten anlegen. Wählen Sie hierzu bei *Mail, Kontakte, Kalender* den Eintrag *Account hinzufügen* ❼. Sogleich erhalten Sie eine ganze Fülle an bereits vordefinierten E-Mail-Konten zur Auswahl. Dort genügt die Angabe Ihrer E-Mail-Adresse und des Passworts. Alles andere wird automatisch für Sie hinterlegt.

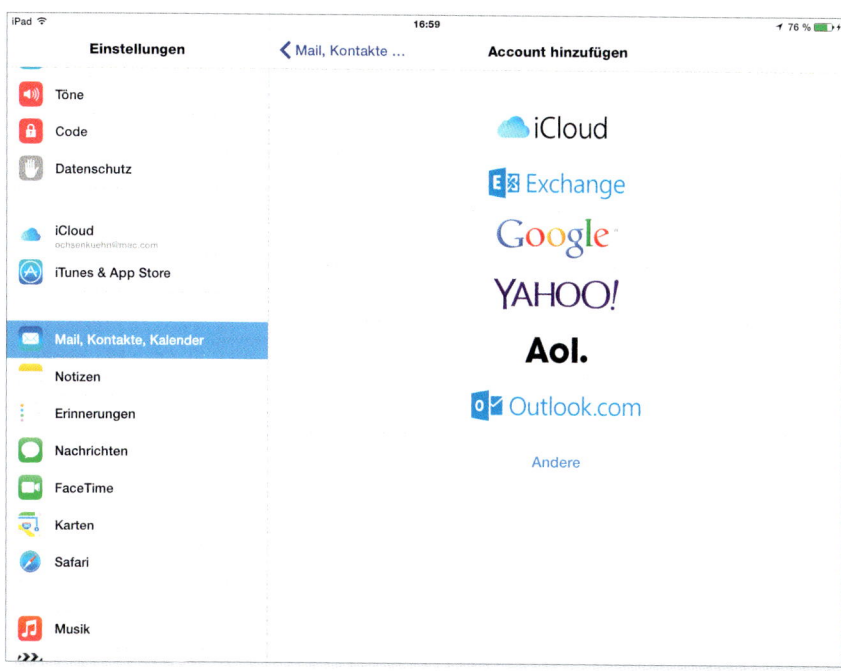

Sie können weitere E-Mail-Konten auf Ihrem iPad hinterlegen.

Via *Andere* können Sie einen *Mail-Account hinzufügen*, der nicht im Schritt davor namentlich aufgelistet ist.

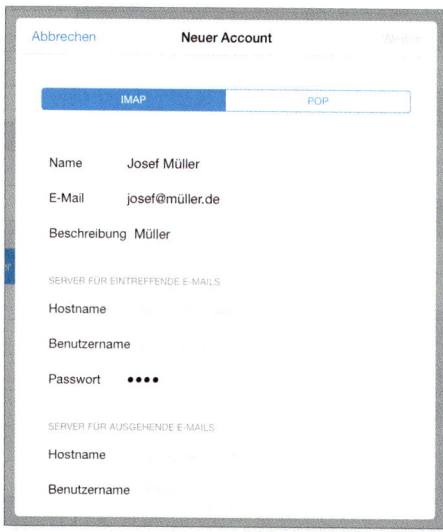

Sofern Sie andere E-Mail-Konten hinzufügen, müssen Sie die jeweiligen Einstellungen selbst vornehmen, damit die Erstellung auch vonstattengehen kann.

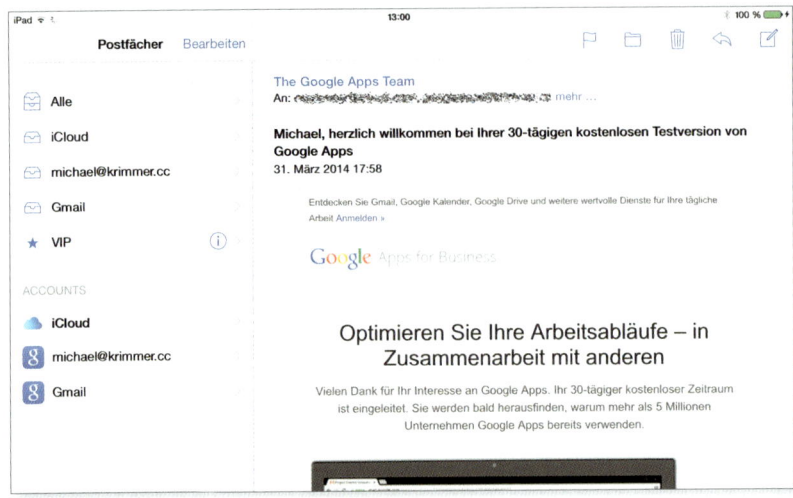

Je mehr E-Mail-Postfächer Sie eingerichtet haben, desto mehr Accounts bzw. Posteingänge finden Sie im Programm „Mail".

Für jedes E-Mail-Konto, das eingerichtet wird, erhalten Sie einen neuen Eintrag bei *Accounts*. In den Posteingängen sehen Sie ebenfalls die E-Mail-Konten getrennt voneinander. Wählen Sie *Alle* aus, sehen Sie alle empfangenen E-Mails, unabhängig davon, an welche E-Mail-Adresse diese gesendet wurden.

Im iPad eingetragene Mail-Accounts können Sie natürlich auch wieder löschen. Rufen Sie dazu die *Einstellungen* auf und wählen Sie den Bereich *Mail, Kontakte, Kalender*. Tippen Sie dann auf den zu löschenden Eintrag im Abschnitt *Accounts*. Mit *Account löschen* entfernen Sie den Eintrag.

Wenn Sie nun neue E-Mails erstellen, können Sie wählen, von welchem Account aus die Mail versendet wird. Den *Standardaccount* definieren Sie in *Einstellungen –> Mail, Kontakte, Kalender*.

Tippen Sie auf „Account", um den Absender der E-Mail festlegen zu können.

Verwenden Sie den Bereich *Accounts*, um dort die Details eines E-Mail-Accounts aufzurufen, wie z. B. die angelegten Ordner.

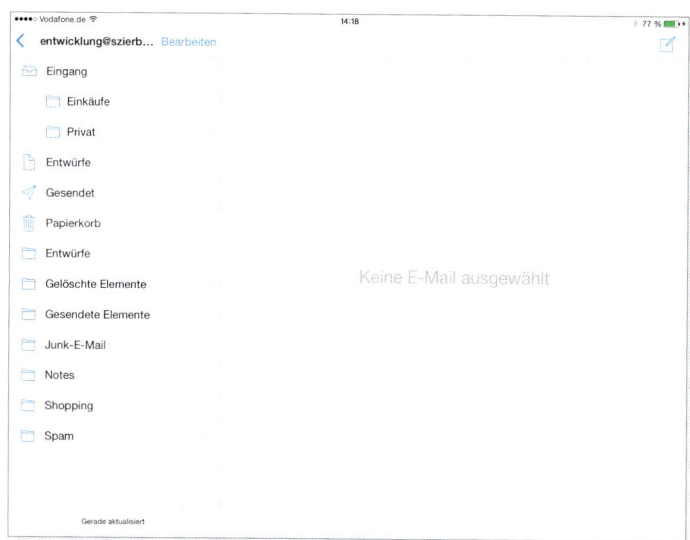

Über die „Accounts" kommen Sie zur Detaildarstellung der Postfächer.
Dort sehen Sie z. B. Ordner, die in den E-Mail-Konten angelegt sind.

Via *Bearbeiten* können Sie neue Ordner erstellen bzw. existierende Ordner löschen oder Ordnernamen umbenennen.

Sicher haben Sie bereits an einem Computer mit E-Mails zu tun gehabt. Nicht sehr viel anders verhält sich auch das iPad. Deshalb werden wir Ihnen an dieser Stelle einige Toptipps geben, was Sie im iPad mit E-Mails alles tun können.

Der Unterschied zwischen POP, IMAP und Exchange

Wenn Sie ein E-Mail-Konto einrichten und die Wahl haben zwischen POP, IMAP und Exchange, sollten Sie auch die Unterschiede dieser Servertypen kennen. Zunächst aber ein Hinweis: Der Server muss den entsprechenden Typ auch unterstützen. Sie sind also nur frei in der Wahl, wenn der Server mehr als einen der genannten Serverarten anbietet. Ansonsten müssen Sie eh das nehmen, was der Betreiber des Mailservers anbietet.

- *POP*: Bei einem Mailkonto per POP werden die zugestellten Mails nicht weiter auf dem Server gespeichert. Wurde eine Mail abgerufen und gelöscht, ist sie auch wirklich weg und kann nicht noch einmal herunter-geladen werden.
- *IMAP*: Das IMAP-Protokoll synchronisiert den Inhalt eines Mailpostfachs auf mehreren Geräten. Sie können die E-Mail-Nachricht dann beispiels-weise am Mac lesen und unterwegs am iPad noch einmal herunterladen.

Dort wird sie dann aber auch als bereits gelesen markiert. Das geht so lange und mit so vielen Geräten, bis Sie die Nachricht löschen und sie dadurch auch auf dem Server entfernt wird. Dann wird sie aber auch an allen anderen Geräten gelöscht. Der Vorteil: Sie haben an allen Geräten einen identischen Nachrichtenbestand.

■ *Exchange*: Der Exchange-Server verhält sich wie ein IMAP-Server. Er hat aber den weiteren Vorteil, dass er den Push-Service unterstützt. Das bedeutet, dass nicht das Mailprogramm (beispielsweise im iPad) nach neuen Nachrichten fragen muss. Sobald eine Nachricht auf dem Server eingeht, schickt der Server eine entsprechende Mitteilung an das Endgerät und informiert Sie darüber, dass es Neuigkeiten gibt.

Bei POP und IMAP können Sie festlegen, in welchen Intervallen neue Nachrichten automatisch abgerufen werden. Sie haben aber auch die Möglichkeit, manuell nachzusehen. Wie Ihre eingetragenen Mail-Accounts abgerufen werden sollen, legen Sie unter *Einstellungen –> Mail, Kontakte, Kalender* im Bereich *Datenabgleich* fest.

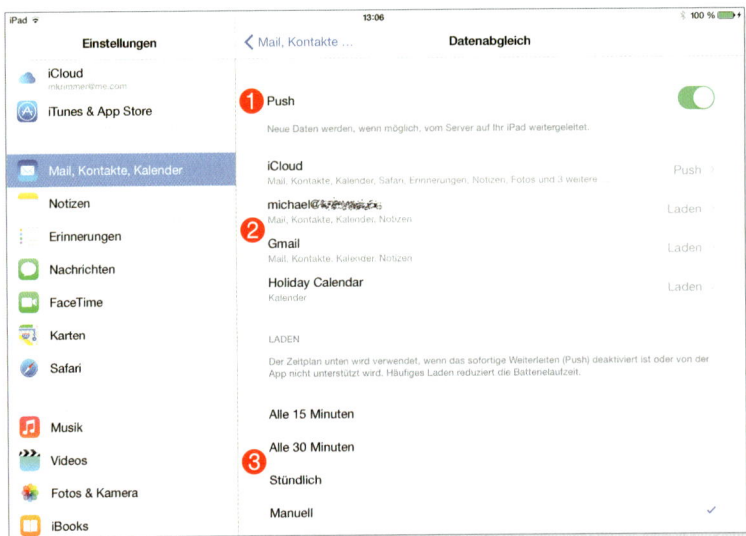

Legen Sie in den Einstellungen fest, in welchen Zeiträumen neue Mails abgerufen werden und ob Sie Push nutzen möchten.

❶ Schalten Sie hier *Push* ein oder aus.

❷ Legen Sie hier für jeden Mail-Account einzeln fest, ob die neuen Nachrichten per *Push*-Funktion, *Manuell* oder über *Laden* in das iPad kommen sollen.

❸ Wenn Sie *Laden* eintragen, legen Sie hier fest, in welchem Zeitraum die neuen Nachrichten automatisch geladen werden sollen. Sie können aber auch *Manuell* einstellen.

Formatieren von E-Mails

Das Programm *Mail* im iPad ist in der Lage, HTML-Mails, also formatierte E-Mails, zu senden. Tippen Sie auf den Button *Neue E-Mail erstellen* und geben Sie eine Empfängeradresse ein.

E-Mails können mit verschiedenen Formatierungen versehen werden.

Markieren Sie einen Text innerhalb Ihrer E-Mail und tippen Sie auf den Button **BIU**, um Texte z. B. fett, kursiv oder auch unterstrichen zu formatieren.

Bitte vergessen Sie beim Schreiben eines E-Mail-Textes **Siri** nicht. **Siri** bzw. die Diktierfunktion finden Sie unten in der Tastatur. Bevor Sie sich also abmühen und mit der Tastatur den E-Mail-Text erfassen, wählen Sie doch besser die Diktierfunktion und sprechen einfach den gewünschten Text. Das geht im Regelfall deutlich schneller.

Aber wieder zurück zu den Formatierungen. Neben der Möglichkeit, Texte zu gestalten, können Sie sehr einfach Bilder oder Videos direkt in die E-Mail einfügen.

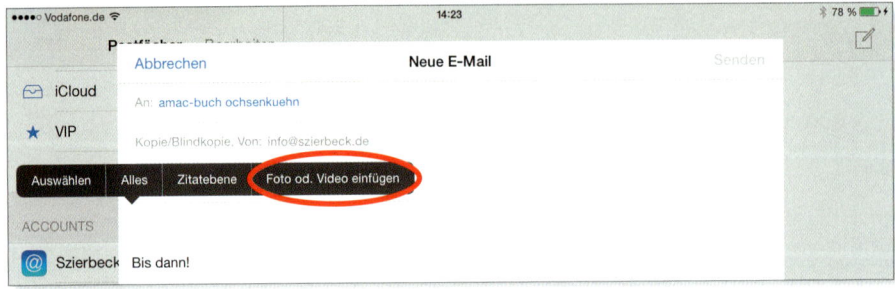

Auch das direkte Einfügen von Fotos oder Videos in eine E-Mail gelingt im Handumdrehen.

Tippen Sie den entsprechenden Button an und sogleich erhalten Sie eine Übersicht über all die Fotos und Bilder, die sich innerhalb Ihrer *Fotos*-App befinden. Schneller und einfacher kann man Fotos- und Videodaten in eine E-Mail kaum einbinden.

E-Mails markieren

Vielleicht geht es Ihnen so wie mir. Ich arbeite sehr intensiv mit der E-Mail-Funktion. Sehr viele, auch geschäftliche Dinge werden dabei zur Sprache gebracht und wollen geregelt werden. Damit ich diese E-Mails nicht aus den Augen verliere, bietet die *Mail*-App auch die Eigenschaft, wichtige E-Mails zu markieren, sprich, mit einem Etikett zu versehen.

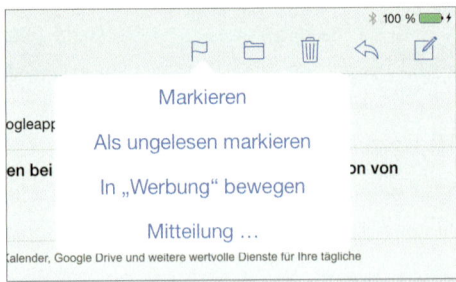

E-Mails können mit einem Etikett versehen werden.

> **!** Wenn Sie hier **Mitteilung** auswählen, dann werden Sie extra informiert, wenn es auf diese Konversation eine neue Antwort gibt.

Dabei können E-Mails entweder im Posteingangs- oder im Postausgangsbereich etikettiert werden. Alle etikettierten E-Mails finden sich dann in der Kategorie *Markiert* im Bereich des Posteingangs.

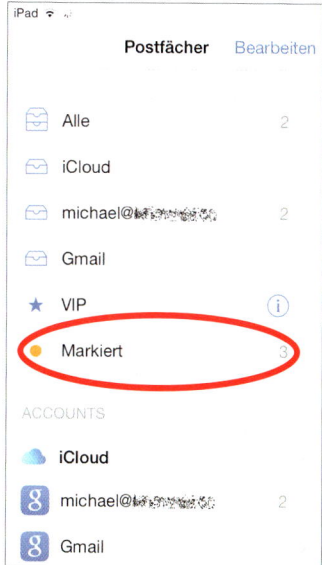

Alle markierten E-Mails versammeln sich in dem neuen Posteingangskorb „Markiert".

 Wenn Sie in der Übersicht über alle Server den Punkt **Markiert** nicht finden, dann tippen Sie rechts oben auf **Bearbeiten** und aktivieren Sie den Punkt vor **Markiert** (oder einem anderen für Sie interessanten Ordner). Nachdem Sie mit **Fertig** bestätigt haben, ist der neue Eintrag auch sichtbar.

Sobald Sie einer E-Mail die Eigenschaft *Nicht markieren* vergeben, ist das Etikett verschwunden, und die E-Mail wird nicht mehr im Posteingangsbereich *Markiert* dargestellt.

 E-Mails, die ein Etikett erhalten, werden nicht aus dem Posteingangsordner heraus- und in den Bereich **Markiert** hineinbewegt, sondern erscheinen an einer zweiten Stelle erneut. Sie können via **Einstellungen –> Mail, Kontakte, Kalender –> Markierungsstil** die Art der Markierung Ihren Wünschen anpassen.

 Sie haben bereits gesehen, dass Sie über die Markierung auch schon einmal gelesene E-Mails erneut als **ungelesen** markieren können.

Und sicher haben Sie schon bemerkt, dass diese Funktionen auch zugänglich sind, wenn Sie eine Liste Ihrer E-Mails sehen. Wischen Sie dazu von rechts nach links und Sie erhalten via *Löschen, Markieren* und *Mehr* eine ganze Fülle sinnvoller Funktionen.

Sie können viele Funktionen direkt in der E-Mail-Liste aufrufen.

Streichgesten definieren

In iOS 8 können Sie zusätzlich eine Aktion ausführen, wenn Sie eine Nachricht nach rechts wischen. Welche das ist und welche beim Streichen nach links ausgeführt werden soll, das können Sie ebenfalls in den *Einstellungen –> Mail, Kontakte, Kalender* festlegen. Rufen Sie im Bereich *Mail* den Punkt *Streichgesten* auf und legen Sie dort die gewünschten Dinge fest.

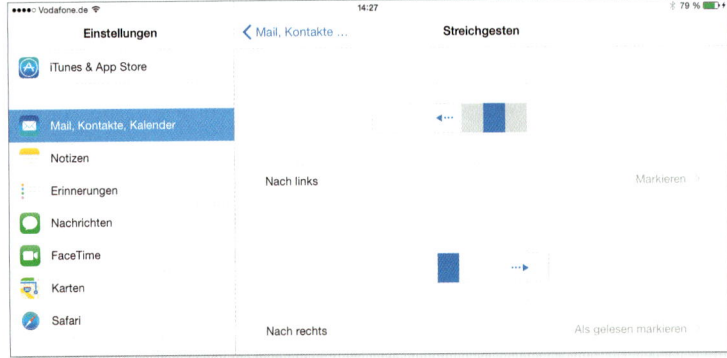

Was beim Streichen einer Mail von links nach rechts oder umgekehrt passieren soll, das legen Sie in den Einstellungen zu „Streichgesten" fest.

VIPs

VIP steht für Very Important Person. Bei E-Mails bedeutet das nichts anderes, als dass Sie bestimmte E-Mail-Adressen als VIP-E-Mail-Adressen einstufen und damit aus der Masse herausnehmen. Gehen Sie hierzu in die Übersicht über die Postfächer und tippen Sie auf das blaue Infosymbol neben dem Begriff *VIP*.

Verwenden Sie dann die Funktion *VIP hinzufügen*, um eine neue Person in diese Kategorie aufzunehmen.

Über „VIP hinzufügen" können weitere E-Mail-Adressen als VIP-E-Mails gekennzeichnet werden.

Weiterhin können Sie über *Bearbeiten* E-Mail-Adressen wieder aus der VIP-Liste entfernen. Sicher haben Sie im Posteingangsbereich bereits die Kategorie *VIP* gesehen. Ähnlich wie bei der Markierung landen E-Mails von VIPs zusätzlich in dem Eingangskorb *VIP*. Somit haben Sie sehr schnell Zugriff auf wichtige E-Mails. Besonders elegant ist die Kombination mit der Mitteilungszentrale. Wenn Sie in den *Einstellungen* bei *Mitteilungen* den Bereich *Mail* öffnen, finden Sie auch dort die Kategorie *VIP*.

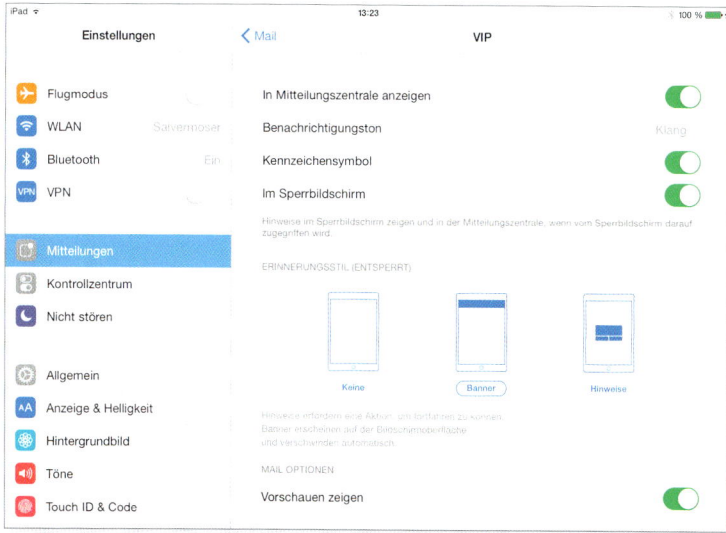

Sie können die VIP-E-Mails in der Mitteilungszentrale deutlich hervorheben, indem Sie definieren, dass nur E-Mails von VIPs als Banner oder Hinweis auf Ihrem iPad erscheinen.

Entwürfe

Wollen oder können Sie eine E-Mail nicht fertigstellen, können Sie via *Abbrechen* links oben reagieren. Sichern Sie diese Nachricht als *Entwurf*. Dann können Sie zu einem späteren Zeitpunkt daran weiterarbeiten.

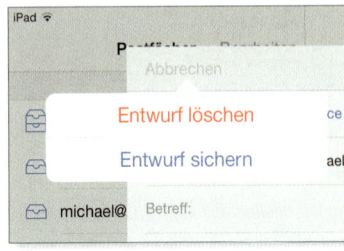

E-Mails können als Entwürfe abgelegt und später weiter bearbeitet werden.

Die Entwürfe finden Sie im Ordner *Entwürfe* in den entsprechenden Accounts.

Konversation

Kommen wir noch einmal ganz kurz auf die Einstellungen des Programms *Mail* zurück (*Einstellungen –> Mail, Kontakte, Kalender*). Dort finden Sie die Eigenschaft *Nach Konversation*. Wenn Sie bereits eine frühere Version von iOS im Einsatz hatten, kennen Sie das vielleicht als *Nach E-Mail-Verlauf*.

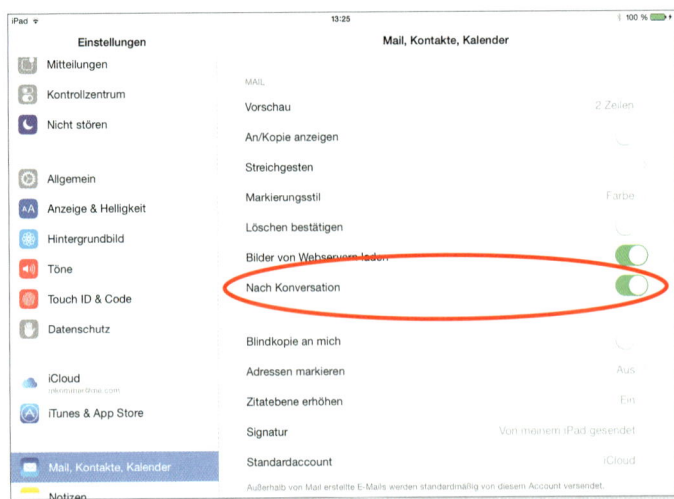

Wenn Sie die Eigenschaft „Nach Konversation" aktivieren, werden E-Mails nach Konversationen gruppiert.

Das bedeutet, dass thematisch zusammengehörige E-Mails einer Personen automatisch in Ihrem E-Mail-Programm gruppiert werden. Sie erkennen das an den zwei Pfeilen neben der E-Mail.

Sie sehen hier, dass es sich beim obersten Eintrag um eine Konversation mit mehreren zusammengehörigen Nachrichten handelt. Die restlichen Einträge haben keinen Pfeil und sind somit Einzelnachrichten.

Durch Tippen auf die angezeigte E-Mail erscheint der komplette E-Mail-Verkehr mit der betreffenden Person. Und das ist, wenn Sie genauer darüber nachdenken, eine sehr praktische Eigenschaft. Sie kennen das sicher: Sie senden eine E-Mail, bekommen eine Antwort, reagieren erneut, es erfolgt wieder eine Antwort etc. – und so entsteht ein reger Dialog. Nur sind die einzelnen E-Mails über Ihren ganzen Posteingang verstreut. Über diese Gruppierung erscheinen sie jedoch geballt an einer Stelle, und Sie können sehr entspannt die Konversation nachverfolgen.

Signaturen

Eine Signatur ist immer am Ende einer E-Mail angehängt. Sie können jedem E-Mail-Account eine eigene Signatur zuweisen. Dazu wählen Sie in *Einstellungen –> Mail, Kontakte, Kalender* den Eintrag *Signatur* und schalten dort auf *Pro Account* um.

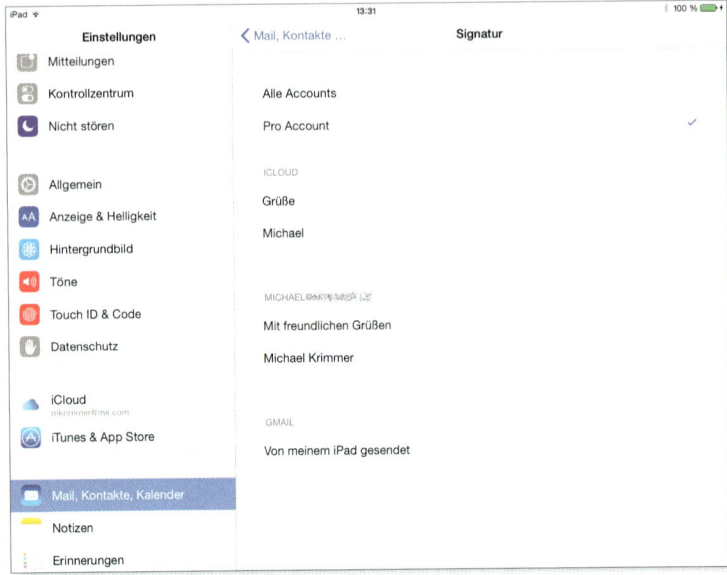

Jedes E-Mail-Konto kann eine eigene Signatur bekommen.

Und das ist auch gut so, denn Sie wollen beispielsweise auf Ihrem iPad beruf-liche und private E-Mails trennen. Deswegen soll für jeden Account eine unter-schiedliche Signatur zur Anwendung kommen.

E-Mail-Postfächer erstellen

Wir haben es vorhin bereits erwähnt: Auch das Erstellen eigener Ordner bzw. Postfächer ist mit dem *Mail*-Programm im iPad möglich.

Ihre E-Mail-Postfächer können durch weitere Unterordner gegliedert werden.

Gehen Sie dazu zunächst auf die Übersicht über die Postfächer und wählen Sie den Account aus. Via *Bearbeiten* und anschließend *Neues Postfach* erscheint der im Bildschirmfoto zu sehende Dialog. Sogleich reiht sich der neue Ordner (das neue Postfach) in Ihren E-Mail-Account ein.

Das neue Postfach ist erfolgreich erzeugt worden.

Wollen Sie selbst erzeugte Postfächer wieder löschen, tippen Sie auf *Bearbeiten* und anschließend auf das Postfach, das gelöscht werden soll.

Selbstverständlich ist auch das Löschen oder Umbenennen von eigenen Postfächern möglich.

Wenn Sie die Übersicht über alle Postfächer ansteuern, können Sie eine ganze Fülle weiterer nützlicher Funktionen aufrufen:

1. Wischen Sie von links nach rechts, bis Sie *Postfächer* erreicht haben.
2. Tippen Sie nun auf *Bearbeiten*.
3. Möchten Sie so nützliche Postfächer wie *Ungelesen*, *Anhänge*, *Entwürfe* *(Alle)* oder *Gesendet (Alle)* etc. einblenden, tippen Sie den entsprechenden Eintrag an ❶.
4. Via ❸ kann die Reihenfolge der Postfächer beliebig sortiert werden.
5. Sie können ebenso Postfächer (Ordner) bestimmter Mail-Accounts in die Liste mit aufnehmen, um schnellen Zugriff darauf zu haben ❷.

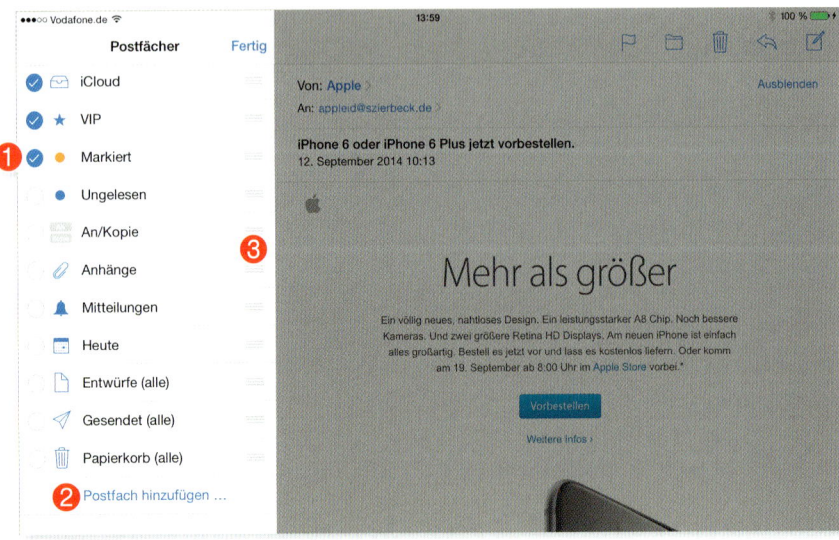

Sie können die Darstellung der Postfächer erweitern und Ihren Bedürfnissen anpassen.

E-Mails verschieben

Nachdem Sie gesehen haben, dass es ganz einfach ist, neue Postfächer zu erstellen, könnte in Ihnen der Wunsch aufgekommen sein, E-Mails aus dem Posteingangsordner auf verschiedene Ordner aufzuteilen. Dazu gehen Sie in den Posteingang, wählen die Funktion *Bearbeiten* aus und markieren die E-Mails, die Sie bewegen wollen.

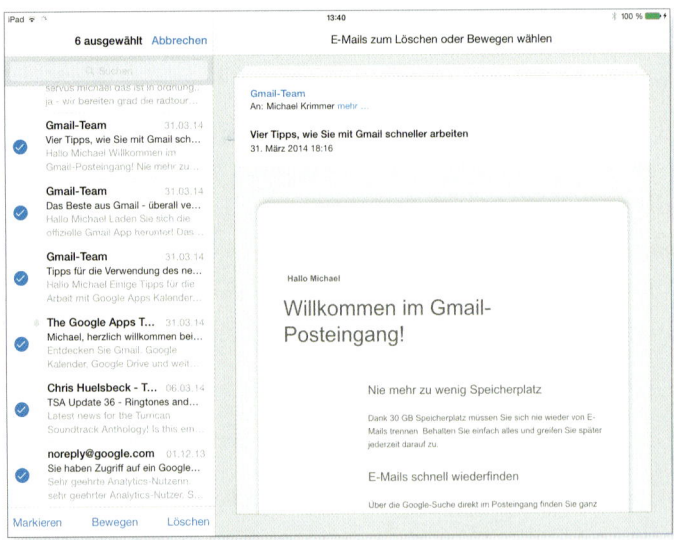

Im Posteingang wurden einige E-Mails markiert. Über den Button „Bewegen" kommen Sie in die Übersicht über das aktuelle Postfach.

Achten Sie darauf, dass Sie links oben auf **Accounts** tippen können. Das heißt, Sie können auch E-Mails von einem E-Mail-Postfach auf ein anderes E-Mail-Konto übertragen und dort einen Ordner auswählen.

Soll nur eine E-Mail bewegt werden, verwenden Sie den Ordner-Button im rechten oberen Bereich des E-Mail-Fensters.

Über das Ordner-Icon kann eine E-Mail rasch in einen anderen Ordner einsortiert werden.

Wie Sie vorhin gesehen haben, ist das Markieren mehrerer E-Mails rasch erledigt. Dabei ist **Bewegen** nur eine der möglichen Optionen, auch **Löschen** und **Markieren** stehen zur Auswahl.

E-Mail-Anhang

Keine Angst, auch mit Anhängen kann das iPad umgehen. Wenn Ihnen andere Anwender eine Datei an eine E-Mail anhängen, so wird diese auf dem iPad natürlich empfangen. Ab einer gewissen Größe kann es sein, dass Sie die Datei noch einmal antippen müssen, um sie auf Ihr iPad herunterzuladen.

Dieser Anhang ist zu groß und muss deswegen noch komplett aus dem Internet geladen werden. Dazu reicht es, dass Sie auf den Platzhalter tippen.

Ist der Mailanhang dann final auf dem iPad angekommen, können Sie ihn im Regelfall sofort öffnen. Das Programm *Mail* verfügt über eine integrierte Vorschau. Diese ist in der Lage, z. B. Office-Dokumente (Word, Excel, PowerPoint), PDFs und auch Bilddateien (JPEG, PMG, TIFF) etc. direkt anzuzeigen. Dazu tippen Sie auf das Icon und Sie sehen sofort den Inhalt der Datei. Deutlich interessanter ist es, etwa eine Sekunde lang auf den Dateianhang zu tippen.

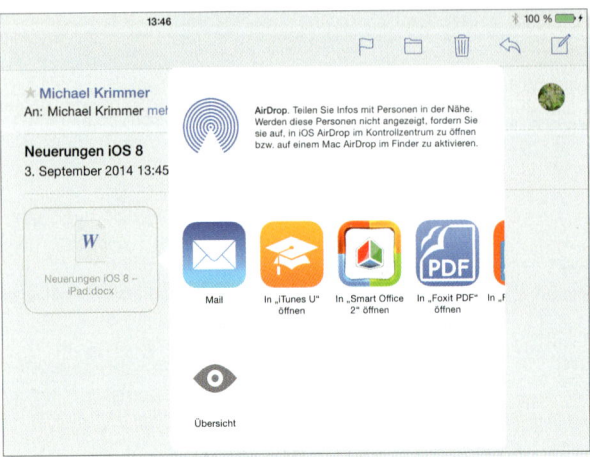

Ein E-Mail-Anhang kann ganz einfach an andere Apps weitergereicht werden. So können z. B. Bildanhänge zur Fotos-App übertragen werden.

Die Anzahl der Apps, die sich hier einklinkt, hängt davon ab, welche Sie auf Ihrem iPad installiert haben. *Übersicht* ist, wie Sie vorhin gesehen haben, die in Mail integrierte Vorschau. Die anderen Programme sind in der Lage, mit dieser Word-Datei umzugehen, sie zu öffnen und weiter zu bearbeiten. Nur solche Apps werden im Dialog angezeigt.

> **!** Vielleicht kennen Sie die Funktion, Office-Dateien mit einem Passwort zu sperren. Auch PDF-Dateien können einen Passwortschutz erhalten. Das Programm **Mail** im iPad bietet Ihnen bei solch passwortgeschützten Dateien die Option, das Passwort einzutragen, um in der Übersicht die Datei einsehen zu können.

An/Kopie zeigen

Vor allem wenn Sie das iPad auch beruflich nutzen, ist diese Funktion ein Segen. Denn Sie bekommen im Laufe eines Tages eine ganze Fülle an E-Mails. Und nun wäre es ein wichtiges Kriterium, herauszufinden, welche E-Mails an Sie direkt adressiert waren und in welche Sie lediglich in *Kopie* aufgenommen wurden. Aktivieren Sie die entsprechende Funktion bei *Einstellungen –> Mail, Kontakte, Kalender –> An/Kopie anzeigen*. Wechseln Sie anschließend in das Programm *Mail*, so wird sich im Posteingangsbereich die Darstellung geändert haben.

Sie sehen bei der ersten E-Mail, dass sie als Kopie geschickt wurde. Bei der anderen war ich direkter Empfänger.

E-Mails, die dieses Etikett tragen, sind direkt an Sie gesendet worden. Fehlt dieses Etikett, dann handelt es sich um E-Mails, bei denen der Absender Sie auf *Cc* bzw. *Bcc* gesetzt hat. Im Regelfall sind Cc- bzw. Bcc-E-Mails nachrangiger in ihrer Wichtigkeit.

Mail im Hoch- und Querformat

Wie die meisten Apps können Sie auch *Mail* im Hoch- oder Querformat benutzen. Da im Hochformat naturgemäß weniger Platz in der Breite zur Verfügung steht, bedient sich *Mail* eines kleinen Tricks, um doch alles darstellen zu können.

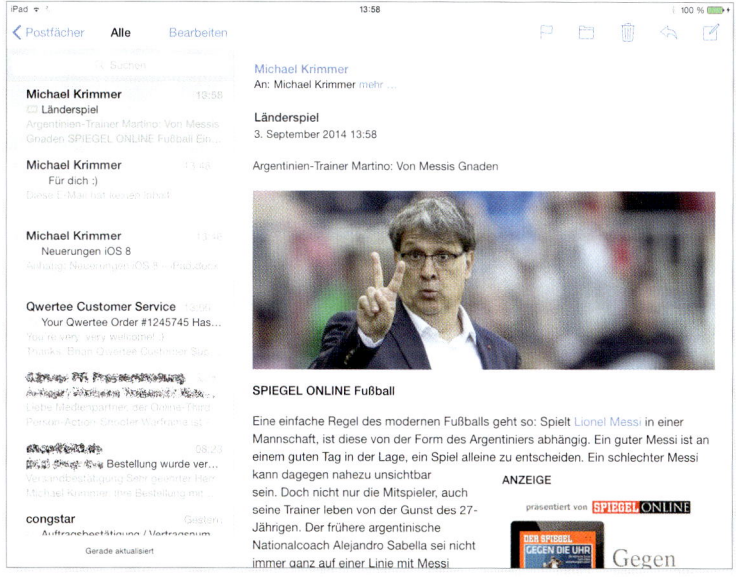

„Mail" im Querformat kann Ordner und Mails gleichzeitig nebeneinander anzeigen.

Drehen Sie nun das iPad in das Hochformat, räumt *Mail* den Nachrichten in der Höhe mehr Platz ein. Über die beiden Pfeile können Sie zu anderen E-Mail-Nachrichten weiterblättern. Die Ordner lassen sich dann aber dennoch anzeigen, indem Sie auf *Alle* oder das entsprechende Postfach tippen.

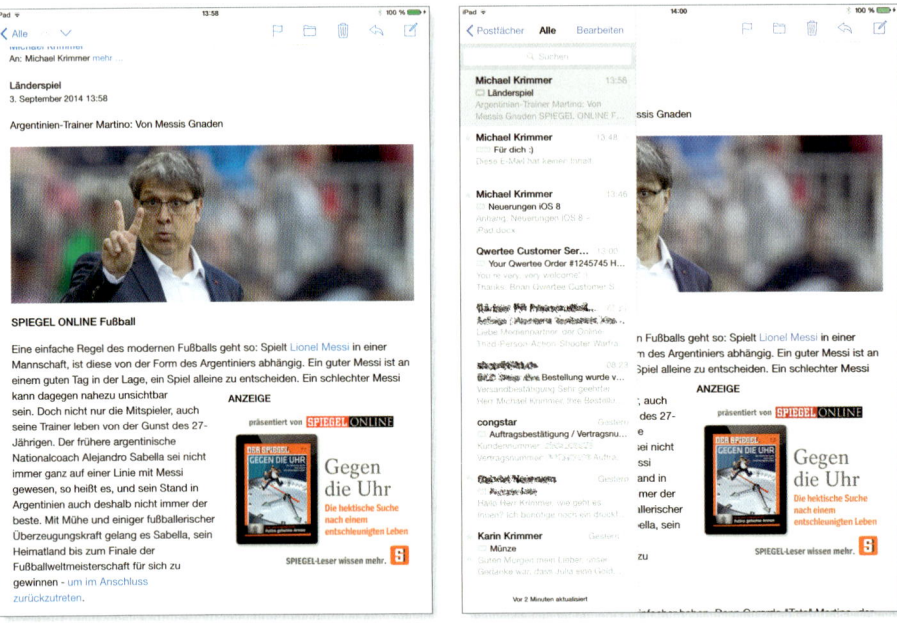

Im Hochformat werden die Ordner nur bei Bedarf angezeigt.

Tipps zur Mail-App

- Nachrichten kurzfristig wegschieben: Sie möchten in der Mail-App etwas nachsehen, schreiben aber gerade an einer neuen Nachricht? In iOS 8 ist es da nicht mehr erforderlich, dass Sie das Verfassen der Nachricht abbrechen und hinterher neu beginnen. Greifen Sie die E-Mail an der oberen Leiste (*Neue E-Mail*) und schieben Sie sie nach unten weg. Möchten Sie sie nur ein wenig zur Seite schieben, um das Fenster dahinter zu sehen, lassen Sie die Mail nicht los, bevor Sie sie wieder nach oben gebracht haben. Schieben Sie sie ganz weg, können Sie den Finger vom Display nehmen und die Mail-App wie gewohnt bedienen. Möchten Sie wieder weiterschreiben, so tippen Sie auf die Mail an der Unterseite des Bildschirms. Haben Sie mehrere Mails nach unten weggeschoben, so können Sie die gewünschte auswählen.

Sie können die Mail entweder nur ein Stück nach unten verschieben (links) oder ganz (Mitte). Tippen Sie auf eines der X (rechts), um unbenötigte Entwürfe zu löschen.

■ *Kontakte direkt aus einer Mail hinzufügen:* Wenn Sie eine E-Mail öffnen und iOS 8 erkennt darin Kontaktdaten, so wird Ihnen das an der Oberseite der Nachricht durch eine Art Visitenkarte angezeigt. Dort kann eine Telefonnummer oder eine Adresse zu sehen sein. Sie können diese Infos *Zu Kontakten hinzufügen* oder künftig *Ignorieren*.

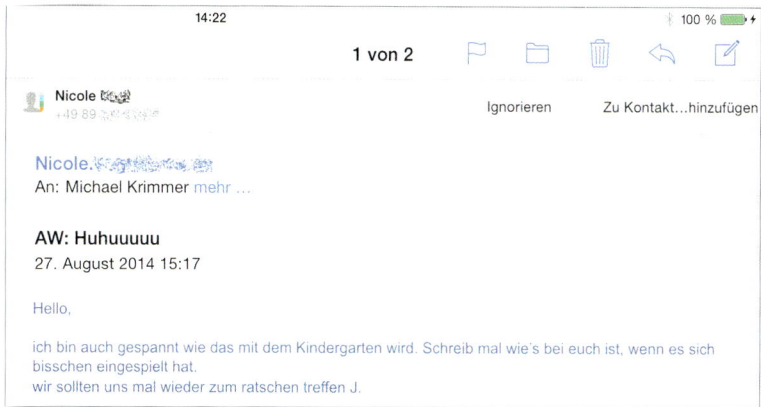

■ *Domain-Typen auswählen:* Wenn Sie eine Mailadresse schreiben und alles vor dem Punkt bereits getippt haben, dann gibt es eine Abkürzung zu den gängigen Domaintypen wie .com oder .de. Halten Sie dazu den Punkt auf der Tastatur gedrückt und wählen Sie eine der angebotenen Möglichkeiten aus, um die Mailadresse zu komplettieren.

Über den Punkt auf der Tastatur erhalten Sie schnellen Zugriff auf gängige Domain-Endungen.

■ *Zip-Archive auspacken:* Wenn Sie sich ein Zip-Archiv schicken lassen, dann ist iOS 8 in der Lage, die darin befindliche Datei anzuzeigen – sofern es den Dateityp unterstützt. Wenn Sie beispielsweise eine gezippte Word-Datei erhalten, dann lädt iOS die zunächst herunter.

Zunächst wird die ZIP-Datei wie jede andere geladen. Ist dieser Vorgang abgeschlossen, tippen Sie auf die Datei.

Tippen Sie dann darauf, wird sie ausgepackt und angezeigt.

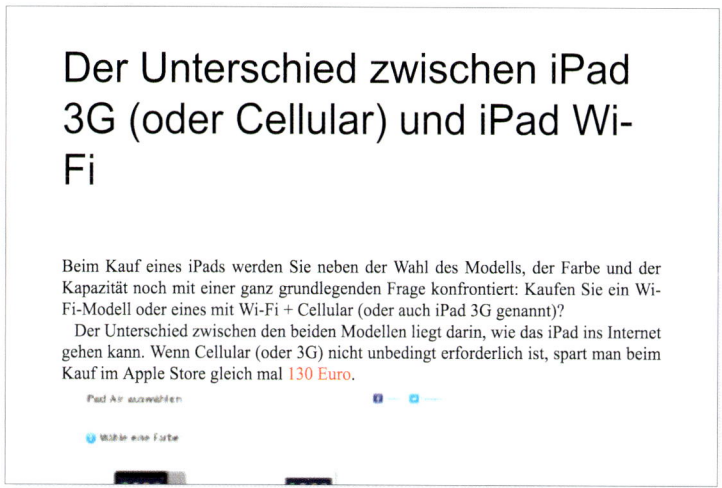

Die Word-Datei wird angezeigt, obwohl sie in ein ZIP-Archiv eingepackt war.

Noch ein Tipp:

- *Mehrere E-Mails als gelesen oder ungelesen markieren*: Möchten Sie in einem Arbeitsschritt eine ganze Reihe von E-Mails neu kennzeichnen, so wählen Sie oberhalb der E-Mail-Liste *Bearbeiten* aus und markieren die entsprechenden E-Mails. Tippen Sie nun auf *Markieren* und wählen die gewünschte Funktion aus.

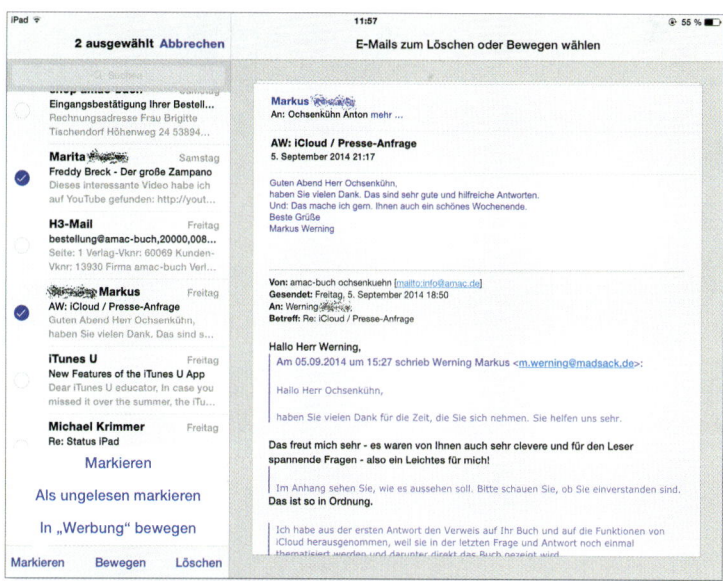

Sofern mehrere E-Mails gemeinsam markiert sind, können diese rasch als gelesen/ungelesen markiert werden oder als Werbung deklariert werden. Über „Abbrechen" stoppen Sie den Vorgang.

Sonstige Kommunikationswege

Sie sehen also, dass das iPad in Sachen Kommunikation erwachsen ist. Über *FaceTime* oder die Nachrichtenfunktion können Sie direkt und kostenfrei andere Anwender erreichen. Natürlich versteht sich das iPad auch auf E-Mails.

Aber damit nicht genug. Es gibt eine Fülle weiterer Apps im *App Store*, die Ihnen neue Möglichkeiten der Kommunikation anbieten. In diesem Zusammenhang soll das Programm *Skype* erwähnt werden, das Sie möglicherweise bereits vom Einsatz am Computer kennen.

Über *Skype* kann das iPad mit anderen Anwendern, die sich an einem PC, an einem Mac oder einem anderen Tablet befinden, direkt kommunizieren.

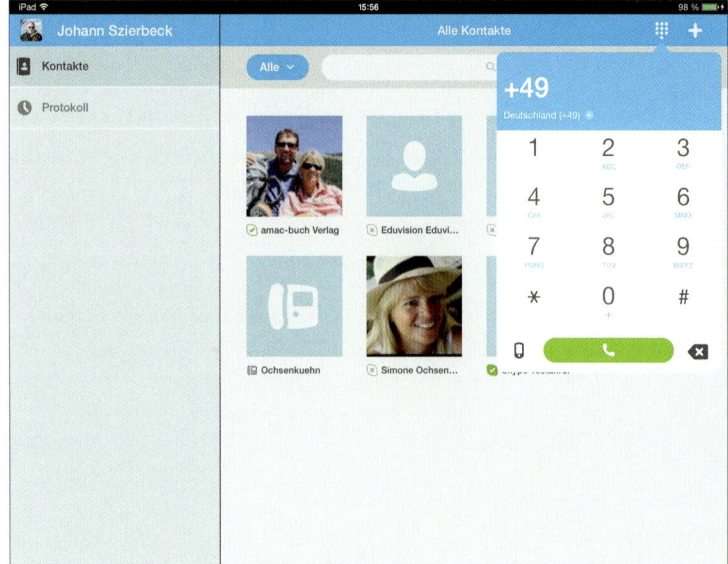

Das Programm „Skype" finden Sie kostenlos im „App Store", und es ist mit wenigen Fingertipps eingerichtet.

Wichtige Funktionen der integrierten Apps in aller Kürze

Wir haben uns in den vorigen Kapiteln Funktionen der Programme *Safari, Mail, Nachrichten, Einstellungen* etc. schon näher angesehen. In diesem Kapitel sollen die weiteren bereits standardmäßig auf dem iPad integrierten Apps zur Sprache kommen.

 Sie können die Standard-Apps von optional nachgeladenen Apps aus dem App Store dadurch unterscheiden, dass die Standard-Apps im Wackelmodus kein **X** zum Entfernen bzw. Löschen der App erhalten.

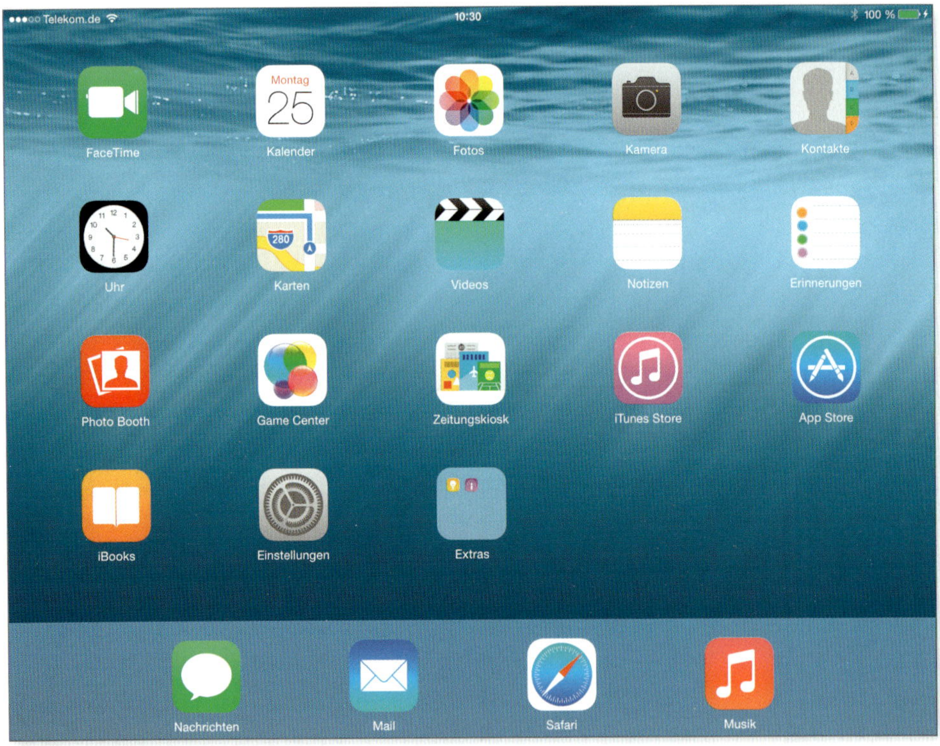

Dieser Screen zeigt alle Standard-Apps an, die bei Auslieferung des iPad mitinstalliert wurden.

Diese Apps können nicht von Ihrem iPad gelöscht werden.

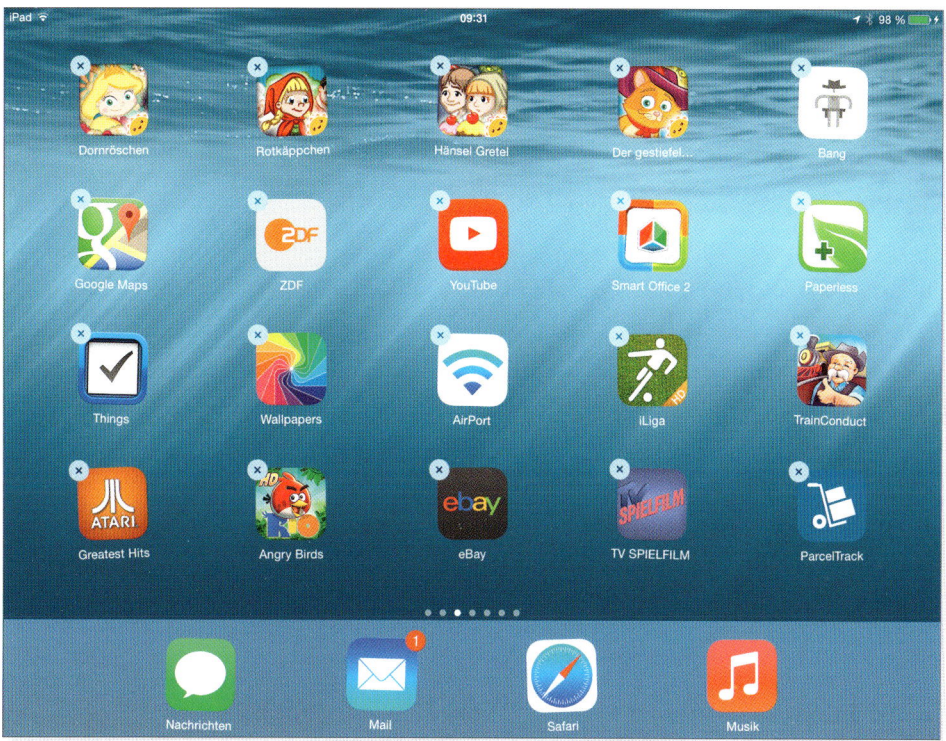

Optionale Apps, die über den App Store auf das iPad gekommen sind, können über den Wackelmodus wieder gelöscht werden. Beim Löschen einer App werden alle in der App erstellten Daten und Informationen ebenfalls entfernt.

Zur Erinnerung: Den Wackelmodus erreichen Sie, indem Sie eine App antippen und den Finger kurz auf dem Display belassen. Durch einfaches Antippen des *X*-Symbols links oben in der Ecke wird die App von Ihrem iPad entfernt. Da die Apps aber mit Ihrer Apple-ID verbunden sind, befinden sie sich nach wie vor in Ihrer Cloud und können über den *App Store* und den Eintrag *Käufe* rasch erneut installiert werden.

Karten

Die *Karten*-App verwendet seit Herbst 2012 das neue Apple-eigene Kartenmaterial. Vorher hatte Apple ebenso wie viele andere Hersteller Google-Maps-Karten im Einsatz. Das neue Kartenmaterial von Apple zeichnet sich dadurch aus, dass die Karten vektorisiert sind. Sie werden deshalb erleben, dass die *Karten*-App sehr schnell reagiert, wenn Sie Details auf den Karten sehen und aus- oder einzoomen möchten. Zudem erscheint in der linken oberen Ecke der App während des Zoomens ein Maßstab.

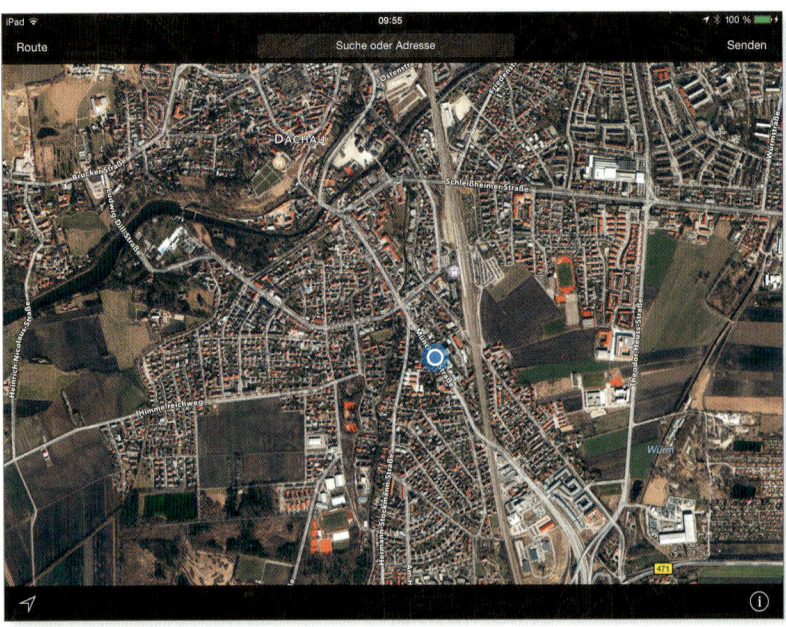

Die „Karten"-App zeigt die aktuelle Position an: Ein blauer Punkt sendet Kreise aus und zeigt Ihnen Ihre Position.

Aber damit nicht genug: Klicken Sie auf das Ortungssymbol in der linken unteren Ecke ◢, sehen Sie nicht nur die Position, es wird Ihnen über einen Kegel auch die Blickrichtung angezeigt. Denn das iPad hat auch einen integrierten Kompass, der es Ihnen ermöglicht, eine sehr exakte Positionsbestimmung vorzunehmen. Genauso wie beim Google-Kartenmaterial können Sie nicht nur eine schematische Darstellung Ihrer Umgebung sehen, sondern auch über das Symbol ⓘ in der rechten unteren Ecke zwischen *Standard-*, *Hybrid-* oder *Satellit-*Darstellung auswählen.

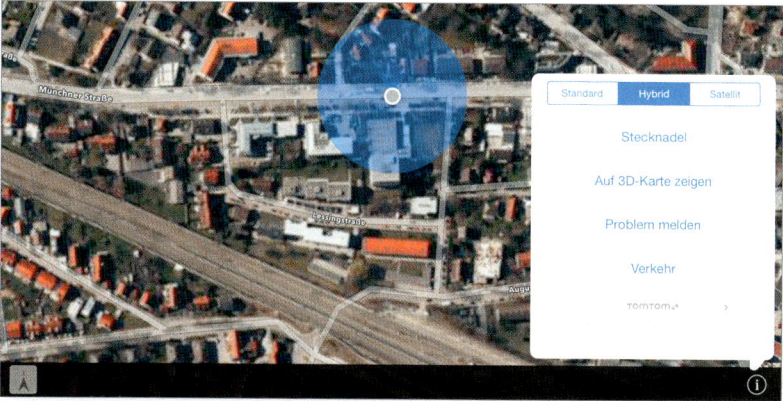

Die Kartendarstellung stellt mehrere Optionen zur Verfügung.

Besonders toll ist die dreidimensionale Darstellung, die derzeit in Großstädten wie Berlin oder auch München bereits verfügbar ist. Geben Sie dazu oben in der Suchlupe einen Stadtnamen oder eine Straße ein. Sogleich wird die App mittels einer Stecknadel die Fundstelle anzeigen. Nun können Sie die Gebäude in dreidimensionaler Qualität auf Ihrem iPad bestaunen. Verwenden Sie zwei Finger und zoomen Sie in die Grafik hinein. Mit zwei Fingern, die Sie nach oben oder unten bewegen, können Sie den Blickwinkel auf diese dreidimensional dargestellten Gebäude ändern. Und es ist schon sehr faszinierend, in welcher Detailtreue und Genauigkeit die Darstellung stattfindet.

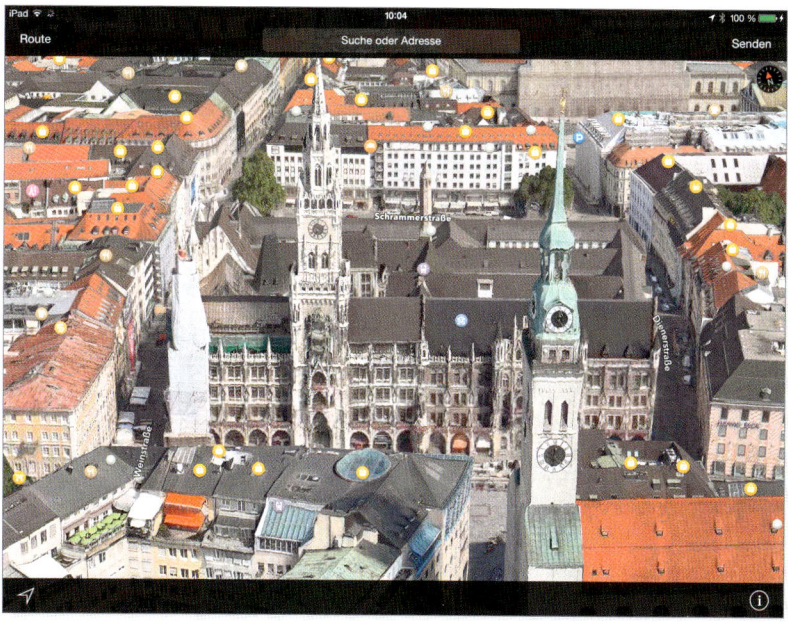

Der dreidimensionale Marienplatz in München mit der App „Karten" auf Ihrem iPad.

Wechseln Sie zurück in die Standarddarstellung und achten Sie darauf, dass die Funktion *3D* nach wie vor aktiviert ist. Auch diese Darstellung lässt sich durchaus sehen. Sie erkennen nun erneut dreidimensional, aber nicht fotorealistisch, die Gebäude und sehen auch interessante Punkte wie Bahnhöfe, Einkaufsmöglichkeiten und Restaurants.

Die dreidimensionale Standardeinstellung zeigt eine Menge weiterer Informationen.

Um weitere Informationen zu einem der Einträge zu erhalten, tippen Sie auf das Symbol und dann auf das Schildchen mit dem Namen. Bei Restaurants sehen Sie so möglicherweise die Telefonnummer und Kundenmeinungen zur Qualität der Speisen.

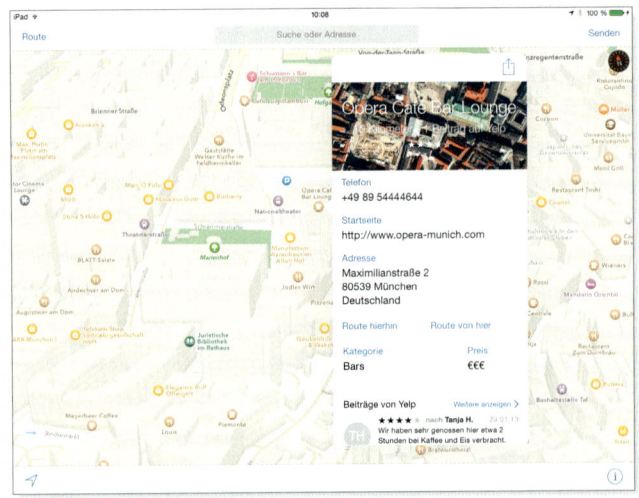

Detailinformationen zu einem Eintrag in der Kartendarstellung

Gehen Sie über das *i* in der rechten unteren Ecke noch einmal zurück und lassen Sie sich zusätzlich Infos zum *Verkehr* einblenden. Und schon erscheinen auf Ihren Karten Baustellen, möglicherweise Staus und andere Verkehrshinweise.

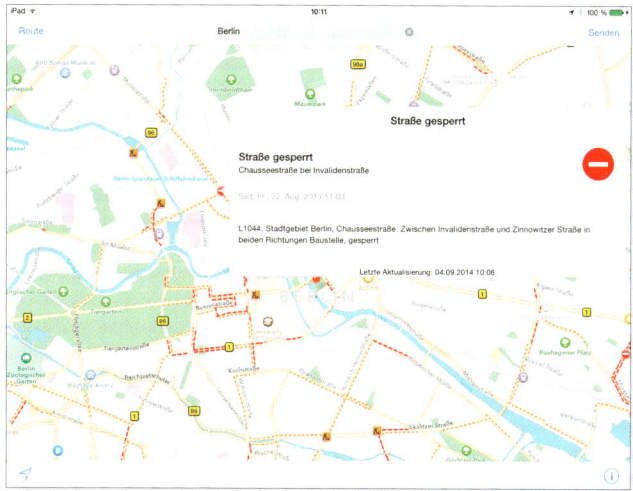

Die eingeblendeten Verkehrsinformationen weisen Sie auf Störungen im Verkehrsfluss hin.

Sie sehen also, dass die Karten-App weit mehr ist als die bloße Darstellung einer Landkarte. Eine Menge interaktive Funktionen helfen Ihnen, weitere Details rasch ausfindig zu machen.

Navigationsfunktion der Karten-App

Obwohl es auf den ersten Blick nicht den Anschein hat, kann die Karten-App Sie durch Navigation unterstützen.

 Das iPad inklusive SIM-Karte verfügt über eine sehr exakte Positionsbestimmung, da es sowohl das amerikanische GPS als auch das russische GLONASS verwendet. Damit eignet sich das iPad hervorragend als Navigationssystem. Das iPad WLAN hingegen und kann nur sehr vage via WLAN die Position bestimmen.

Tippen Sie links oben auf den Begriff *Route*, sehen Sie, dass nun neben einem Startpunkt die Möglichkeit einer Zielangabe angeboten wird. Geben Sie dort Straßenname mit Hausnummer und Ort ein.

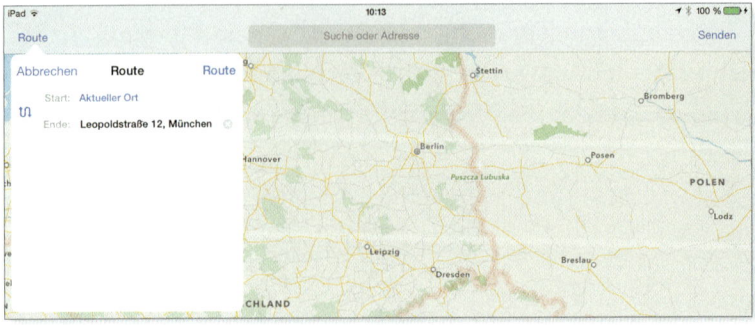

Die Navigationsfunktion verwendet standardmäßig Ihren aktuellen Standort und eine optionale Zieladresse.

Die Zieladresse kann auch aus Ihrem Adressbuch innerhalb der *Kontakte*-App stammen. Sind Start- und Zielpunkt eingetragen, tippen Sie schlicht und ergreifend auf *Route*, und sogleich wird Ihnen die *Karten*-App mögliche Routen zu Ihrem Zielpunkt zeigen. Jetzt können Sie auch zwischen *Fahren* (für die Autoroute) und *Zu Fuß* (für einen Fußweg) auswählen. Tippen Sie dagegen auf Apps, so erhalten Sie entsprechende Vorschläge aus Ihren installierten Apps und dem App Store. Im Beispiel von München schlägt iOS 8 unter anderem Apps der lokalen Verkehrsbetriebe vor.

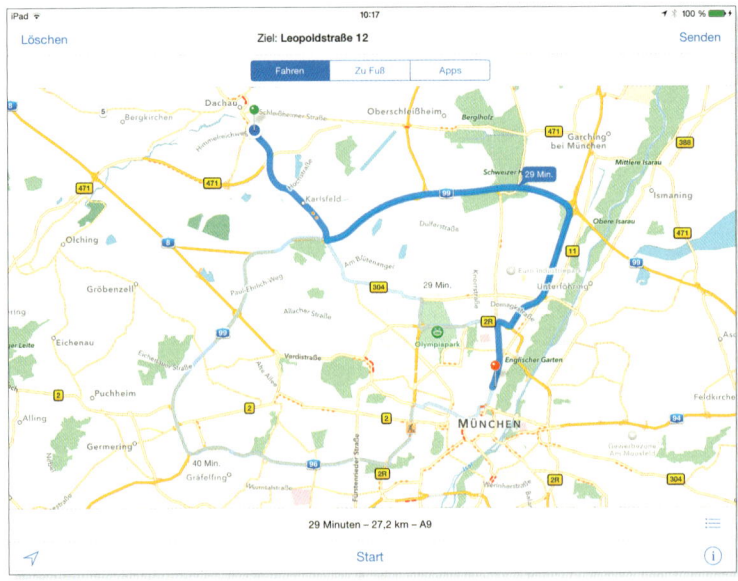

Die „Karten"-App hat verschiedene Routen zum Zielpunkt gefunden. Alternativen werden zunächst in Grau angezeigt.

Tippen Sie auf einen Routenhinweis, um diese Route zu priorisieren. Anschließend tippen Sie unten auf *Start*, und schon beginnt die Navigation zu Ihrem Zielpunkt. Mit akustischen und auch visuellen Hinweisen werden Sie sicher an Ihr Ziel geführt.

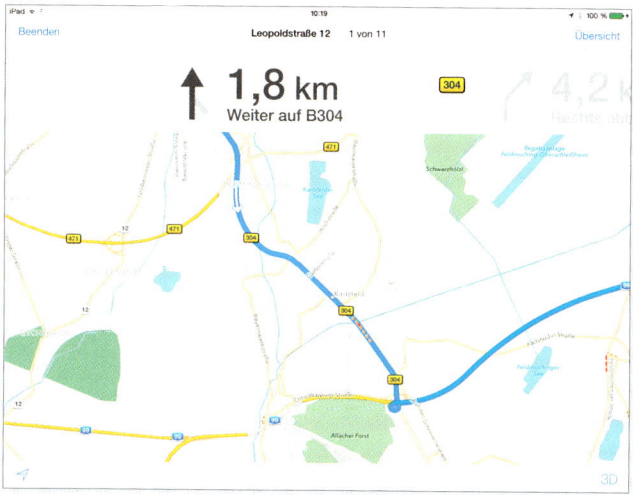

Die Navigation hat begonnen.

Sie können jederzeit rechts oben auf *Übersicht* klicken, um noch einmal die gesamte Karte zu sehen, dort bringt Sie dann *Liste* zur detaillierten Routenübersicht.

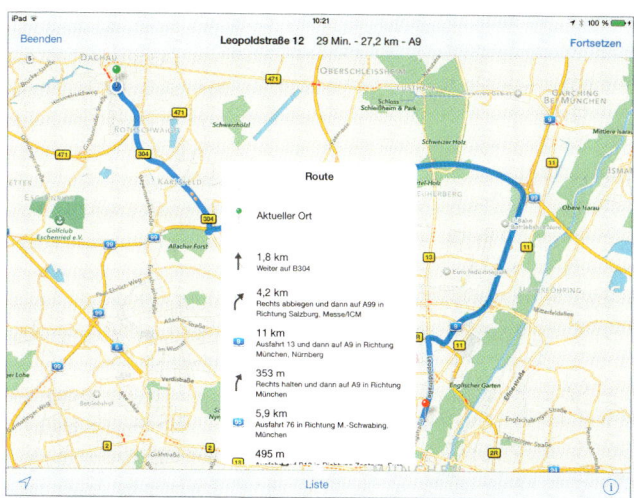

Die detaillierte Routenübersicht zeigt Ihnen die einzelnen Elemente des zurückzulegenden Weges an. „Fortsetzen" aktiviert die Navigation wieder.

> Diese Navigationslösung verhält sich wie jede andere Navigationssoftware auch. Sollten Sie von Ihrer Route abgekommen sein, wird sofort eine Alternativroute berechnet und auf dem iPad dargestellt. Dies kann aber nur dann erfolgen, wenn Sie über eine Internetverbindung verfügen. Ohne die verstummt das Gerät und wartet darauf, dass Sie zu der richtigen Route zurückkehren. Sollten Sie damit im Ausland navigieren wollen, ist die SIM-Karte im Regelfall nicht funktionsfähig, weil Sie dort wohl aus Kostengründen das Datenroaming deaktiviert haben. Trotzdem können Sie sich führen lassen, wenn Sie z. B. im Hotel per WLAN zunächst die Route auswählen und starten. Danach geht es offline bis zum Ziel..

Wer ein iPad inklusive SIM-Karte besitzt, kann das Datenroaming aktivieren.

> Das Datenroaming führt insbesondere im Nicht-EU-Ausland oft zu sehr hohen Kosten. Deshalb ist davon im Regelfall abzuraten. Für die Navigation hat das den Nachteil, dass Sie zwar exakt zum Zielpunkt geführt werden, jedoch auf dem Display Ihres Geräts das Kartenmaterial nur in der Standard-Darstellung sehen können. Hier kann eine eigenständige Navigationslösung wie von Navigon oder Tomtom von Vorteil sein, weil das Kartenmaterial bereits in die App integriert ist.

Während Sie sich auf der Fahrt befinden, können Sie mit Ihrem iPad übrigens jederzeit andere Programme bedienen. Die Navigation läuft im Hintergrund weiter und gibt Ihnen auch die Kommandos, wenn sich bei der Route irgendwelche Änderungen ergeben. Sie sehen an der Titelzeile Ihres iPad – ganz rechts oben – den Eintrag *Zurück zur Navigation? Hier tippen.*

Während die Navigation läuft, können Sie andere Apps auf Ihrem iPad starten und über die Titelzeile bequem zur „Karten"-App zurückkehren.

Und die Navigation über die Karten-App ist auch im Sperrbildschirm des iPad verfügbar.

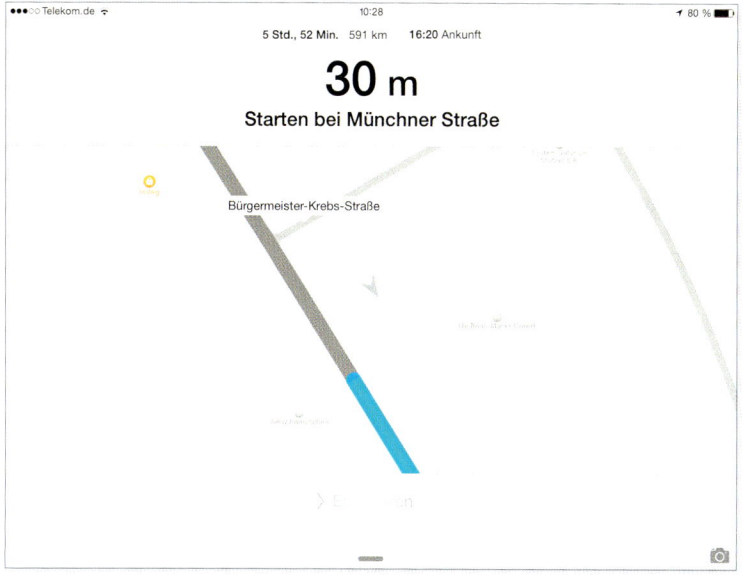

Und zu guter Letzt noch einmal die Erinnerung an Siri. Sie müssen nicht zwangsläufig die *Karten*-App starten und die Routeninfos eintippen. Erledigen Sie dies doch einfach über Siri. Stellen Sie Anfragen wie z. B. „Zeige mir den kürzesten Weg nach München, Leopoldstraße". Und schon wird Siri diese Information an die *Karten*-App weitergeben und die möglichen Routen darstellen – ziemlich clever.

 Wenn Sie in der **Karten**-App am iPad ein Lesezeichen oder eine Stecknadel ablegen, wird dies mit der Karten-Anwendung unter OS X Mavericks oder neuer automatisch über die iCloud abgeglichen.

Städtetouren von zu Hause aus

Apple hat seiner Karten-App in iOS 8 eine weitere Funktion spendiert, die derzeit aber noch im Ausbaustadium ist: Städtetouren. Sobald Sie nach einer Stadt suchen, bei der es eine Städtetour gibt, erhalten Sie am oberen Rand einen entsprechenden Hinweis.

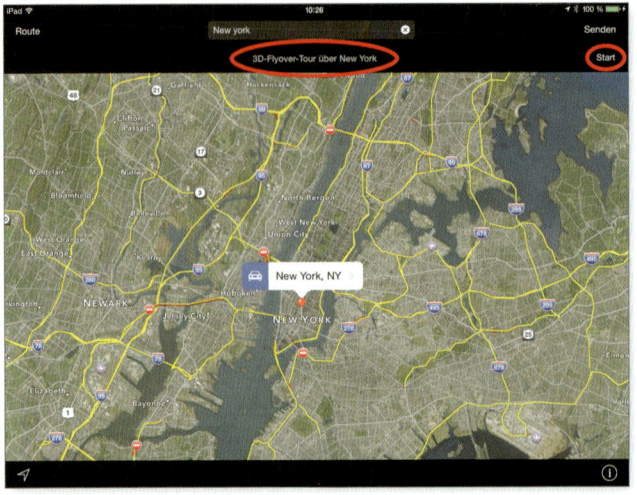

Wenn Sie einen solchen Hinweis erhalten, ist die Städtetour an diesem Ort verfügbar.

Tippen Sie nun auf *Start*, um mit der Tour zu beginnen. Daraufhin fliegen Sie über die Stadt und halten an den bekannten Sehenswürdigkeiten der Stadt.

 Tipp: Die **Flyover-Tour** ist auch in den Stadtdetails verfügbar, wenn Sie auf das Schildchen mit dem Städtenamen tippen.

Zwei der Orte, an denen man als New-York-Besucher nicht vorbei kommt: Die Freiheitsstatue und das Empire State Building.

Mit *Flyover-Tour beenden* ist dann auch wieder Schluss mit der Tour. Wenn Sie diesen Punkt nicht sehen, tippen Sie einmal auf das Display.

Neben New York sind Städtetouren auch für folgende Städte verfügbar (Stand September 2014): Paris, San Francisco, San José und Glasgow. Hier ist aber mit einem Ausbau des Angebots in den kommenden Wochen und Monaten zu rechnen.

Photo Booth und Kamera

Sie wissen ja, dass Ihr iPad über eine Kamera auf der Vorder- und eine weitere auf der Rückseite verfügt. Die Kamera auf der Rückseite macht Fotos in der Qualität von fünf Megapixeln (beim iPad Air 2 sind es sogar acht Megapixel), während die Kamera auf der Frontseite lediglich 1,2 Megapixel auf die Waage bringt. Das heißt, die rückwärtige Kamera kann deutlich bessere Fotos schießen als die auf der Vorderseite. Verwenden Sie beispielsweise das Programm *Photo Booth*, um ganz einfach Spaßbilder mit der Frontkamera zu erzeugen.

Mithilfe von „Photo Booth" lassen sich in kurzer Zeit sehr interessante Spaßfotos schießen.

Sie können in der App *Photo Booth* auch auf die rückseitige Kamera umschalten, indem Sie den Button auf der rechten unteren Seite verwenden . Tippen Sie auf den Auslöser in der Mitte der Funktionsleiste, um das Foto aufzunehmen, oder verwenden Sie die Lautstärketasten an der Seite des iPad.

> **!** Die mit Photo Booth geschossenen Bilder werden an die App **Fotos** übergeben. Diese App werden wir uns gleich ein wenig genauer ansehen.

Möchten Sie keine Spaß-, sondern in der Tat normale Fotos machen, so verwenden Sie die *Kamera*-App. Möglicherweise fragt die *Kamera*-App beim ersten Start an, ob sie Ihren aktuellen Ort verwenden darf.

Die „Kamera"-App fragt an, ob die Ortungsinformationen in die Bilder mit aufgenommen werden sollen.

Sofern Sie dies akzeptieren, werden in Zukunft alle Fotos und Videos mit GPS-Daten (Positionsdaten) versehen, und Sie können innerhalb der *Fotos*-App später auch erkennen, an welchen Orten Ihre Bilder aufgenommen wurden. Haben Sie beim ersten Start diese Funktion deaktiviert, möchten später aber nicht darauf verzichten, können Sie diese Funktion über *Einstellungen –> Datenschutz –> Ortungsdienste* wieder aktivieren.

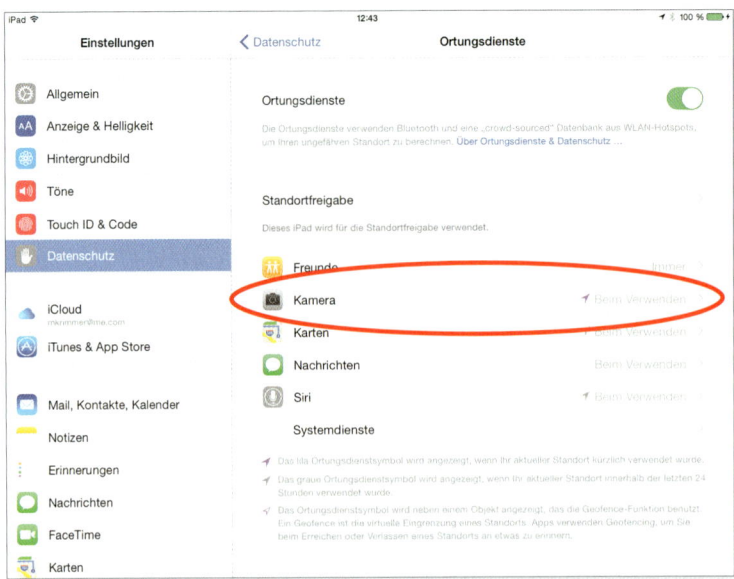

Die „Kamera"-App darf die Ortungsdienste Ihres iPad nutzen.

Aber zurück zur *Kamera*-App. Ebenso wie in der App *Photo Booth* haben Sie auch hier in der rechten unteren Ecke die Wahlmöglichkeit zwischen vorderer und rückwärtiger Kamera. Zur besseren Auswahl des Aufnahmebereichs können Sie in den *Einstellungen* bei *Fotos & Kamera* das *Raster* aktivieren. Damit wird ein 3x3-Raster in der *Kamera*-App eingeblendet, das Ihnen dabei hilft, die Kamera sauber auszurichten.

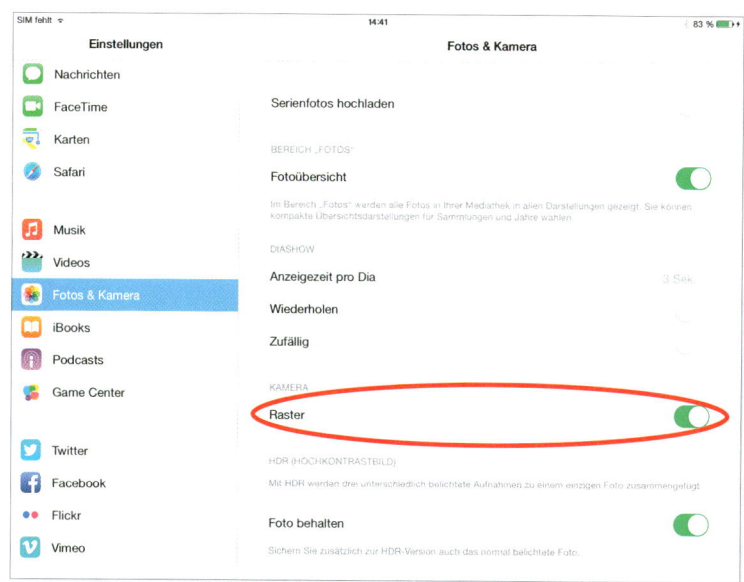

Zum Fotografieren kann in der „Kamera"-App ein Raster eingeblendet werden ...

... das beim Aufnehmen sehr hilfreich ist.

Neben einem normalen Foto können Sie auch eine HDR-Aufnahme machen, wenn Sie die Option *HDR AUS* auf *HDR EIN* schalten. HDR steht für High Dynamic Range. HDR-Bilder lösen das Problem, dass dunkle Bereiche des Motivs eine andere Belichtung brauchen als helle. Wenn Sie z. B. gegen das Licht fotografieren, wird die Kamera in der Regel sehr dunkel belichten, damit das einfallende Sonnenlicht das Bild nicht gleißend hell macht. Allerdings werden dann andere

Bereiche im Bild meistens deutlich zu dunkel aufgenommen. Machen Sie nun ein HDR-Bild, nimmt die Kamera das Motiv einmal hell und einmal dunkel auf. Die Kombination dieser Aufnahmen – das HDR-Bild – ergibt dann ein Foto, in dem jeder Bereich optimal belichtet wurde.

Im Bild links („HDR AUS") sind viele Bereiche deutlich dunkler als rechts („HDR EIN"). Allerdings ist durch die Mehrfachaufnahme auch die Gefahr des Verwackelns sehr hoch.

 Aufnahme von HDR-Bildern können sehr leicht verwackeln. Am besten legen Sie das iPad auf festem Untergrund ab.

In den *Einstellungen –> Fotos & Kamera* können Sie im Bereich *HDR (Hochkontrastbild)* zudem entscheiden, ob die Einzelbilder ebenfalls gespeichert werden sollen oder eben nur das optimale HDR-Bild.

Mit der *Kamera*-App können Sie bei der Aufnahme von normalen Hoch- bzw. Querformatfotos auf *Quadrat* wechseln. Beim Quadrat ist es egal, wie Sie das iPad halten. Die Länge des Fotos ist immer identisch mit der Breite. Am Ende erhalten Sie in jedem Fall ein quadratisches Foto. Auch hier gilt: Motiv anvisieren und Auslöser drücken. Schon ist das Bild im Kasten.

Weitere Aufnahmemodi der Kamera

Panorama: Mit dem iPhone funktioniert das schon eine Weile, beim iPad hat die Panoramafunktion erst mit iOS 8 Einzug gehalten. Um ein Panorama aufzuzeichnen, stellen Sie das Wahlrad der Kamera auf *Pano*, halten das iPad im Hochformat und starten die Aufnahme.

Beim Panorama ist es wichtig, dass der Pfeil möglichst genau auf der Linie bleibt.

Erfassen Sie dann die gewünchste Ansicht von links nach rechts. Die Aufnahme stoppt automatisch, wenn Sie etwa 180° aufgenommen haben. Oder Sie stoppen selbst, indem Sie wieder auf den Aufnahmeknopf drücken.

Achten Sie während der Aufnahme auf den Pfeil, der immer möglichst exakt auf die gelbe Linie ausgerichtet werden soll. Ist das einmal nicht der Fall, korrigieren Sie die Ausrichtung, indem Sie das iPad nach oben oder unten kippen.

Mit der Kamera-App gelingen sehr einfach ansprechende Panoramaaufnahmen.

Zeitraffer: Und auch Zeitrafferaufnahmen sind mit Ihrem iOS-8-iPad möglich. Stellen Sie die Funktion ein und starten Sie die Aufnahme. Drücken Sie erneut, um die Aufnahme zu stoppen.

Serienfotos aufnehmen (nur iPad Air 2): Das iPad Air 2 kann mit der Kamera-App auch Serienbilder aufnehmen. Dazu müssen Sie nur den Auslöser gedrückt halten, und schon rattert das iPad los und nimmt in schneller Folge die Bilder auf. Das iPad Air 2 kann bis zu zehn Bilder pro Sekunde aufnehmen und sucht automatisch die beste Aufnahme aus, die dann zu iCloud bzw. Fotostream übertragen wird, falls Sie diese Funktionen nutzen. Aus den Fotos der Serienaufnahme können Sie in der Fotos-App beliebige Bilder extrahieren und weiter verwenden. Zudem sollten Sie in den *Einstellungen –> Fotos & Kamera* die Funktion *Serienfotos hochladen* deaktivieren, um nicht automatisch unnötig viele Serienbilder in den Fotostream bzw. in die Fotomediathek hochzuladen.

Slo-Mo (nur iPad Air 2): Das iPad Air 2 bietet eine zusätzliche Funktion für die Aufnahme von Videos. Sie können nämlich Videos mit 120 Bildern pro Sekunde aufzeichnen. Das Ganze nennt sich *Slo-Mo* – zu Deutsch: Zeitlupenaufnahme. Für eine Zeitlupe müssen Sie in der Kamera-App auf *Slo-Mo* (Slow Motion) wechseln. Eine Slo-Mo-Aufnahme erkennen Sie am gestrichelten Kreis um den Aufnahme-Button.

Video: Sicher haben Sie bereits die Auswahlmöglichkeit für die Video-Funktion gesehen. Entsprechend wechselt der Aufnahme-Button zu einem Record-Button.

Der Record-Button (links) zeigt an, dass jetzt eine Videoaufnahme gestartet werden kann, wohingegen der Aufnahme-Button (rechts) darauf hinweist, dass ein Fotoschnappschuss erstellt wird.

Sie können beide Kameras in Ihrem iPad für Video-Aufnahmen verwenden. Denken Sie daran, dass die rückwärtige Kamera Videoaufnahmen bis 1080p, also Full-HD-Videoaufnahmen ermöglicht, wohingegen die Frontkamera lediglich 720p-Videos erlaubt. Beide Kameras sind mit einer Gesichtserkennung ausgestattet, was sehr praktisch ist, wenn Sie Personen filmen. Weiterhin sorgt das iPad dafür, dass die Video- und Fotoaufnahmen stabilisiert werden.

> **!** Auch die Videoaufnahmen landen anschließend in der **Fotos**-App im Album **Videos**. Außerdem liegt der Clip mit all Ihren Fotos im Album **Zuletzt hinzugefügt** vor. Sie können Bilder später von Videos dadurch unterscheiden, dass Videos in der unteren linken Ecke ein kleines Videosymbol aufweisen. Innerhalb der **Fotos**-App können Videos abgespielt werden.

Übrigens können Sie das aufgenommene Video direkt in der *Fotos*-App noch trimmen. Tippen Sie dazu auf die Vorschau des gewünschten Videos und verwenden Sie dann oben im Filmstreifen die beiden Anfasser für die Trimmfunktion.

Über die Trimmfunktion können Videos noch optimiert werden.

Kommen wir noch einmal kurz zur Kamerafunktion zurück. Vielleicht haben Sie es schon ausprobiert: Sie können mit zwei Fingern digital zoomen. Sie können dann auch den Punkt auf dem Strich an der Unterseite des Bildes verschieben und so zoomen. Die Kamera zeigt durch einen gelben Rahmen an, auf welchen Bereich gerade scharf gestellt wird. Das sind in der Regel Gesichter oder Elemente in der Mitte des Bildes.

Die „Kamera"-App erlaubt das Zoomen (links) bzw. das Scharfstellen (rechts) auf ein Objekt.

Wenn Sie mit einem Finger an einer bestimmten Stelle auf das Motiv tippen, erscheint wieder der Rahmen, und die Kamera versucht, diese Stelle scharf zu stellen und die Belichtung darauf zu optimieren. So bekommen Sie auch dunkle Bereiche des Fotos hell, wenn es auf diesen Bereich ankommt. Entsprechend verändert sich aber dann auch die Belichtung der anderen Bildinhalte.

Am Lampensymbol erkennen Sie die manuelle Belichtung auf einem bestimmten Bereich.

Sobald das Bild sich in der *Fotos*-App befindet, können noch einige Funktionen zum Einsatz kommen. Dazu gibt es wenig später noch weitere Informationen.

Tipps zur Kamera-App

- *Timer verwenden:* Sie möchten selbst Teil des Gruppenfotos werden, haben aber keinen Fotografen dabei? Kein Problem! Stellen Sie das iPad auf einen geeigneten Untergrund, visieren Sie die Gruppe an und tippen Sie dann auf das Symbol für den Selbstauslöser. Je nachdem, wie schnell Sie laufen können, lässt sich dieser Timer auf 3 Sekunden (3 s) oder 10 Sekunden (10 s) einstellen. In beiden Fällen macht die Kamera nach Ablauf der Zeit selbstständig ein Foto. Im Optimalfall mit Ihnen im Kreis der anderen.

- *Belichtung manuell bestimmen*: Tippen Sie auf einen Bereich in der Anzeige, auf den Sie die Belichtungseinstellungen optimieren möchten. Sie erhalten ein gelbes Quadrat mit einem Sonnensymbol. Lösen Sie nun die Aufnahme aus, wird für den markierten Ort belichtet.

- *Auslösen per Lautstärketaste:* Um einen Schnappschuss zu erstellen, können Sie neben dem Auslöser auf dem iPad-Bildschirm die Lautstärketasten an Ihrem Gerät verwenden. Diese sind meist besser im Zugriff.

- *Schnellzugriff im Sperrbildschirm*: Sie können die Kamera schnell erreichen, indem Sie im Sperrbildschirm das Kamerasymbol rechts unten nach oben wegschieben. So müssen Sie nicht erst den Bildschirm entsperren, die Kamera-App starten und das Bild machen.

Rechts unten im Sperrbildschirm erreichen Sie sehr schnell die Kamera des iPad.

Fotos

Die *Fotos*-App ist Ihre Bildverwaltung auf dem iPad. Sie eignet sich zum Ansehen Ihrer Fotos ebenso wie zum Teilen mit Freunden, Bekannten und Kollegen. Außerdem können Sie Fotos bearbeiten und so noch mehr aus Ihren digitalen Schnappschüssen herausholen.

Die Fotos-App im Überblick

Wenn Sie die *Fotos*-App starten, erwartet Sie ein ähnlicher Anblick wie der in unserem Beispiel.

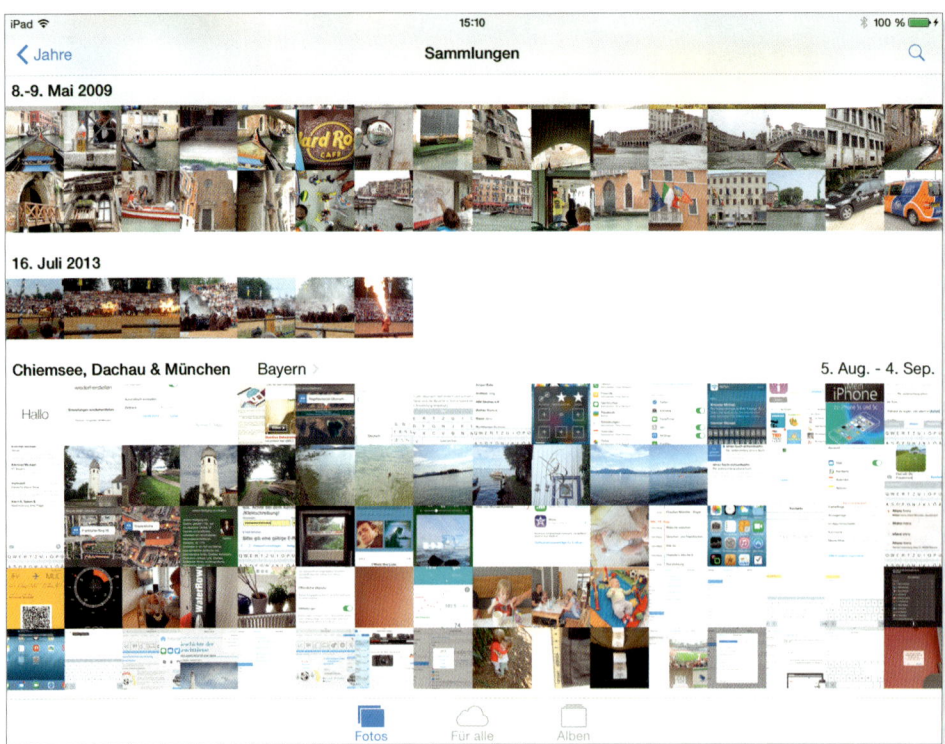

Die „Fotos"-App erlaubt auch bei einer Vielzahl von Bildern eine übersichtliche Sortierung.

Wenn Sie die Jahresansicht (*Jahre* links oben) auswählen, können Sie mit einem Finger über die Fotos streichen und vergrößern damit das gerade ausgewählte Foto. Nehmen Sie den Finger vom Display, rufen Sie dieses Bild im Großformat auf.

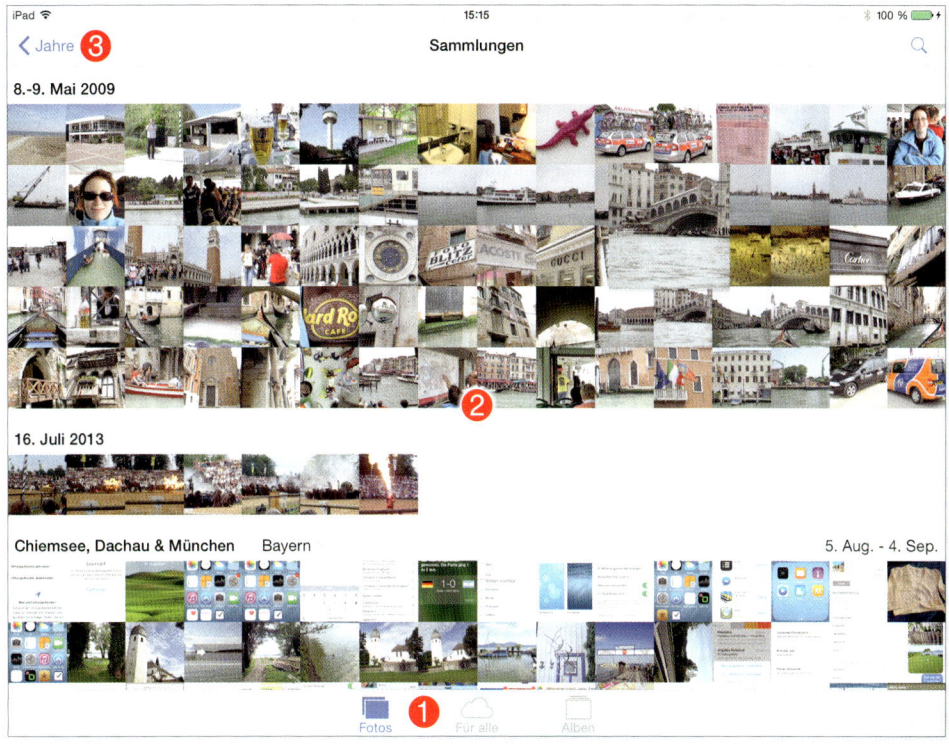

In der Jahresansicht streichen Sie mit einem Finger über die Vorschau, um einzelne Fotos vergrößert darzustellen.

❶ In der Funktionsleiste unten geben Sie an, welche Inhalte Sie sehen möchten. *Fotos* bringt Sie zu Ihren Sammlungen, *Für alle* zu den freigegebenen Fotostreams, und ganz rechts finden Sie Ihre *Alben*.

❷ Im Hauptbereich werden die Bilder angezeigt. Die Sammlungen sind nach Aufnahmeorten sortiert und tragen auch das Datum oder den Zeitraum der Aufnahmen. Um die Fotos einer Sammlung anzuzeigen, tippen Sie darauf. Sie gelangen daraufhin zu einer *Momente* genannten Detailansicht. Innerhalb eines Moments finden Sie alle Fotos eines Tages bzw. eines Ortes übersichtlich dargestellt.

❸ *Jahre* bringt Sie zur Jahresübersicht. Dort finden Sie die Bilder nach Jahren sortiert.

Momente

Haben Sie in den *Sammlungen* auf ein Ereignis getippt, wird Ihnen das als *Momente* angezeigt.

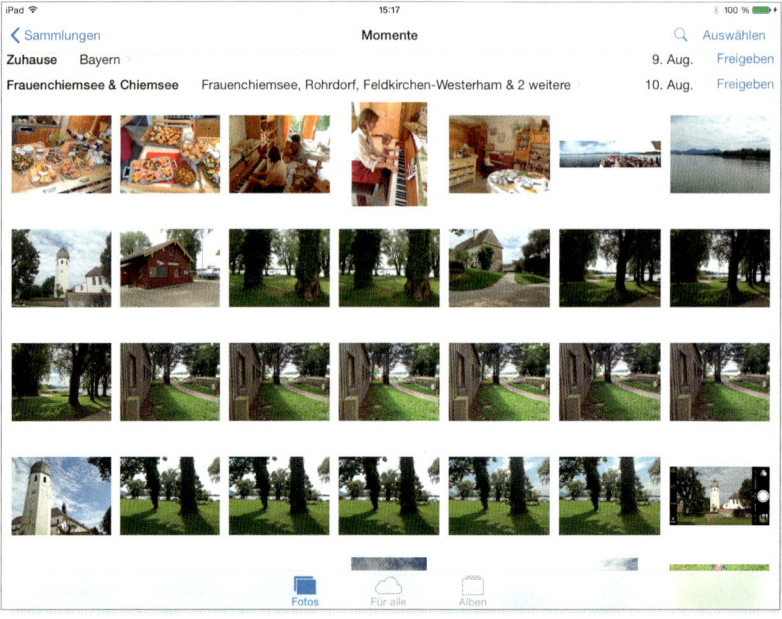

Waren bei den „Sammlungen" lediglich die Orte genannt, ist bei einem Moment auch eine genauere Angabe möglich.

Wenn Sie nun hier auf *Freigeben* tippen, können Sie entweder den gesamten *Moment freigeben* oder einzelne *Fotos freigeben*.

Der Moment landet dann entweder per *AirDrop* bei einem anderen iPad, iPhone oder Mac oder per *iCloud-Fotofreigabe* in einem Ihrer freigegebenen Alben.

> **!** An dieser Stelle können Sie entweder ein vorhandenes Album auswählen, indem Sie es im Bereich **Freigegebenes Album** auswählen. Oder Sie legen ein **Neues freigeg. Album** an.

Die freigegebenen Alben werden meist auch als Fotostream bezeichnet. Und Sie selbst haben auch einen eigenen Fotostream. Was das alles ist, wo Sie die Fotostreams finden und wie Sie sie aktivieren und deaktivieren können, erfahren Sie jetzt.

Einen vorhandenen Fotostream auswählen oder einen neuen anlegen

1. Nachdem Sie *iCloud-Fotofreigabe* ausgewählt haben, gelangen Sie in das Fenster zur Freigabe der Bilder per Fotostream. Hier wird Ihnen – sofern vorhanden – ein freigegebener Fotostream angeboten. Geben Sie optional einen Kommentar zu den Bildern an und tippen Sie auf *Posten*.
2. Um einen anderen Fotostream auszuwählen oder einen neuen anzulegen, tippen Sie auf die Zeile *Freigegebenes Album*.
3. Jetzt wählen Sie entweder einen vorhandenen Stream aus oder tippen auf *Neues freigeg. Album.*
4. Bei einem bestehenden Album geben Sie den *Kommentar* ein und tippen auf *Posten*.
5. Ein neues Album verlangt nach einem Namen. Haben Sie einen angegeben, tippen Sie auf *Weiter*. Danach geben Sie die Kontakte oder Mailadressen der Personen an, die eine Einladung zu diesem Stream erhalten sollen.
6. Tippen Sie auf *Weiter*. Geben Sie auf Wunsch einen Kommentar an und tippen Sie auf *Posten*.
7. Daraufhin wird der Fotostream angelegt, und die eingeladenen Personen werden darüber informiert.

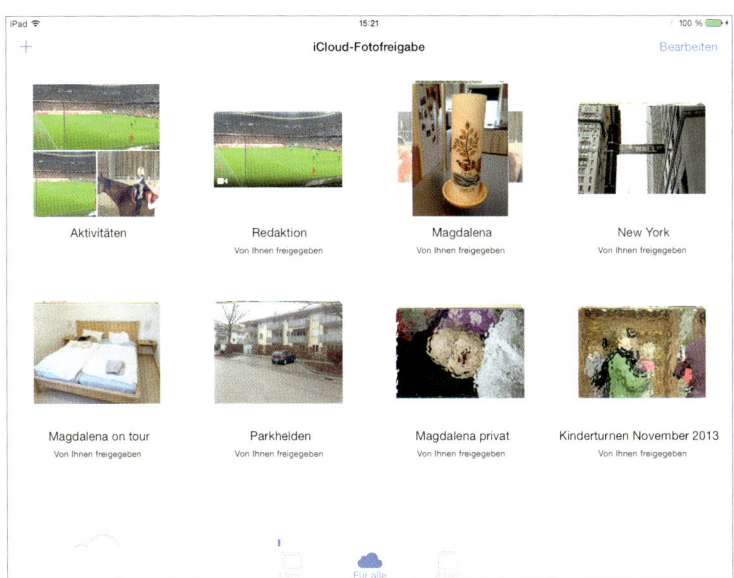

Das neue freigegebene Album befindet sich nun in der Rubrik „Für alle". Über das „+" links oben oder „Neues freigeg. Album" ganz unten legen Sie auch direkt hier ein neues Album an.

Innerhalb eines freigegebenen Albums können Sie (und alle eingeladenen Personen) einzelne Fotos kommentieren oder mit einem **Gefällt mir**-Smiley versehen.

Fotos eines Fotostreams können auch kommentiert werden.

Außerdem haben Sie über den *Weiterverwenden*-Knopf links unten alle bekannten Optionen, die Fotos weiterzuverwenden.

Optionen innerhalb der freigegebenen Alben

Wenn Sie sich innerhalb eines freigegebenen Albums befinden, können Sie über das +-Symbol weitere Bilder hinzufügen. Außerdem haben Sie die Möglichkeit, im Bereich *Personen* nachzusehen, wer aktuell für den Stream freigeschaltet ist, und können bei Bedarf weitere Personen *Einladen*.

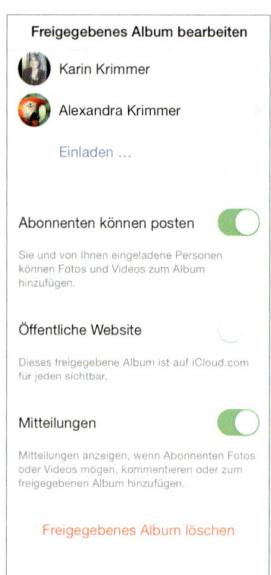

Und es lässt sich noch mehr in Bezug auf dieses freigegebene Album festlegen.

Abonnenten können posten: Ist dieser Schalter aktiv, können Sie und die zum Stream eingeladenen Personen auch Bilder und Videos hinzufügen.

 Apropos Videos: In iOS 8 können zu einem Album auch Videos hinzugefügt werden. Tippen Sie dazu im Stream auf das Plussymbol und wählen Sie die Videos aus, die Sie einbinden möchten. Bestätigen Sie mit **Fertig**.

Öffentliche Webseite: Diese Einstellung ist wichtig, wenn Sie Personen den Zugriff auf dieses Album ermöglichen möchten, die kein kompatibles Gerät (iPhone, iPad, Mac ...) haben. Damit generieren Sie eine Webseite, über die die Inhalte abgerufen werden können. Da der generierte Link ein wenig kryptisch ist, empfiehlt sich hier die Funktion *Link freigeben*.

Aktivieren Sie *Mitteilungen*, werden Sie darüber informiert, wenn Abonnenten Ihres Fotostreams Kommentare abgeben, Fotos oder Videos dem Stream hinzufügen oder Bilder einfach nur mögen und entsprechend auf *Gefällt mir* tippen. Ist dieser Punkt deaktiviert, müssen Sie nachsehen, ob sich im Stream etwas getan hat.

Alles synchron mit der iCloud-Fotomediathek

Wenn Sie den Abschnitt zum Fotostream bereits gelesen haben, kennen Sie schon eine Art, wie man Bilder mit mehreren Geräten abgleichen kann. Über den Fotostream gelangen alle neu aufgenommenen Fotos an alle Geräte, die über Ihre Apple-ID verfügen und bei denen der Fotostream ebenfalls aktiviert ist. So haben Sie das Foto, das Sie am iPad gemacht haben, auch am iPhone bzw. Mac oder unter Windows.

Neu hinzugekommen in iOS 8 ist die iCloud-Fotomediathek. Ist die einmal aktiviert, so wird Ihre gesamte Mediathek in die iCloud geladen und ist dann ebenfalls an allen Ihren iCloud-Geräten verfügbar. Das gilt für bereits in der Mediathek vorhandene Inhalte und für künftig hinzugefügte. Dazu gehören dann aber auch wirklich alle Medien: alte, neue Bilder, Videos, aufgenommene und importierte Medien.

Und wenn Sie beispielsweise ein Foto bearbeiten, dann ist es nicht nur an diesem Gerät in der neuen Version verfügbar. Es wird über die iCloud-Fotomediathek ebenfalls auf alle anderen Geräte kopiert.

iCloud-Fotomediathek kann Mehrkosten verursachen

Bevor wir Ihnen jetzt zeigen, wie Sie die iCloud-Fotomediathek aktivieren und was sich ändert, ein Hinweis: Während der Fotostream nicht in Ihrer iCloud-Statistik auftaucht, was das Freivolumen angeht, tut es die Fotomediathek sehr wohl. Alle Daten, die in diesem Rahmen hochgeladen werden, belegen also einen Teil Ihrer 5 GByte, die Apple jedem iCloud-Nutzer kostenfrei zur Verfügung stellt. 5 GByte sind eine Menge an Speicherplatz – keine Frage. Wer aber viele Fotos und Videos hat, kann durchaus flott an diese Grenze stoßen. Und dann ist es schnell vorbei mit künftigen Aktualisierungen Ihrer iCloud-Fotomediathek. Außer, Sie buchen kostenpflichtig weiteren Speicherplatz dazu.

iCloud-Fotomediathek aktivieren

Los geht's in den *Einstellungen –> Fotos & Kamera*. Dort finden Sie den entsprechenden Punkt ganz oben.

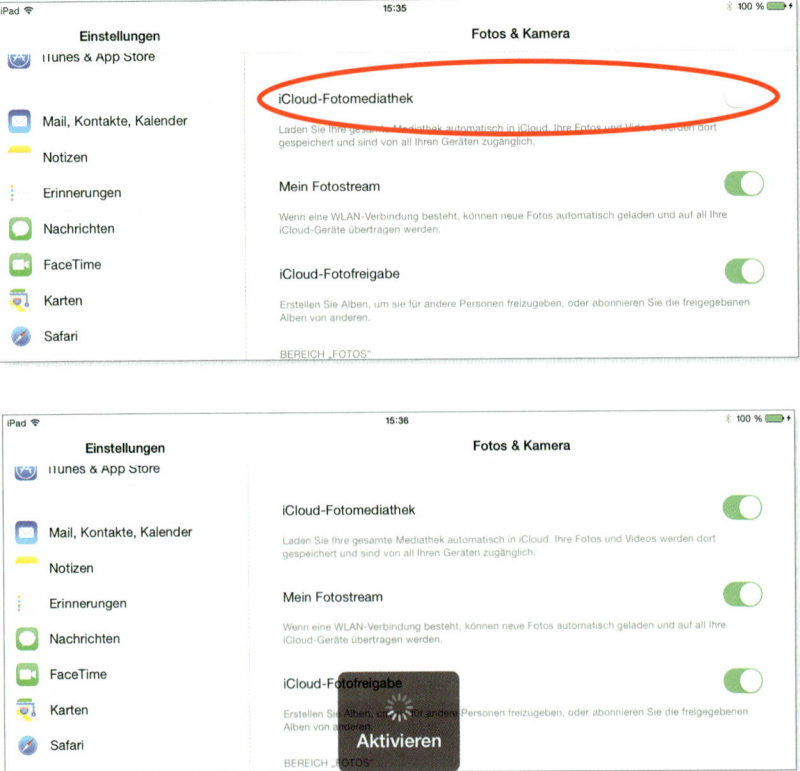

Legen Sie den Schalter um, um die iCloud-Fotomediathek zu aktivieren.

Wenn Sie in der Vergangenheit Bilder oder Alben über iTunes auf das iPad kopiert haben, erhalten Sie eine Meldung, dass diese Fotos gelöscht werden. Im nächsten Schritt erhalten Sie in den Einstellungen einen zusätzlichen Punkt. Hier legen Sie fest, ob Sie die Bilder *Laden und Originale behalten* möchten (was sehr viel Platz auf dem iPad beanspruchen wird). Die zweite Option (*iPad-Speicher optimieren*) behält zwar auch die Daten in hoher Auflösung in der Cloud, kopiert Sie aber in geringerer – auf das iPad optimierter – Qualität auf das Gerät. Das kann wertvollen Speicherplatz einsparen, wenn Ihr iPad eh schon fast randvoll gefüllt ist.

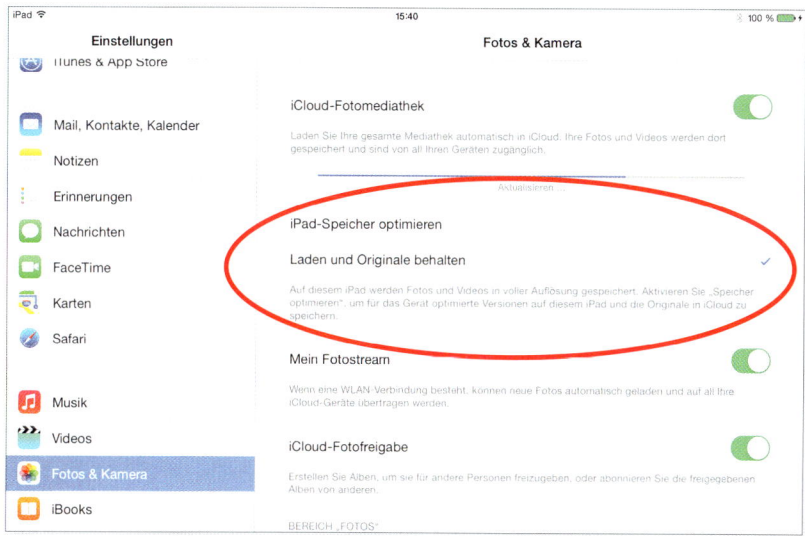

Entscheiden Sie hier, in welcher Qualität die Bilder auf das iPad geladen werden sollen. Gleich darüber ist zu sehen, dass die Aktualisierung bereits läuft.

Wenn Sie Ihre Bilder lieber manuell auf das iPad kopieren, dann geht das natürlich auch. Beachten Sie aber, dass Sie nicht beides haben können. Entweder Sie machen das über die iCloud oder über iTunes.

Fotos und Videos auf das iPad kopieren

Der Abgleich von Bildern vom Mac oder Windows-Rechner auf das iPad läuft wieder über iTunes. Wählen Sie das iPad aus und rufen Sie den Punkt *Fotos* auf. Nun können Sie am Mac entweder *Alben*, *Ereignisse* oder *Gesichter* aus *iPhoto* oder *Aperture* auswählen. Oder Sie bestimmen einen *Ordner*, über den der Abgleich laufen soll.

Das Kopieren von Fotos läuft ganz so, wie es in Kapitel 8 ab Seite 328 für Musik und Videos beschrieben ist.

Unter Windows haben Sie ebenfalls die Möglichkeit, einen Ordner auszuwählen. Alternativ dazu kopieren Sie Bilder aus *Adobe Photoshop Elements* oder *Photoshop Album* heraus auf das iPad. Der Vorgang funktioniert dann so wie am Mac: Sie wählen die gewünschten Bilder aus und starten den Abgleich.

Fotos und Videos auf dem Rechner sichern

Der Abgleich der Daten funktioniert auch in die andere Richtung. Stecken Sie das iPad an den Mac an, und es wird wie eine Digitalkamera behandelt. Das bedeutet, Sie können in *iPhoto*, *Aperture* oder *Digitale Bilder* die Fotos auf den Rechner kopieren.

Das iPad wird wie eine Digitalkamera behandelt, hier am Beispiel von iPhoto.

Unter Windows erhalten Sie nach dem Anstecken des iPad eine Meldung, mit der Sie das System darüber informiert, dass ein Datenspeicher angesteckt wurde. Die Bilder lassen sich dann mit einer passenden Software importieren. Oder Sie lassen sich unter Windows den Bildspeicher des iPad als Ordner im Windows-Explorer anzeigen und kopieren die Daten manuell (*Gerät zum Anzeigen der Dateien öffnen*).

Wenn Sie das iPad unter Windows anstecken, können Sie die Bilder wie von jedem anderen Datenträger aus kopieren.

Am einfachsten binden Sie Ihren Fotostream allerdings am Mac unter OS X ein. iPhoto ermöglicht eine nahtlose Integration Ihres persönlichen und aller freigegebenen Fotostreams.

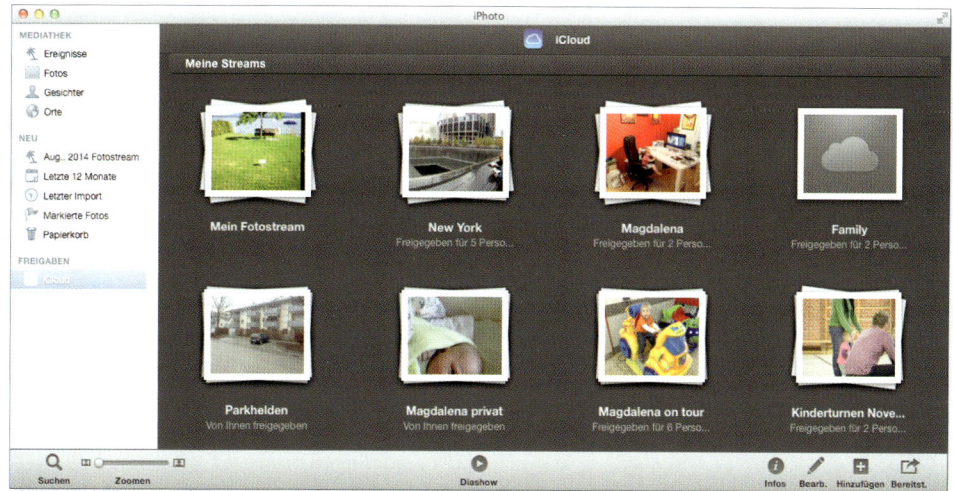

Alle Fotostreams finden Sie am Mac in iPhoto im Bereich „iCloud".

Mit Alben arbeiten

Ein gute Möglichkeit, wie man seine Bilder im iPad organisiert, sind Alben. Sie erreichen diese Darstellungsart, indem Sie ganz unten in der Funktionsleiste der *Fotos*-App auf *Alben* tippen.

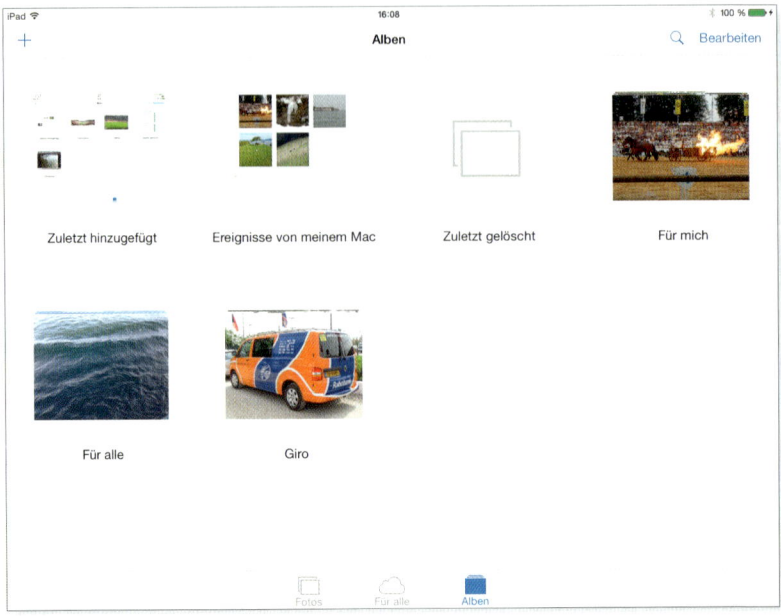

Die Alben Ihrer „Fotos"-App. Einige legt das iPad an, einige wurden auf das iPad kopiert („Von meinem Mac").

Einige der Alben waren bereits auf dem iPad vorhanden. *Zuletzt hinzugefügt* ist zum einen der Ort, an dem die Fotos gespeichert werden, die Sie mit dem iPad aufnehmen. Zum anderen landen hier alle Aufnahmen aus Ihrem persönlichen Fotostream. Wenn vorhanden. gibt es hier auch die Alben *Panoramen* und *Videos*. Darin werden Medien dieser beiden Typen einsortiert.

> An dieser Stelle noch einmal zur Erinnerung: In den **Einstellungen** –> **iCloud** im Bereich **Fotos** können Sie Ihren persönlichen Fotostream (**Mein Fotostream**) sowie die freigegebenen Alben (**iCloud-Fotofreigabe**) aktivieren und auch deaktivieren.

Gleich daneben (*Ereignisse von meinem Mac*) kommen nun die Alben, die per Abgleich mit dem Rechner eingegangen sind oder die Sie mit dem iPad manuell erstellt haben.

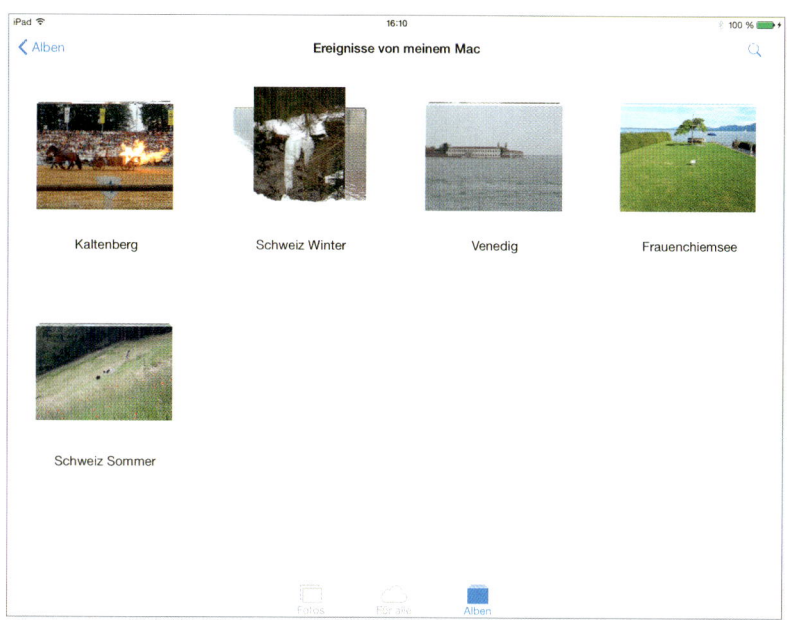

Diese Bilder wurden vom Mac auf das iPad kopiert.

Ein neues Album erstellen

Um ein neues Album anzulegen, tippen Sie in der Alben-Übersicht links oben auf das +. Das geht allerdings nicht aus dem *Ereignisse*-Ordner heraus. Geben Sie dann einen Namen an und tippen Sie auf *Sichern*.

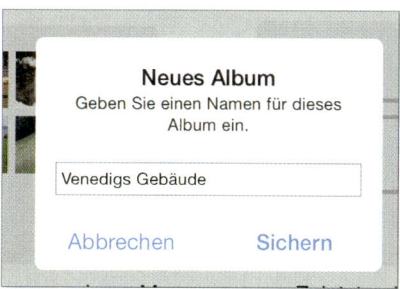

Geben Sie dem neuen Album einen aussagekräftigen Namen.

Im nächsten Schritt werden Sie aufgefordert, das neue Album zu befüllen. Wählen Sie die gewünschten Fotos aus und tippen Sie auf *Fertig*. Daraufhin werden die Fotos einsortiert, und das Album wird angelegt. Wollen Sie zu einem späteren Zeitpunkt die Namen der Alben ändern, so klicken Sie rechts oben auf *Bearbeiten*. Dabei kann ebenso die Reihenfolge geändert werden.

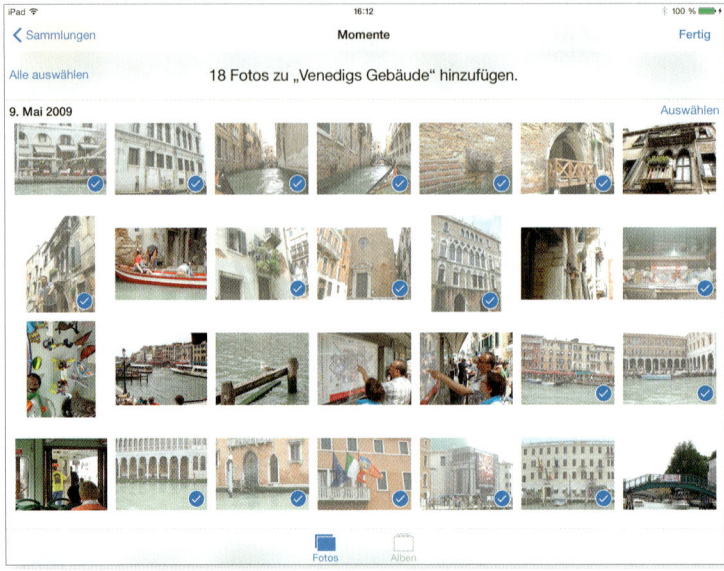

Wählen Sie im nächsten Schritt die gewünschten Fotos aus.

Fotos innerhalb eines Albums ansehen und verwalten

Um das neue Album oder jedes andere anzusehen, tippen Sie im Bereich *Alben* auf das gewünschte Album. So lässt sich auch überprüfen, ob alles geklappt hat mit dem neuen Album.

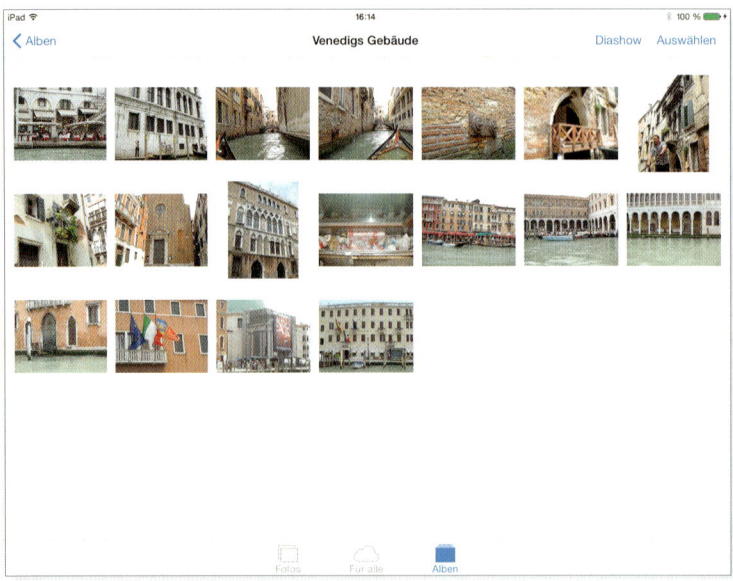

Das Album wurde angelegt und wie gewünscht befüllt.

Über die Taste *Auswählen* können Sie weitere Fotos *Hinzufügen*, Bilder weiterverwenden oder löschen. *Diashow* startet selbige. *Alben* bringt Sie wieder zurück zur Übersicht.

Fotos bearbeiten

Sie können Bilder auf Ihrem iPad auch bearbeiten. Damit lassen sich Bilder in die richtige Ausrichtung drehen, verbessern, Effekte hinzufügen, rote Augen entfernen oder Ausschnitte wählen.

Dazu ein Hinweis vorab: Direkt bearbeiten lassen sich nur Bilder, die mit Ihrem iPad aufgenommen wurden. Gelangt ein Bild über den Fotostream auf Ihr iPad oder haben Sie es mit iTunes kopiert, so müssen Sie es zunächst duplizieren, damit das Foto im Stream oder Ordner unangetastet bleibt. Aber iOS 8 hilft Ihnen dabei und zeigt das Problemchen gleich an – inklusive der Lösung.

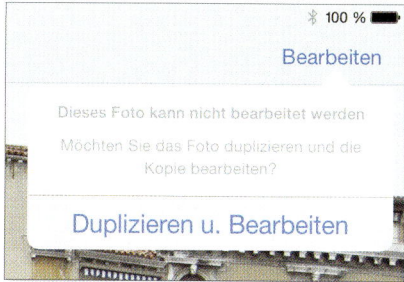

Tippen Sie auf „Duplizieren u. Bearbeiten", um eine Kopie zu erstellen, die Sie dann frei modifizieren können.

Jetzt aber weiter im Text: Rufen Sie das zu bearbeitende Foto auf und tippen Sie auf *Bearbeiten*.

Die integrierte Bildbearbeitung bietet einige Möglichkeiten.

❶ Am schnellsten geht es, wenn Sie den Zauberstift benutzen. Damit verbessern Sie Farbe, Kontrast und Helligkeit des Fotos automatisch. Als Bestätigung, dass die Funktion ausgeführt wurde, finden Sie neben den Verbesserungen im Foto einen blauen Zauberstift. Drücken Sie noch einmal auf den Zauberstift, um den Vorgang rückgängig zu machen.

❷ Über diesen Punkt lässt sich das Bild drehen und beschneiden.

❸ Das kleine *x* und die Tatsache, dass der Pfeil nicht exakt auf der 0 steht, bedeutet: Hier hat die Fotos-App eine automatische Begradigung vorgenommen. Das Ergebnis ist gut, kann aber auch manuell korrigiert werden.

❹ Tippen Sie dazu auf das x und verschieben Sie den Regler, bis die gewünschte Drehung erreicht ist. *AUTO* dreht dann wieder automatisch.

❺ Tippen Sie auf diesen Schalter, um das Bild entgegen dem Uhrzeigersinn zu drehen.

❻ Hier erhalten Sie eine Auswahl an festen Bildformaten (z. B. Quadrat oder 3 : 2), mit denen Sie das Foto beschneiden können.

❼ Möchten Sie das Foto in ein beliebiges anderes Format bringen, greifen Sie den weißen Rahmen an einer der Ecken oder Seiten und verschieben ihn wie gewünscht.

❽ Hier können Sie ein Foto mit den Effekten verändern. Tippen Sie auf diese Taste und danach auf den gewünschten Effekt, um die Änderung zu sehen.

Auch mit den Effekten erzielen Sie gute Ergebnisse.

! Achtung! Sie überschreiben damit das Originalbild. Sie können diese Änderungen aber wieder rückgängig machen, indem Sie danach in den Effekten **Ohne** auswählen. Dann wird das Bild wieder wie vorher.

❾ Über diese Taste erhalten Sie die umfangreichsten Bearbeitungsmöglichkeiten. Tippen Sie darauf, gibt es zunächst die drei Punkte *Licht*, *Farbe* und

S/W. Treffen Sie hier eine Auswahl, gibt es noch viele Unterpunkte, die Sie dann einzeln und unabhängig voneinander anpassen können.

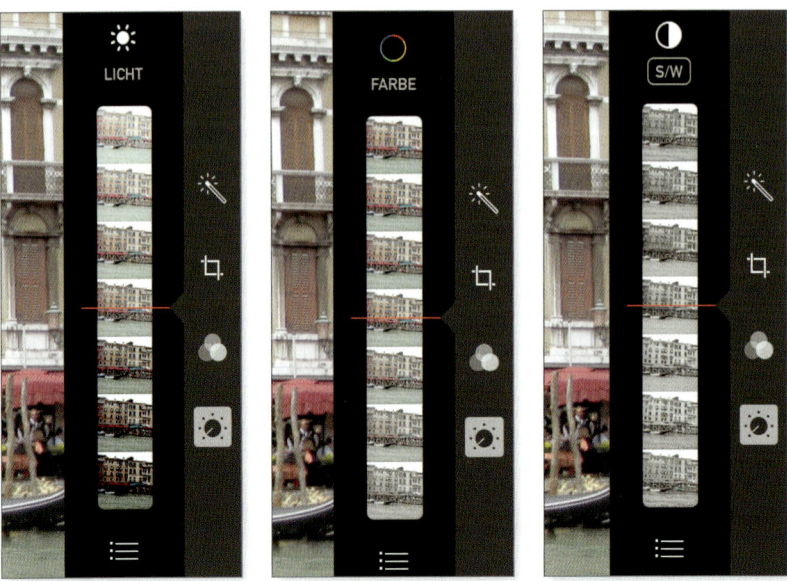

Die Bearbeiten-Funktionen für Licht, Farbe und Schwarz-Weiß geben Ihnen umfangreiche Möglichkeiten der Bildmanipulation.

An dieser Stelle können Sie nun die Markierung entlang der Vorschaubildchen verschieben, um zu den entsprechenden Ergebnissen zu kommen. Möchten Sie dagegen die Werte sehen, die Sie einzeln verändern können, so tippen Sie auf das Symbol ▤. Daraufhin erhalten Sie bei allen drei Gruppen diese Ansicht:

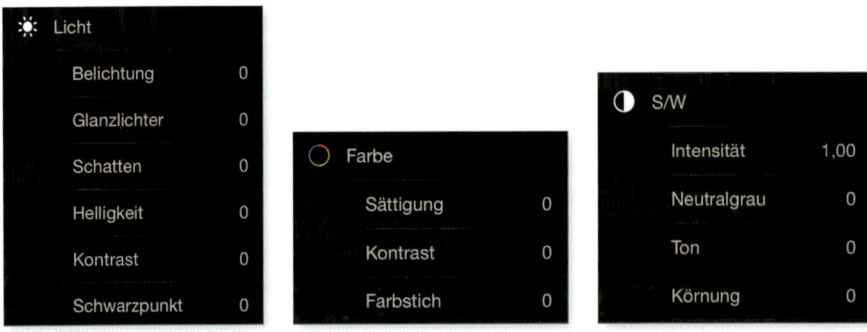

Auf Wunsch können Sie auch die Werte für Belichtung, Sättigung, Intensität usw. einzeln verändern.

Schließen bringt Sie wieder zurück. Über das Häkchen (das sich gelb färbt, sobald Sie etwas am Foto verändert haben) speichern Sie das Ergebnis ab ❿.

Möchten Sie die Änderungen rückgängig machen und wieder zum Ausgangsbild zurück, so drücken Sie auf das *x* **⓫**. Wollen Sie zwischendurch – also während der Bearbeitung – Ihr Ergebnis mit dem Original vergleichen, so tippen Sie für circa eine Sekunde auf das Foto :-)

Favoriten definieren

Es gibt in der Bildansicht noch eine interessante Schaltfläche, die wir bisher nicht besprochen haben. Links neben dem *Bearbeiten*-Knopf befindet sich ein Herzsymbol. Damit können Sie beim Betrachten Ihrer Bilder Favoriten markieren. Wenn Sie darauf tippen, wird das Bild blau ausgefüllt und als Favorit markiert.

Das Herz über dem Foto ist blau, das Bild damit einer Ihrer Favoriten.

Sobald Sie mindestens ein Foto als Favorit markiert haben, erhalten Sie in der Übersicht Ihrer Alben einen neuen Eintrag: *Favoriten*. Und dort finden Sie dann künftig alle Bilder, die Sie auf diesem Wege markiert und für gut befunden haben.

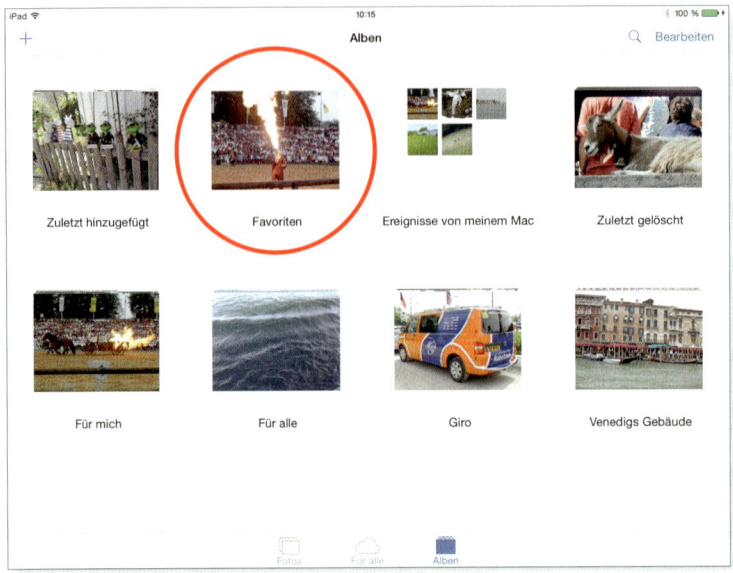

In dieses Album werden alle Fotos einsortiert, die Sie mit einem Herz gekennzeichnet haben.

Um das Foto wieder aus dem erlauchten Kreis Ihrer Favoriten zu entfernen, tippen Sie einfach noch einmal auf das Herz. Dann wird es aus dem Ordner *Favoriten* entfernt. Sobald der Ordner leer ist, verschwindet er wieder. So lange, bis Sie wieder ein Bild als Favorit markieren. Das Ganze funktioniert übrigens auch mit Videos.

Fotos durchsuchen

Befinden Sie sich in der *Fotos*-App in den Bereichen *Fotos* oder *Alben*, so haben Sie am oberen Rand eine Lupe, mit der Sie nach Bildern suchen können. Tippen Sie darauf, um zur Suchmaske zu gelangen.

Noch bevor Sie auch nur ein Zeichen in das Suchfeld eingeben, bietet die „Fotos"-App bereits mögliche Suchanfragen an.

Jetzt können Sie gleich auf die geografischen Treffer *In der Nähe* oder *Zuhause* beziehungsweise auf die angezeigten Monate tippen. Suchen Sie nach etwas anderem, so geben Sie das in das Suchfeld ein. Sobald Sie das erste Zeichen getippt haben, ändert sich die Trefferliste entsprechend.

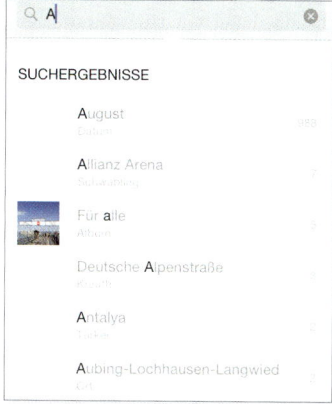

Bereits ein Zeichen reicht, und die Liste ändert sich entsprechend.

Tippen Sie dann auf den gewünschten Treffer, um sich die Bilder anzeigen zu lassen. Die Zahl rechts neben dem Treffer gibt die Anzahl der passenden Bilder an.

Wichtige Einstellungen für die Fotos-App

Die Einstellungen der *Fotos*-App finden Sie zusammen mit denen für die *Kamera* unter *Einstellungen –> Fotos & Kamera*.

Hier legen Sie fest, ob Sie Ihren eigenen Fotostream aktivieren möchten (*Mein Fotostream*) und ob es freigegebene Fotostreams geben soll (*iCloud-Fotofreigabe*).

Interessant sind auch die Einstellungen zur *Diashow*. Dort legen Sie fest, wie lange jedes Bild angezeigt werden soll (*Anzeigezeit pro Dia*), bis das nächste erscheint, ob sich die Bilder *Wiederholen* sollen, nachdem alle gezeigt wurden, und ob die Wiedergabe *Zufällig* oder in der richtigen Reihenfolge stattfinden soll.

Tipps zur Fotos-App

- Familienfreigabe in der *Fotos*-App: Haben Sie die Familienfreigabe aktiviert, so erhalten Sie im Bereich *Für alle* auch einen entsprechenden Fotostream mit dem Namen *Family*. Alle dort geteilten Bilder sind dann automatisch auf allen iOS-Geräten aller Familienmitglieder verfügbar.

- Möchten Sie Fotos per Mail versenden, gibt es eine Begrenzung von fünf Fotos. Mehr gehen nicht in eine einzelne Mail. Lesen Sie dazu aber unbedingt den nächsten Tipp.
- So ganz richtig ist die Begrenzung auf fünf Fotos pro Mail nicht. Über einen Umweg geht auch mehr: Markieren Sie mehr als fünf Fotos, wählen Sie *Kopieren* und erstellen Sie manuell eine neue Mail. Tippen Sie dann doppelt in den Hauptbereich der Mail und wählen Sie *Einsetzen*. Und schon landen alle Fotos per Zwischenablage in der E-Mail-Nachricht.

Notizen

Die *Notizen*-App haben wir bereits an anderer Stelle kennengelernt, um die Tastatur auszuprobieren. Sehen wir uns nun diese App genauer an.

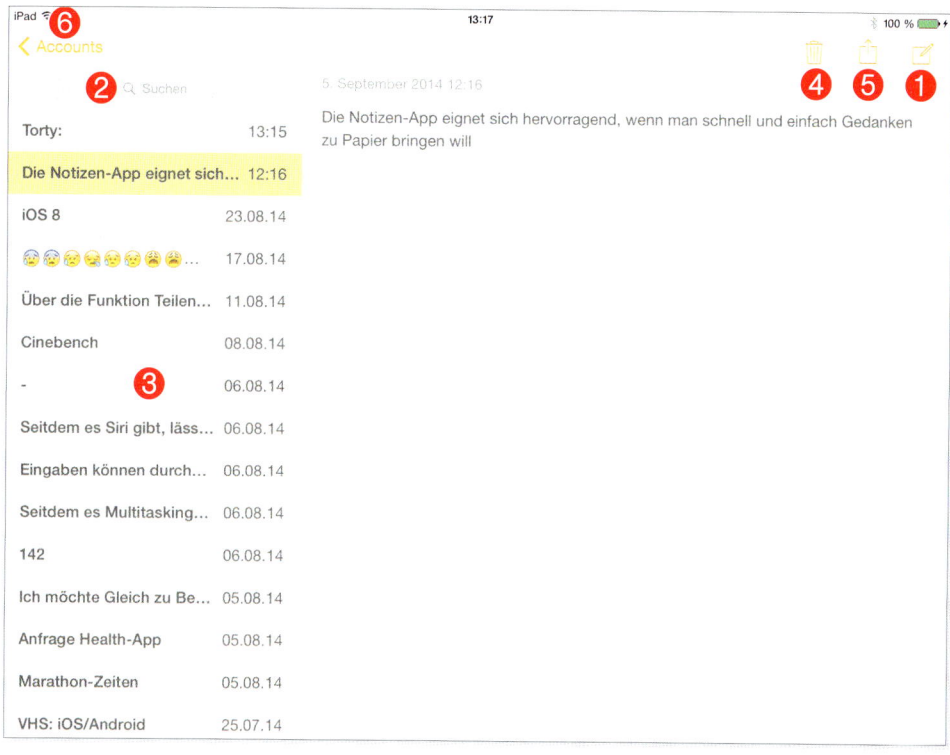

Die „Notizen"-App bietet einige sehr interessante Funktionen.

Sicher haben Sie bereits das Icon ❶ gesehen, mit dem Sie neue Notizen erstellen können. Gegenüber auf der linken Seite finden Sie eine *Suchen*-Funktion ❷, sodass Sie innerhalb der *Notizen*-App nach Wörtern suchen können. Wenn Sie das *Suchen*-Feld nicht sehen, schieben Sie die Liste der Notizen ein kleines Stück nach unten weg. Darunter sehen Sie eine Liste all Ihrer Notizen ❸. Der Mülleimer ❹ ist logischerweise für das Löschen der Notizen zuständig, und das *Teilen*- oder *Bereitstellen*-Icon ❺ dient auch hier dazu, die Notizen an andere Applikationen und Dienste weiterzugeben.

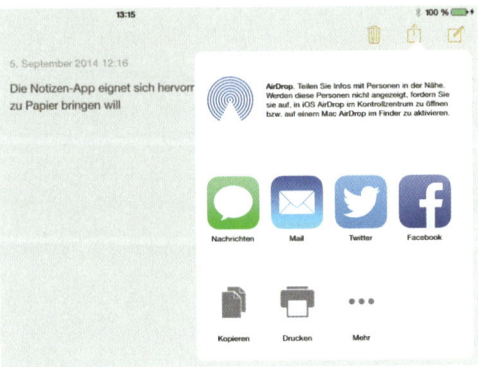

Über die „Teilen"-Funktion können Notizen weitergereicht werden.

Aber das ist noch nicht alles. Wenn Sie nämlich in den *Einstellungen* bei *iCloud* Ihre Apple-ID hinterlegt haben, können Sie die Notizen auch drahtlos in Ihre iCloud übertragen. Sie erkennen das daran, dass links oben in der Ecke der Begriff *Accounts* ❻ erscheint.

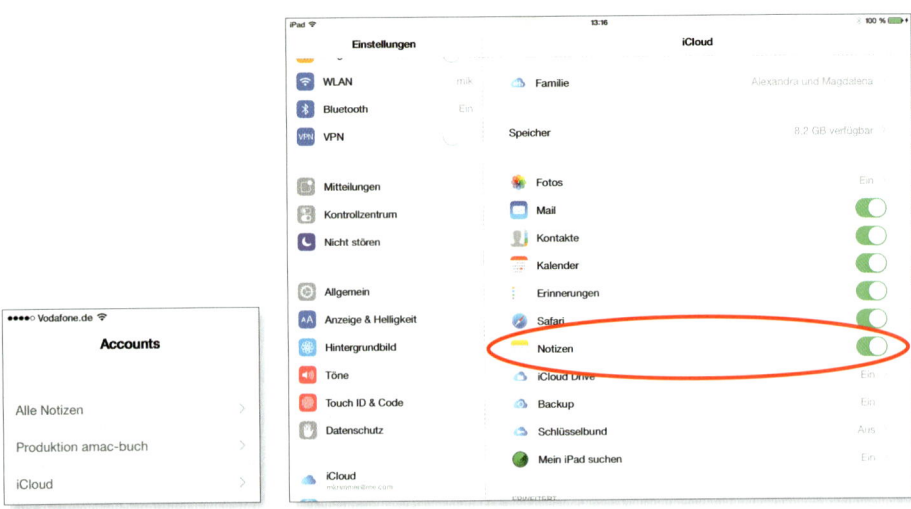

Der Bereich „Accounts" (links) wird erst dann eingeblendet, wenn Sie die Synchronisierung über die iCloud in den „Einstellungen" (rechts) aktiviert haben.

Alle Notizen, die Sie in der Kategorie *iCloud* erstellen, werden drahtlos mit Ihrer Internetwolke abgeglichen. Solche Notizen können dann natürlich bequem an einem Computer empfangen werden. Besitzen Sie einen Mac-Rechner, benötigen Sie dafür OS X 10.8 oder neuer und das Programm *Notizen*. Haben Sie einen Windows-Computer, können Sie Notizen nur innerhalb des Programms *Outlook* weiterverwenden. Und natürlich funktioniert die Synchronisation auch umgekehrt. Neu am Computer erstellte Notizen werden so drahtlos auf Ihr iPad übertragen.

 Möchten Sie, dass jede neue Notiz standardmäßig über die iCloud synchronisiert wird, aktivieren Sie **iCloud** als Standardaccount in **Einstellungen –> Notizen**.

Kalender

 Auch hier ist zu empfehlen, bevor Sie mit dem **Kalender** arbeiten, in den **Einstellungen –> iCloud** die Synchronisation des Kalenders zu aktivieren.

Damit ist gewährleistet, dass alle auf dem iPad eingetragenen Kalenderinformationen sogleich in die Internetwolke übertragen werden und auch auf anderen Geräten (Computer, iPhone, andere iPads) zur Verfügung stehen.

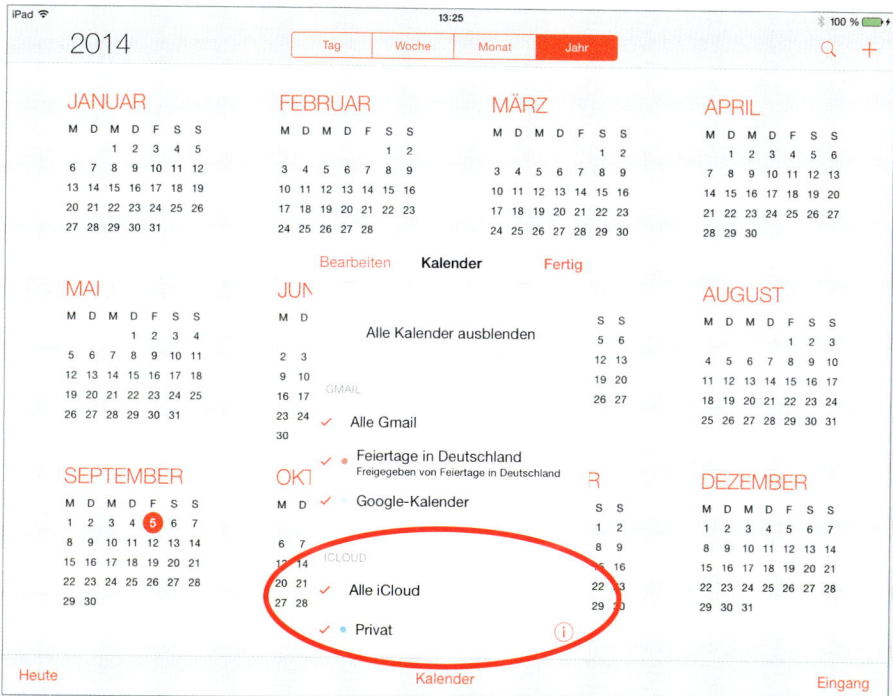

Sobald Sie das Programm „Kalender" gestartet haben, tippen Sie unten in der Mitte auf den Begriff „Kalender". Ist die iCloud-Synchronisierung aktiv, erscheinen dort sofort alle Kalender, die sich im Zugriff Ihrer iCloud befinden.

Wenn Sie der *Facebook*-App erlaubt haben, *Kalender* zu nutzen, dann stehen hier auch die Einträge für Geburtstage und Veranstaltungen. Sie erinnern sich an die Einstellungen von *Facebook* in Kapitel 6. Haben Sie in den *Einstellungen* in *Facebook* Ihre Daten hinterlegt, können die Applikationen *Kontakte* und *Kalender* mit den Facebook-Informationen gefüttert werden. Dies ist hier der Fall. Möchten Sie weitere Kalender definieren, tippen Sie auf *Bearbeiten* und anschließend auf *Hinzufügen*.

Geben Sie dem Kalender einen Namen und eine Farbe.

Via *Fertig* wird der Kalender angelegt. Die weiteren Funktionen der *Kalender*-App sind sehr schnell erklärt. Sie sehen oben die verschiedenen Darstellungen in Form von *Tag, Woche, Monat, Jahr* und *Liste*. Der Button *Heute* ganz links unten bringt Sie stets zurück zum aktuellen Datum. Schlussendlich können Sie über die *Suchen*-Funktion rechts oben nach Kalendereinträgen suchen.

 Als zusätzlichen Nebeneffekt werden alle anstehenden Termine in einer Liste übersichtlich dargestellt. Sie können bequem nach oben und unten scrollen.

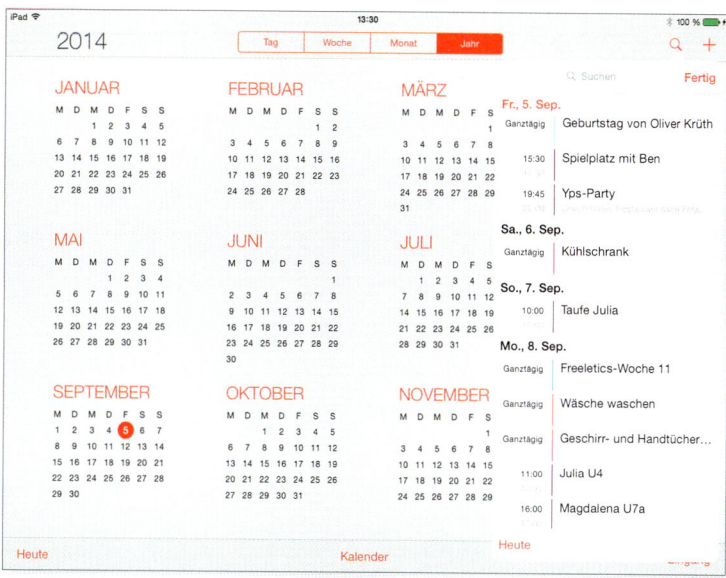

Die Listenansicht ist äußerst praktisch. Tippen Sie auf die Suchlupe, um in diese Ansicht zu wechseln.

Neuer Kalendereintrag

Tippen Sie auf das +-Icon rechts oben in der App, um einen neuen Kalendereintrag vorzunehmen.

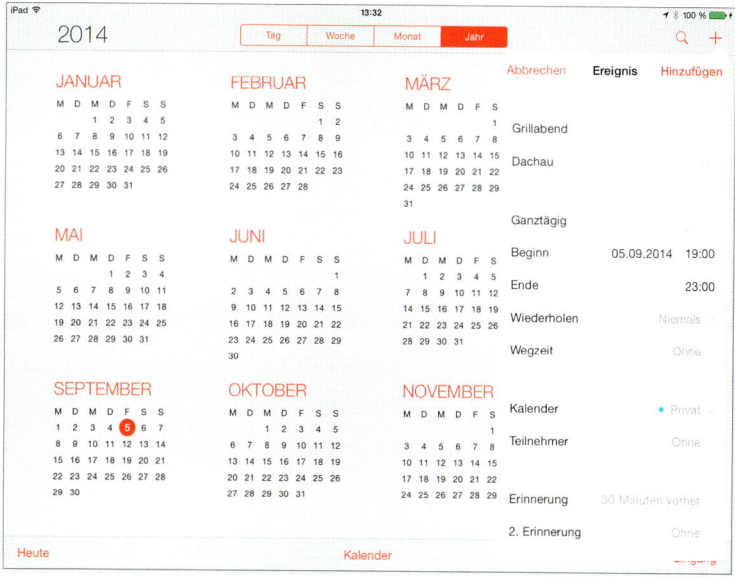

Ein neuer Kalendereintrag wird erstellt.

Neben dem *Titel* und dem *Ort* definieren Sie selbstverständlich *Beginn* und *Ende* des Ereignisses. Aber auch die anderen Parameter sind durchaus interessant:

- *Wiederholen*: Bei *Wiederholen* können Sie definieren, ob der Termin mehrmals wiederkehrt. Sie haben die Möglichkeit, tägliche, wöchentliche oder auch monatliche oder jährliche Rhythmen festzulegen.

- *Wegzeit:* Wenn Sie zuerst noch an den Ort des Geschehens fahren müssen, dann geben Sie hier etwas ein. Dann wird auch die Zeit für die Anreise eingetragen und somit im Kalender geblockt.

- *Kalender:* Wie Sie vorhin gesehen haben, besteht ja die Option, mehrere Kalender anzulegen. Wählen Sie hier aus, in welchem Kalender der Termin dargestellt werden soll.

- *Teilnehmer:* Das ist eine sehr interessante Option, denn Sie können weitere Teilnehmer zu diesem Termin einladen. Um einen Teilnehmer einzuladen, tragen Sie seine E-Mail-Adresse ein. Ihr Gegenüber erhält dann diese Einladung und kann diesen Termin annehmen oder ablehnen. Selbstverständlich können Sie zu einem Termin mehrere Teilnehmer einladen.

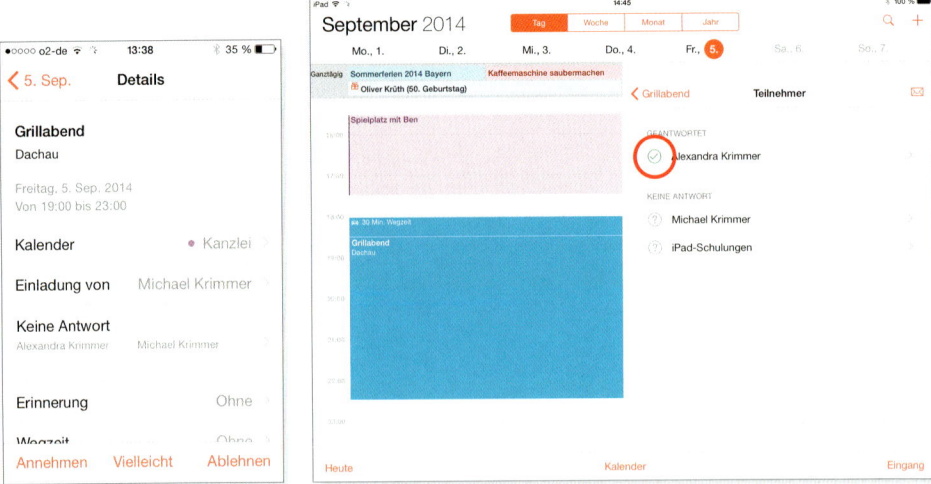

Nimmt Ihr Gegenüber die Einladung mit „Annehmen" an (links), können Sie dies an dem grünen Häkchen erkennen (rechts).

- *Erinnerung* bzw. *2. Erinnerung*: Um wichtige Termine keinesfalls zu versäumen, sollten Sie sich eine Erinnerung eintragen. Diese Erinnerung wird zum vorgegebenen Zeitpunkt auf Ihrem iPad erscheinen. Definieren Sie auch hier über *Einstellungen –> Mitteilungen –> Kalender*, wie diese Benachrichtigung auf Ihrem Gerät erfolgen soll. Zu empfehlen ist hierbei, die Eigenschaft *Hinweis* und die Zusatzfunktion *Im Sperrbildschirm* zu aktivieren.

- *Zeigen als*: Bei dieser Option können Sie für diesen Termin hinterlegen, ob Sie *beschäftigt* sind bzw. *frei* zur Verfügung stehen. Diese Information ist vor allem für andere Anwender interessant, die Ihre Kalenderinformationen einsehen können. Aber dazu gleich mehr.

Sie sehen also, dass jeder Kalendereintrag mit sehr vielen Zusatzinformationen angereichert werden kann.

 Wenn Sie bereits einen Termin definiert haben und diesen relativ einfach auf einen anderen Tag oder einen anderen Zeitpunkt innerhalb des Tages verschieben möchten, tippen Sie dieses Ereignis an und bewegen es an die gewünschte Position.

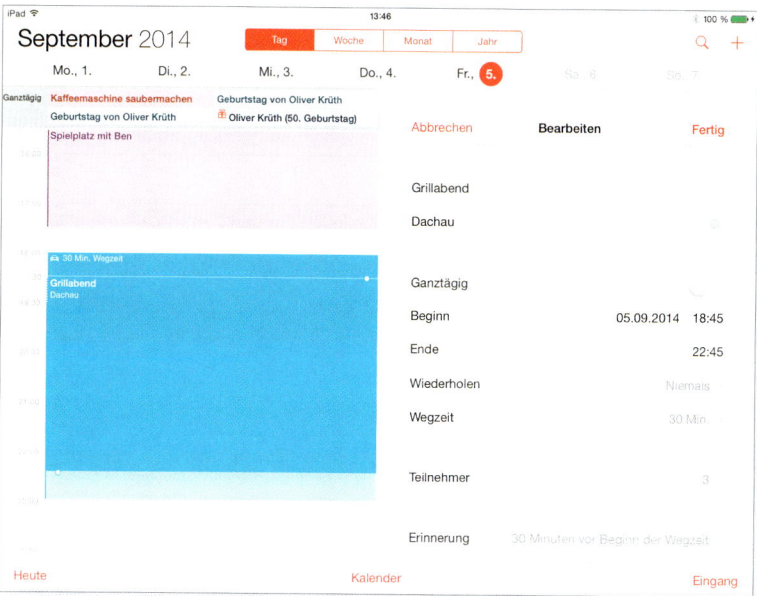

Ein Ereignis kann per Drag & Drop auf eine andere Uhrzeit oder einen anderen Tag verlegt werden.

Ereignis löschen

Um ein Ereignis aus dem Kalender zu löschen, rufen Sie es auf und Sie sehen ganz unten den entsprechenden Knopf. *Ereignis löschen* finden Sie auch vor, wenn Sie den Termin bearbeiten. Egal wo, tippen Sie darauf, wenn Sie den Termin löschen möchten.

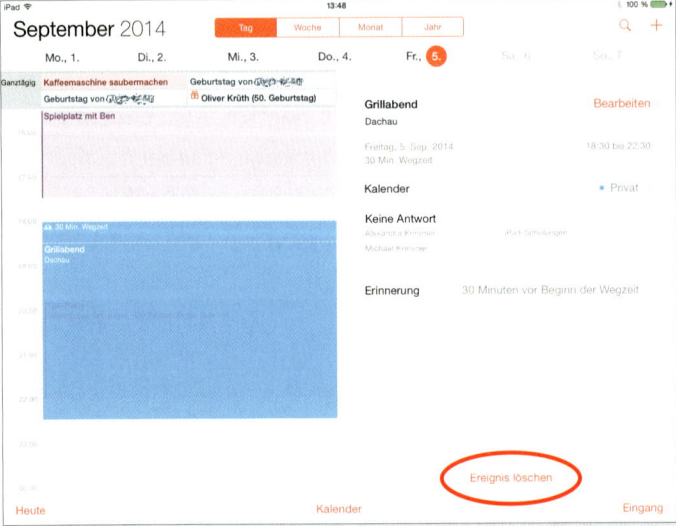

Ein Ereignis lässt sich ganz einfach löschen. Diese Schaltfläche finden Sie auch im „Bearbeiten"-Modus.

Kalender freigeben

Die *Kalender*-App hat, sofern Sie es über die iCloud mit dem Internet synchronisieren lassen, eine weitere sehr nützliche Funktion: Sie können nämlich Kalender für andere Personen freigeben.

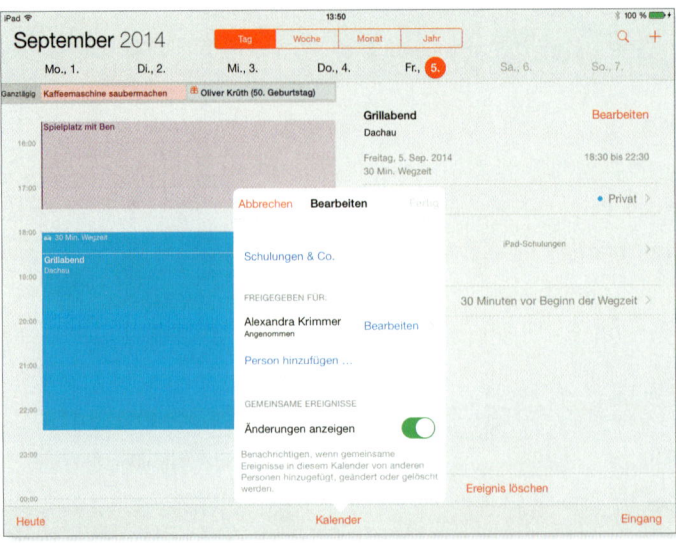

Ein Kalender kann über das Internet anderen Personen zugänglich gemacht werden.

Dazu gibt es grundsätzlich zwei verschiedene Möglichkeiten: Entweder wird der Kalender als Internetseite dargestellt (*Öffentlicher Kalender*) oder er wird bei anderen Anwendern, die ebenfalls über eine Apple-ID, eine iCloud und das entsprechende Gerät verfügen, in deren Kalenderliste eingeblendet (*Freigeben für*).

Um die Freigabe grundsätzlich zu ermöglichen, tippen Sie erneut auf *Kalender* und danach auf das rote Infosymbol hinter dem Kalender, um zu der Einstellung zu gelangen, die Sie oben auf dem Bildschirmfoto sehen.

Bei *Freigegeben für* können Sie Personen hinzufügen, die den Kalender anzeigen und bearbeiten dürfen. Bearbeiten bedeutet natürlich, dass andere Personen Termine in Ihren Kalender eintragen können. Auch das Löschen von Terminen ist möglich.

Ein *öffentlicher Kalender* ist ein Kalenderabo für andere Anwender. Sie finden diese Option etwas weiter unten im Fenster. Andere Personen verwenden dazu z. B. einen Mac und das Programm *Kalender* oder ein iPad oder iPhone und erhalten ihn dann als schreibgeschützten abonnierten Kalender. Deshalb erscheint nach der Aktivierung direkt darunter auch die Eigenschaft *Link freigeben*, wo Sie ganz einfach per E-Mail oder per Nachricht die Internetadresse anderen Personen zusenden können.

Sie sehen also, mit der *Freigabe*-Funktion haben Sie eine sehr elegante Möglichkeit, Kalenderinformationen mit anderen Personengruppen im privaten oder im beruflichen Bereich zu teilen.

Kalender abonnieren

Ein Kalenderabo kann entweder die Freigabe eines privaten oder eines geschäftlichen Kalenders sein. Es gibt aber auch Kalenderfreigaben, die für die breite Öffentlichkeit gedacht sind. Beispiele hierfür sind die Anzeige von Kalenderwochen oder Ereignisse des Lieblingsvereins.

Mal angenommen, Sie möchten die Ferien Ihres Bundeslandes im Kalender angezeigt bekommen. Dann ist das problemlos über ein Kalenderabo möglich. Alles, was Sie dazu brauchen, ist bereit im Internet kostenfrei vorhanden.

Am besten eignet sich dazu eine Google-Suche nach „kalenderabo ferien bayern ical". Der Zusatz „ical" sorgt dafür, dass Sie Treffer für das passende Format bekommen.

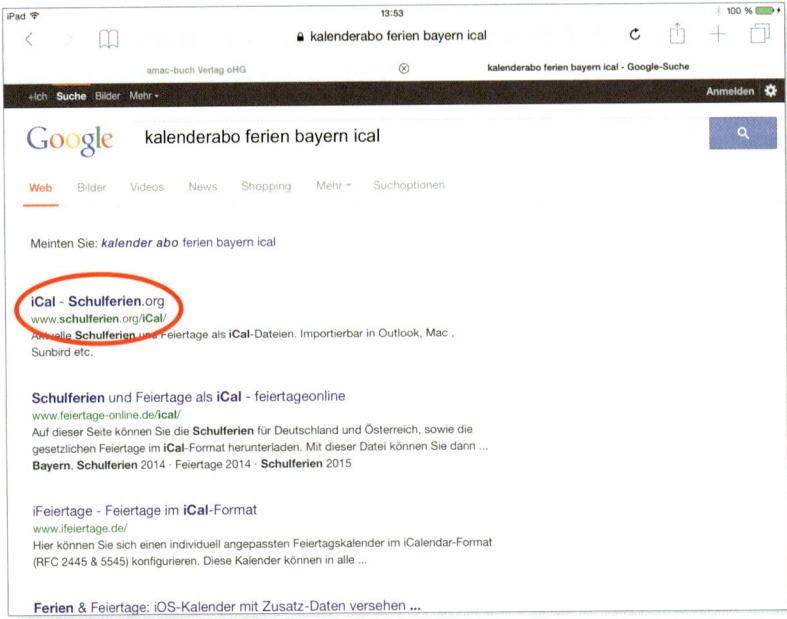

Die Google-Suche hat genau das gefunden, was wir suchen.

Sie würden vermutlich mit jedem der Treffer ans Ziel kommen. Wir nehmen exemplarisch den ersten Treffer. Suchen Sie dann auf der Seite die Stelle, wo der gesuchte Kalender als Link angegeben wird.

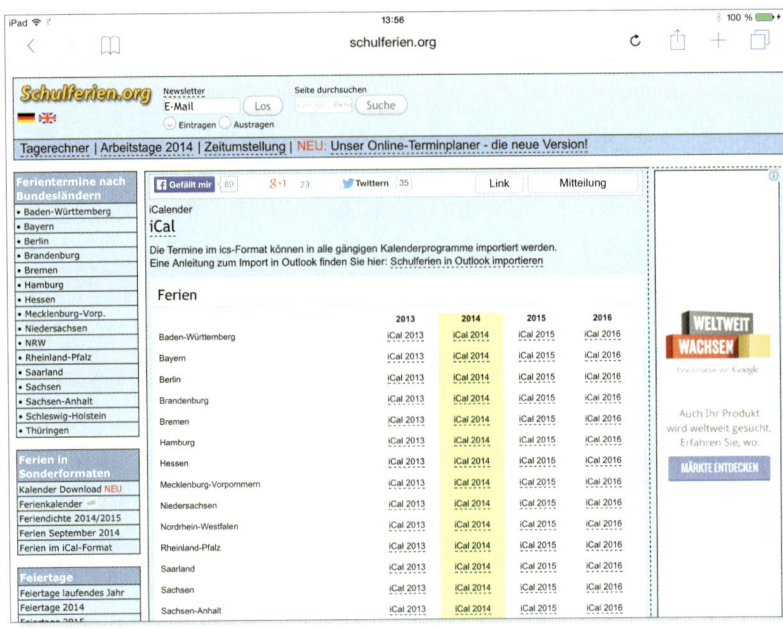

Und nun müssen Sie nur noch darauf tippen, um den Kalender zu abonnieren.

Sie sehen, dass es für jedes Bundesland die Kalender für die Jahre 2014, 2015 und 2016 gibt. Und selbst wenn Sie die Ferien für das vergangene Jahr benötigen, werden Sie in der Spalte „2013" noch fündig. Wir tippen auf den gewünschten Kalender und erhalten diese Rückmeldung:

Sie haben sogar die Möglichkeit, einzelne Kalender oder alle zusammen zu abonnieren.

Möchten Sie alle Kalender haben, tippen Sie auf *Alle hinzufügen* (links). Reicht Ihnen ein bestimmter, so tippen Sie auf die Zeile und dann auf *Zum Kalender hinzufügen* (rechts). Und schon landen die Ferien in Ihrem Kalender.

Tipps zu Kalender

- *Kalenderwochen anzeigen:* Um Kalenderwochen angezeigt zu bekommen, ist kein Kalenderabo nötig. iOS kann das nun auch von Haus aus. Schalten Sie die *Kalenderwochen* in den *Einstellungen –> Mail, Kontakte, Kalender* ein, und sie werden angezeigt.

Kalenderwochen zeigt der Kalender in iOS 8 auf Wunsch automatisch an.

- *Familienfreigabe im Kalender*: Sie haben die Familienfreigabe konfiguriert? Dann bekommen Sie auch einen Kalender angezeigt, auf den nur die eingetragenen Familienmitglieder Zugriff haben.

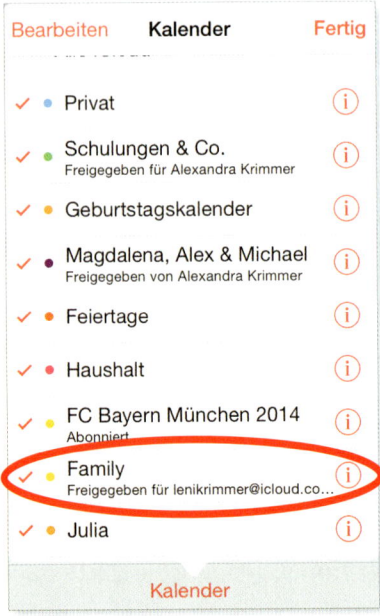

Ist die Familienfreigabe aktiviert, so finden Sie den entsprechenden Kalender in der iCloud.

Erinnerungen

Während sich die App *Kalender* um Termine kümmert, ist die Applikation *Erinnerungen* für Ihre To-dos und Aufgaben zuständig. To-dos und Aufgaben haben ja die Eigenschaft, dass diese, solange sie nicht erledigt sind, in Listen bestehen bleiben und so von Tag zu Tag weitergereicht werden. Mit dem Programm *Erinnerungen* können Sie eine ganze Reihe von verschiedenen Listen führen.

 Bevor Sie das Programm verwenden, sollten Sie in den **Einstellungen –> iCloud** überprüfen, ob die Daten des Programms **Erinnerungen** mit Ihrer iCloud synchronisiert werden.

Wenn Sie dann die App *Erinnerungen* starten, sehen Sie auf der linken Seite den Eintrag *iCloud* und die dort bereits existierenden Erinnerungslisten.

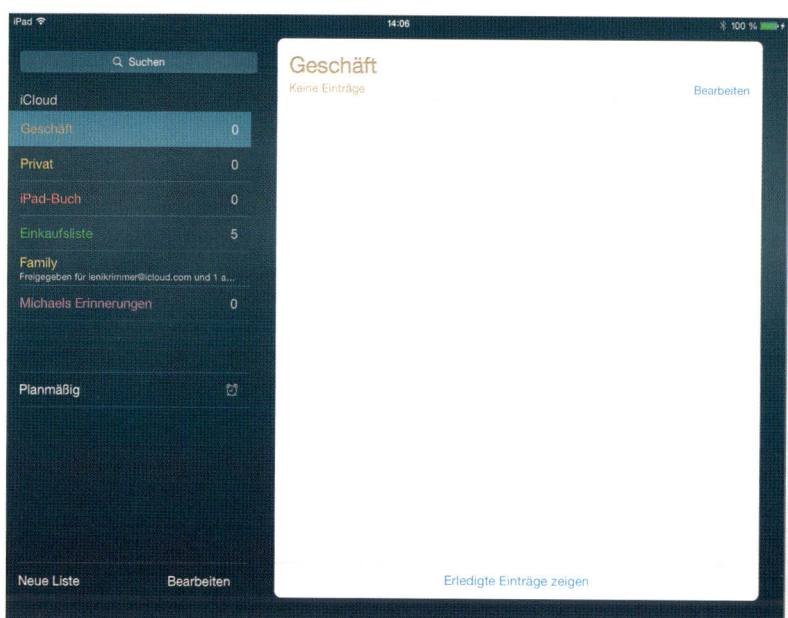

In der iCloud befinden sich aktuell sechs Listen.

Um eine neue Liste zu erstellen, tippen Sie auf *Neue Liste* links unten und geben den Namen der Liste an. Die neue Liste ist zunächst leer und enthält keine Einträge. Tippen Sie auf ein freies Feld in der Liste, um sie mit Inhalten zu füllen bzw. einen neuen Eintrag zu erstellen.

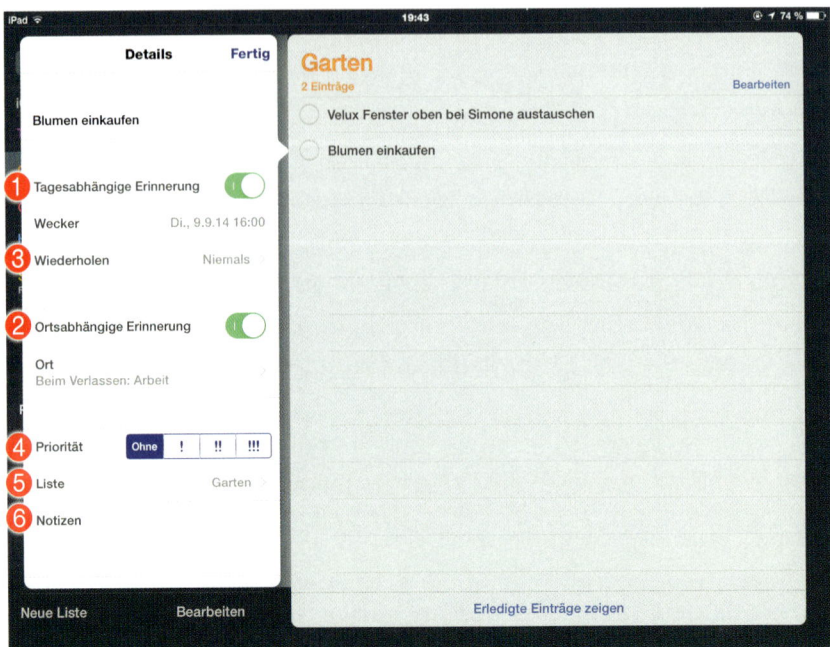

Jeder Eintrag in der Liste kann eine Reihe weiterer Zusatzoptionen erhalten.

Sie können jeden Eintrag in der Liste mit einigen sehr interessanten Parametern versehen. Dazu tippen Sie auf das *i*-Symbol .

❶ *Tagesabhängige Erinnerung:* Manche Aufgaben müssen bis zu einem bestimmten Stichtag erledigt werden. Aktivieren Sie dazu diese Funktion, und Ihr iPad wird Sie über die Mitteilungszentrale daran erinnern.

❷ *Ortsabhängige Informationen*: Sie können sich zudem an etwas erinnern lassen, wenn Sie an einen Ort ankommen (*Bei der Ankunft*) oder einen Ort verlassen (*Beim Verlassen*).

❸ *Wiederholen:* Wie bereits beim Kalender gibt es möglicherweise auch Aufgaben, die in einem bestimmten Zyklus immer wiederkehren. Haben Sie eine Wiederholung definiert, so gibt es auch den Punkt *Beenden:* Dort geben Sie an, wie oft eine Wiederholung stattfinden soll.

❹ *Priorität:* Es stehen drei Prioritätsstufen zur Verfügung – *gering, mittel* und *hoch*. Sie können nach diesen Prioritätsstufen auch sortieren.

❺ *Liste:* Wie bereits gesehen, können Sie verschiedene Listen anlegen. Über *Liste* definieren Sie, in welcher Liste dieser Eintrag erstellt wird. Die Standardliste geben Sie via *Einstellungen –> Erinnerungen* vor.

❻ *Notizen:* Bei *Notizen* können Sie einen beliebigen Zusatztext zu Ihrem To-do hinterlegen. Mit *Fertig* quittieren Sie die Eigenschaften, und Ihr neues To-do wird in die Liste aufgenommen.

Sie können jederzeit nachträglich auf einen Eintrag in der Liste klicken, um dessen Parameter einzusehen und gegebenenfalls zu ändern.

Um einen Eintrag aus der Liste zu löschen, ziehen Sie ganz einfach mit dem Finger in der Zeile von rechts nach links, und sogleich erscheint die *Löschen*-Funktion **A**.

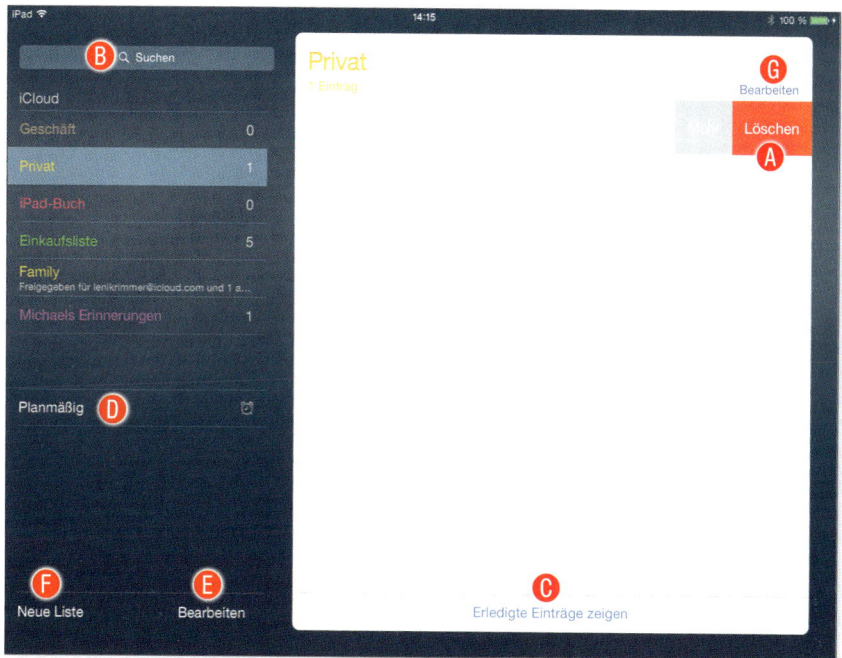

Auch das Löschen von Einträgen ist rasch erledigt.

In der linken oberen Ecke finden Sie die Suchfunktion **B** und rechts unten *Erledigte Einträge anzeigen* **C**.

Klare Sache, alle Einträge bei *Erledigte Einträge anzeigen* enthalten alle Aufgaben der ausgewählten Liste, die Sie bereits abgehakt und damit in den Erledigt-Zustand überführt haben. *Planmäßig* **D** fasst alle To-dos zusammen, die sich in den verschiedenen Listen befinden und die als tagesabhängiges Datum bis zum heutigen Tag zu erledigen waren. Links unten über *Bearbeiten* **E** können Sie die Reihenfolge der Listen ändern oder diese samt Inhalt entfernen.

Und via **F** können Sie eine neue Liste erzeugen. Dazu kann der Liste ein Name und eine Farbe zugeordnet werden.

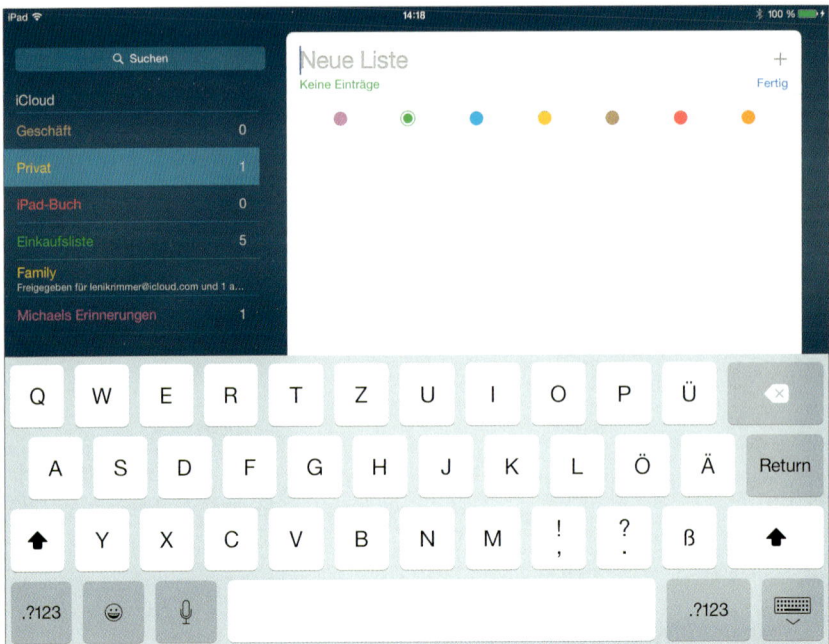

Eine Liste bekommt einen Namen und eine Farbe.

Sollen diese Eigenschaften zu einem späteren Zeitpunkt geändert werden, benötigen Sie *Bearbeiten* im rechten oberen Bereich der App. Hierüber können zudem Einträge der Liste entfernt bzw. ihre Reihenfolge geändert werden.

Kontakte

Die *Kontakte*-App ist ja bereits mehrmals zur Sprache gekommen. Sie beherbergt Kontaktdaten von Personen und Firmen.

 Achten Sie auch hier wieder darauf, dass Sie in den **Einstellungen** bei **iCloud** die Synchronisation aktiviert haben. Sie erkennen dies daran, dass in der **Kontakte**-App links oben der Begriff **Gruppen** erscheint.

 Möchten Sie weitere Gruppen erstellen oder Personen zu Gruppen hinzufügen, können Sie dies online via **icloud.com** tun (siehe Seite 303). Oder aber Sie verwenden einen Computer, der ebenfalls mit der iCloud verbunden ist. Sofern Sie einen Mac verwenden, können Sie das Programm **Kontakte** unter OS X nehmen, bei einem Windows-Rechner sollten Sie das mit **Microsoft Outlook** erledigen.

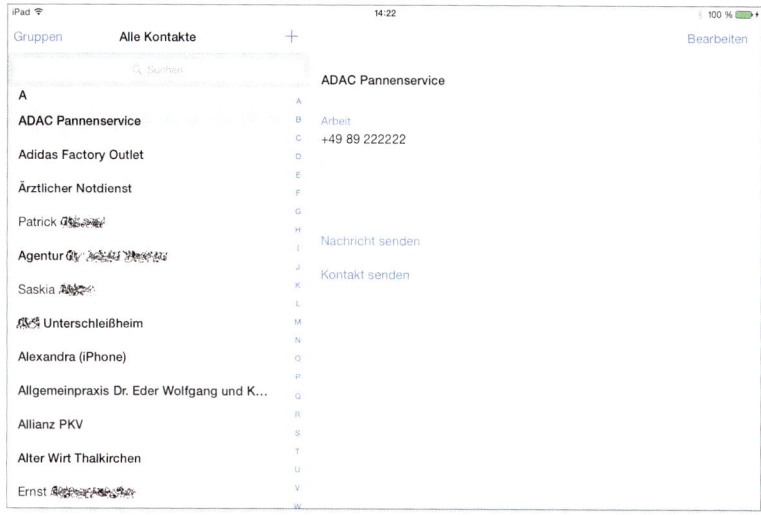

Die „Kontakte"-App listet die Personen und Firmen alphabetisch auf und zeigt auf der rechten Seite immer die Detailinformationen.

Um eine neue Person hinzuzufügen, klicken Sie auf das +-Icon oben in der Mitte und spezifizieren die Daten. Wollen Sie eine Kontaktinformation zu einem späteren Zeitpunkt überarbeiten, tippen Sie auf den Begriff *Bearbeiten*.

Die Sortierreihenfolge der *Kontakte* legen Sie übrigens in den Einstellungen unter *Mail, Kontakte, Kalender* fest.

> **!** An der Stelle noch einmal der Hinweis: Haben Sie in den Einstellungen Ihre Face-book-Daten hinterlegt und den Zugriff auf die **Kontakte**-App ermöglicht, erscheint hier die Gruppe **Facebook**, in der all Ihre Facebook-Kontakte aufgelistet sind.

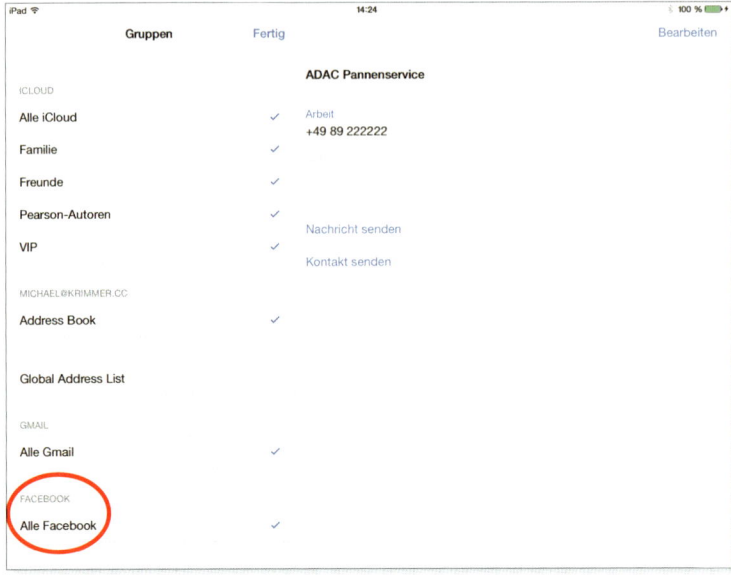

Auch die Facebook-Kontakte reihen sich in der „Kontakte"-App ein.

Voraussetzung hierfür ist die aktivierte Funktion für *Kontakte* in den *Einstellungen* bei *Facebook*.

In den „Einstellungen" ist der Zugriff auf die „Kontakte"-App aktiviert.

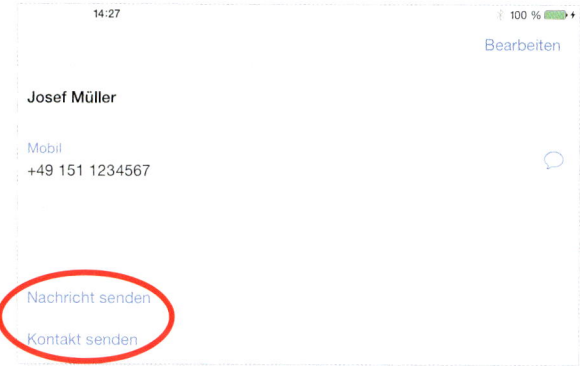

Die App *Kontakte* verwaltet Ihre Kontaktinformationen, also Ihre Visitenkarten. Aber damit nicht genug. Wenn Sie die Kontaktinformationen zu einer Person korrekt ausfüllen, erhalten Sie eine Reihe nützlicher Zusatzfunktionen:

- *E-Mail-Adressen:* Tippen Sie auf eine E-Mail-Adresse innerhalb einer Visitenkarte, so wird sofort das Programm *Mail* gestartet, und Sie erhalten die Möglichkeit, eine neue E-Mail an die Zielperson zu versenden.

- *Telefonnummer* und *FaceTime:* Beim Tipp auf eine Telefonnummer oder auf eines der beiden Symbole bei *FaceTime* startet sofort die Applikation *FaceTime*, um eine Video- oder Audiotelefonkonferenz herzustellen. Dies wird aber in den seltenen Fällen gelingen, außer es handelt sich um Telefonnummern eines iPhone.

- *Homepage:* Wenn Sie die Homepage einer Person oder eines Unternehmens hinterlegen, bringt Sie das Antippen dieser Eigenschaft zu *Safari* und auf die dazugehörige Internetseite.

- *Adresse:* Wenn Sie eine private oder eine Arbeitsadresse hinterlassen und diese korrekt ausfüllen, leitet Sie ein Tipp darauf an die *Karten*-Applikation weiter, und die Adresse wird auf der Landkarte angezeigt.

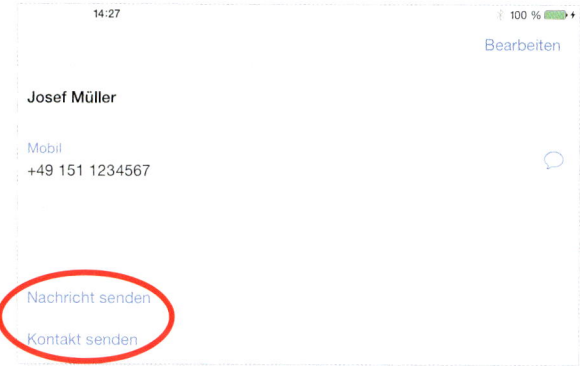

Einige dieser Funktionen finden Sie auch, wenn Sie auf der rechten Seite bei der Visitenkarte ganz nach unten scrollen.

 Nicht nur die **Kontakte**-App kann per Fingertipp Informationen an andere Apps weiterreichen. Auch **Mail**, **Safari** etc. verfügen über diese Eigenschaft.

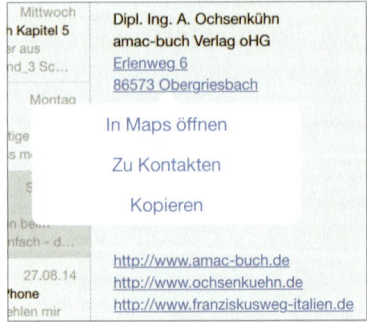

Informationen innerhalb einer E-Mail können durch Antippen ebenfalls an andere Apps weitergereicht werden.

Zugehörige Personen

Um die Zusammenarbeit mit Siri zu erleichtern, könnten Sie Ihrer Visitenkarte Zusatzinformationen geben.

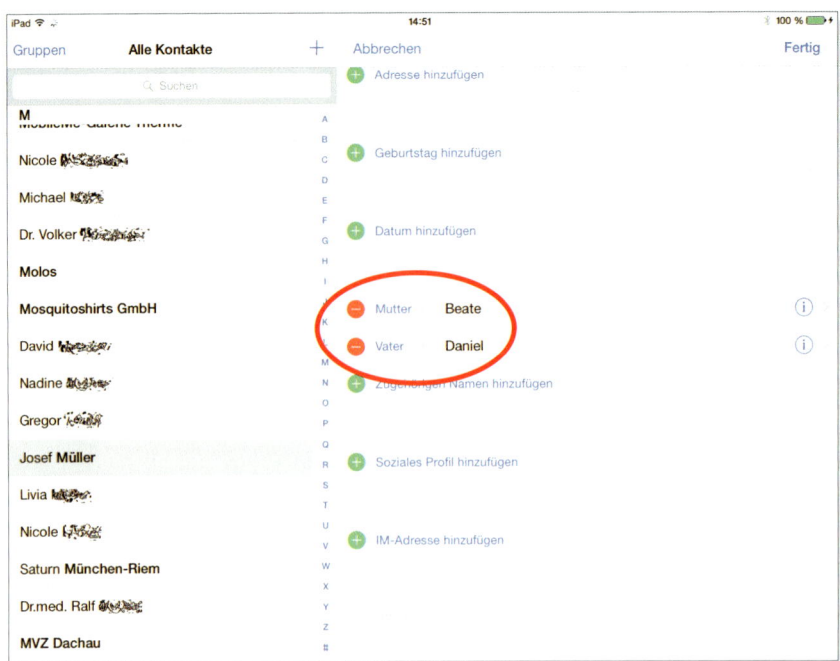

Via „Zugehörige Personen" kann Siri noch effektiver für Sie arbeiten.

Wenn Sie nach erfolgreicher Eintragung der Namen bzw. Visitenkarten nun Siri-Befehle wie „Bitte trage morgen um 19 Uhr einen Termin mit meiner Mutter ein" verwenden, weiß Ihr iPad stets, um welche Person es sich handelt.

Musik: der iPod im iPad

Jetzt haben Sie vielleicht bereits Musik auf Ihr iPad geladen und möchten die auch abspielen. Die richtige App dafür heißt *Musik*.

Die Musik-App im Überblick

Wenn Sie die *Musik*-App gestartet haben, erwartet Sie diese Oberfläche zur Auswahl der Musiktitel:

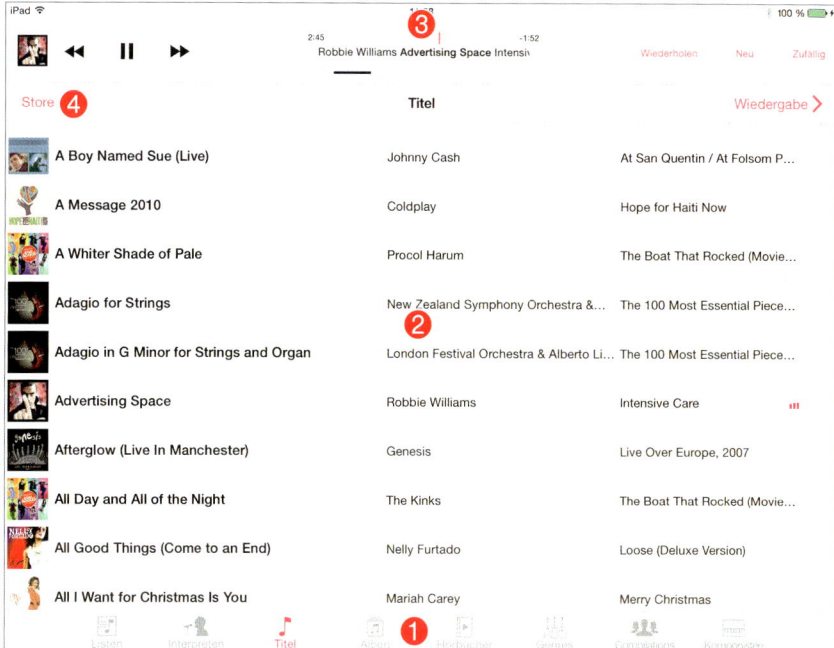

Sie haben verschiedene Möglichkeiten, wie Sie die Titel sortieren lassen können.

❶ Die Funktionsleiste bietet die Möglichkeit, Titel nach Wiedergabelisten (*Listen*), *Interpreten*, *Titel* oder *Alben* zu sortieren. Außerdem gibt es noch *Genres*, *Compilations* und *Komponisten*. Sofern sich dieser Medientyp auf dem iPad befindet, könnte hier auch *Hörbücher* zu finden sein.

❷ Im Hauptbereich werden die zur Auswahl in der Funktionsleiste passenden Medien angezeigt. Am rechten Rand haben Sie die Möglichkeit, direkt zu einem bestimmten Anfangsbuchstaben zu springen.

❸ Läuft gerade ein Titel, sehen Sie das im oberen Bereich. Dort haben Sie dann auch das Bedienfeld für Wiedergabe, Vor- und Zurückspulen und die Lautstärke. Über die Zeitleiste unter dem Titelnamen können Sie auch an eine andere Stelle im Song navigieren. *Wiedergabe* bringt Sie zum eigentlichen Musikplayer.

❹ Und da der Rubel natürlich immer rollen muss, erhalten Sie hier gleich den direkten Weg zum *iTunes Store*. Dort können Sie ganz bequem neue Musik kaufen.

> **!** Tipp: Welcher Titel gerade läuft, sehen Sie an dem roten Balken am rechten Rand.

Wenn Sie eine andere Sortierung wünschen, beispielsweise nach Alben, dann tippen Sie darauf.

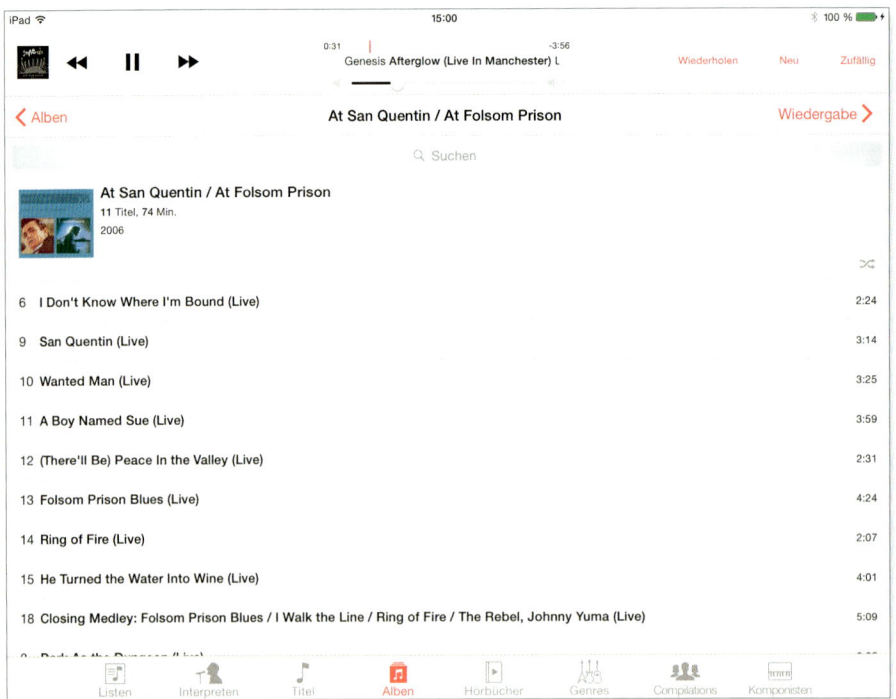

Aus diesen Titeln besteht das ausgewählte Album.

> **!** Bei **Interpreten** und **Komponisten** werden Ihnen dann die Titel nach vorhandenen Alben sortiert angezeigt.

Musik abspielen

Tippen Sie einen Titel an, um die Wiedergabe zu starten. Auch hier bringt Sie *Wiedergabe* zur Wiedergabe des aktuell gespielten Titels. Dann erscheint der Musikplayer des iPad.

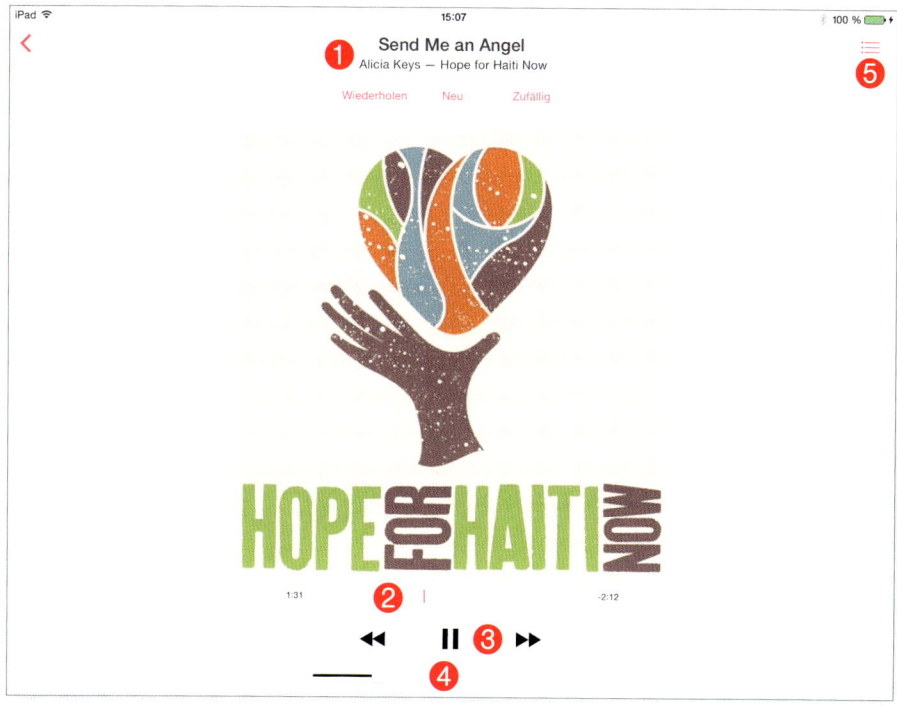

So sieht der iPod im iPad aus.

Der Musikplayer besteht neben der großen Cover-Anzeige aus folgenden Elementen:

❶ Titelname, gleich darunter der Interpret und das Album

❷ Fortschrittsbalken. Links sehen Sie die bereits gespielte Zeit des Titels, rechts die noch verbleibende.

❸ Über das Bedienfeld halten Sie die Wiedergabe an (und starten sie wieder), springen an den Anfang des aktuellen Songs oder zum nächsten.

❹ Regler zum Anpassen der Lautstärke

❺ Über diese Schaltfläche rufen Sie die Albenansicht auf. Dort werden Ihnen alle Titel des Albums angezeigt. In der Mitte sehen Sie, welche Nummer der aktuelle Titel hat.

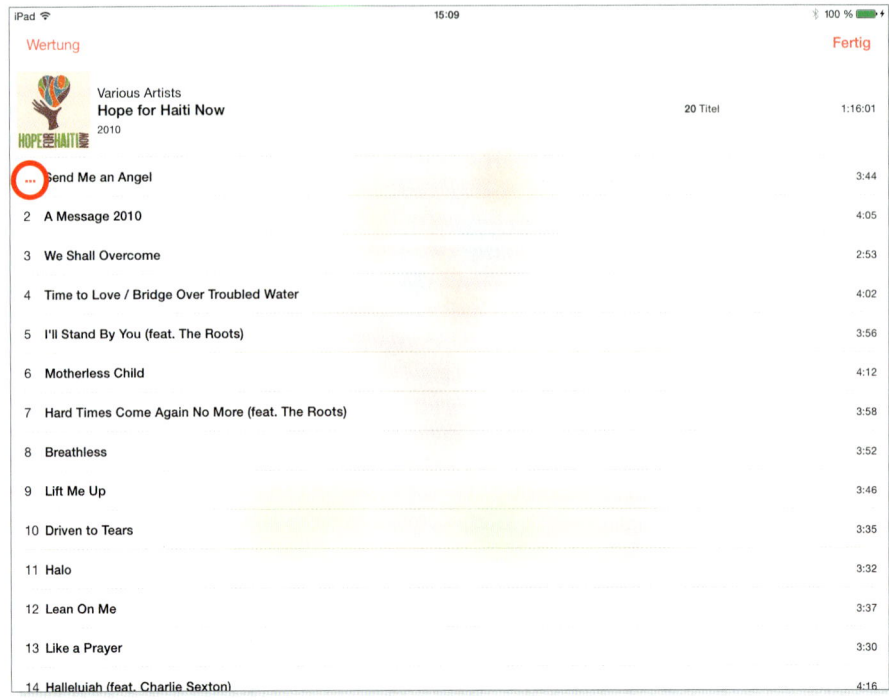

Hier lassen sich alle Titel des aktuellen Albums direkt anspringen. Die roten Balken markieren den aktuell gespielten Song.

Fertig bringt Sie wieder zurück.

Im oberen Bereich des Players gibt es noch drei weitere interessante Möglichkeiten.

Unter dem Bedienfeld steuern Sie die Wiederholungen, die Genius-Listen („Neu") sowie die zufällige Wiedergabe.

Ein Hörbuch abspielen

Beim Abspielen von Hörbüchern sind einige Unterschiede zu beachten.

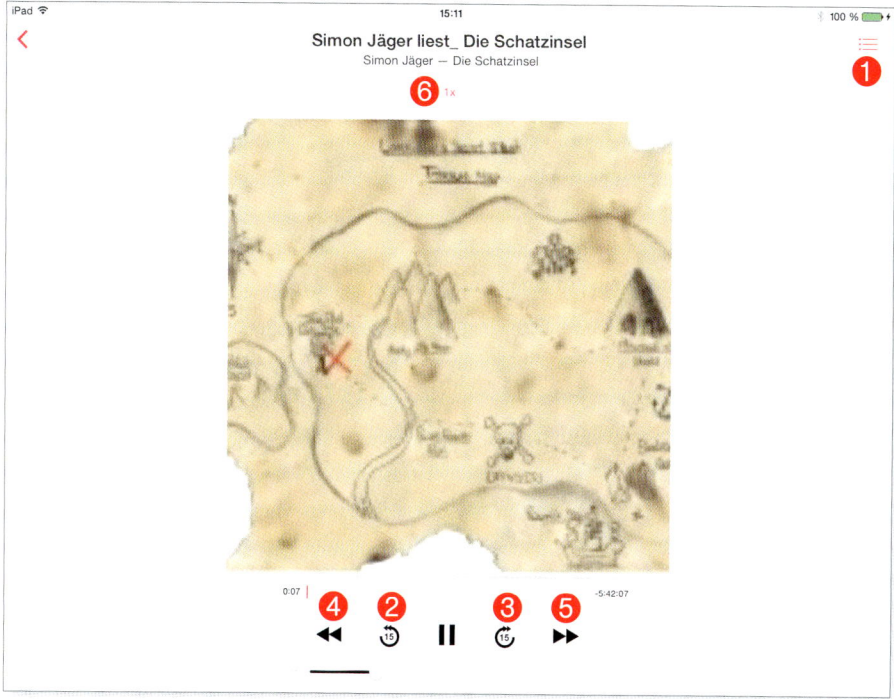

Die „Musik"-App bietet beim Abspielen von Hörbüchern ein paar sinnvolle Funktionen mehr.

❶ Sofern das Hörbuch aus mehreren Teilen besteht, kommen Sie so zu weiteren Episoden.

❷ Bei Druck dieser Taste werden die vergangenen 15 Sekunden noch einmal abgespielt.

❸ Hiermit springen Sie 15 Sekunden nach vorne.

❹ Tippen Sie diese Taste einmal an, kommen Sie zum Beginn des aktuellen Kapitels. Zweimal hintereinander gedrückt, gelangen Sie zum Kapitel davor. Behalten Sie den Finger auf der Taste, spulen Sie schnell zurück.

❺ Wie die Taste ❹, nur in die andere Richtung

❻ Und schließlich legen Sie hier die Abspielgeschwindigkeit fest. Sie haben die Wahl zwischen *1x*, *2x* und *0,5x*.

Zurück zur Musik.

Genius-Listen

Tippen Sie im Musikplayer in der Mitte auf *Neu*, können Sie eine *Genius-Liste* aufgrund des aktuell gespielten Titels erstellen. Dann bekommen Sie eine neue (Genius-)Wiedergabeliste, die aus Titeln besteht, die zum gerade gespielten passen. Der Name der Liste ist dann der des ausgewählten Titels.

 Genius-Listen können Sie auch in der **Listen**-Ansicht erstellen.

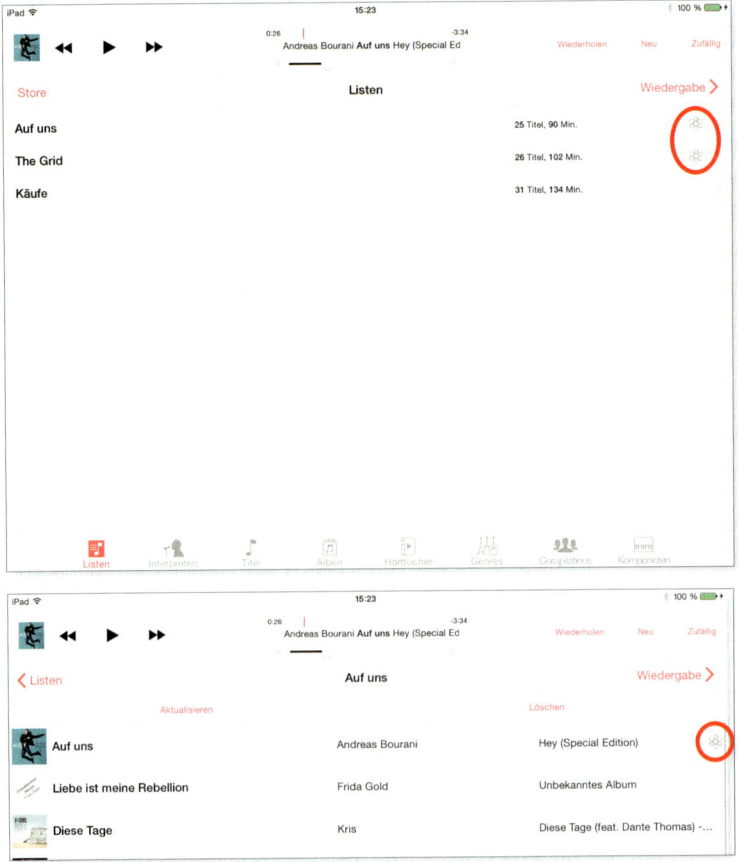

Genius-Listen finden Sie dann in der „Listen"-Ansicht. Sie erkennen diese am Genius-Symbol rechts. Und auch der Titel, auf dem die Liste basiert, ist mit einem solchen Symbol markiert.

Tippen Sie in dieser Ansicht auf *Aktualisieren*, prüft das iPad, ob seit Erstellen der Liste (oder seit dem bisher letzten Update) neue Titel dazugekommen sind, die passen könnten, und trägt sie ein. Mit *Sichern* speichern Sie die Änderungen ab.

Wiedergabe wiederholen

Wiederholen bietet Ihnen drei Möglichkeiten: Sie können den aktuellen *Titel wiederholen* oder *Alle/Liste/Album wiederholen*. *Wiederholen aus* beendet die aktuell eingestellte Wiederholung.

 **Album wiederholen** bedeutet, in einem Album nur die Inhalte des Albums erneut zu spielen. Bei einer Titelauswahl werden alle Titel wiederholt (**Alle wiederholen**). Ist die Liste durch, beginnt die Musik wieder von vorne.

Titel zufällig abspielen

Tippen Sie auf *Zufällig*, wird die Reihenfolge des Albums aufgehoben, und die Titel werden ohne erkennbare Reihenfolge abgespielt.

 Aktivieren Sie **Wiederholen** und/oder **Zufällig**, wird das entsprechende Schaltfeld rot hinterlegt. So erkennen Sie auf den ersten Blick, dass Sie dort etwas aktiviert haben.

Der Pfeil links oben bringt Sie wieder zurück zum vorherigen Menü, in unserem Fall der Titelauswahl des Albums. Um wieder zur Albenübersicht zu kommen, tippen Sie noch einmal auf den Pfeil links oben.

Neue Wiedergabelisten anlegen

Wiedergabelisten legt man in der Regel am Rechner in iTunes an und überträgt sie auf Wunsch auf das iPad. Aber Sie können dennoch Wiedergabelisten auch direkt am iPad erstellen und so Ihre Lieblingsmusik unterwegs zusammenstellen.

Rufen Sie dazu den Bereich *Listen* auf und tippen Sie auf *Neue Wiedergabeliste*. Sollten Sie den Punkt nicht finden, schieben Sie die Liste etwas nach unten weg. Vergeben Sie dann einen aussagekräftigen Namen, den Sie mit *Sichern* bestätigen.

Sie fügen Lieder dadurch der Liste hinzu, dass Sie auf das rote Pluszeichen rechts neben den gewünschten Titeln tippen. Sie können sich dabei frei in Ihrer Mediathek bewegen und *Titel*, *Interpreten*, *Alben* und *Komponisten* auswählen.

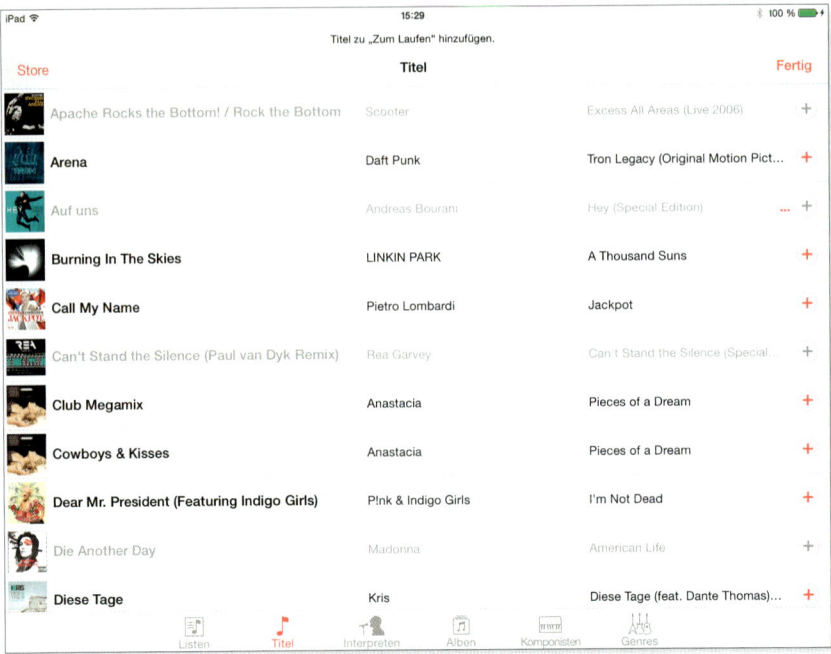

Bereits hinzugefügte Titel erkennen Sie am ausgegrauten Plussymbol. Titel mit rotem Plussymbol können Sie noch hinzufügen.

Mit *Fertig* speichern Sie die Liste ab. Da Sie sich im nächsten Schritt bereits in der neuen Liste befinden, können Sie sie bei Bedarf gleich *Bearbeiten*, *Leeren* oder *Löschen*. Der Pfeil links oben (*Listen*) bringt Sie wieder zurück zur Übersicht über Ihre Listen.

Wichtige Einstellungen zur Musik-App

Auch die *Musik*-App bietet Ihnen noch eine Reihe von Einstellungsmöglichkeiten, die nicht in der App selbst zu finden sind. Sie erreichen sie unter *Einstellungen –> Musik*. Besonders erwähnenswert ist der *Equalizer*, der hier aktiviert und ausgewählt werden kann.

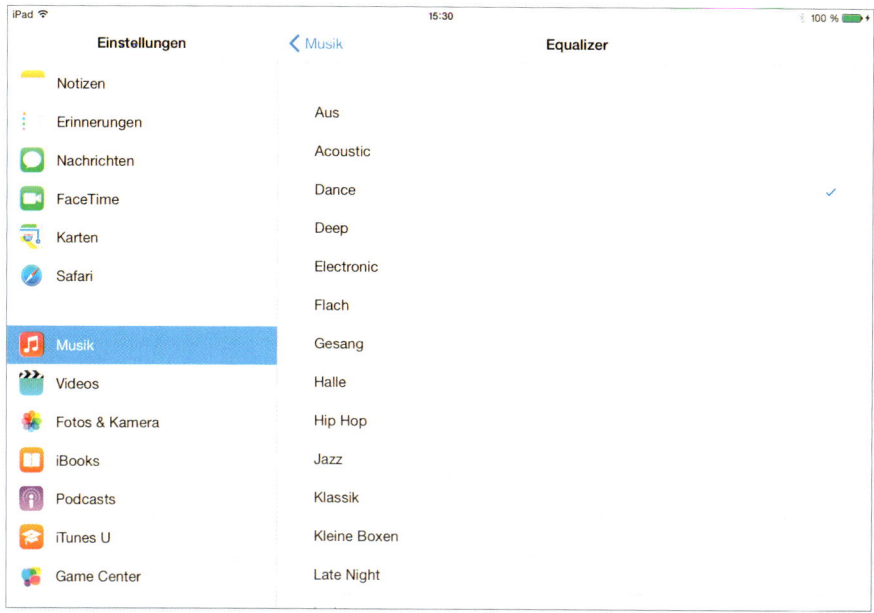

Über den „Equalizer" aktivieren Sie verschiedene Klangbilder, beispielsweise das einer Halle.

Über *Maximale Lautstärke* legen Sie fest, wie laut die Musik höchstens gespielt werden darf. Und auch die *Privatfreigabe* lässt sich hier aktivieren. Mehr dazu finden Sie im Kapitel 8 ab Seite 342.

Tipps zur Musik-App

- Zum Anfang der Liste springen: Gerade die Liste aller Titel kann unter Umständen sehr umfangreich werden. Wenn Sie sich dann beim Buchstaben W befinden und darüber gefühlte 10.000 Titel sind, müssen Sie nicht alle nach unten wegschieben, wenn Sie wieder an das obere Ende der Liste kommen möchten. Tippen Sie dann nur einmal kurz auf die Uhr und schon sind Sie oben.
- Nach Titeln suchen: Sie können problemlos nach Titeln, Alben oder anderen Inhalten suchen. Schieben Sie die Liste mit Titeln oder Alben nach unten weg und Sie erhalten gleich über der Liste das Suchfeld.
- Zum vorherigen Titel springen: Spielen Sie einen Titel bereits einige Sekunden lang, bringt Sie im Bedienfeld der doppelte Pfeil nach links wieder zum Beginn des Titels. Möchten Sie das Lied davor hören, drücken Sie zweimal hintereinander darauf.

- Schneller Vor- und Rücklauf: Wenn Sie den doppelten Pfeil nach links oder rechts gedrückt halten, spulen Sie schnell vor oder zurück.
- Lautstärke regeln über die Tasten: Um die Lautstärke der Wiedergabe anzupassen, müssen Sie nicht zwangsläufig den Schieberegler der *Musik*-App benutzen. Auch die beiden Tasten an der linken Seite des iPad erledigen diese Aufgabe.
- Nicht geladene Titel: Sofern in der iCloud ein Titel liegt, den Sie noch nicht auf Ihr iPad geladen haben, können Sie ihn auch direkt in der *Musik*-App anzeigen lassen und durch Tippen auf das Wolkensymbol laden. Aktivieren Sie dazu *Einstellungen –> Musik –> Alle Musikdateien*.

Der iPod im Sperrbildschirm

Wenn Sie Ihr iPad aus dem Ruhezustand holen, während Musik läuft, bekommen Sie den Player direkt im Sperrbildschirm angezeigt. Sie haben dort die grundlegenden Steuermöglichkeiten und müssen nicht extra in die *Musik*-App wechseln.

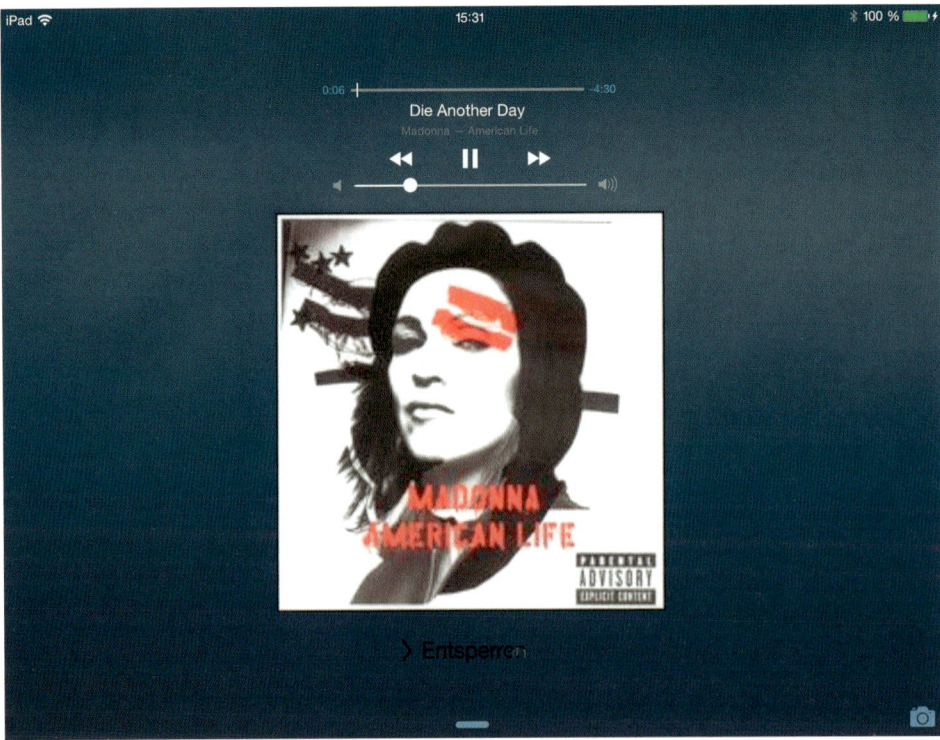

Die grundlegende iPod-Steuerung erhalten Sie bereits im Sperrbildschirm.

Videos: Filme am iPad

Was die *Musik*-App für Lieder, ist die *Videos*-App für Filme. Dort werden all die Filme, TV-Serien und Musikvideos für Sie zur Wiedergabe bereitgehalten.

Die Videos-App im Überblick

Wenn Sie die *Videos*-App starten, sieht sie in etwa so aus:

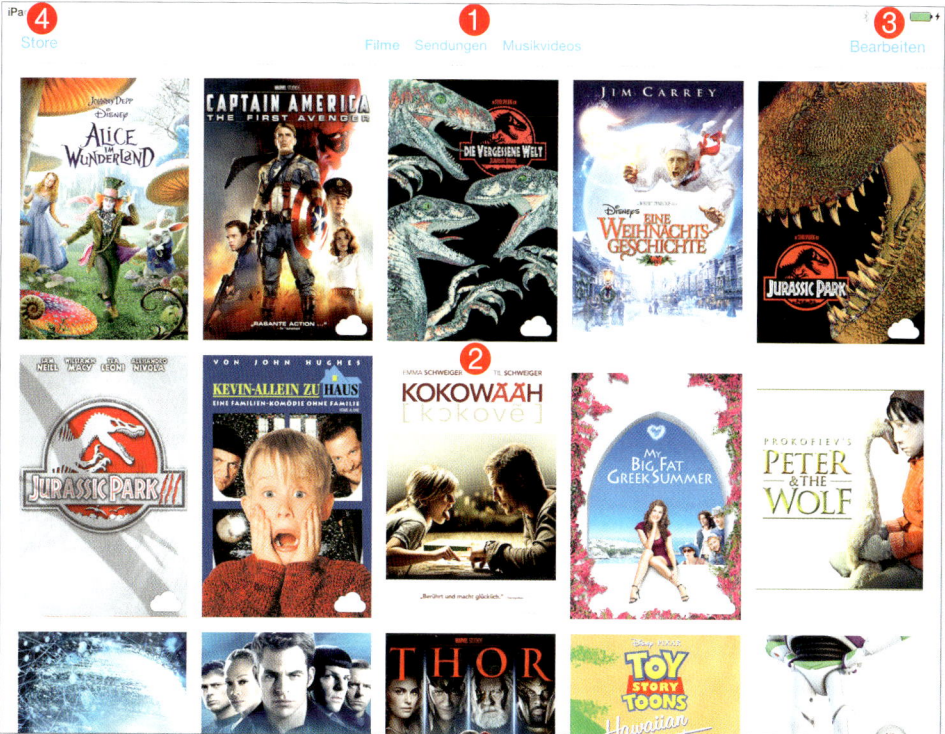

Die „Videos"-App des iPad

❶ Entscheiden Sie zunächst, ob Sie *Filme*, TV-*Sendungen* oder *Musikvideos* ansehen möchten.

❷ Im Hauptbereich werden Ihnen dann die verfügbaren Filme angezeigt. Befinden sich Inhalte in der Cloud und sind die noch nicht geladen, so bekommen Sie die gewohnte Wolke angeboten, die den Download startet.

In diesem Beispiel wurde das Musikvideo noch nicht geladen.

> **!** Wenn Sie an dieser Stelle auf das Wolkensymbol tippen, wird das Video in den Speicher des iPad heruntergeladen. Sie können es dann künftig ohne Internetverbindung ansehen. Tippen Sie dagegen auf den Wiedergabepfeil, so streamen Sie es ohne vorherigen Download aus dem Internet. Dann ist beim nächsten Mal aber erneut eine Internetverbindung nötig.

❸ *Bearbeiten* könnte eigentlich auch Löschen heißen. Tippen Sie darauf und entfernen Sie ungewünschte Filme über das daraufhin erscheinende kleine *x*.

❹ Und natürlich auch hier: der (iTunes) *Store*, über den Sie sich mit frischen Inhalten versorgen können. Natürlich kostenpflichtig.

Ein Video auswählen

Um einen Film abzuspielen, tippen Sie in der Liste darauf. Sie erhalten zunächst eine mehr oder weniger umfangreiche Seite mit Details zum Film.

Bei einem gekauften Film sind die Informationen zum Streifen oft sehr umfangreich.

Hier haben Sie bei gekauften Filmen neben den *Details* auch direkten Zugang zur Übersicht und Auswahl aller *Kapitel*. Ganz rechts gibt es unter *Zugehörig* noch passende Vorschläge.

Ein Musikvideo abspielen

Tippen Sie auf den Wiedergabepfeil oder ein Kapitel, damit der Film startet.

So sieht der Player bei der Wiedergabe eines Videofilms aus.

❶ Über das Bedienfeld starten und stoppen Sie die Wiedergabe und springen zum Anfang oder Ende des Musikvideos.

❷ Der Fortschrittsbalken. Links sehen Sie die vergangene Dauer, rechts die verbleibende. Verschieben Sie den Regler, um an die gewünschte Stelle im Video zu kommen.

❸ Regeln Sie über diesen Balken die Lautstärke der Wiedergabe.

❹ Mit der Pfeiltaste vergrößern Sie das Bild so, dass die schwarzen Balken oben und unten nicht mehr zu sehen sind. Der Nachteil: Dadurch werden auch Bildinhalte links und rechts abgeschnitten.

❺ Mit *Fertig* beenden Sie die Wiedergabe und kommen wieder zurück zu den Filmdetails.

Einen Spielfilm wiedergeben

Wie Sie ein Musikvideo abspielen, das haben Sie bereits kennengelernt. Bei Kinofilmen haben Sie unter Umständen noch die eine oder andere Möglichkeit mehr. Sofern es der Film anbietet, können Sie noch weitere Tonspuren auswählen oder Untertitel einblenden lassen.

Bei der Wiedergabe eines Films haben Sie noch weitere Möglichkeiten. Rechts unten haben Sie Zugriff auf Tonspuren und Untertitel. © Disney

Die beiden Pfeile rechts oben vergrößern das Bild ein wenig, sodass die schwarzen Balken oben und unten ausgeblendet werden. Der Nachteil: So wird das Bild leider auch rechts und links abgeschnitten.

Die Einstellungen der Videos-App

Auch die *Videos*-App bietet Ihnen noch die eine oder andere Option an. Zu finden ist die überschaubare Anzahl an *Einstellungen* im Bereich *Videos*.

- *Wiedergabe:* Legen Sie hier fest, ob der Film nach einer Unterbrechung *Ab Anfang* oder *Ab letztem Stopp* fortgeführt werden soll.
- *Alle Videos einblenden:* Ist dieser Punkt aktiv, werden Ihnen Musikvideos, die in der Cloud, aber nicht auf dem iPad sind, zum Download angeboten. Möchten Sie nur bereits geladene Clips sehen, deaktivieren Sie das.
- Und auch hier gibt es eine *Privatfreigabe*.

Tipps zur Videos-App

- Schneller Vor- und Rücklauf: Wenn Sie den doppelten Pfeil nach links oder rechts gedrückt halten, starten Sie den schnellen Vor- oder Rücklauf. Haben Sie die gewünschte Stelle erreicht, lassen Sie die Taste los.
- Lautstärke regeln über die Tasten: Um die Lautstärke der Wiedergabe anzupassen, ist es nicht erforderlich, dass Sie den Schieberegler der *Videos*-App benutzen. Auch die beiden Tasten an der linken Seite des iPad erledigen diese Aufgabe.
- Die Vergrößerung des Videobildes, mit der Sie die schwarzen Streifen oben und unten wegbekommen, erreichen Sie auch durch ein doppeltes Tippen auf das Videobild. Ein erneutes Doppeltippen verkleinert das Bild wieder auf die ursprüngliche Größe.

Game Center: online spielen am iPad

Das Game Center bietet die Möglichkeit, mit anderen Spiele zu spielen oder sich anhand von Ranglisten mit ihnen zu messen.

Game Center einrichten

Die Voraussetzungen sind, dass das Spiel Game Center unterstützt und dass Sie Game Center in den *Einstellungen –> Game Center* aktiviert und konfiguriert haben. Dazu gehört die Angabe Ihrer Apple-ID, die Erlaubnis (oder eben das Ablehnen) von *Einladungen* und die Vergabe eines noch nicht vergebenen Namens (*Game Center-Profil*).

Wenn die Voraussetzungen geschaffen sind, erhalten Sie beim nächsten Start eines Spiels eine Meldung wie diese:

Diese Meldung zeigt Ihnen, dass das „Game Center" aktiv ist.

Von nun an werden Ihre Spielergebnisse und -erfolge protokolliert und in der *Game Center*-App angezeigt.

Die Game Center-App

Um Ihre persönlichen *Game Center*-Infos anzusehen, starten Sie die App *Game Center*.

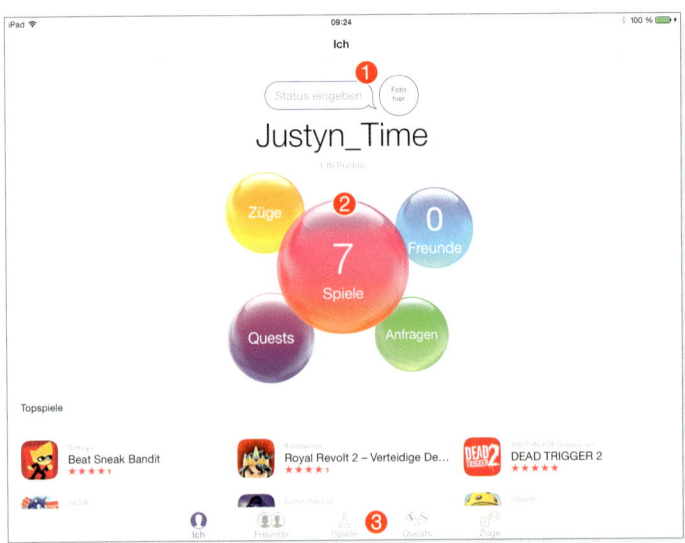

Gleich zu Beginn sehen Sie Ihre Statusübersicht.

❶ Hinterlegen Sie ein Foto von sich oder geben Sie Ihren aktuellen Status ein.

❷ Hier stehen Ihre persönlichen Daten.

❸ Wählen Sie in der Funktionsleiste die gewünschte Rubrik aus.

Als Beispiel wählen wir die Rubrik *Spiele* und sehen nach, welche Fortschritte wir bei unserem eingangs gezeigten Spiel erzielt haben. Dazu tippen Sie im Bereich *Meine iOS-Spiele* auf den gewünschten Eintrag.

Interessiert Sie dann beispielsweise das internationale Ranking der anderen Spieler, rufen Sie eine der *Bestenlisten* auf.

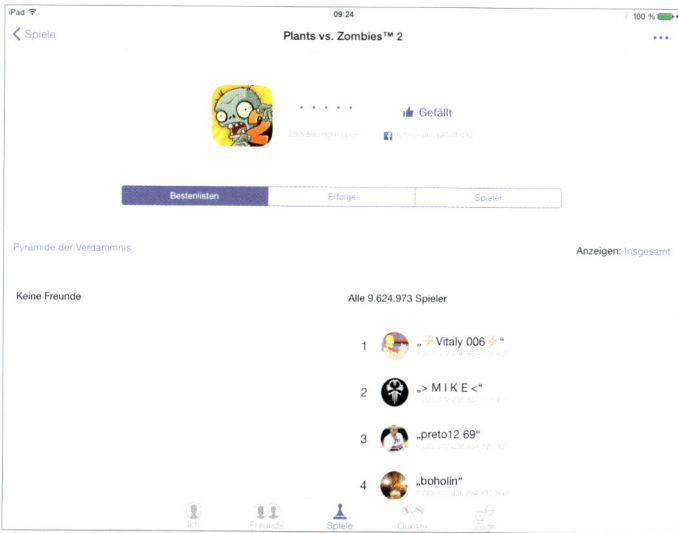

Die Bestenliste irritiert uns ein wenig. Alle Spieler haben dieselbe Punktezahl. Dasselbe Bild hatten wir bereits vor einem Jahr.

Suchen wir ein anderes Spiel und sehen wir uns die Bestenliste dort an.

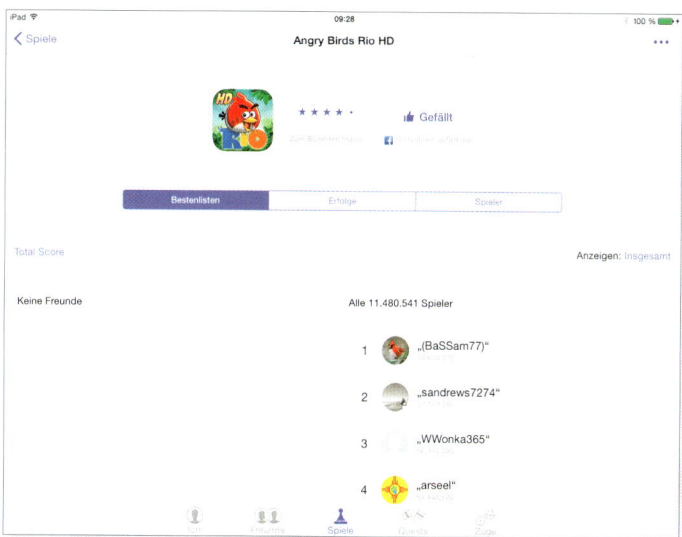

Die eigene Punktezahl reicht nur für einen Rang jenseits der oberen Plätze.

Dafür haben wir das Spiel gleich mal mit Sternen bewertet.

Uhr

Die *Uhr* im iPad kann mehr, als nur die Uhrzeit anzuzeigen. In dieser App finden Sie neben der optisch sehr ansprechenden Weltuhr noch einen *Wecker*, eine *Stoppuhr* und einen *Timer*.

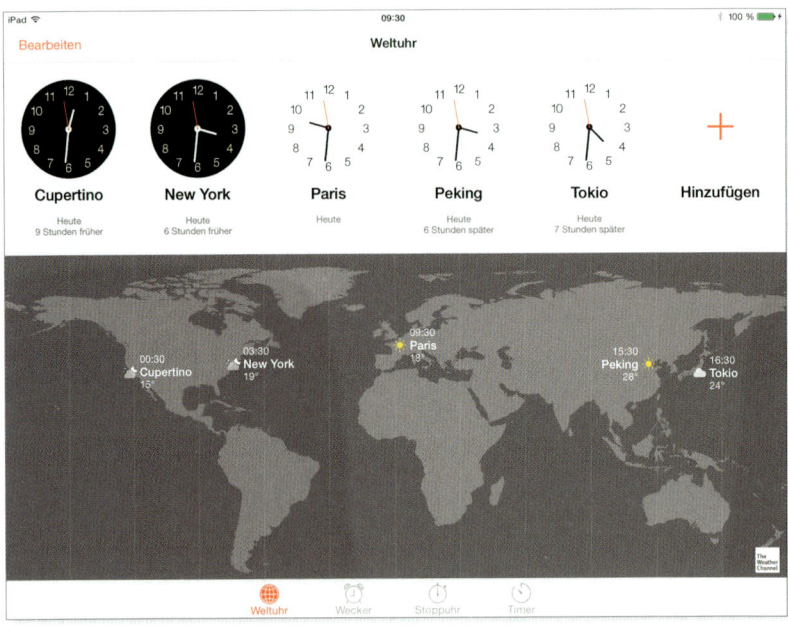

Die Weltzeit anzugeben ist nur eine der Funktionen der „Uhr"-App.

Weltuhr: Hier werden Ihnen die eingestellten Uhrzeiten oben als Ziffernblatt und unten am entsprechenden Ort auf der Karte angezeigt. Über das Plussymbol fügen Sie eine neue Uhr hinzu. *Bearbeiten* erlaubt es Ihnen, die Reihenfolge in der Liste zu ändern oder einzelne Uhren zu löschen. Ist es am Ort Tag, ist die Uhr weiß, in der Nacht schwarz. Außerdem wird Ihnen gleich unter dem Ort angezeigt, welche Zeitverschiebung dort herrscht. Tippen Sie ein Ziffernblatt an, so erscheint es nahezu bildschirmfüllend und rechts daneben wird die aktuelle Temperatur angezeigt.

Wecker: Auch hier fügen Sie über das Plussymbol einen neuen Wecker hinzu. Mit *Bearbeiten* erhalten Sie eine Auflistung aller vorhandenen Wecker. Tippen Sie dann auf einen der Einträge, um ihn zu ändern. Über das Minuszeichen löschen Sie ihn. Aktivieren Sie einen Wecker, indem Sie den Schalter auf Grün stellen. Ein Weckauftrag kann wiederholt werden, eine *Beschreibung* erhalten,

Sie können einen Klingelton auswählen und das *Schlummern* erlauben. Dann haben Sie neun Minuten Zeit, bis der Wecker erneut klingelt. Und Sie können den *Wecker löschen*. Am iPad ganz besonders schön: Sie sehen die verfügbaren Wecker im unteren Bereich im Kalender angezeigt. Aktive Wecker sind rot, inaktive grau. Tippen Sie auch dort auf einen Eintrag, um den Wecker oben angezeigt zu bekommen.

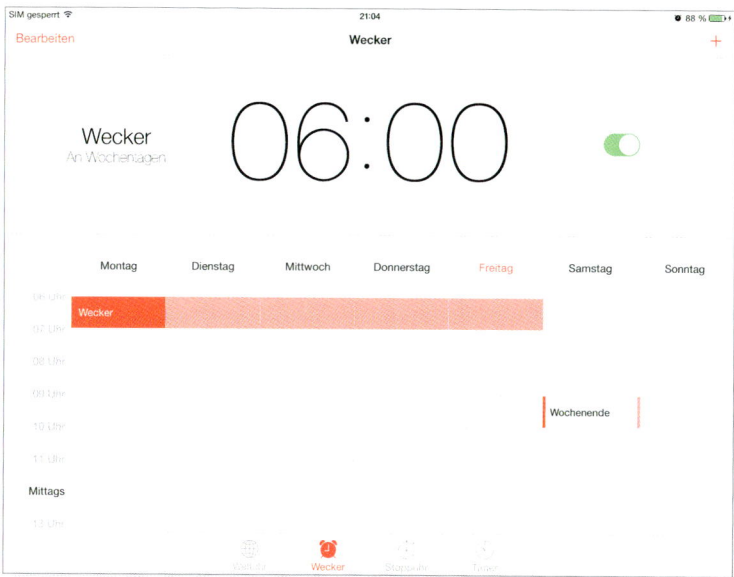

Der Wecker im iPad bietet Ihnen viele Optionen an.

Stoppuhr: Drücken Sie auf die grüne Taste, um die Stoppuhr zu *Starten*. Die Taste rechts daneben nimmt die Zeit einer *Runde* (und auch die der weiteren Runden). Über die rote Taste können Sie die Zeitnahme *Stoppen*. Rundenzeiten werden unter den Tasten angezeigt. *Löschen* entfernt diese Einträge wieder.

Timer: Geben Sie in der Mitte die Zeit und darunter einen Klingelton ein, der beim Timer-Ende gespielt werden soll. *Starten* beginnt damit, die Zeit runterzuzählen. *Anhalten* pausiert den Timer, und *Abbrechen* beendet ihn.

Tipps zur Uhr-App

- Sie können die Uhr auch mit *Siri* steuern. Ein paar Beispiele: „Timer 10 Minuten", „Timer stoppen", „Wecken um 9 Uhr", „Wecker deaktivieren".
- Die Uhr erreichen Sie auch über das Kontrollzentrum.

Die iCloud

Sie haben gesehen, dass viele der standardmäßig mitgelieferten Applikationen mit Ihrer iCloud synchronisiert werden können. Notwendig dazu ist eine Internetverbindung per WLAN oder über das Telefonnetz.

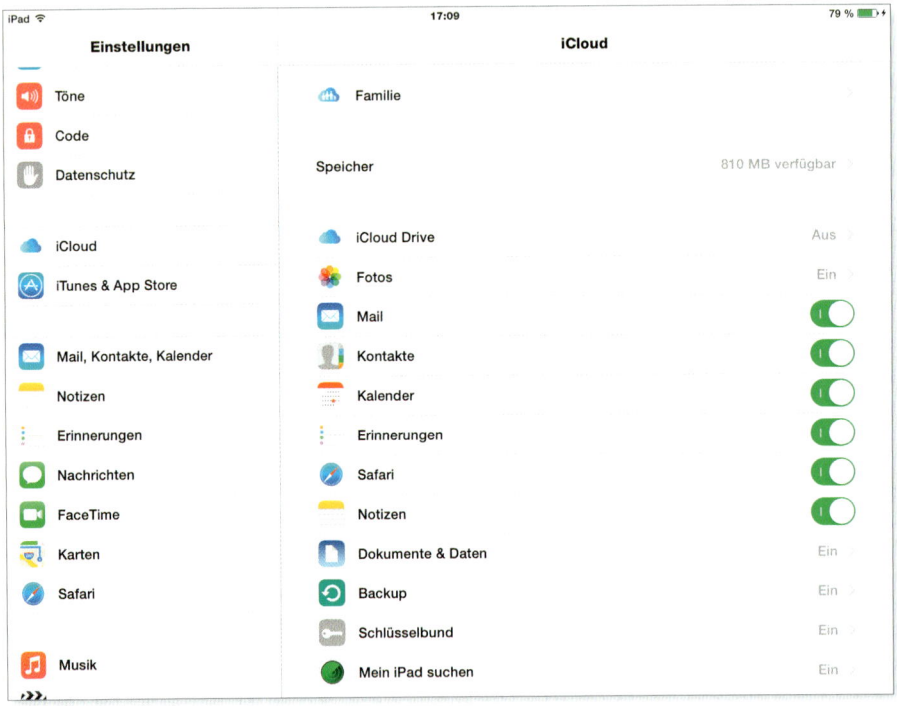

Über die „iCloud" können diverse Informationen drahtlos synchronisiert werden.

Die Übergabe der lokal auf dem iPad befindlichen Daten an Ihre *iCloud* bringt Ihnen zunächst den Vorteil eines *Backups*. Außerdem könnten Sie weitere Geräte mit derselben Apple-ID und den gleichen iCloud-Einstellungen versehen, um Daten automatisch synchronisieren zu lassen. Das ist besonders im Fall von Erinnerungen, Kontakten oder auch Kalendereinträgen extrem nützlich. Aber Ihre iCloud kann noch einiges mehr für Sie tun.

Mein iPad suchen

Aktivieren Sie auf Ihrem iPad die Funktion *Mein iPad suchen* in den iCloud-Einstellungen.

 Des Weiteren müssen Sie in **Mail, Kontakte, Kalender** bei **Datenabgleich Push** eingetragen haben.

Sind diese beiden Voraussetzungen gegeben, können Sie Ihr nicht mehr auffindbares oder schlechtestenfalls gestohlenes iPad über das Internet ausfindig machen. Besuchen Sie dazu die Internetseite *www.icloud.com* und geben Sie dort Ihre Apple-ID ein. Wählen Sie dann den Eintrag *Mein iPhone suchen*. Obwohl dieser Eintrag vom Namen her auf das iPhone reduziert zu sein scheint, kann hier auch Ihr iPad ausfindig gemacht werden.

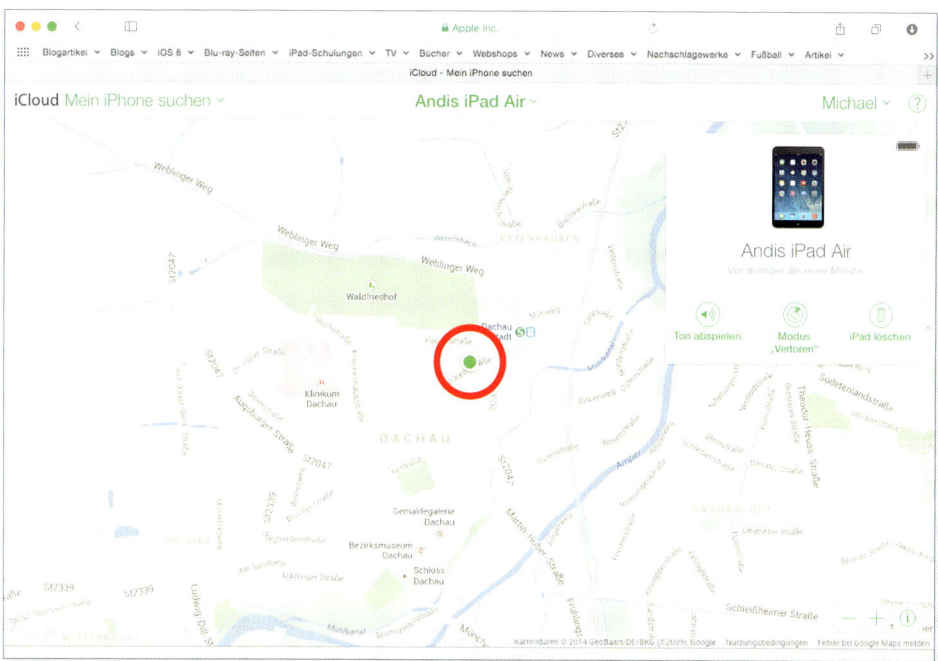

Das iPad konnte lokalisiert werden.

Via *Ton abspielen* bringen Sie einen Hinweiston auf Ihr iPad. Das ist besonders nützlich, sofern Sie Ihr iPad verlegt haben und aktuell nicht finden können. Über *Modus „Verloren"* bzw. *iPad löschen* können Sie eingreifen, wenn Ihr iPad verloren gegangen sein sollte. *Modus „Verloren"* gibt dem ehrlichen Finder die Chance, Sie unter einer Telefonnummer zurückzurufen und die Übergabe des iPad in die Wege zu leiten. Weiterhin geben Sie einen Code an, um das iPad zu sperren, damit keine andere Person Ihr iPad nutzen kann.

Führt die Eigenschaft „Modus ‚Verloren'" nicht zu dem gewünschten Resultat, dann bleibt via „iPad löschen" nur die Option, das iPad in den Auslieferungszustand zurückzusetzen. Welche Konsequenzen das für einen Dieb hat, können Sie in Kapitel 10 nachlesen.

iCloud Drive

Wenn Sie *iCloud Drive* aktivieren, dürfen Apps Dokumente und Daten in der iCloud speichern. Dazu ist es aber erforderlich, dass dies die App auch explizit unterstützt. Im Bereich iCloud Drive finden Sie auch eine Liste der Apps, die dies aktuell tun. Dort lässt sich die Erlaubnis für einzelne Apps auch wieder entziehen. *Mobile Daten verwenden* bedeutet auch hier, dass iOS 8 unterwegs die Daten über Ihre Mobilfunkverbindung aktualisieren darf.

Innerhalb von „iCloud Drive" können Sie beliebige Ordner erstellen und beliebige Dateitypen ablegen. Dabei werden alle Änderungen sofort allen beteiligten Geräten mitgeteilt. (Foto: © Apple)

Sofern Sie einen Windows-Rechner besitzen, können Sie ebenfalls am Dateiaustausch teilnehmen. Die notwendige Software erhalten Sie hier: *https://www.apple.com/de/icloud/setup/pc.html*. Weitere Infos zu iCloud Drive finden Sie ab Seite 328.

Backup

Im Normalfall verfügt Ihre iCloud über fünf Gigabyte Datenvolumen. Diese fünf Gigabyte können Sie nutzen, um von Ihrem kompletten iPad eine Sicherungskopie in der iCloud-Datenwolke zu erstellen. Gehen Sie hierfür zu *iCloud –> Backup* und aktivieren Sie *iCloud-Backup*.

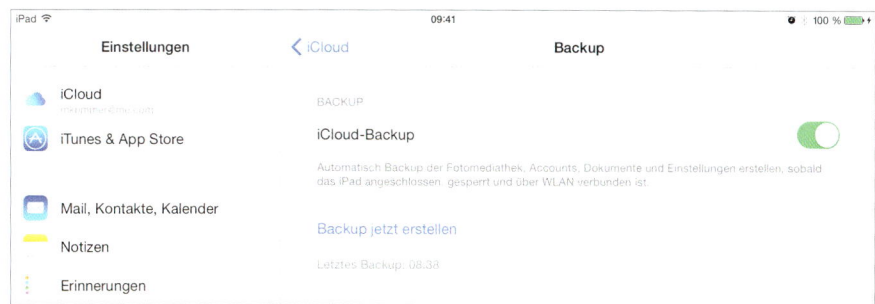

Über „iCloud-Backup" wird eine Sicherungskopie Ihres Geräts im Internet vorgenommen.

Sollten Sie nun ziemlich viele Daten und Apps auf Ihrem iPad haben, dürften fünf Gigabyte dazu wohl nicht ausreichen. Wie viel Platz in der iCloud bereits belegt ist, können Sie in den iCloud-Einstellungen unter *Speicher* nachsehen. Aber bedenken Sie bitte, dass bei der Sicherungskopie z. B. keinerlei Apps in die iCloud übertragen werden. Ebenso fallen gekaufte E-Books oder Musik aus der Datenmenge heraus. Diese Daten sind ja mit Ihrer Apple-ID verlinkt, was heißt, dass das Gerät sich natürlich Ihre Apple-ID notiert und die Medien, die über diese Apple-ID in den verschiedenen Stores gekauft wurden. Stellen Sie ein Gerät wieder her (Sie erinnern sich an die Installation des Geräts in Kapitel 1), genügt der Eintrag Ihrer Apple-ID und Ihrer iCloud-Daten, und sofort weiß Ihre iCloud, welche Elemente Sie bereits bezogen hatten, und lädt diese erneut auf das iPad herunter.

Die Backup-Funktionalität ist also durchaus empfehlenswert, um eine Sicherungskopie all Ihrer Daten in der Cloud zu erstellen. Besonders nützlich ist es, wenn Sie sich ein neues Gerät anschaffen. So können Sie bereits bei der Installation mit Ihrer Apple-ID und den iCloud-Daten das neue Gerät entsprechend dem bestehenden Gerät einrichten.

> **!** Via **Speicher verwalten** bekommen Sie eine detaillierte Liste Ihrer Daten in der iCloud. Sie können dort ebenfalls komplette Backups löschen oder im Bereich **Dokumente & Daten** einzelne Elemente aus der iCloud entfernen.

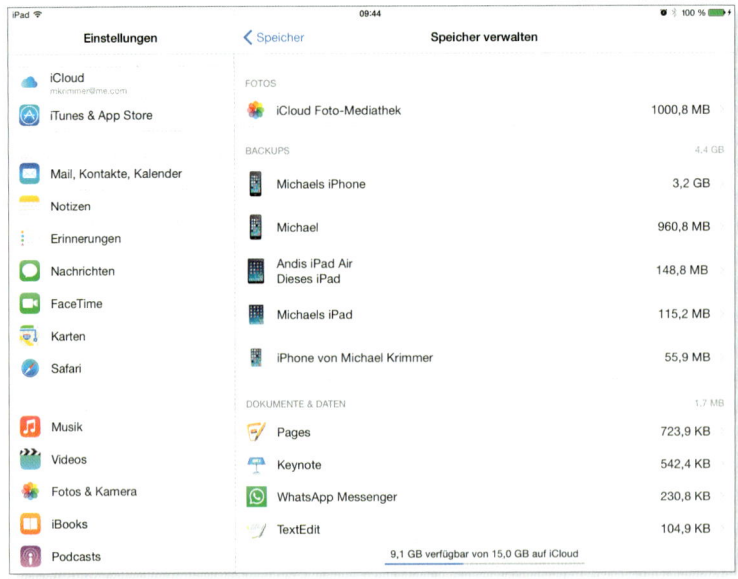

Über „Speicher verwalten" sehen Sie die Belegung Ihres iCloud-Volumens.

Benötigen Sie mehr Speicherplatz, so erreichen Sie die verfügbaren Optionen ganz unten unter *Speicherplan ändern* .

Internetseite icloud.com

Bei der Option, Ihr iPad über das Internet ausfindig zu machen, haben Sie bereits gesehen, dass viele Daten Ihres iPad ebenso über die Internetseite *icloud.com* zur Verfügung stehen.

Sie können über die Internetseite auf viele Informationen Ihres iPad zugreifen.

Dies ist besonders interessant, wenn Sie einmal ohne iPad unterwegs sind. Denn die Internetseite können Sie von jedem beliebigen Computer weltweit aufrufen und so auf wichtige Daten zurückgreifen, die auf Ihrem iPad hinterlegt sind. Sie sehen, dass Sie sowohl auf den Kalender als auch auf Notizeneinträge, Kontakte, Erinnerungslisten und auch Ihre E-Mails Zugriff haben.

 Im Bereich **Mail** finden Sie nur die E-Mails Ihrer Apple-ID und keine weiteren auf Ihrem iPad hinterlegten E-Mail-Adressen.

Das Schöne aber ist, dass Sie über die Internetoberfläche die Daten nicht nur begutachten, sondern auch neue Einträge erstellen bzw. bestehende Einträge modifizieren können. Gehen Sie beispielsweise in den Bereich *Kalender*, um dort neue Termine von unterwegs aus einzutragen. Durch die Synchronisation mit Ihrem iPad sind die Termine bereits dort angekommen, wenn Sie wieder zu Ihrem Gerät zurückkehren.

Aber damit nicht genug: Die Internetseite bietet noch einige weitere Funktionen, die es teilweise auf dem iPad gar nicht gibt, wie z. B. das Freigeben von Erinnerungslisten oder das Erstellen von Gruppen innerhalb der Kontakte bzw. das Verwalten von Gruppenteilnehmern.

Erinnerungslisten freigeben

Loggen Sie sich also an einem Rechner über *icloud.com* ein und tippen Sie auf den Button *Erinnerungen*. Fahren Sie dann mit der Maus auf das *Freigabe*-Icon neben einer Erinnerungsliste.

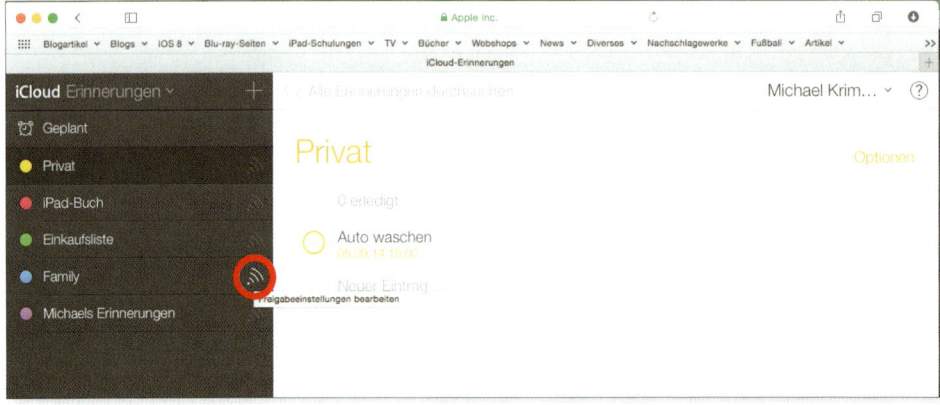

Ähnlich wie Sie es vorher auf dem iPad gesehen haben, können Sie nun in den Freigabeeinstellungen E-Mail-Adressen hinzufügen, und die Teilnehmer bekommen dann auf ihren iPads, iPhones und Mac-Rechnern diese Erinnerungslisten automatisch eingeblendet.

 Das Ganze klappt wieder nur mit Anwendern, die ebenfalls über eine Apple-ID verfügen.

Die so freigegebenen Erinnerungslisten sind für die anderen Teilnehmer editierbar. Sprich, sie können wie Sie neue Einträge hinzufügen, Einträge ändern bzw. Einträge aus den Listen entfernen.

Erinnerungslisten können für mehrere Teilnehmer gleichzeitig freigegeben werden.

Bei den anderen Teilnehmern erscheint diese Erinnerungsliste in deren Programm *Erinnerungen* sowohl auf dem iPhone und iPad als auch auf dem Mac-Computer im Programm *Erinnerung* und klinkt sich dort wie eine neue Liste ein.

 Genauso können Sie übrigens über die Internetseite auch Kalenderinformationen freigeben bzw. freigegebene Kalenderinformationen nachträglich editieren.

Sie sehen also, dass die Verwendung der kostenlosen iCloud von Apple viele nützliche Funktionen beinhaltet. Wollen Sie mehr als fünf GByte Speicher verwenden, tippen Sie am iPad auf *Einstellungen –> iCloud –> Speicher* und dann auf *Speicherplan ändern*. Dort können Sie für relativ wenig Geld weiteren Speicherplatz erwerben.

Gruppen in Kontakte erstellen

In der iPad-App *Kontakte* können Sie Gruppen einsehen, aber eben keine erstellen. Via *icloud.com* geht das ganz einfach. Klicken Sie auf den Button *Kontakte* und dann links unten im Fenster auf das Plus-Icon.

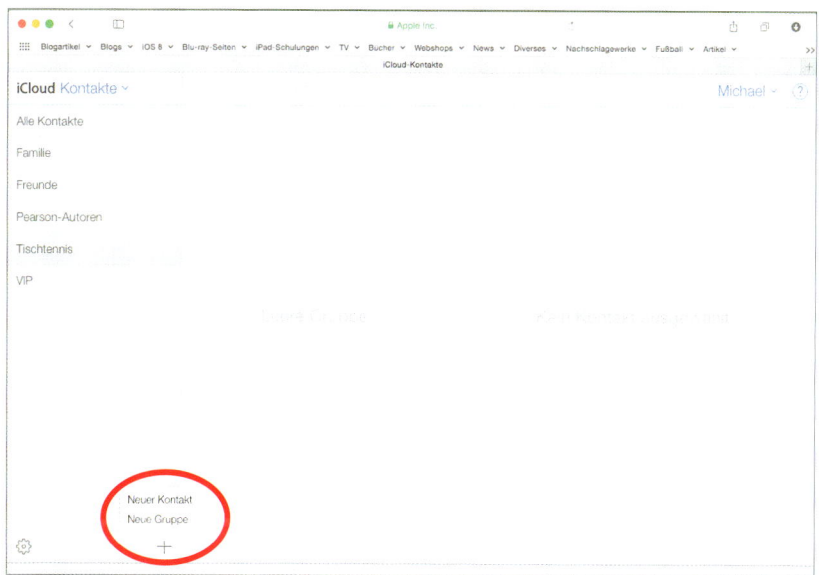

Das Erstellen einer Gruppe ist ein Kinderspiel.

Geben Sie der Gruppe einen aussagekräftigen Namen. Klicken Sie anschließend auf *Alle Kontakte*, um per Drag & Drop der neuen Gruppe Teilnehmer hinzuzufügen.

Eine Person kann gleichzeitig Mitglied in mehreren Gruppen sein.

Um ein Gruppenmitglied wieder zu entfernen, klicken Sie den Eintrag an und verwenden die Backspace-Taste. Wird der Teilnehmer aus der Gruppe entfernt, bleibt er nach wie vor in der Liste aller Kontakte. Wird er dort entfernt, so verschwindet er aus allen Gruppen.

Um die so geänderten Daten gleichsam auf das iPad zu bekommen, sollte die iCloud-Synchronisation für Kontakte aktiv sein. Prüfen Sie das via *Einstellungen –> iCloud*.

Doch die iCloud hält noch viel mehr Funktionen parat. Wenn Sie sich darüber informieren wollen, empfehlen wir das dazugehörige Buch *iCloud – für iPhone, iPad, Mac & Windows* (amac-buch Verlag).

Im iCloud-Buch werden sämtliche Raffinessen ausführlich dargestellt.

iOS 8 und OS X Yosemite:

Handoff

Sofern Sie auf Ihrem mobilen Gerät iOS 8 und auf Ihrem Mac OS X Yosemite installiert haben, können Sie sehr praktisch Inhalte an beiden Geräten ansehen und bearbeiten. Ein Beispiel: Sie schreiben am iPad eine E-Mail und stellen fest, dass die doch länger wird als erwartet. Dann gehen Sie zu Ihrem Mac und erhalten dort links neben dem Dock ein neues Mail-Symbol. Tippen Sie dann darauf, erhalten Sie am Mac die erstellte E-Mail in dem Zustand, den sie am iPad hat.

Das Yosemite-Dock zeigt links neben dem Finder an, dass am mobilen Gerät eine neue E-Mail erstellt wird.

Und wenn Sie am Mac die Liste der gerade geöffneten Programme mit *cmd + Tab* durchwechseln, wird Ihnen ebenfalls die App vom iPad angezeigt.

Neben dem Dock zeigt auch der Programmumschalter, wenn auf dem iOS-Gerät gerade eine App gestartet ist und Daten eingegeben werden.

Ein anderes Beispiel: Sie sehen sich am iPad eine Karte in der Karten-App an. Gehen Sie zu Ihrem Mac und schon sehen Sie das Karten-Icon links neben dem Dock. Klicken Sie darauf, um die Karte am Mac mit genau dem Ausschnitt angezeigt zu bekommen, den Sie am iOS-Gerät ausgewählt haben. Das geht auch mit *Safari*, dem *Kalender*, *Pages*, *Numbers*, *Keynote*, *Erinnerungen*, *Nachrichten* und den *Kontakten*. Dieses Angebot wird vermutlich in Zukunft noch ausgebaut. Und natürlich funktioniert das auch in die andere Richtung: Wenn Sie am Computer eine dieser Apps gestartet haben, können Sie nahtlos am iPhone oder iPad weiterarbeiten.

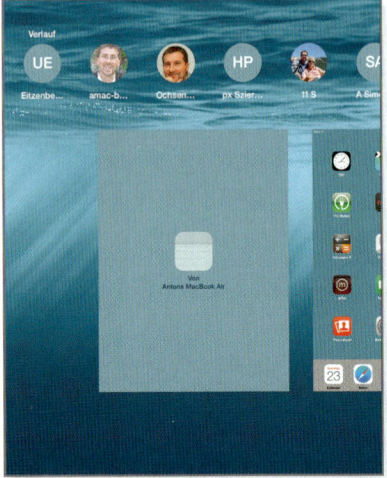

Sowohl im Sperrbildschirm als auch in der Multitasking-Übersicht erkennt man, dass am Yosemite-Rechner aktuell in der Notizen-App gearbeitet wird.

Um nun am iOS-Gerät weiterzuarbeiten, ziehen Sie das Icon im Sperrbildschirm einfach nach oben bzw. tippen Sie auf das entsprechende Icon der Multitasking-Leiste. Selbst die Weitergaben von Aufgaben zwischen zwei iOS-Geräten funktioniert. So können Sie eine am iPad begonnene E-Mail direkt am iPhone weiterbearbeiten. Diese *Handoff* genannte Funktion funktioniert allerdings nur dann, wenn an beiden Geräten gewisse Voraussetzungen geschaffen sind.

Voraussetzungen für Handoff

Die Verbindung läuft über Bluetooth. Dazu ist es aber erforderlich, dass Sie ein halbwegs aktuelles Gerät haben. Bluetooth muss an beiden Geräten ebenso aktiviert sein wie WLAN. Zur Identifikation ist es außerdem unumgänglich, dass beide Geräte mit derselben Apple-ID als iCloud-Anmeldung arbeiten.

Handoff wird am iPad aktiviert unter *Einstellungen –> Allgemein –> Handoff & App-Vorschläge*. Am Mac schalten Sie es in den *Systemeinstellungen –> Allgemein* ein, indem Sie das Häkchen bei *Übergabe zwischen diesem Mac und Ihren iCloud-Geräten erlauben* setzen.

Internetzugang via iPhone und Instant Hotspot

Vermutlich kennen Sie den persönlichen Hotspot am iPhone bereits. Manuell gestartet gibt es diese Funktion bereits eine Weile. Neu in iOS 8 in Verbindung mit Ihrem iPad ist die Funktion, dass das iPad automatisch darauf zugreifen kann, wenn Sie im WLAN-Menü das iPhone auswählen. Dann können Sie ganz automatisch die Datenverbindung des iPhone für Ihr iPad nutzen. Sie müssen das iPhone dazu nicht in die Hand nehmen und auch kein Passwort eingeben.

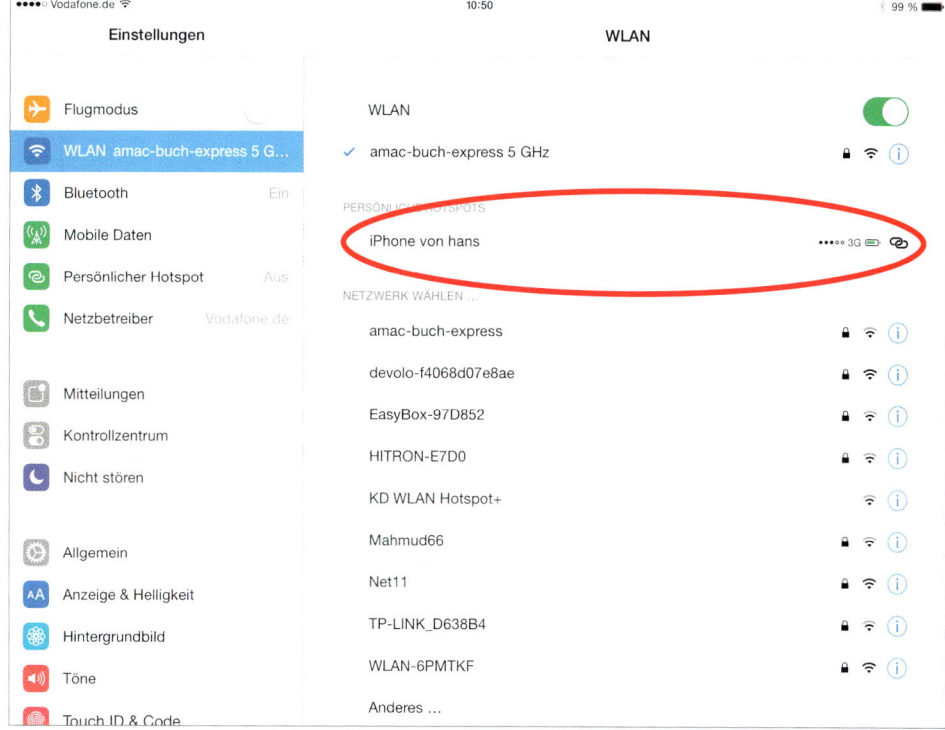

Wählen Sie das iPhone einfach in der Liste aus, und „Handoff" macht den Rest.

iPads mit Cellular können Ihren mobilen Internetzugang auch für andere Geräte zur Verfügung stellen, wie z. B. hier auf einem Mac.

Sie sehen neben dem iPad-Namen auch gleich noch ein paar Daten zum Gerät: Netzstärke und -Art sowie den Akkladezustand.

Die Familienfreigabe

Die Familienfreigabe ist eine Möglichkeit, wie bis zu sechs Personen gemeinsam Einkäufe aus dem App Store, iTunes Store und dem iBooks Store nutzen können. Dabei ist es nicht erforderlich, dass Apple-IDs geteilt werden. Einzige Voraussetzung: Die gekauften Inhalte müssen über eine Kreditkarte bezahlt werden.

Die Familienfreigabe konfigurieren

Ausgangspunkt für die Familienfreigabe sind die *Einstellungen* zur *iCloud*. Tippen Sie dort auf *Familienfreigabe einrichten*, um mit der Einrichtung zu beginnen.

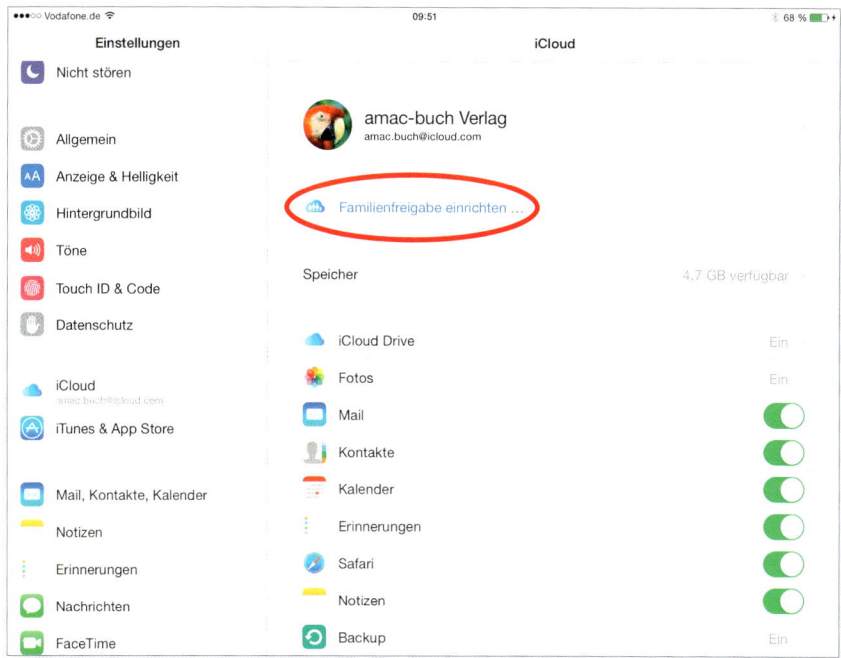

Die Familienfreigabe ist eine iCloud-Funktion, somit startet die Einrichtung auch in den entsprechenden Einstellungen.

Danach erfahren Sie noch, welche Vorteile die Familienfreigabe bringen kann. Tippen Sie auf *Los geht's*, um zum nächsten Schritt zu kommen.

Wenn Sie mit der Einrichtung beginnen, sind Sie der Organisator der Familie. Falls es erforderlich ist, können Sie eine andere Apple-ID eintragen. Wenn alles passt, tippen Sie auf *Fortfahren*.

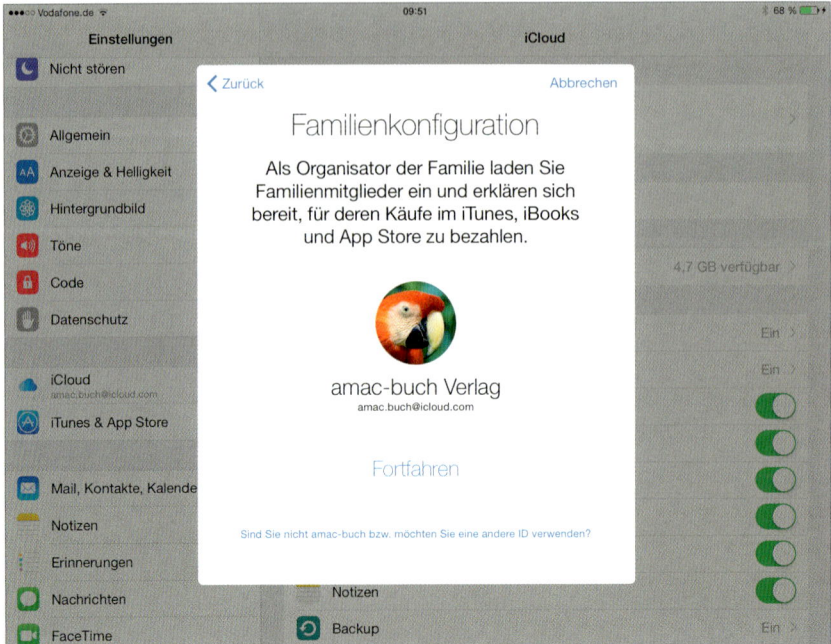

- *Käufe freigeben*: Zuerst geben Sie Ihre Käufe frei. Das bedeutet, dass dann alle eingeladenen Familienmitglieder ebenfalls auf Ihre Einkäufe zugreifen dürfen. Dafür wird Ihre zuvor angezeigte Apple-ID verwendet. *Fortfahren* bringt Sie zum nächsten Schritt.

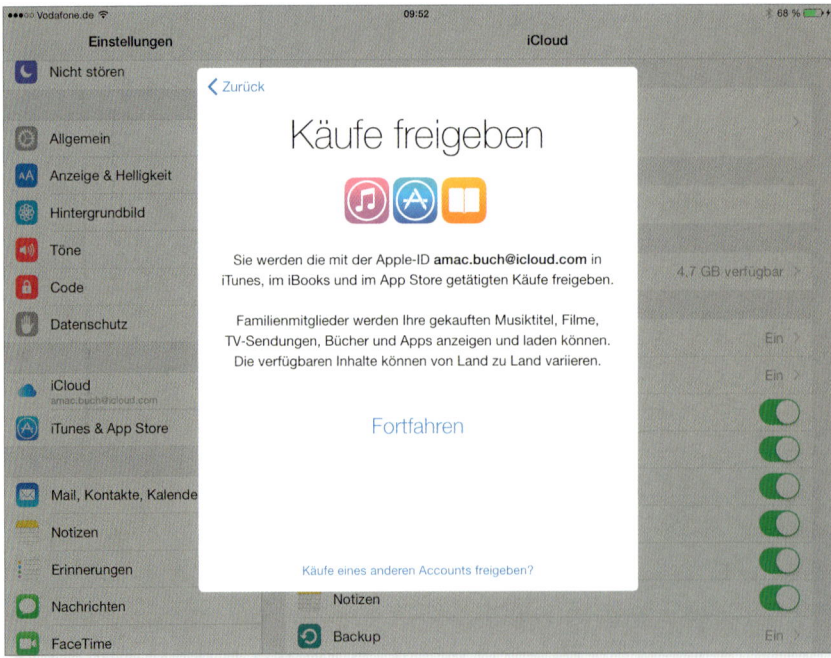

- *Zahlungsmethode*: Nun bestimmen Sie, wie künftige Einkäufe bezahlt werden. In der Regel wird hier Ihre bereits hinterlegte Zahlungsart angezeigt werden. Sollten Sie noch keine Kreditkarte als Zahlungsmethode hinterlegt haben, müssen Sie das Einrichten abbrechen und zu *Einstellungen –> iTunes & App Store* wechseln. Tippen Sie dort auf die Apple-ID und anschließend auf *Verwalten*. Dort können Sie nun eine Kreditkarte hinterlegen.

> **!** Für die Familienfreigabe kann nur die Zahlungsmethode per Kreditkarte verwendet werden. Ein iTunes-Guthaben oder ein Click-and-Buy-Konto sind für die Familienfreigabe nicht erlaubt.

- Ihren Standort für Ihre Familie freigeben: Damit können Sie Ihren aktuellen Standort an alle Familienmitglieder übermitteln. Mit Hilfe der kostenlosen App *Freunde suchen* von Apple, lässt sich Ihr aktueller Standort anzeigen. Die Freigabe des Standorts müssen Sie nicht sofort festlegen. Sie können dies auch zu einem späteren Zeitpunkt nachholen.
- *Familienmitglieder hinzufügen*: Jetzt ist es an der Zeit, die Familienmitglieder einzuladen. Tippen Sie pro Person auf *Familienmitglied hinzufügen* und geben Sie im nächsten Schritt das neue Mitglied an.

Jetzt können Sie entweder eine Einladung senden oder das neue Mitglied bitten, an Ihrem iPad das Passwort seiner eigenen Apple-ID einzugeben. Fahren Sie analog dazu fort, bis alle gewünschten Familienmitglieder eingeladen sind.

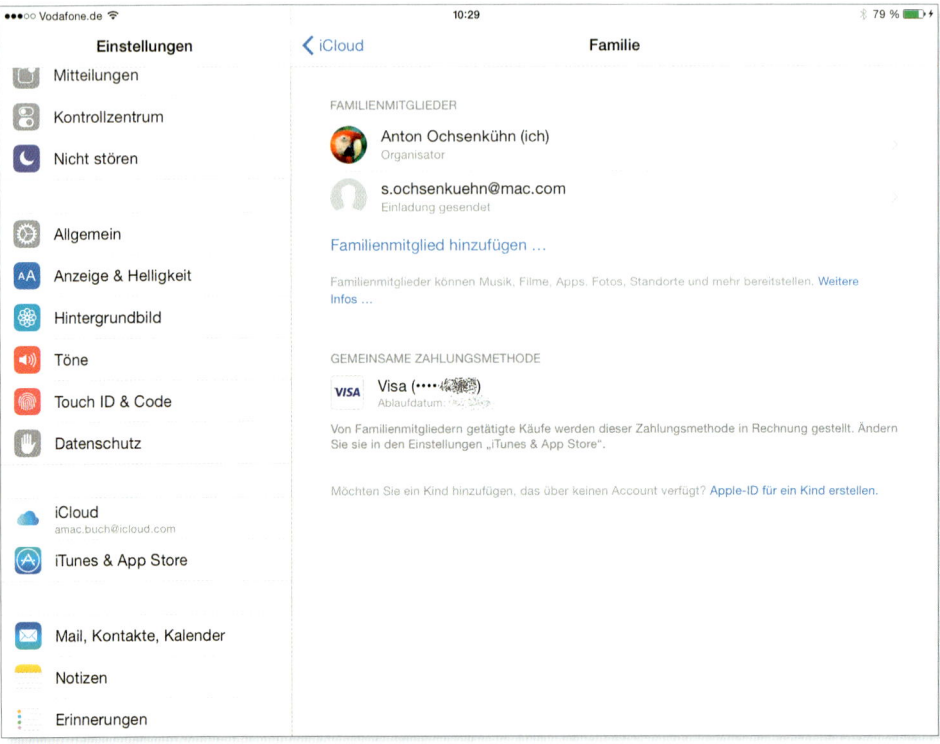

Jetzt besteht die Apple-Familie schon aus zwei Mitgliedern. Sollte eines Ihrer Kinder noch keine Apple-ID haben, können Sie die ganz unten erstellen.

Sobald die Einladung angenommen wurde, können Sie auf den Eintrag tippen und weitere Einstellungen vornehmen. Bis zu diesem Zeitpunkt lässt sich dort eine neue Einladung schicken oder die bestehende Einladung abbrechen.

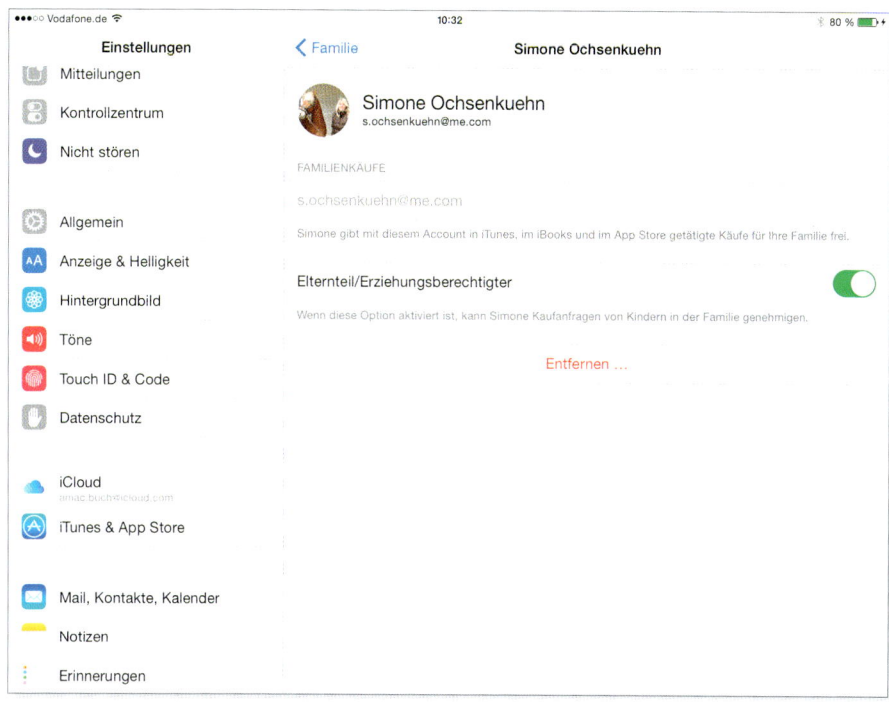

*Die Option „Elternteil/Erziehungsberechtigter" kann jederzeit wieder deaktiviert werden.
Auch lassen sich Personen wieder entfernen.*

In den Einstellungen lässt sich nun festlegen, dass es sich bei diesem Mitglied um ein Elternteil bzw. einen Erziehungsberechtigten handelt. Das bedeutet, dass es Anfragen nach App-Käufen genehmigen darf. Ganz unten lässt sich das Familienmitglied wieder entfernen.

Kinder ohne Apple-ID hinzufügen

Über den Link *Apple-ID für ein Kind erstellen* ganz unten, legen Sie eine ID für Minderjährige an, die keine Kreditkarte besitzen und auch nicht mit Gutscheinen bezahlen werden. Wenn ein Kind in Zukunft eine App kauft (und Sie das erlauben), dann bezahlen Sie mit der Familie-Kreditkarte.

Die Einrichtung der Apple-ID läuft ähnlich einer normalen. Sie geben das Geburtsdatum ein, den Namen, legen Sicherheitsfragen fest und – ganz wichtig – bestimmen, ob diese Person um Erlaubnis fragen muss, wenn sie etwas kaufen möchte.

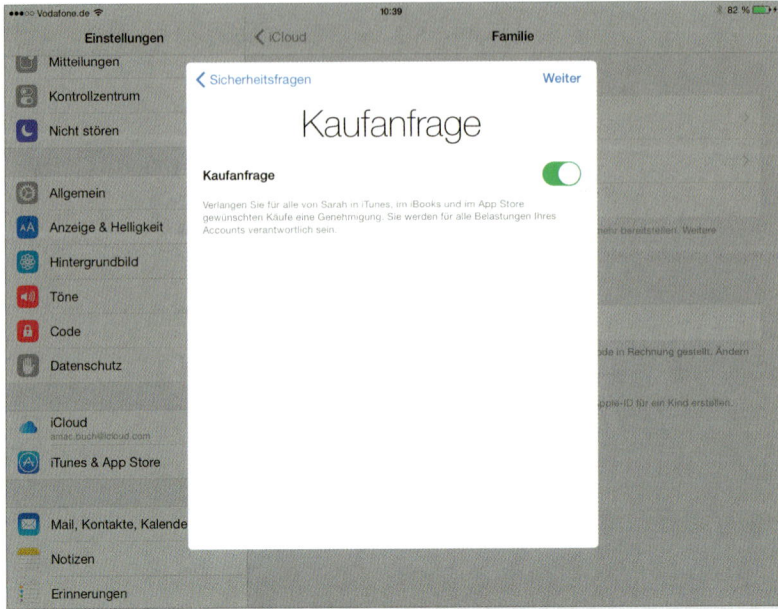

Schalten Sie diese Option ein, muss das Kind um Erlaubnis fragen, wenn es etwas kaufen möchte. Der Organisator oder ein als Elternteil definiertes Familienmitglied kann dem dann entsprechen – oder auch nicht.

Und wenn Sie das Kind hinzugefügt haben, könnte die Übersichtsseite der Familienfreigabe so aussehen:

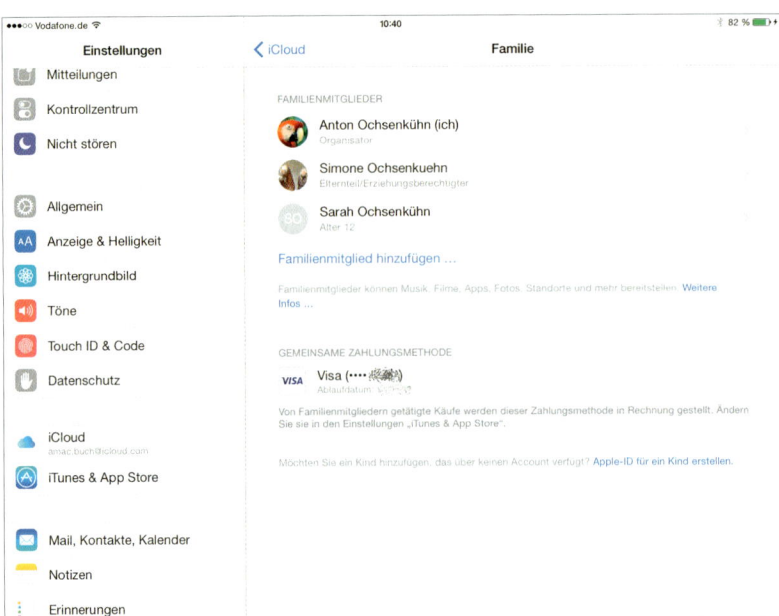

Auf Inhalte der Familienfreigabe zugreifen

Um auf die Inhalte der anderen Familienmitglieder zugreifen zu können, besuchen Sie den jeweiligen Store und wählen das Familienmitglied links oben bei *Meine Käufe* bzw. *Käufe von ...* im Bereich *Käufe* aus.

Im Bereich „Käufe" finden Sie dann Ihre eigenen Apps und die der Familienmitglieder.

Neue Inhalte kaufen

Wenn ein Familienmitglied einen Kauf in die Wege leitet, wird die Apple-ID des Familienorganisators belastet, solange das Familienmitglied nicht noch ein Guthaben auf seiner eigenen Apple-ID hat. Die App, das Lied oder das Buch wird dann auch dem Familienaccount zugeordnet. Ist bei einem Kind eingestellt, dass vor dem Kauf um Erlaubnis gefragt werden muss, so ist die Freigabe durch ein Elternteil erforderlich.

 Sollte die Familienfreigabe einmal beendet werden, so werden alle Einkäufe dem Mitglied zugeschrieben, das sie gekauft hat. Dabei ist es egal, wer dafür bezahlt hat.

Einstellungen für Apps

Neben den Standard-Apps können Sie ja über den App Store jede Menge weiterer Apps hinzuladen. Viele dieser Apps bringen zusätzliche Einstellungen mit. Alle diese finden Sie geballt innerhalb der *Einstellungen*, und zwar unterhalb des Eintrags *Vimeo*.

Tippen Sie den jeweiligen App-Namen an, um rechts daneben die dazugehörigen Funktionen einzusehen und zu ändern.

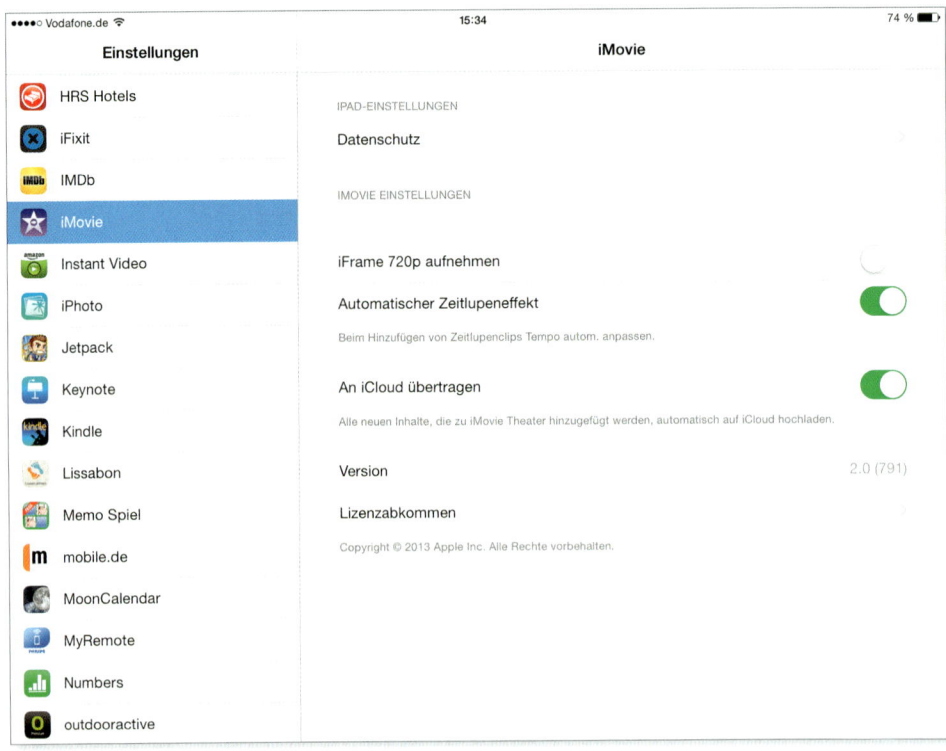

Viele nachträglich installierte Apps können ebenso mit individuellen Einstellungen versehen werden.

AirPlay, AirPrint, AirDrop, iCloud Drive und Datenaustausch

Einige Informationen dazu haben wir Ihnen im Lauf des Buches schon gegeben. An dieser Stelle möchte ich nun alles noch einmal zusammenfassen und komprimiert und übersichtlich zur Verfügung stellen.

AirPlay

Sie erinnern sich: *AirPlay* ist eine sehr einfache Möglichkeit, um drahtlos den Inhalt Ihres iPad-Bildschirms über das Apple-TV-Gerät an den HD-Fernseher zu übergeben.

Voraussetzungen hierfür sind:

- Apple TV oder AirPort Express
- WLAN-Netzwerk: Sowohl das iPad als auch Apple TV/AirPort Express müssen sich im selben WLAN-Netzwerk befinden. Sodann ist der Zugriff auf das Apple-TV-Gerät sehr einfach möglich.

Apple TV ist ein optionaler Zusatz für Ihren HD-Fernseher und bringt die Inhalte Ihres iPad drahtlos auf den Fernseher. (Bild: Apple)

Das Apple TV meldet sich am iPad. Tippen Sie auf den Eintrag „Apple TV" und aktivieren Sie die „Bildschirmsynchronisation".

Fertig! Schon wird der Bildschirminhalt Ihres iPad eins zu eins auf den HD-Fernseher übertragen. Einige Apps haben den direkten Zugang zu Apple TV gleich eingebaut, wie z. B. die App *Mediathek* der ARD oder *YouTube*.

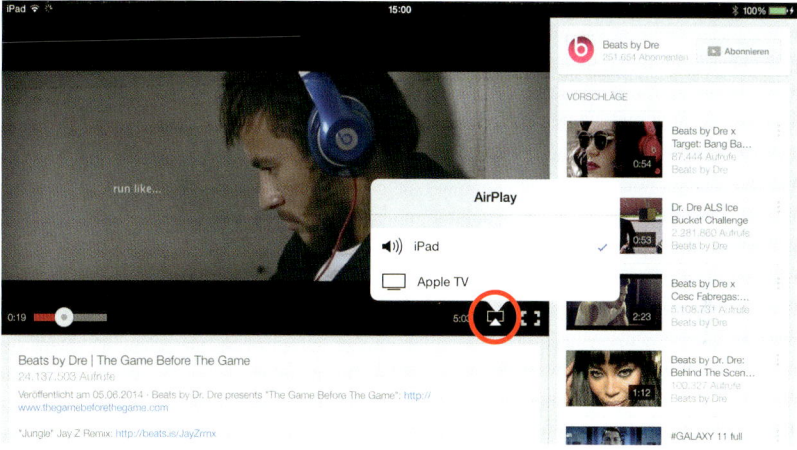

In der rechten unteren Ecke des Videos innerhalb der „YouTube"-App finden Sie direkt das Icon „AirPlay".

Dabei ist Apple TV nicht das einzige Gerät, das per AirPlay Informationen bekommen kann. Es gibt ebenso Lautsprecher und AV-Geräte, die über eine AirPlay-Schnittstelle verfügen. Und so kann drahtlos von Ihrem iPad aus Musik ganz einfach auf diese Geräte übertragen werden. Achten Sie also beim Kauf darauf, ob die Geräte AirPlay-fähig sind.

Sie erinnern sich, dass Sie über die App **iTunes** Inhalte wie Filme, Musik etc. kaufen können. Diese gekauften Inhalte werden in die Apps **Musik** bzw. **Videos** übertragen. Alternativ können Sie auch Daten von Ihrem Computer via iTunes in die Applikationen **Musik** und **Videos** auf Ihrem iPad übernehmen.

AirPrint

Ähnlich wie *AirPlay* Video- und Audioinformationen versendet, schafft es die Technologie *AirPrint*, Druckaufträge per WLAN an Drucker zu schicken.

Voraussetzungen hierfür sind:

- ein Drucker, der sowohl WLAN- als auch AirPint-fähig ist
- Der Drucker muss sich im selben WLAN-Netzwerk befinden.

Die größere Hürde dürfte es sein, AirPrint-fähige Drucker zu finden. Doch Apple hat hierfür eine Internetseite erstellt, auf der Sie eine Liste AirPrint-fähiger Drucker einsehen können. Die Internetadresse lautet *http://support.apple.com/kb/HT4356*.

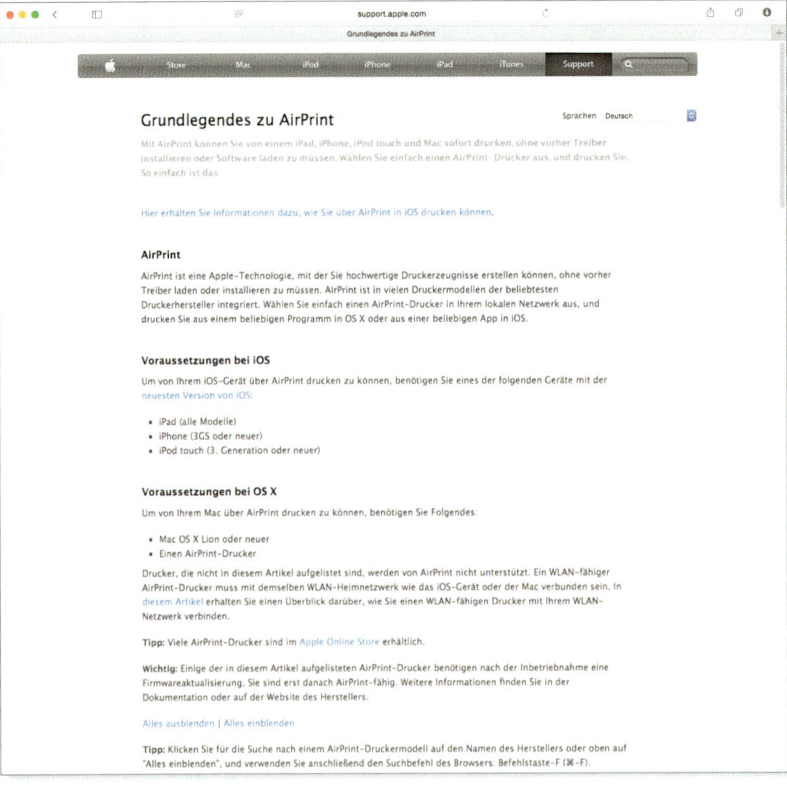

Die Firma Apple hilft Ihnen, AirPrint-fähige Drucker zu finden.

Ist ein AirPrint-fähiger Drucker erst einmal angeschafft, gestaltet sich die Sache sehr einfach. Aus vielen Applikationen heraus kann nun ein Druckauftrag gestartet werden.

Safari kann über das „Teilen"-Feld auf AirPrint-fähige Drucker zugreifen.

Tippt man nun den Button *Drucken* an und anschließend die Eigenschaft *Drucker auswählen*, melden sich die AirPrint-fähigen Drucker im Netzwerk.

Der Drucker HP Kyocera FS-2100DN ist AirPrint-fähig und meldet sich im „Drucker"-Dialog.

Dieser ist nun auszuwählen. Anschließend kann noch definiert werden, wie viele Kopien ausgedruckt werden sollen, und ein abschließendes Tippen auf den Button *Drucken* sendet den Druckauftrag ab.

Neben dem Programm *Safari* können Sie aus folgenden Programmen heraus drucken:

- *Notizen*
- *Mail*
- *Fotos*
- *iBooks* (aber nur PDF-Dateien)

Außerdem gibt es natürlich eine Reihe weiterer Apps, die ebenfalls die Druckausgabe unterstützen und die Sie im App Store finden. Beispiele hierfür sind die Office-Programme aus dem Hause Apple wie *Pages*, *Numbers* und *Keynote*.

AirPrint für andere Drucker

Im Bildschirmfoto zu *AirPrint* haben Sie es bereits gesehen. Der Officejet hat eine Unterzeile, in der handyPrint zu lesen ist. Dabei handelt es sich um ein Programm, mit dem Sie Drucker, die nicht von Haus aus *AirPrint* unterstützen, dennoch über das iPad ansprechen können.

Mit dem Programm handyPrint täuschen Sie AirPrint-Kompatibilität bei anderen Druckern vor.

Unter der Adresse *http://www.netputing.com/handyprint/* können Sie sich eine kostenfreie Testversion herunterladen.

AirDrop

Wann immer Sie in einem *Weiterverwenden*-Menü den Punkt *AirDrop* finden, können Sie die ausgewählten Dateien auf direktem Weg und selbstverständlich verschlüsselt an ein anderes iOS-8-Gerät senden. Das funktioniert z. B. mit Fotos, Videos und Kontakten. Aber im Grunde geht es mit jeder App, die einen *Teilen*-Knopf hat. Und ganz neu klappt das von einem iOS-Gerät aus auch zu einem Mac.

AirDrop aktivieren

Wie *AirPlay* wird auch *AirDrop* im Kontrollzentrum aktiviert. Schieben Sie es nach oben und tippen Sie auf *AirDrop*. Legen Sie dann fest, für wen Sie sichtbar sein möchten. Sie haben die Wahl zwischen *Nur Kontakte* oder *Jeden*. Möchten Sie *AirDrop* überhaupt nicht nutzen, tippen Sie auf *Aus*.

 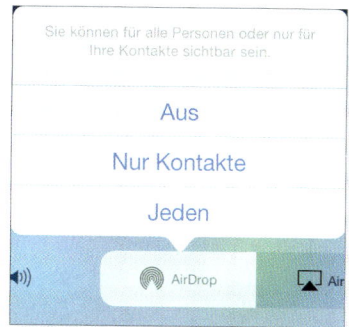

Tippen Sie im Kontrollzentrum erst auf „AirDrop" und geben Sie dann an, für welchen Personenkreis Sie sichtbar sein möchten.

 Sollten Sie beim Versuch, eine Datei zu übertragen, den Empfänger nicht auswählen können, so muss auch er die entsprechende Auswahl im Kontrollzentrum seines iPad treffen. Im Zweifelsfall sollten beide **Jeden** wählen.

Als Beispiel teilen wir ein Foto per *AirDrop*. Lassen Sie das gewünschte Bild anzeigen und tippen Sie links unten auf den *Weiterverwenden*-Knopf. Im nächsten Schritt können Sie bei Bedarf noch weitere Bilder auswählen.

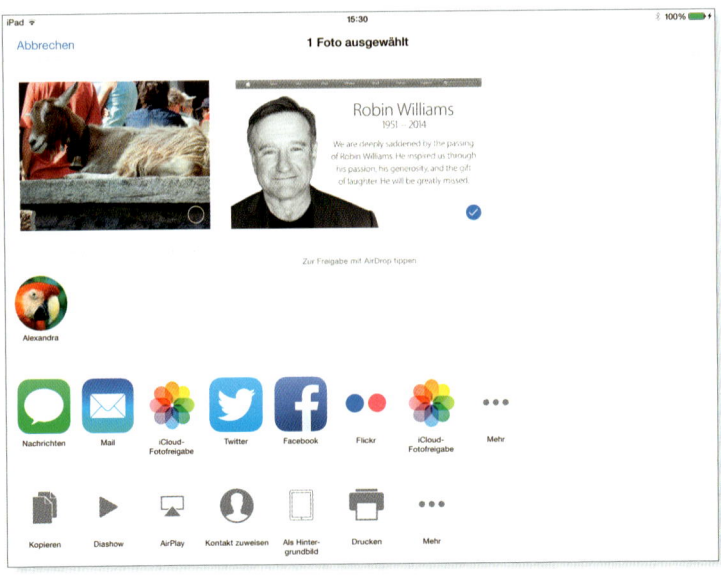

Oben legen Sie die zu sendenden Fotos fest. Gleich darunter sehen Sie den gewünschten AirDrop-Empfänger.

Tippen Sie dann auf das Bild des AirDrop-Partners. Daraufhin wird dieser darüber informiert, dass ihm ein Foto geschickt wird.

Jetzt kann es losgehen. Die Bilder werden per „AirDrop" übertragen.

> **!** Die Datei kann in einem Rutsch auch gleich an mehrere AirDrop-Empfänger verschickt werden.

> **!** Damit **AirDrop** funktioniert, brauchen beide Seiten neben iOS ab Version 7 eines der folgenden Geräte (oder neuer): iPhone 6/6 Plus, iPhone 5s/5c, iPhone 5, iPad 4. Generation, iPad mini, iPod touch 5. Generation. Außerdem ist ein iCloud-Account erforderlich. Und neu in iOS 8: Auch die Verbindung mit einem Mac (ab OS X Yosemite) ist nun vom iPhone aus möglich.

Will der Empfänger die Informationen empfangen, werden diese dabei sogleich in die entsprechenden Apps übernommen. Bilder landen in der *Fotos*-App, Adressbuchdaten in der *Kontakte*-App usw.

Teilen

Das iPad kann ein sehr mitteilungsbedürftiges Gerät sein, wenn Sie das möchten. Aus einer sehr großen Anzahl von Apps können Sie Inhalte mit anderen Personen teilen. Das können Bilder ebenso sein wie Weblinks, Notizen oder andere Informationen. Dass Sie Inhalte einer App teilen können, sehen Sie an diesem Symbol ⬆.

Hat eine App ein solches Symbol, können Sie darüber Inhalte mit Freunden und Bekannten teilen.

In diesem Beispiel handelt es sich um die *Fotos*-App. Sie rufen ein Bild auf und tippen auf das *Teilen*-Symbol. Jetzt können Sie noch weitere Bilder markieren und dann den gewünschten Weg wählen, den die Daten nehmen sollen.

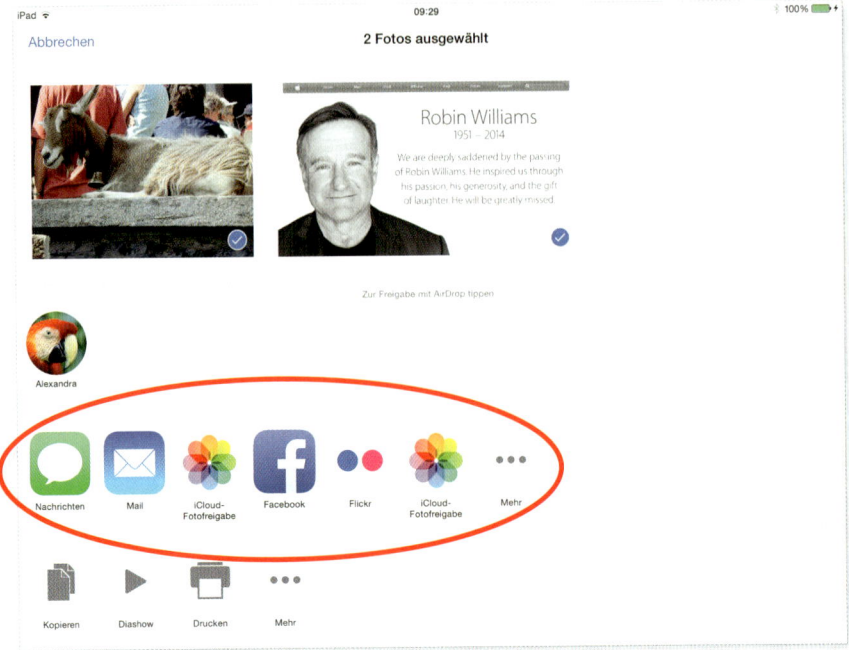

In der Regel haben Sie diese Möglichkeiten, die Daten zu teilen.

Um bei unserem Beispiel zu bleiben: Sie können die markierten Bilder per *Nachrichten*, *Mail*, *iCloud-Fotofreigabe* (als Fotostream), *Facebook* oder *Flickr* veröffentlichen. Normalerweise wäre hier auch Twitter verfügbar. Das geht aber nur bei einzelnen Bildern und nicht wie in unserem Beispiel mit mehr als einem. Bei Videos käme noch *Vimeo* dazu. Und wenn es Ihr iOS-Gerät oder Mac unterstützt, wäre auch *AirDrop* noch eine Möglichkeit. Das sehen Sie direkt über der Markierung.

Teilen-Menü konfigurieren

Abhängig von den Diensten, die Sie nutzen, hat das Teilen-Menü mehr oder weniger Icons gelistet. Über den Eintrag *Mehr* können Sie die Reihenfolge der Icons beliebig ändern bzw. Icons aus dem Teilen-Menü entfernen.

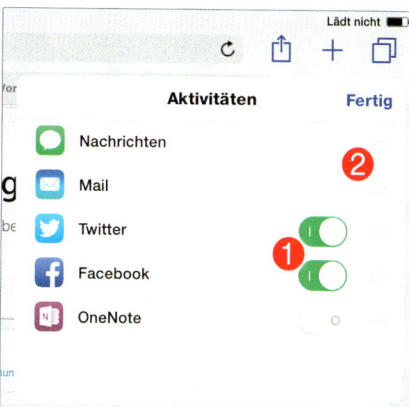

Das Teilen-Menü kann angepasst werden. Deaktivieren Sie nicht gewünschte Funktionen ❶
und ändern Sie die Reihenfolge ❷.

Regeln für das Teilen von Inhalten

- Bei Twitter kann nur ein einzelnes Bild veröffentlicht werden. Sind zwei oder mehr markiert, können Sie Twitter nicht mehr auswählen.
- An eine E-Mail können Sie auf diesem Wege nur fünf Bilder hängen. Möchten Sie mehr in eine einzelne E-Mail packen, müssen Sie über die Zwischenablage tricksen. Über Kopieren und Einfügen gehen auch mehr.

Datenaustausch mit dem iPad

Im Prinzip haben wir durch die Aktivierung der iCloud-Funktionen bereits einen Datenaustausch konfiguriert, an dem Programme wie *Kontakte*, *Erinnerungen*, *Kalender*, *Notizen*, *Fotos* etc. teilnehmen. Aber vielleicht möchten Sie weitere Dateiformate von einem Computer mit Ihrem iPad austauschen. Es bieten sich vier verschiedene Möglichkeiten an, um dies zu bewerkstelligen.

Datenaustausch via iCloud Drive

Haben Sie mit einer früheren Version von iOS Daten in der iCloud gespeichert, wird Ihnen in iOS 8 vermutlich der Punkt *Dokumente & Daten* fehlen. Aber keine Bange, die Funktion gibt es nach wie vor. Sie wurde lediglich in den Punkt *iCloud Drive* verschoben. Wenn Sie also diese Funktion aktivieren, so können alle Apps auf die iCloud als Datenspeicher zugreifen. Einzige Voraussetzung: Die App muss diese Funktion auch unterstützen.

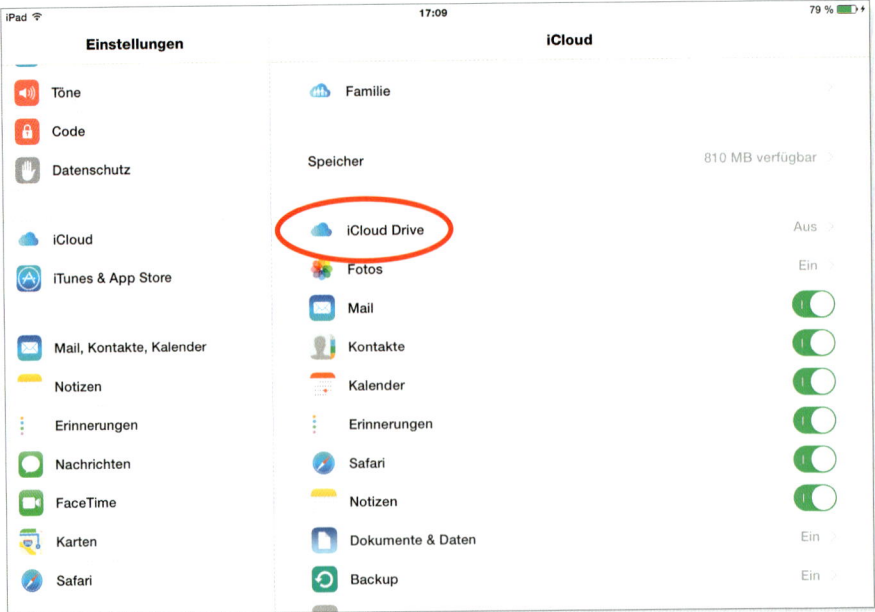

Über die iCloud können Dateien ausgetauscht werden, wenn Sie „iCloud Drive" aktivieren.

 Achten Sie darauf, dass Sie an einem iPad mit SIM-Karte die Funktion **Mobile Daten** (zu finden in den **Einstellungen** –> **Mobile Daten**) deaktivieren. Denn sonst könnte es passieren, dass durch diesen Datenaustausch Ihr Surfkontingent rasch ausgeschöpft ist, wenn beispielsweise unterwegs große Keynote-Dateien abgeglichen werden.

Ist die mobile Datenverwendung deaktiviert, erfolgt der Datenaustausch ledig-lich dann, wenn Ihr iPad sich in einem WLAN-Netzwerk befindet, was auch ratsam ist.

Welche Programme sind in der Lage, via *iCloud Drive* innerhalb der iCloud Daten auszutauschen? Nun, in erster Linie sind das die drei Apple-Programme *Pages*, *Numbers* und *Keynote*.

Die Programme „Keynote", „Numbers" und „Pages" für das iPad arbeiten nahtlos mit der iCloud zusammen.

Jedes Dokument, das Sie innerhalb einer dieser drei Applikationen erstellen, wird unmittelbar in die iCloud übertragen. Sollte das nicht standardmäßig funk-tionieren, könnte es sein, dass die Funktion deaktiviert ist.

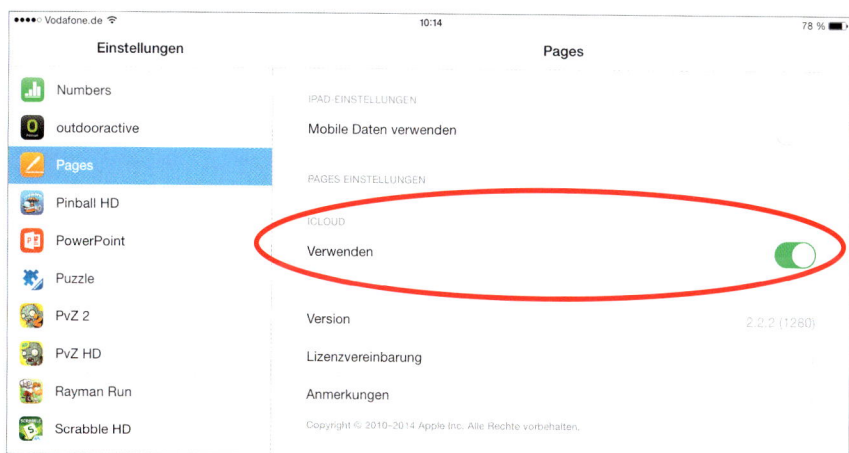

Die Verwendung der iCloud kann in den Programmen „Pages", „Numbers" und „Keynote" aktiviert werden.

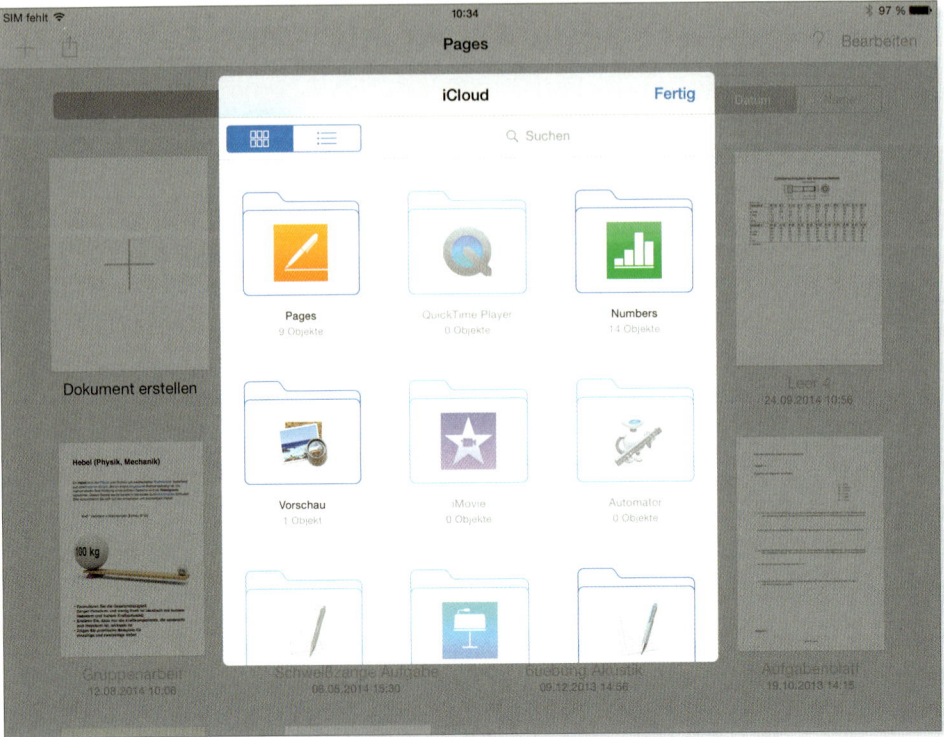

Sobald „iCloud Drive" aktiv ist, können die Apps auf die Daten in den entsprechenden Ordnern zugreifen.

Dazu finden Sie in den Einstellungen der drei Programme jeweils einen eigenen Eintrag. Achten Sie darauf, dass die Eigenschaft *iCloud verwenden* aktiv ist. Weiterhin gibt es einige Apps diverser Hersteller, die ebenfalls über die iCloud Daten abgleichen können. Prüfen Sie vor dem Kauf einer App im App Store in der Beschreibung, ob diese Funktion zur Verfügung steht.

Dateiaustausch via E-Mail

Besonders bequem ist es, Dateien, die von einem Computer bearbeitet wurden, durch das Anhängen an eine E-Mail auf das iPad zu übertragen. Wie bereits in Kapitel 6 gesehen, werden dabei größere Dateien zunächst nicht auf das iPad heruntergeladen. Sobald diese sich aber auf dem iPad befinden, kann man durch Antippen die Dateianhänge in der Mail-eigenen Übersicht öffnen. Deutlich übersichtlicher und eleganter ist die Eigenschaft, etwa zwei Sekunden auf den Dateianhang zu tippen, um danach zu entscheiden, mit welchem Programm diese Datei geöffnet werden soll.

Entscheiden Sie, mit welchem Programm die angehängte Datei bearbeitet werden soll.

 Sie können die gewünschte App übrigens auch noch auswählen, wenn Sie die Datei bereits in der Vorschau geöffnet haben. Tippen Sie dann einfach auf den **Weiterverwenden**-Knopf rechts oben und Sie erhalten die Auswahl erneut.

Und auch hier hängt die Anzahl der dort eingeblendeten Icons davon ab, welche Apps Sie auf Ihrem iPad installiert haben und welche Apps mit welchen Dateiformaten arbeiten können. Möchten Sie erneut Dateien per E-Mail-Anhang versenden, so bieten die meisten Programme dies innerhalb ihrer Programmfunktionen an.

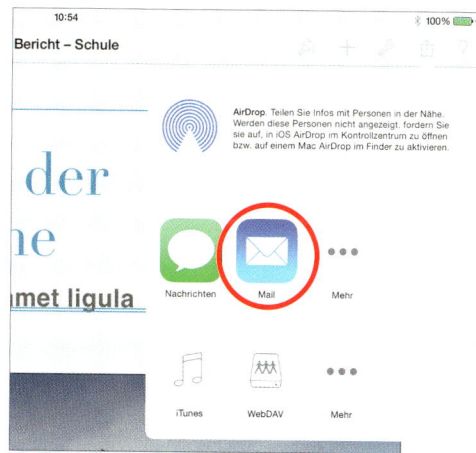

Das Bildschirmfoto zeigt die Weitergabe eines Pages-Dokuments.

Im Programm *Pages*, aber auch in *Keynote* und *Numbers* kann durch Antippen des *Bereitstellen*-Icons und via *Kopie senden* die Funktion *Mail* aufgerufen werden.

Abhängig vom verwendeten Programm stehen verschiedene Dateiformate zum Versand zur Verfügung.

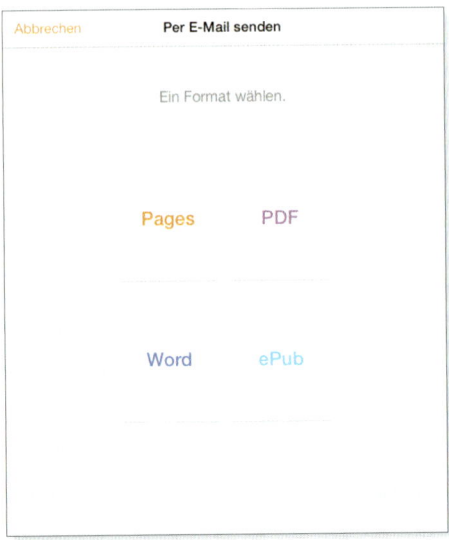

Pages bietet den Versand von Word-, PDF-, ePub- und Pages-Dateien an.

Entscheiden Sie sich für das entsprechende Dateiformat. Und sogleich wird diese Datei als E-Mail-Anhang an das Programm *Mail* übergeben und eine neue E-Mail-Nachricht geöffnet. Ergänzen Sie diese mit dem Empfänger, dem Betreff und eventuell noch einem Text und senden Sie die Datei als E-Mail-Attachment an den oder die Empfänger.

Datenaustausch über weitere Apps

Im App Store tummeln sich eine Reihe nützlicher Hilfsprogramme, die den Datenaustausch vom iPad zu anderen Systemen deutlich erleichtern. Die vielleicht am meisten genutzte App ist *Dropbox*. *Dropbox* finden Sie im App Store als kostenlose App zum Download.

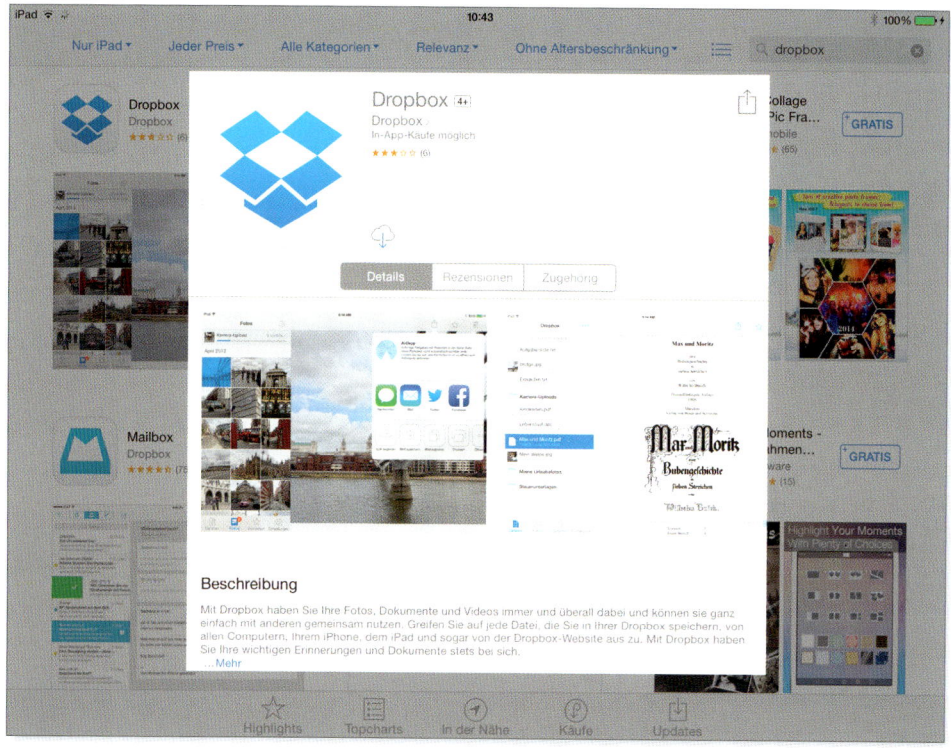

Die Dropbox-App ist für das iPad kostenlos.

Über die Dropbox erhalten Sie, ähnlich wie bei iCloud, ein Datenvolumen im Internet, auf das Sie per WLAN ganz einfach zugreifen können. Installieren Sie die Dropbox-App ebenfalls auf Ihrem Computer, um den gleichen Datenbestand sowohl auf dem iPad als auch auf dem Computer vorrätig zu haben. Für die *Dropbox* sind, genauso wie für die iCloud, eine E-Mail-Adresse und ein Passwort notwendig. Hinterlegen Sie die identischen Daten auf Ihren anderen Geräten, um reibungslos Daten austauschen zu können.

Die Dropbox wurde erfolgreich installiert und enthält bereits eine Reihe von Daten.

Sie sehen anhand des Bildschirmfotos, dass *Dropbox* auch über eine Dateivorschau verfügt. Wir betrachten also aktuell eine Excel-Datei. Über das *Teilen*-Feld im rechten oberen Eck kann diese Excel-Datei nun aus der Dropbox heraus, beispielsweise per E-Mail, versendet werden. Haben Sie am iPad eine App, mit der Sie Dateien erzeugen, und möchten Sie diese Datei nun zur Dropbox übergeben, dann funktioniert auch das. Wir verwenden das Programm *Pages* von Apple. Und ich gehe wieder über die Eigenschaft *Bereitstellen*, wähle aber diesmal die Eigenschaft *In anderer App öffnen* aus.

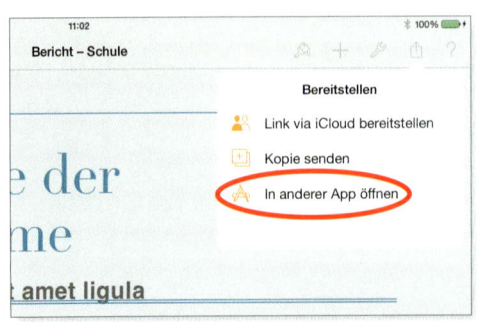 

Aus vielen Apps heraus kann man die Daten direkt an die Dropbox übergeben.

Ich wähle zunächst das Dateiformat aus, tippe anschließend auf *App auswählen* und erhalte die *Dropbox*-App als eine der möglichen Auswahloptionen. Sobald sich die Datei in Ihrer Dropbox befindet, wird diese mit Ihrem Onlinespeicher bei Dropbox abgeglichen und befindet sich damit auch im Internet.

Und so können Sie von einem Computer aus ebenfalls darauf zugreifen und die Datei dort weiter bearbeiten. Wie aber muss man vorgehen, wenn man eine Datei vom Computer aus in die Dropbox gelegt hat und diese dann am iPad, z. B. in Word, bearbeiten möchte? Nun, auch das ist ganz einfach.

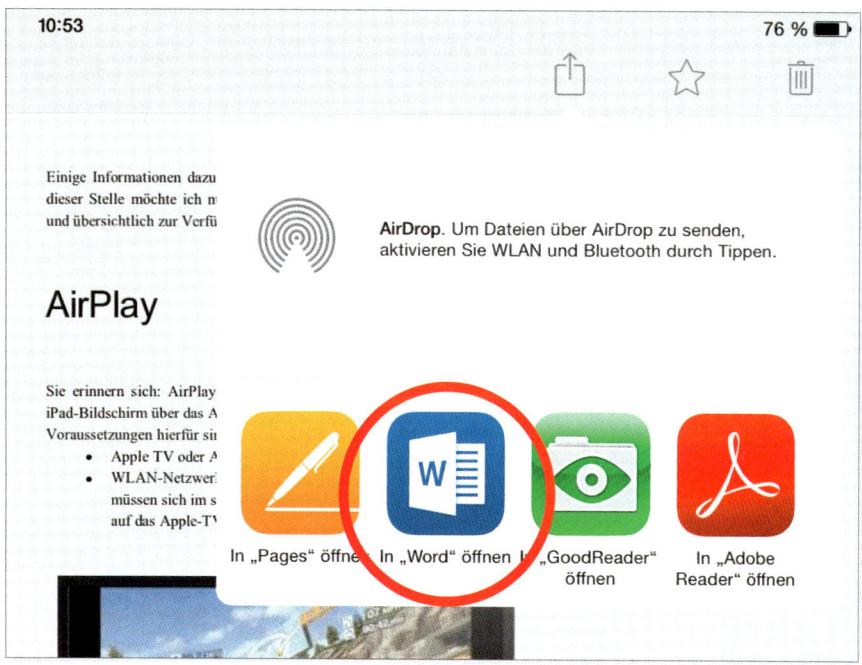

Eine Word-Datei wird an die App „Word" übergeben.

Sie sehen im *Dropbox*-Programm ganz rechts oben das Icon, unter dem sich einige Funktionen befinden. Tippen Sie auf *Öffnen in*, erhalten Sie die im vorigen Bildschirmfoto gezeigte Darstellung. Ein anschließendes Tippen auf *In „Word" öffnen* bringt das Dokument in das Programm *Word*, um es dort bearbeiten zu können. Nach der abschließenden Bearbeitung in *Word* kann es über die dortigen Werkzeuge wieder in die Dropbox zurückgelegt werden.

Neben dem Programm *Dropbox* gibt es eine ganze Reihe weiterer Apps, die ähnliche Funktionen anbieten. Bekannt und häufig im Einsatz sind hierbei die Applikationen *GoodReader* oder auch *Air Sharing* bzw. *Air Sharing HD*. Die beiden letztgenannten Programme haben die sehr angenehme Eigenschaft, dass man darüber direkt auf Server zugreifen kann.

Der Vorteil im Vergleich zur Dropbox ist, dass damit Ihre Datei auf Ihrem bestehenden Ablagesystem liegen bleiben kann. Das heißt, um die Dropbox verwenden zu können, müssen Sie die Datei in die Dropbox bewegen und anschließend aus der Dropbox wieder zum iPad. Und ist die Datei auf dem iPad geändert worden, haben Sie den umgekehrten Weg einzuschlagen. Mit Lösungen wie *GoodReader* oder *Air Sharing* können Sie die Datei auf Ihrem System liegen lassen, direkt vom iPad darauf zugreifen, bearbeiten und in einem Arbeitsprozess wieder zurücklegen. Sie sparen sich also einige Zwischenschritte.

Die Apple-Programme **Pages**, **Keynote** und **Numbers** verfügen über die Möglichkeit, direkt auf WebDAV-Server zuzugreifen. Tippen Sie dazu in diesen drei Programmen in der Dokumentenübersicht auf das **+** und dann auf den Eintrag **Von WebDAV kopieren**.

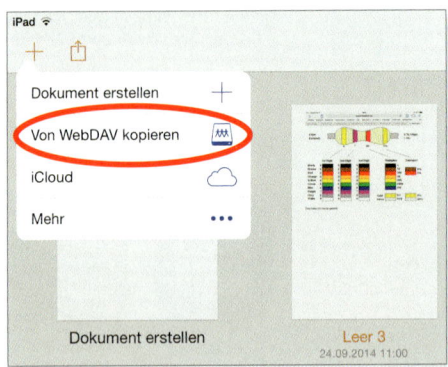

„Pages", „Numbers" und „Keynote" können direkt auf WebDAV zugreifen.

Datenaustausch via Dateifreigabe in iTunes

Sobald Sie das iPad per USB-Kabel mit *iTunes* am Computer verbunden haben, erscheint das Gerät links oben im Fenster. Dort angeklickt, erscheinen in der Seitenleiste verschiedene Kategorien wie *Übersicht*, *Infos* und eben auch *Apps*. Klicken Sie den Begriff *Apps* an und scrollen Sie gegebenenfalls ein wenig nach unten, sodass Sie die *Dateifreigabe* sehen.

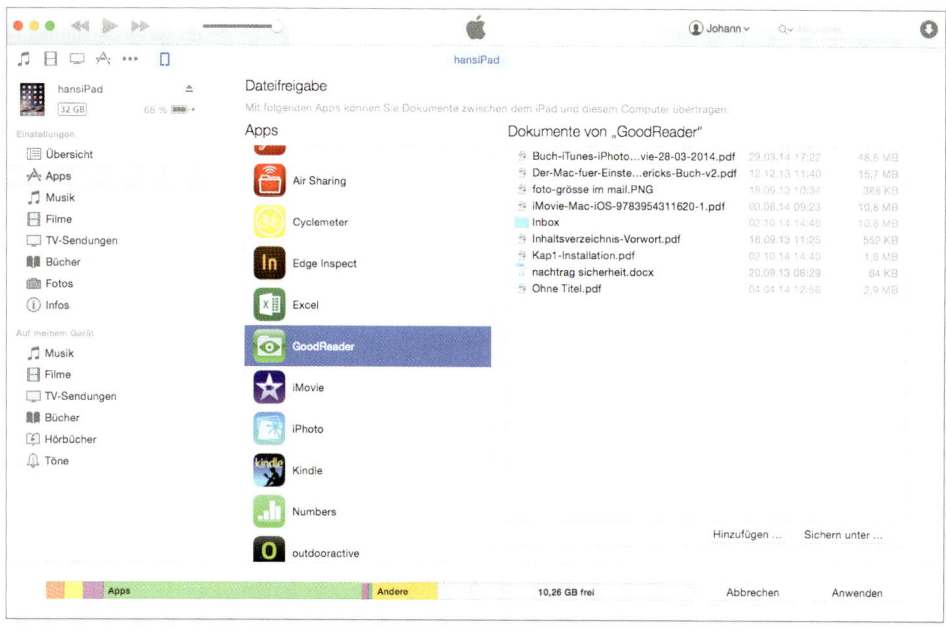

Die „Dateifreigabe" erlaubt den Datenaustausch mit dem iPad.

In der Spalte *Apps* reihen sich alle Programme des iPad ein, die mit dem Computer Dateien austauschen können. Via *Hinzufügen* wird eine Datei dann auf das iPad in die dazugehörige App geladen. *Sichern unter* hingegen kann von einem Dokument auf dem iPad eine Version für den Computer abspeichern.

Klicken Sie abschließend auf *Synchronisieren*, um die Übertragung zu starten. Diese kann per USB-Kabel oder WLAN stattfinden.

iTunes

Der Datenaustausch durch Apps oder auch per E-Mail ist sinnvoll, wenn es nur einige wenige Daten sind, die auf das iPad transferiert werden müssen. Soll jedoch eine ganze Fülle an Informationen übertragen werden, dann ist der Weg über iTunes einfach unschlagbar gut. Nehmen wir an, Sie haben bereits einen Computer und dort viele Fotos, die auf das iPad gelangen sollen.

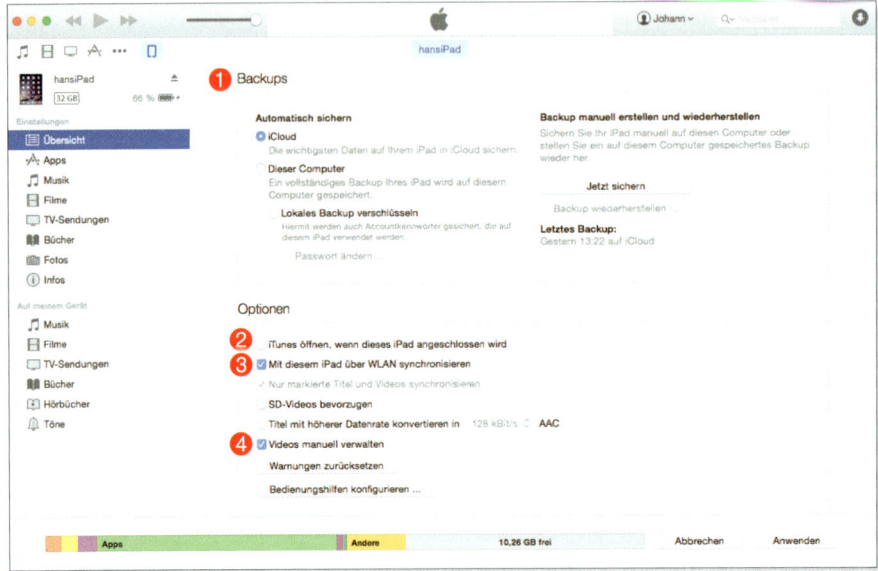

Vor dem ersten Datenabgleich sind einige Grundeinstellungen vorzunehmen.

Schließen Sie zunächst Ihr iPad über das mitgelieferte USB-Kabel an Ihren Computer an.

> **!** Achten Sie darauf, dass Sie die aktuelle Version von iTunes auf Ihrem Computer installiert haben. Diese finden Sie stets unter **www.apple.com/de/itunes/**.

Sobald Sie das Gerät angeschlossen und auf das iPad-Icon geklickt haben, sehen Sie einen ersten Bildschirm, in dem Sie notwendige Grundeinstellungen vor dem Datenabgleich tätigen sollten.

❶ *Backup:* Sie erinnern sich, Sie können über die iCloud ein Backup Ihres iPad herstellen. Ebenso könnte es *iTunes* tun. Entscheiden Sie in der Kategorie *Backup*, welches Backup-Medium verwendet werden soll.

❷ *iTunes öffnen, wenn dieses iPad angeschlossen wird:* Sobald Sie diese Funktion aktivieren, wird *iTunes* immer starten, wenn per USB-Kabel das iPad mit Ihrem Rechner verbunden wird. Eine durchaus sinnvolle Funktion.

❸ *Mit diesem iPad über WLAN synchronisieren:* Wenn Sie es leid sind, ständig Ihr iPad per Kabel an Ihr Gerät anzuschließen, sollten Sie diese Funktion aktivieren. Nun genügt es also, wenn das iPad und Ihr Computer sich im selben WLAN-Netzwerk befinden, um den Datenabgleich zu starten. Diesen können Sie sowohl von Ihrem Computer als auch am iPad starten. Am iPad verwenden Sie hierzu *Einstellungen –> Allgemein –> iTunes-WLAN-Sync* und tippen anschließend auf *Jetzt synchronisieren.*

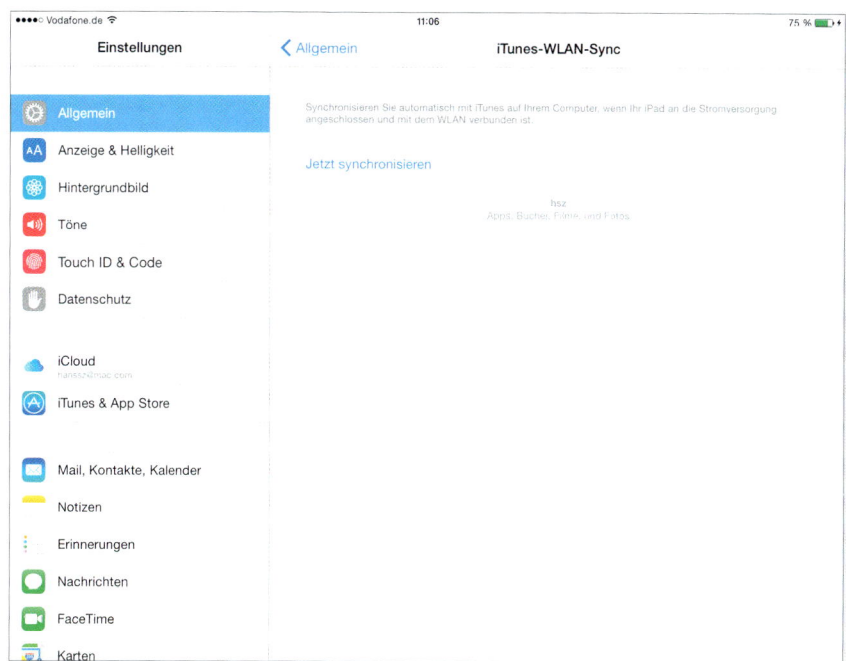

Auch am iPad kann die drahtlose Synchronisation aktiviert werden.

❹ *Videos manuell verwalten:* Wenn Sie die manuelle Verwaltung aktivieren, können Sie Titel von Ihrer Videosammlung auf dem Rechner einfach per Drag & Drop auf das iPad übertragen.

Welche Daten können von Ihrem Computer aus auf das iPad übertragen werden? Wollen wir die einzelnen Möglichkeiten noch etwas detaillierter beleuchten.

- *Infos:* Im Bereich *Infos* können Sie Ihre Adressbuchdaten, Ihre Kalenderdaten, Ihre E-Mail-Accounts und andere Informationen synchronisieren. Doch Sie erinnern sich: Hier ist der Einsatz von iCloud deutlich interessanter, weil Sie so eine permanente Synchronisation der Daten Ihres Computers via Internet mit dem iPad erreichen. iCloud ist also hier dem Datenabgleich mit *iTunes* eindeutig vorzuziehen.
- *Apps:* Sie haben ja gesehen, dass Sie am iPad über den *App Store* bequem Apps auf Ihr Gerät herunterladen können. Aber auch *iTunes* im Windows- oder Mac-Rechner kann Apps laden. Über den Datenabgleich *Apps* bringen Sie so am Computer geladene Apps auf das iPad.
  Aber damit nicht genug: Via *iTunes* können Sie ebenfalls die Home-Bildschirme des iPad Ihren Bedürfnissen anpassen. Sie können Apps zu Ordnern zusammenfassen, das Dock verändern und eben all die Dinge tun, die Sie in Kapitel 3 ab Seite 69 bereits kennengelernt haben.

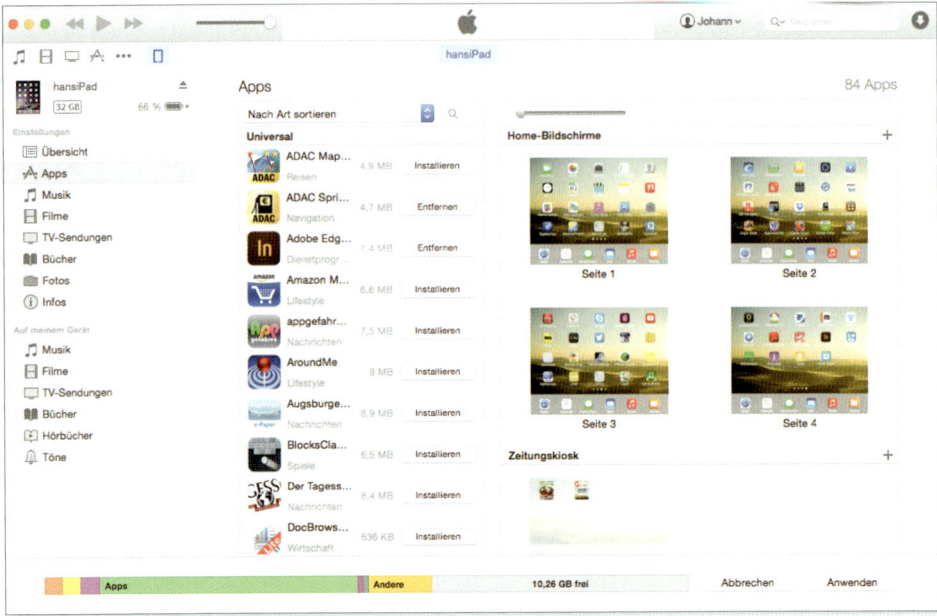

Via iTunes können Apps auf Home-Bildschirme verteilt und in Ordnern abgelegt werden.

- *Musik:* Sie können direkt am iPad mit *iTunes* Musik kaufen und auf dem iPad innerhalb der *Musik*-App abspielen. Aber auch der Erwerb von Musik über den Computer ist möglich. Über den Bereich *Musik* werden also Musiktitel von Ihrem Computer auf das iPad übertragen.

- *Filme:* Hier verhält es sich genauso wie bei Musik. Auch am Computer kann man im iTunes Store Filme kaufen, die dann auf das iPad kopiert werden können.

- *TV-Sendungen:* Entweder Sie kaufen Filmserien am iPad in der App *iTunes* oder am Computer über den *iTunes Store* und gleichen diese über *iTunes* mit dem iPad ab.

- *Podcasts:* Ebenso verhält es sich mit Podcasts. Auch diese können in den Computer geladen und auf das iPad übertragen werden. Als Alternative haben wir bereits die Podcasts-App für das iPad besprochen.

- *Bücher:* Im iPad haben Sie ja die kostenfreie Software *iBooks*, mit der Sie bequem im *iBooks Store* einkaufen können. Der Computer erlaubt den Einkauf und anschließend via *iTunes* die Übertragung auf Ihr iPad.

- *Fotos:* Sofern Sie einen Mac besitzen, werden Sie Ihre umfangreiche Bild- und Fotosammlung mit *iPhoto* verwalten. Über den Bereich *Fotos* können Sie entscheiden, welches Bildmaterial auf das iPad übertragen wird. Und umgekehrt können Schnappschüsse und aufgezeichnete Videos vom iPad auf den Computer übertragen werden.

> **!** Wenn Sie am Computer Apps, Musikstücke, Filme, E-Books etc. kaufen, dann achten Sie bitte unbedingt darauf, dass Sie diese Artikel mit derselben Apple-ID erwerben, die auf dem iPad hinterlegt ist. Die Apple-ID können Sie in iTunes im Menüpunkt **Store** eintragen und spezifizieren. Denn nur damit ist gewährleistet, dass am Computer gekaufte Musikstücke auf dem iPad abgespielt werden können und umgekehrt.

> **!** Vielleicht erinnern Sie sich noch an die Funktion der automatischen Downloads. Diese Fähigkeit beherrscht auch iTunes.

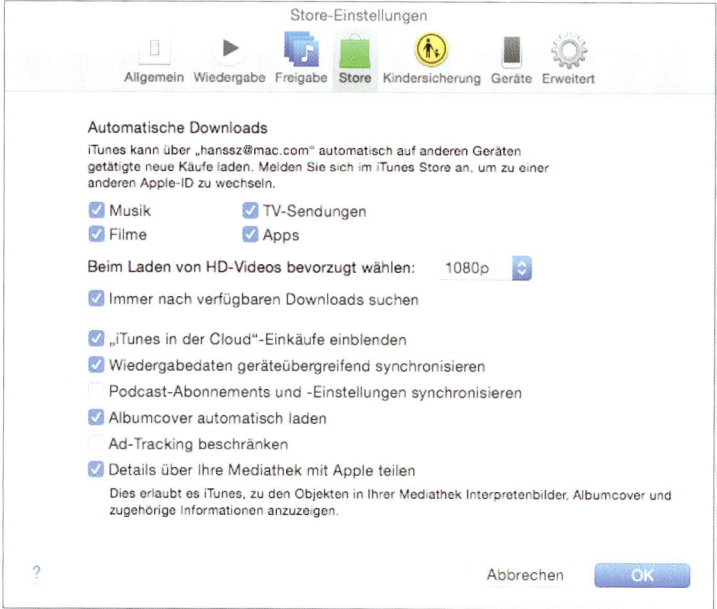

iTunes kann ebenso „Automatische Downloads" durchführen.

Damit ersparen Sie sich erneut die Verbindung von iPad und Computer per USB-Kabel oder per WLAN. Werden also auf dem iPad neue E-Books geladen, wird der *Automatische Download* in *iTunes* im Computer durchgeführt, und die E-Books werden in die Mediathek eingebracht. Ebenso verhält es sich mit Musik und mit Apps. Und umgekehrt werden über *iTunes* gekaufte Apps so zeitgleich auf Ihr iPad und möglicherweise auf weitere Geräte heruntergeladen.

Tipps zum Abgleich mit iTunes

- Im Bereich *Musik* von iTunes können Sie neben den Alben, Titeln etc. noch angeben, ob Musikvideos (*Musikvideos einbeziehen*) und Sprachaufzeichnungen (*Sprachmemos einbeziehen*) mit kopiert werden sollen. Außerdem besteht die Möglichkeit, den verbleibenden leeren Platz mit Musik zu füllen (*Freien Speicherplatz automatisch mit Titeln füllen*).
- Bei *Filme* legen Sie durch Aktivieren der Option *Automatisch einbeziehen ... Filme* fest, welche Filme automatisch kopiert werden sollen. Kommt ein neuer Film dazu, der diesem Kriterium entspricht, wird er beim nächsten Mal kopiert.
- Und auch bei den *TV-Sendungen* muss nicht alles kopiert oder manuell ausgesucht werden. Hier können Sie durch Anklicken von *Automatisch einbeziehen ... Folgen von ...* Regeln festlegen.
- Hören oder sehen Sie gerne Podcasts? Dann kopieren Sie die doch auch auf Ihr iPad. *Automatisch einbeziehen: ... Folgen von ...* im Reiter *Podcasts* gibt Ihnen die entsprechende Option.

iTunes und Privatfreigabe

Neben der Übertragung der Daten via *iTunes* können Sie zudem am iPad direkt auf Ihre iTunes-Musik bzw. -Filme drahtlos zugreifen. Voraussetzung hierfür ist,

- dass Computer und iPad sich im selben WLAN-Netzwerk befinden,
- dass am Computer in iTunes die *Privatfreigabe* mit einer Apple-ID aktiviert wird
- und dass am iPad in den *Einstellungen –> Musik* bzw. *–> Videos* dieselbe Apple-ID hinterlegt ist.

Um *iTunes* dazu zu bewegen, die Mediathek per WLAN zur Verfügung zu stellen, starten Sie das Programm am Computer, gehen zu *Erweitert –> Privatfreigabe aktivieren* und tragen Ihre Apple-ID ein.

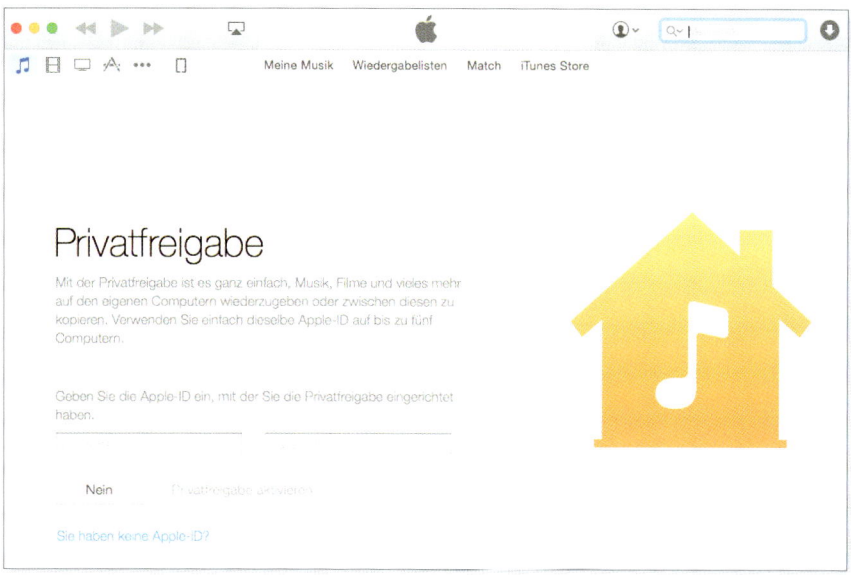

„iTunes" im Mac- oder Windows-Computer stellt die Daten zur Verfügung.

Dieselbe Apple-ID ist nun im iPad in den *Einstellungen* noch zu hinterlegen.

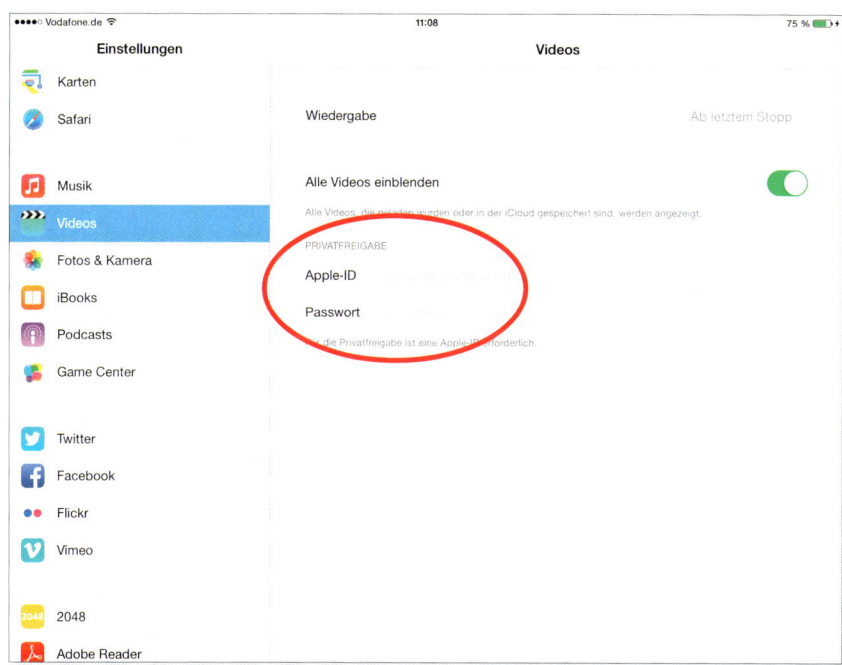

Im iPad ist in „Musik" oder „Videos" dieselbe Apple-ID bei „Privatfreigabe" zu hinterlegen.

Über die identische Apple-ID an beiden Geräten findet die Autorisierung statt. Damit sind nun alle Einstellungen durchgeführt, und Sie können z. B. die App

Videos auf dem iPad starten und finden dort unterhalb der Uhrzeit den Button *Freigegeben*. In der *Musik*-App finden Sie die Freigabe rechts unten in der
Menüleiste.

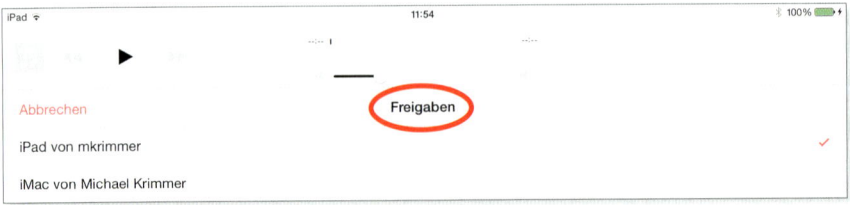

Die App „Musik" greift auf die Lieder des Computers zu.

 Den Namen der Mediathek kann man im Computer in den iTunes-Einstellungen
(Mac: **iTunes –> Einstellungen**, Windows: **Bearbeiten –> Einstellungen**) auf
dem Reiter **Allgemein** bei **Mediathek-Name** eintragen.

iTunes kann aber noch viel, viel mehr. Wenn Sie sich über alle Details ausführlich informieren wollen, dann empfehlen wir unser Buch dazu.

Mit dem iTunes-Buch lernen Sie alle Feinheiten kennen.

Troubleshooting: Hilfe, wenn mal etwas schiefläuft

Mit der Zeit werden Sie feststellen, dass das iPad ein sehr zuverlässiges Gerät ist. Normalerweise tut es, was es soll, und es gibt kaum Situationen, in denen die Software abstürzt oder sich anderweitig seltsam verhält.

Aber wie bei jedem technischen Gerät kann es natürlich mal vorkommen, dass etwas aus dem Ruder läuft. Für diesen Fall haben wir Ihnen auf den folgenden Seiten ein paar Tipps und Anleitungen vorbereitet, mit denen Sie nahezu alle Probleme wieder in den Griff bekommen. Das iPad hat nämlich die lobenswerte Eigenschaft, dass es sich selbst heilen kann, indem es im Fall der Fälle einfach eine frische Software installiert.

Aber auch beim iPad gilt: Wenn etwas einmal wirklich kaputt ist, dann hilft da auch kein Softwareupdate oder das Zurücksetzen von Einstellungen. Dann müssen Sie das Gerät reparieren lassen. Hilfe bekommen Sie unter *http://apple.com/de/support*.

iPad wiederherstellen mit Backup über iTunes oder iCloud

Über *iTunes* lassen sich jederzeit Backups erstellen und wieder zurück auf das iPad kopieren. Das ist ein guter Weg, um einen bestimmten Einstellungs- und Datenstand im Notfall wiederherzustellen.

Um eine Datensicherung manuell zu erstellen, schließen Sie das iPad am Computer an und klicken auf das iPad-Symbol. Im Fenster *Übersicht* gibt es den Bereich *Backups*. Um ein Backup zu erstellen und den Inhalt des iPad auf dem Rechner zu sichern, klicken Sie auf *Jetzt sichern*.

Klicken Sie auf *Backup wiederherstellen*, so wird eine bestehende Datensicherung wieder auf das iPad zurückgespielt. Inhalte wie Musik, Videos oder Apps müssen anschließend aber extra kopiert werden.

 Wenn Sie Ihren Backup verschlüsseln, indem Sie **Lokales Backup verschlüsseln** aktivieren, dann werden auch Ihre eingegebenen Kennwörter gesichert und auch wiederhergestellt.

Wie bereits in Kapitel 7 ab Seite 299 besprochen, können Sie in der iCloud ebenfalls ein Backup hinterlegen und dieses dann auf dem iPad einspielen.

iPad zurücksetzen

Sie können verschiedene Einstellungen in Ihrem iPad zurücksetzen. Rufen Sie dazu *Einstellungen –> Allgemein* auf und scrollen Sie ganz nach unten zum Punkt *Zurücksetzen*.

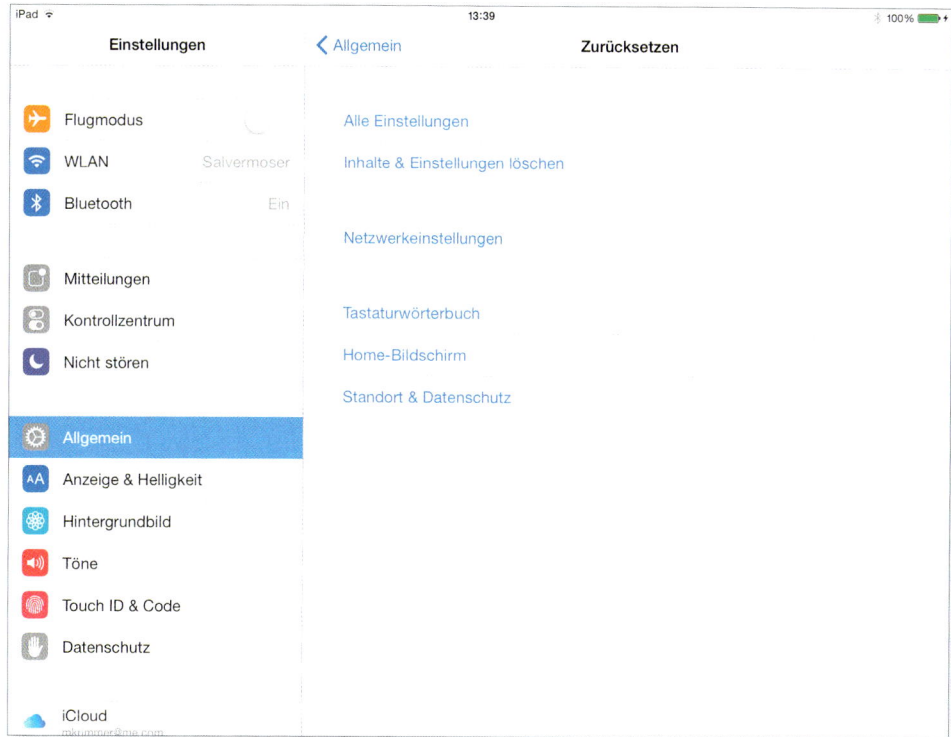

Über die „Einstellungen" können Sie vieles wieder auf die Werkseinstellungen zurückbringen.

Hier haben Sie nun einige Möglichkeiten:

- *Alle Einstellungen*: Sie haben sich in den Einstellungen ein wenig zu tief umgesehen, und jetzt verhält sich das iPad nicht mehr so, wie Sie das möchten? Wenn es schneller geht, die richtigen Dinge zu aktivieren, anstatt die falschen zu deaktivieren, dann nutzen Sie diese Option. Damit werden die Einstellungen auf den Werkszustand gestellt, und Sie können von vorne beginnen.
- *Inhalte & Einstellungen löschen*: Bei dieser Variante werden nicht nur die Einstellungen entfernt, sondern auch alle Inhalte wie Apps, Musik, Videos und persönliche Daten. Damit bringen Sie das Gerät in den

Zustand zurück, in dem es sich befand, als Sie es aus der Packung genommen haben. Das ist nicht nur dann hilfreich, wenn das iPad zickt und Sie das Problem lösen möchten. Auch vor einem Verkauf oder Verleih des iPad können Sie so alle Inhalte löschen.

- *Netzwerkeinstellungen*: Das ist beispielsweise sinnvoll, wenn Sie sich nicht mit einem WLAN verbinden können, obwohl das funktionieren sollte. Dann müssen Sie zwar die Kennwörter aller bekannten WLANs noch einmal eingeben. Aber in der Regel klappt dann der Verbindungsaufbau wieder.
- Ganz unten können Sie dann noch das *Tastaturwörterbuch,* den *Home-Bildschirm* sowie die Einstellungen zu *Standort & Datenschutz* zurücksetzen.

iPad neu booten

Sollte Ihr iPad sich seltsam verhalten oder den Dienst ganz verweigern, wirkt ein kompletter Neustart des Systems wahre Wunder. Um einen solchen Reboot durchzuführen, halten Sie die Home- und Standbytaste so lange gedrückt, bis der Bildschirm dunkel wird und das Apple-Logo erscheint. Dann können Sie beide Tasten loslassen. Das iPad startet neu und kann im Anschluss daran wieder wie gewohnt benutzt werden.

Wenn überhaupt nichts mehr geht: der Wartungszustand

Dieser Tipp ist eher was fürs Grobe. Es ist ganz selten, aber es kann vorkommen, dass Ihr iPad überhaupt nichts mehr tut. Entweder lässt es sich nicht mehr einschalten, oder seit Stunden wird Ihnen nur der Apfel des Startvorgangs angezeigt. Dann bringen auch die beiden vorherigen Tipps nichts mehr, weil Sie sie schlicht in dieser Phase nicht anwenden können. In diesem Fall müssen Sie das iPad in den DFU-Modus versetzen. Dieser Notbetrieb stellt das iPad wieder in den Auslieferungszustand zurück. Wenn sich also in der Software Ihres iPad irgendetwas unlösbar verändert hat, dann bekommt das Gerät hierüber wieder eine frische Software installiert. Und so starten Sie den DFU-Modus:

1. Schalten Sie das iPad aus. Wenn Sie es nicht ausschalten können, drücken Sie gleichzeitig die Standby- und die Home-Taste und halten diese einige Sekunden lang gedrückt, um das Gerät auszuschalten.
2. Schließen Sie das USB-Kabel des Geräts nun an Ihren Computer an.
3. Halten Sie die Home-Taste auf dem Gerät gedrückt, während Sie das USB-Kabel an das Gerät anschließen.
4. Wenn Sie im Display des iPad das iTunes-Logo mit einem Kabel sehen, lassen Sie die Home-Taste los. Wenn diese Meldung nicht angezeigt wird, probieren Sie die Schritte 1 bis 3 noch einmal.
5. Installieren Sie iOS neu, indem Sie in *iTunes* auf *iPad wiederherstellen* und dann auf *Wiederherst. & aktual.* klicken. Das nachfolgende Infofenster zum *iPad-Software-Update* bestätigen Sie mit *Weiter*.
6. Richten Sie anschließend Ihr iPad wieder nach Ihren Wünschen ein.

Sicherheit und Datenschutz

Die Betriebssysteme der Tablets werden immer komfortabler und einfacher zu bedienen. Gleichzeitig sind sie immer mehr in der Lage, umfangreiche und komplexe Aufgaben zu erledigen. Daher landen zwangsläufig immer mehr sensible Daten auf den Geräten.

Und ganz gleich, ob es Ihr Adressbuch ist oder vertrauliche Daten Ihres Arbeitgebers: Gelangen diese in die Hände der falschen Personen, kann das sehr unangenehm werden.

Bei der Vorstellung des iPhone 5s Ende 2013 sagte Phil Schiller, Apples Senior Vice President Worldwide Marketing, dass rund 50 Prozent der Anwender keinerlei Möglichkeit der Zugangskontrolle zu ihren Smartphones nutzen. Sie legen schlicht noch nicht einmal einen Code an. Dabei ist das die geringste Zugangskontrolle, die man vornehmen sollte, damit nicht jeder x-beliebige Finder des Geräts an Ihre sensiblen Daten gelangt.

Aber es gibt noch mehr, was man als iPad-Anwender in Bezug auf Sicherheit und Datenschutz tun kann. In diesem Kapitel haben wir entsprechende Tipps und Maßnahmen kompakt zusammengestellt.

Den Zugriff reglementieren

Das Erste, was man tun sollte, um sein iPad gegen den Zugriff unbefugter Personen zu schützen, ist die Vergabe eines Passcodes.

Der Code: vierstellige Zahlenkombination oder komplexes Passwort

In *Einstellungen –> Allgemein* gibt es den Punkt *Code* bzw. *Touc ID & Code*. Dort können Sie den Code aktivieren, deaktivieren oder ändern. Diese Möglichkeit kannten Sie vielleicht schon.

Die einfachste Art der Absicherung: ein vierstelliger PIN-Code

Gleich darunter finden Sie den Punkt *Code anfordern*. Dort legen Sie fest, nach welcher Zeit der Inaktivität ein Code erforderlich ist. Sie haben dabei die Wahl zwischen *Nach 1 Minute*, *Nach 5 Minuten*, *Nach 15 Minuten*, *Nach 1 Stunde*, *Nach 4 Stunden* oder *Sofort*. Eine zu kurze Einstellung wird sehr schnell nervig, eine zu hohe ist nahezu sinnlos. In vier Stunden kann ein Dieb oder Finder viel mit Ihrem iPad anstellen, und wenn erst dann die Sperre greift, ist das Kind schon längst in den Brunnen gefallen. Empfehlenswert sind fünf oder 15 Minuten.

Sinnvoll ist auch die Option **Einfacher Code**. Schalten Sie diese aus, sind Sie nicht mehr auf vier Ziffern als Code beschränkt. Sie können dann ein längeres Passwort auswählen und dabei auch komplexere Zeichenketten mit Sonderzeichen wählen. Ein Passwort wie „54u-Ut%@76-utw" ist deutlich schwerer zu knacken als das beliebte „1234".

Die Zugangskontrolle per Fingerabdruck (Touch ID)

Sind Sie Besitzer eines iPad Air 2 oder iPad mini 3 haben Sie eine weitere Möglichkeit, Zugriff auf Ihr iPad zu reglementieren. Über den in der Home-Taste integrierten Fingerabdruckscanner und die iOS 8-Funktion *Touch ID* identifizieren Sie sich per biometrischer Kennung. Und auch bei Einkäufen in den Apple Stores für Apps, Musik, Videos und Bücher ist auf Wunsch Ihr Fingerabdruck ebenso viel wert wie das Passwort Ihrer Apple-ID.

Aber wie verantwortungsvoll geht Apple mit Ihrem Fingerabdruck um? In einem Gespräch mit dem „Wall Street Journal" stellte ein Apple-Sprecher klar, dass nicht das Bild des Abdrucks gespeichert wird, sodass es nicht so ohne Weiteres möglich ist, den Abdruck aus dem iPad zu extrahieren. Gespeichert wird nur eine Signatur des Abdrucks. Und die liegt dann auch noch verschlüsselt in einem Teil des Prozessors, was das Auslesen der Daten zusätzlich erschwert. Die Daten verlassen das Gerät nicht, werden also nicht etwa in der iCloud gespeichert. Auch das wäre ein weiterer Angriffspunkt für Hacker, den Apple so nicht bietet. Außerdem wird nicht alles dem Fingerabdruck überlassen. Wird das iPad neu gestartet oder erfolgte in den vergangenen 48 Stunden keine Entsperrung mit dem Fingerabdruck, benötigen Sie nach wie vor einen Sicherheitsscode.

Fingerabdruck erfassen

Die Fingerabdrücke zur Identifizierung können Sie in den *Einstellungen* bei *Touch ID & Code* festlegen.

Die Fingerabdrücke können nur eingestellt werden, wenn Sie auch einen Sicherheitscode definiert haben. Sollte die Option **Fingerabdrücke** also nicht anwählbar sein, erstellen Sie zuerst einen Code mit der Funktion **Code aktivieren**.

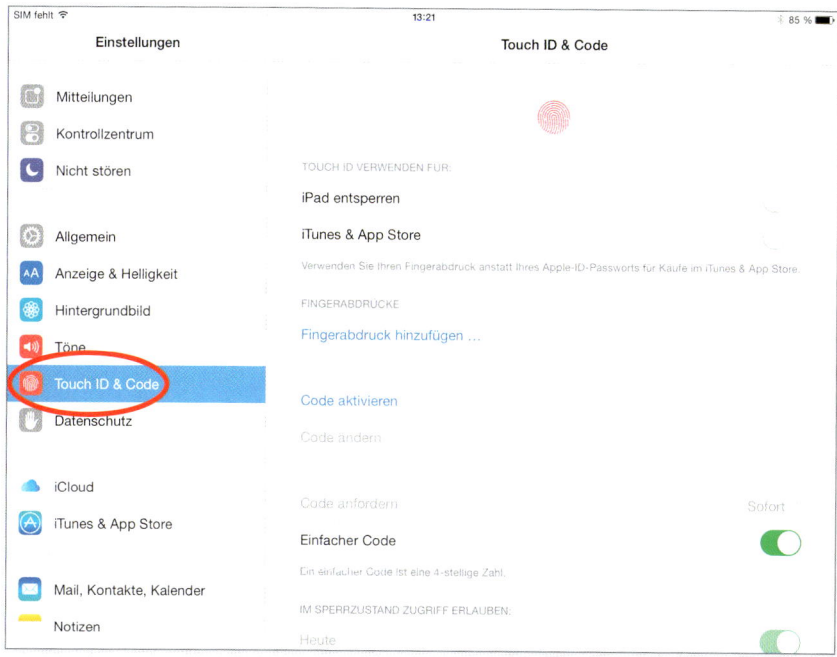

Die Einstellungen für die „Fingerabdrücke".

Tippen Sie auf *Fingerabdruck hinzufügen*, um das Muster eines Ihrer Finger zu erfassen. Damit die Erfassung möglichst genau wird, müssen Sie ihn mehrere Male hintereinander auf die Home-Taste legen. Sie können beobachten, wie sich die Linien der Grafik nach und nach rot färben. Sind alle gefärbt, ist der Scan komplett.

Das Muster eines Fingers wird in mehreren Schritten erfasst, was an den roten Linien zu erkennen ist.

Damit auch unterschiedliche Stellungen des Fingers auf dem Sensor berücksichtigt werden, muss das iPad nach dem ersten Teil der Erfassung noch die Ränder des Fingers scannen. Wie zuvor müssen Sie den Finger mehrere Male hintereinander auf das Sensorfeld legen. Ist dieser Vorgang beendet, kann der Fingerabdruck ab sofort zum Entsperren oder für den Einkauf in den Stores verwendet werden.

Nachdem die Ränder des Fingers gescannt sind, ist der Fingerabdruck gespeichert und einsatzbereit.

Weitere Fingerabdrücke erfassen

Da man meistens nicht immer denselben Finger nimmt, um die Home-Taste zu bedienen, bzw. auch mal die Hand wechselt, gibt es noch die Möglichkeit weitere Finger zu speichern. Dazu tippen Sie einfach erneut auf die Option *Fingerabdruck hinzufügen*. Daraufhin müssen Sie den Scanvorgang, wie zuvor beschrieben, für den anderen Finger wiederholen.

Fingerabdrücke bearbeiten

Die erfassten Fingerabdrücke lassen sich auch wieder vom iPad löschen und benennen, um die unterschiedlichen Finger zu unterscheiden. In der Übersicht

der Fingerabdrücke finden Sie im unteren Teil die gespeicherten Finger aufgelistet. Tippen Sie nun auf einen der Einträge (z. B. *Finger 1*) und wählen Sie dann
Fingerabdruck löschen. Sie können hier auch den bestehenden Namen ändern.

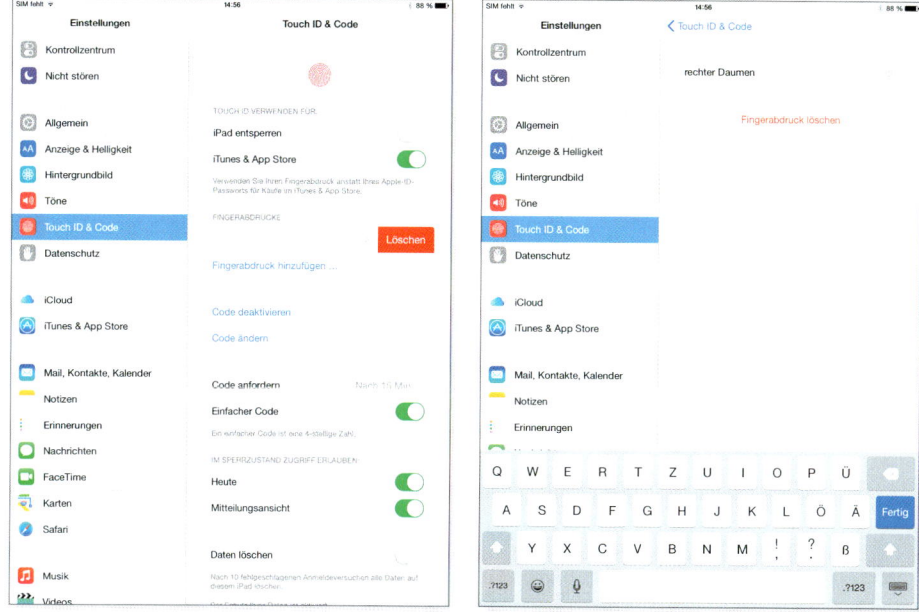

*Die erfassten Fingerabdrücke lassen sich auch durch Wischen wieder entfernen (links) und
umbenennen (rechts).*

Tippen Sie auf *Fertig* rechts unten, um die Bearbeitung abzuschließen.

Touch ID im Einsatz

Haben Sie nun einen Fingerabdruck erfasst, können Sie ihn in Zukunft zum Entsperren des iPads und für den Einkauf verwenden. Dazu müssen Sie aber in den
Einstellungen bei *Touch ID & Code –> Touch ID verwenden für* die entsprechenden
Optionen aktiviert haben. Sie können dort entscheiden, ob die Fingerabdrücke
für die Gerätesperre (*iPad entsperren*) und/oder für *iTunes & App Store* zum Einsatz
kommen sollen.

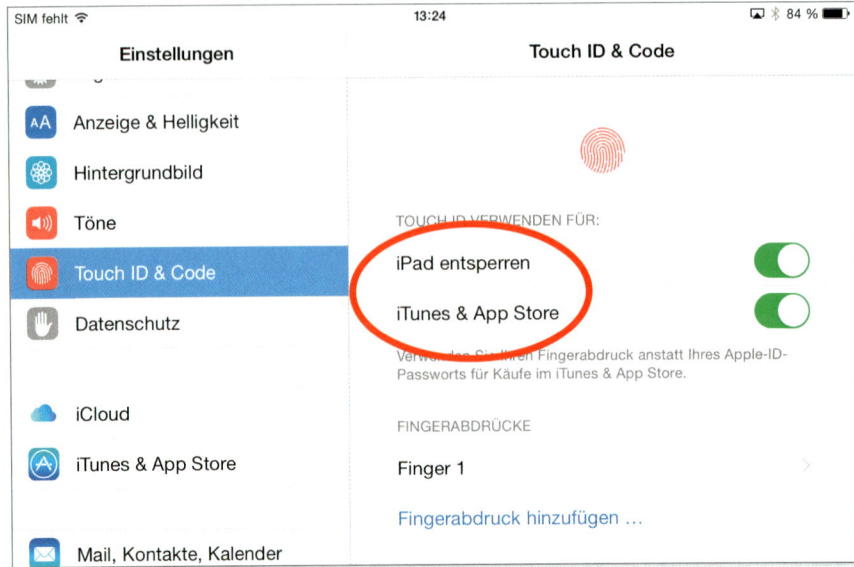

Entscheiden Sie, wo die Fingerabdrücke verwendet werden.

Das Entsperren des iPad mit Touch ID geht sehr einfach. Wenn Sie den Sperrbildschirm sehen, legen Sie einen Finger auf den Sensor (Home-Taste) und nach einer Sekunde ist das iPad entriegelt und kann genutzt werden. Einfacher geht es kaum!

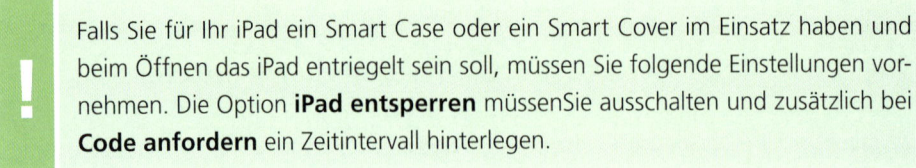

! Falls Sie für Ihr iPad ein Smart Case oder ein Smart Cover im Einsatz haben und beim Öffnen das iPad entriegelt sein soll, müssen Sie folgende Einstellungen vornehmen. Die Option **iPad entsperren** müssenSie ausschalten und zusätzlich bei **Code anfordern** ein Zeitintervall hinterlegen.

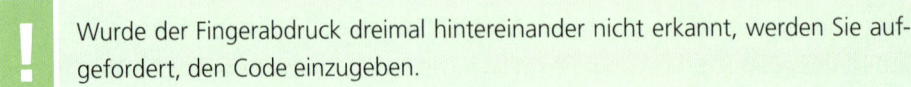

! Wurde der Fingerabdruck dreimal hintereinander nicht erkannt, werden Sie aufgefordert, den Code einzugeben.

Der Einkauf in den diversen Stores funktioniert damit ebenso. Sobald Sie z. B. eine App erwerben, erscheint ein Hinweis mit der Aufforderung, einen Finger auf den Sensor zu legen. Sobald dies geschehen ist, wird die App gekauft und heruntergeladen.

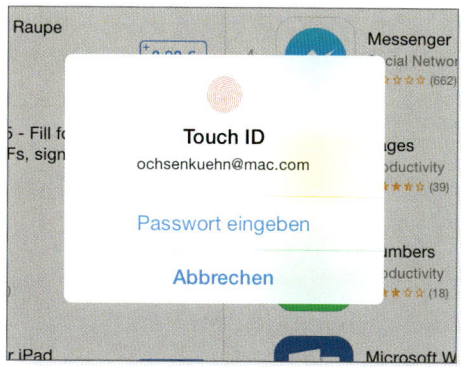

Die Touch ID kann für Einkäufe in den Apple Stores verwendet werden.

Vertrauenswürdiger Rechner

Wenn Sie Ihr neues iPad unter iOS 8 das erste Mal an einen Rechner anschließen, erhalten Sie eine Abfrage, ob der Rechner vertrauenswürdig ist.

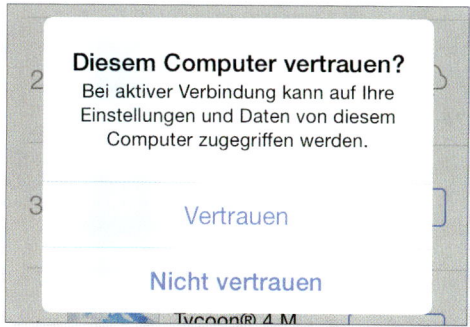

iOS 8 würde gerne wissen, ob Sie diesem Rechner vertrauen.

Handelt es sich bei dem Rechner um Ihren eigenen oder den einer vertrauenswürdigen Person, so können Sie diesem Computer *Vertrauen*. Dann kann *iTunes* genutzt werden, um Daten von oder an Ihr iPad zu übertragen. Entscheiden Sie sich für *Nicht vertrauen*, erhält *iTunes* keinen Zugriff auf den Rechner. Wenn Sie also Ihr iPad nur mal zum Laden des Akkus an einen Rechner anstecken wollen, können Sie an dieser Stelle festlegen, dass das nicht mehr damit geschehen darf.

Sicherheit und Datenschutz im Internet

Aber auch im Internet ist vielerorts Vorsicht geboten. Nachfolgend finden Sie ein paar Tipps, wie Sie Ihre Daten absichern können.

Safari: Tracking deaktivieren, Cookies blockieren, Schnelle Website-Suche aus, Betrugswarnung

Es geht um die *Einstellungen* zu *Safari* und dort speziell den Abschnitt zu *Datenschutz & Sicherheit*.

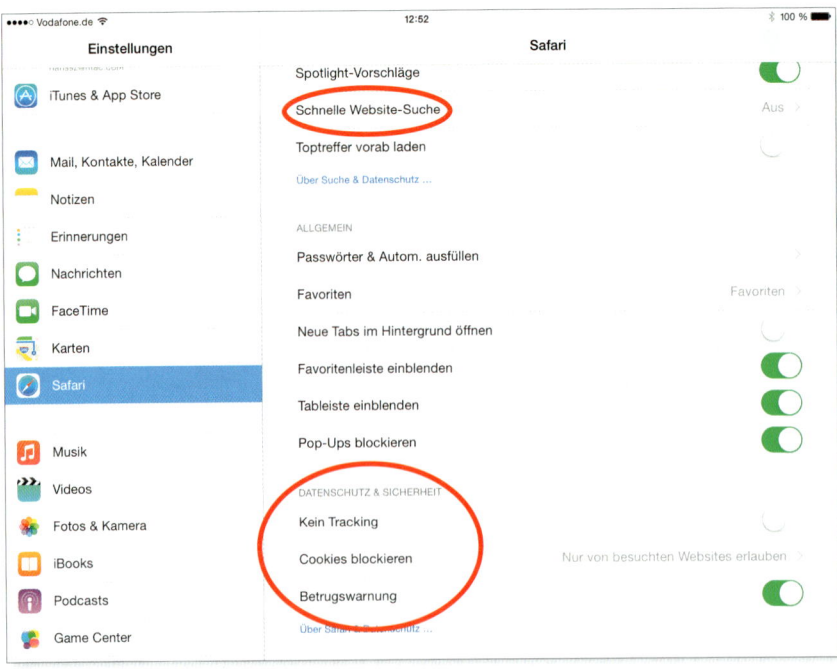

Safari bietet Ihnen viele Optionen, um sicher im Internet unterwegs sein zu können.

- *Kein Tracking*: Webseiten zeichnen gerne die Aktivitäten ihrer Besucher auf, um künftig maßgeschneiderte Werbung generieren zu können. So kann es vorkommen, dass Sie einmal nach einem Kindersitz gesucht haben und Ihnen plötzlich dazu passende Werbung angezeigt wird. Ist die Option *Kein Tracking* aktiviert, wird *Safari* Webseiten dazu auffordern, diese Daten nicht zu erheben. Allerdings ist das eher eine Bitte als ein Befehl. Ob die Webseite sich daran hält, darauf hat *Safari* keinen Einfluss.

- *Cookies blockieren*: Auch Cookies sind ein hervorragendes Werkzeug zur Auslieferung von maßgeschneiderter Werbung. In diesen kleinen Dateien werden unter anderem auch Informationen über Ihre Käufe und Such-anfragen gespeichert. Kommen Sie nun zum Anbieter zurück oder auf eine andere Seite, die dieses Cookie ausliest, erkennt Sie der Server und weiß, was er mit Ihnen zu tun hat. Aber Cookies eignen sich nicht nur als Werbeschleuder. Auch durchaus sinnvolle Einstellungen können in einem Cookie gespeichert werden. Wenn Sie also festlegen, dass Cookies blockiert werden sollen, kann es vorkommen, dass auch „gute" Websei-ten nicht mehr wie gewohnt funktionieren. Ein vernünftiger Mittelweg zwischen *Immer* und *Nie* ist daher häufig die Einstellung *Von Dritten oder Werbeanbietern*.

- *Betrugswarnung*: Surfen Sie eine Seite an, die bekannt dafür ist, sensible Daten auszuspähen (Stichwort „Phishing"), kann die *Betrugswarnung* Sie davor schützen. „Kann" daher, weil die Seite natürlich erst einmal für ein solches Verhalten bekannt sein muss, bevor eine Warnung ausgespro-chen werden kann. Aber diese Option zu aktivieren, hilft auf jeden Fall mehr, als dass sie schadet.

- Und in der App *Safari* können Sie zudem die Funktion *Privat* aktivieren. Diese finden Sie in der *Tab*-Übersicht. Welche weiteren Schutzmechanis-men darüber ausgelöst werden, können Sie in Kapitel 5 nachlesen.

Helfen Sie bei der Verbesserung von Diensten und Produkten – oder eben nicht

Bei der Einrichtung von iOS 8 wurden Sie bereits mit dieser Frage konfrontiert: Möchten Sie Apple dabei helfen, die Produkte und Dienste der Firma zu ver-bessern? Im Gegenzug erlauben Sie Apple, „automatisch täglich Diagnose- und Nutzungsdaten [zu] senden", was auch immer das heißen mag. Aber Sie müssen dann auch damit rechnen, dass Apple wissen will, was Sie tun, wie Sie es tun und wo Sie es tun. Das iPad ist aufgrund von diversen sinnvollen Funktionen durch-aus in der Lage, diese Daten zu generieren. Ein Beispiel: Sie sind in der Innen-stadt unterwegs, stehen vor einem Ladengeschäft und starten eine Google-Suche zu einem Artikel, den Sie im Schaufenster sehen. Nun wissen Apple und Google schon mal, was Sie interessiert: der Mantel. Apple weiß außerdem noch, wo Sie sich gerade befinden: vor dem Laden. Sie kommen also als potenzieller Kunde durchaus für entsprechende Werbung infrage. Zugegeben, das ist arg konstruiert. Aber wer garantiert Ihnen, dass Apple diese Daten nicht auch anders nutzt als nur zur Verbesserung von iOS? Wenn Sie also der Meinung sind, dass Apple die Verbesserung von Produkten und Diensten auch allein hinbekommt, tippen Sie auf *Nicht senden*, wenn das Häkchen nicht schon dort gesetzt ist.

Wissen Sie nicht mehr, welche Einstellung Sie beim Installieren angegeben haben, können Sie das jederzeit nachträglich überprüfen bzw. ändern: *Einstellungen –> Datenschutz –> Ortungsdienste –> Systemdienste –> Diagnose & Nutzung.*

Sichere Verbindungen nutzen

Sofern es der Anbieter Ihres Mail-Accounts anbietet, sollten Sie eine SSL-Verbindung zum Mailserver aktivieren.

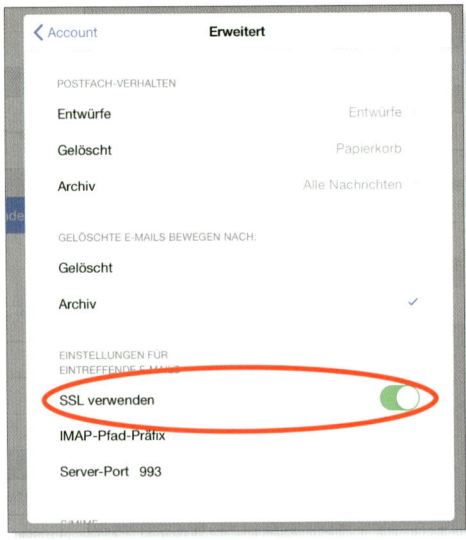

Aktivieren Sie – sofern vorhanden – die Option „SSL verwenden" für eine verschlüsselte Übertragung Ihrer Nachrichten.

Bei SSL werden Ihre Daten verschlüsselt übertragen, das bedeutet, sie können dann nicht einfach mitgelesen werden. Auch wenn Sie vielleicht keine die Sicherheit der Nation betreffenden Daten verschicken, haben Sie doch das Anrecht darauf, dass nur Sie und der Empfänger der Nachricht vom Inhalt selbiger erfahren.

SSL steht für **Secure Sockets Layer** und kann Ihnen auch als TLS bzw. **Transport Layer Security** begegnen.

Sie finden SSL in *Einstellungen –> Mail, Kontakte, Kalender* und dort im entsprechenden *Account*. Tippen Sie bei den Serverinfos auf *Erweitert*.

VPN nutzen und konfigurieren

Wer sicher mit Servern im Internet kommunizieren will, sollte VPN nutzen. Im Businessumfeld ist das die derzeit genutzte Standardtechnologie. Um VPN nutzen zu können, müssen in *Einstellungen –> Allgemein –> VPN* die korrekten Daten hinterlegt werden. Einfacher ist es, sich von der IT-Administration eine Profildatei zusenden zu lassen, in der alle Daten bereits hinterlegt sind.

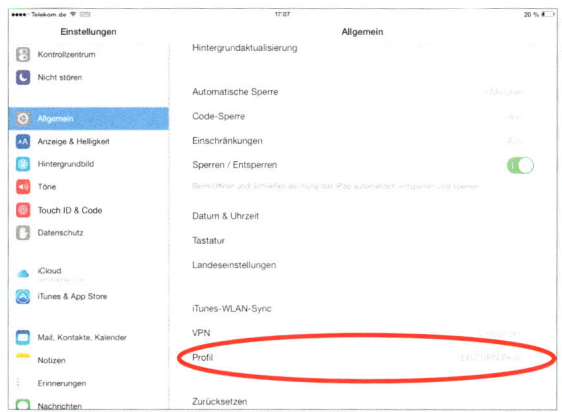 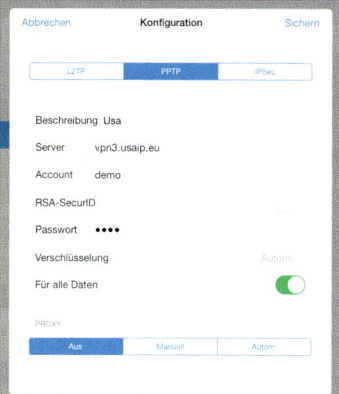

Das linke Bildschirmfoto zeigt das installierte Profil, wohingegen rechts alle Daten manuell eingetragen werden.

Sind alle erforderlichen Daten eingetragen bzw. ist das Profil installiert worden, kann die VPN-Verbindung etabliert werden. Sie finden nun in den *Einstellungen* den neuen Eintrag *VPN*, mit dem die Verbindung aufgebaut und wieder beendet werden kann.

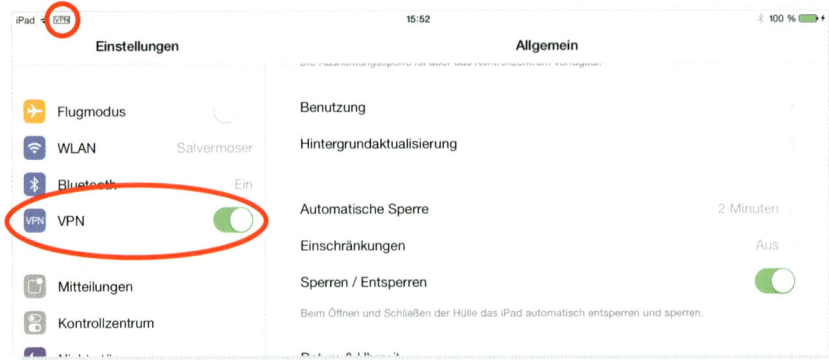

Die VPN-Verbindung ist schnell aktiviert und zeigt bei erfolgreicher Verbindung den Schriftzug „VPN" in der oberen Displayzeile.

Weiterhin kann die VPN-Verbindung nun auf bestimmte Apps bezogen werden. Die Einstellungen hierzu kann die IT-Administration vornehmen.

iPad für Diebe unbrauchbar machen

Mit der kostenlosen App *Mein iPhone* von Apple oder über *icloud.com* können Sie ein verloren gegangenes (oder gestohlenes) iPad orten, einen Ton abspielen, eine Nachricht anzeigen oder das Gerät löschen. Damit Sie aus der Ferne auf Ihr iPad zugreifen können, muss in *Einstellungen –> iCloud* die Funktion *Mein iPad suchen* aktiviert sein. Haben Sie das Gerät gelöscht, kann es nur wieder reaktiviert werden, wenn Sie sich mit Ihrer Apple-ID zu erkennen geben. Das bringt Ihnen zwar im schlimmsten Fall Ihr iPad auch nicht wieder. Aber es ist gut zu wissen, dass es sich in diesem Zustand auch nicht verkaufen lässt.

Ein aus der Ferne von Ihnen gelöschtes iPad ist für den Dieb unbrauchbar, weil er ohne Eingabe der ursprünglichen Apple-ID an dieser Stelle nicht weiterkommt.

Sicherheit für den Sperrbildschirm

Über den Sperrbildschirm kann standardmäßig eine Reihe von Funktionen aufgerufen werden:

- *Siri*
- *Mitteilungen*
- *Kontrollzentrum*

Es empfiehlt sich daher, zur Verbesserung der Sicherheit diese Funktionen zu deaktivieren. Über *Einstellungen –> Kontrollzentrum* bzw. *Mitteilungen* können Sie den *Zugriff im Sperrbildschirm* deaktivieren. Weiterhin sollte via *Einstellungen –> Code* bzw. *Touch ID & Code* die Funktion *Siri* abgeschaltet werden. Dies funktioniert aber nur dann, wenn vorher ein Code hinterlegt und aktiviert wurde.

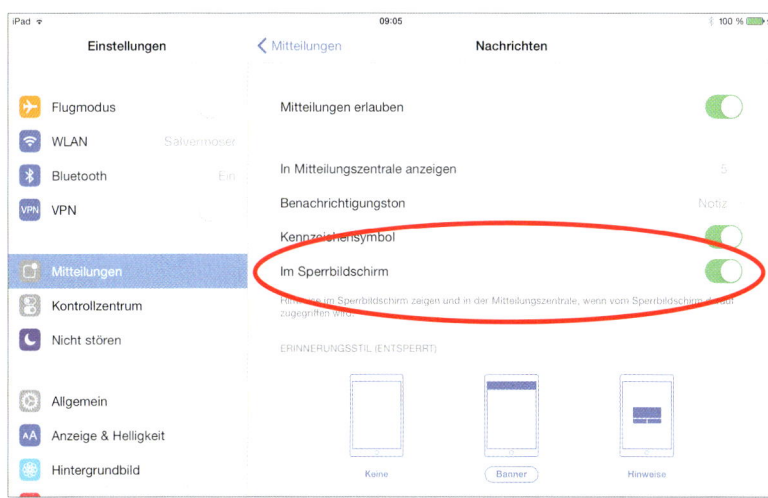

Deaktivieren Sie die markierten Funktionen, um unerlaubten Zugriff auf Funktionen des iPad zu vermeiden.

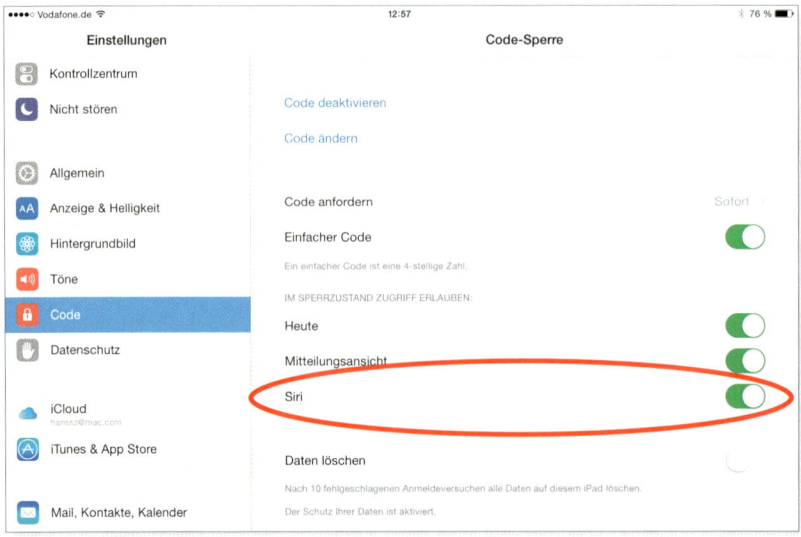

Auch Siri kann für den Sperrbildschirm deaktiviert werden.

Weiterhin können diverse Apps zum Teil wichtige Informationen direkt auf dem Sperrbildschirm einblenden.

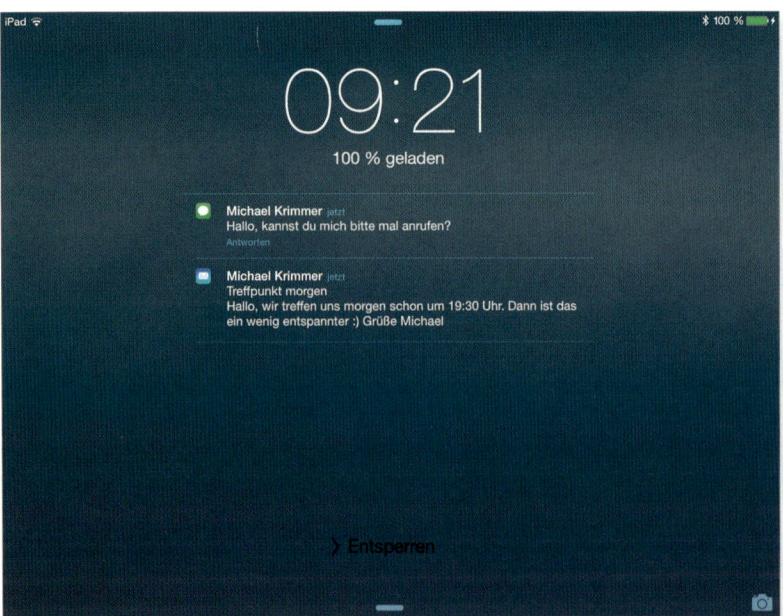

Das Bildschirmfoto zeigt die Apps „Nachrichten" und „Mail", die Informationen im Sperrbildschirm anzeigen.

Sie sind deshalb gut beraten, zumindest die Vorschau auszublenden, um keine detaillierten Infos preiszugeben.

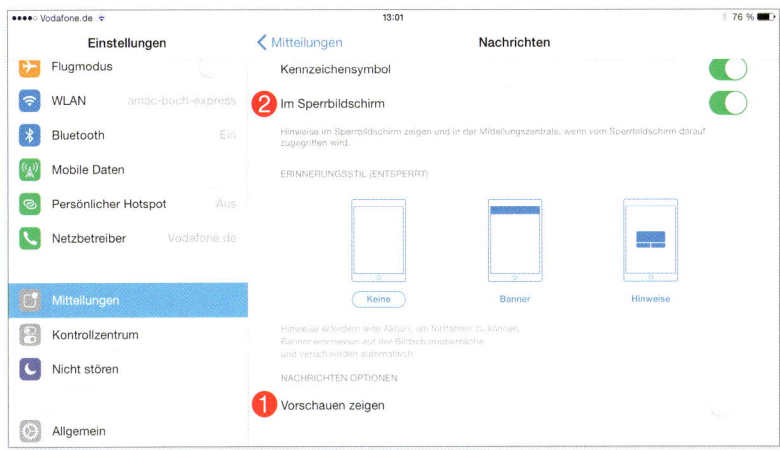

Wird die Vorschau nicht dargestellt ❶ ...

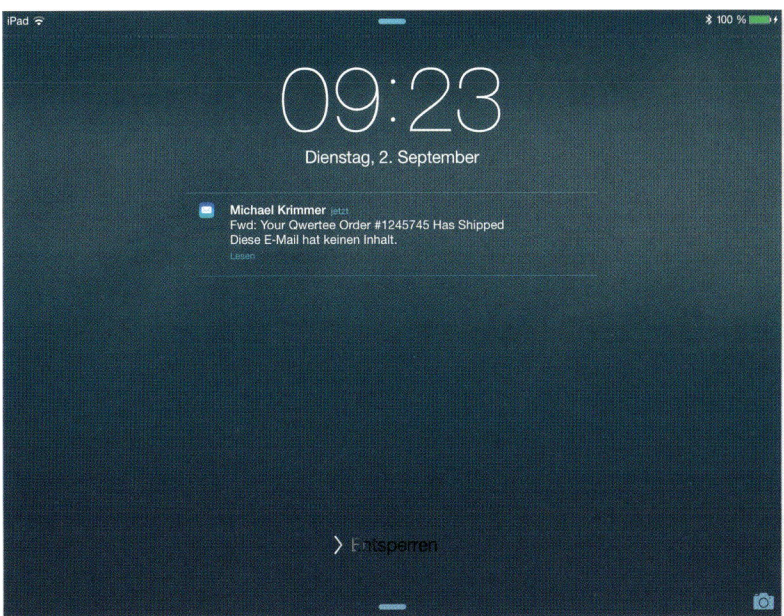

... so sind schon mal die Details der Nachrichten nicht mehr zu sehen.

Soll hingegen im Sperrbildschirm keinerlei Info erscheinen, so deaktivieren Sie *Im Sperrbildschirm* ❷.

Jede App kann Informationen an den Sperrbildschirm senden. Prüfen Sie deshalb in **Einstellungen –> Mitteilungen**, für welche Apps Sie das zulassen wollen. Sie finden den entsprechenden Punkt für jede App einzeln in den jeweiligen Einstellungen.

Zweistufige Sicherung für die Apple-ID

Die Apple-ID ist normalerweise durch ein Passwort geschützt. Das Passwort selbst muss zwingend mindestens eine Ziffer, einen Klein- und Großbuchstaben enthalten. Dadurch wird es schon ziemlich sicher. Allerdings kann es doch passieren, dass böse Menschen Ihr Passwort herausfinden und dann damit uneingeschränkt Zugang zu Ihrem iCloud-Account haben und sogar damit in den diversen Stores einkaufen können.

Apple stellt aus diesem Grund eine zweistufige Sicherung für die Apple-ID zur Verfügung. Diese ist aber standardmäßig ausgeschaltet und muss von Ihnen zuerst noch konfiguriert werden.

Wenn Sie die zweistufige Sicherung einrichten, registrieren Sie ein oder mehrere vertrauenswürdige Geräte. Ein vertrauenswürdiges Gerät ist ein von Ihnen verwendetes Gerät, das vierstellige Bestätigungscodes über den Dienst *Mein iPhone suchen* oder per SMS empfangen kann. Allerdings muss mindestens eine SMS-fähige Rufnummer angegeben werden.

Sobald die zweistufige Sicherung aktiv ist, müssen Sie immer, wenn Sie sich anmelden, um Ihre Apple-ID zu verwalten, oder wenn Sie von einem neuen Gerät aus einen Einkauf im *iTunes Store*, *App Store* oder *iBooks Store* tätigen, zur Bestätigung Ihrer Identität sowohl Ihr Passwort als auch einen vierstelligen Bestätigungscode eingeben, der an das vertrauenswürdige Gerät geschickt wird.

Einrichten

Das Einrichten der zweistufigen Sicherung muss derzeit am Rechner gemacht werden. Die Aktivierung über iPhone oder iPad ist nicht möglich. Öffnen Sie die Seite *appleid.apple.com/de* in einem Browser und klicken Sie dort auf *Ihre Apple-ID verwalten*.

Nach der erfolgreichen Anmeldung mit Ihrer Apple-ID wechseln Sie auf der linken Seite in den Bereich *Passwort und Sicherheit*. Dort beantworten Sie die beiden Sicherheitsfragen, die Sie beim Einrichten der Apple-ID hinterlegt haben.

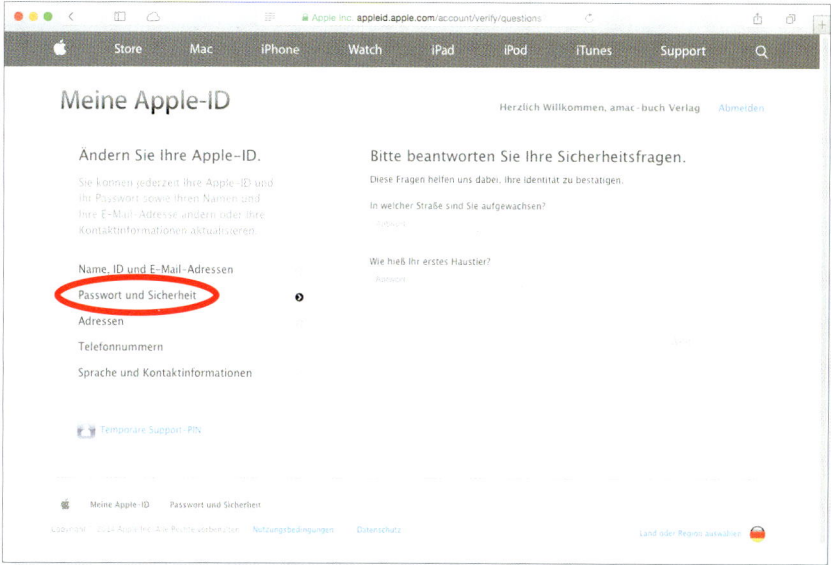

Bevor man die Sicherheitseinstellungen der Apple-ID ändern kann,
muss man die Fragen beantworten.

Nachdem Sie die Fragen korrekt beantwortet haben, erreichen Sie den Bereich mit dem Apple-ID-Passwort und den hinterlegten Sicherheitsfragen. Im rechten Bereich finden Sie dann an erster Stelle die *Zweistufige Bestätigung*. Klicken Sie dort auf *Erste Schritte*. Sie werden damit Schritt für Schritt durch die Konfiguration geleitet.

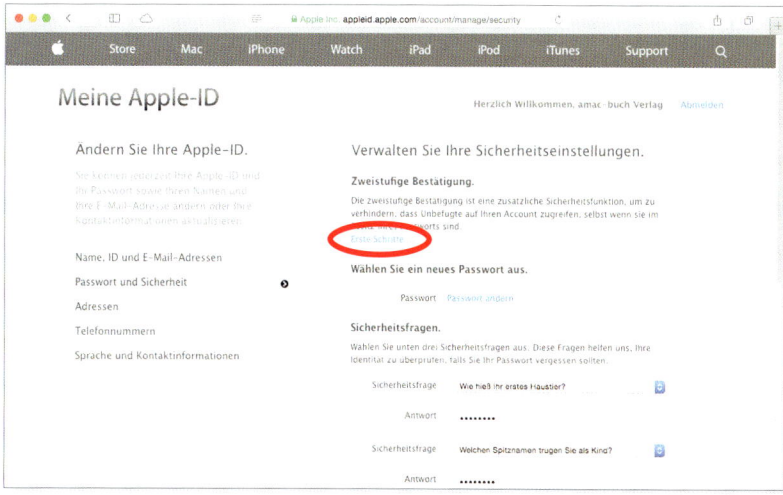

Das Einrichten der „Zweistufigen Bestätigung" kann beginnen.

Zuerst erhalten Sie noch einige wichtige Informationen über diese Sicherheitsfunktion, die Sie aufmerksam lesen sollten. Unter anderem wird beim Einrichten ein *Wiederherstellungsschlüssel* generiert, der von Ihnen sehr gut aufbewahrt werden sollte. Denn nur mit dem Wiederherstellungsschlüssel können Sie nachträglich auf Ihren Account zugreifen, falls Sie einmal das Passwort vergessen haben oder Ihr Gerät gestohlen wurde.

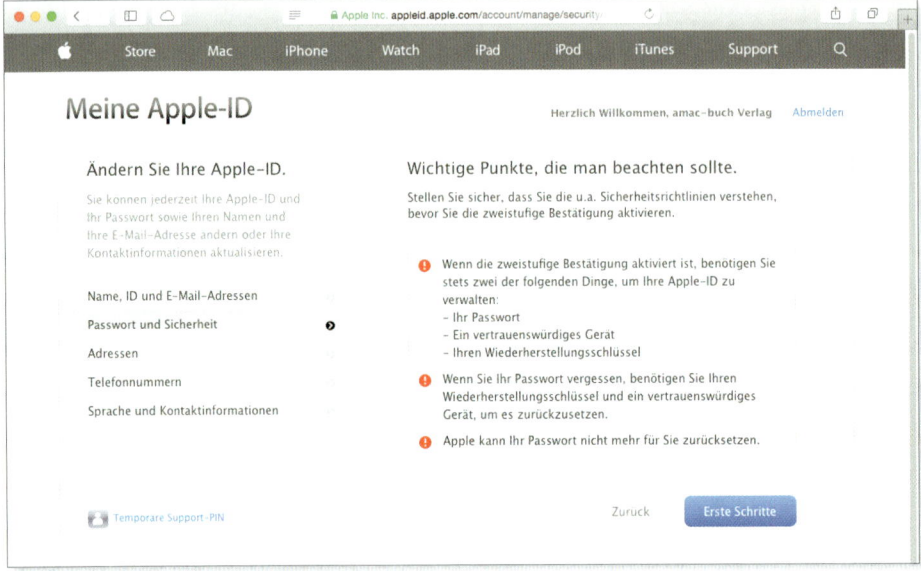

Beachten Sie unbedingt die Informationen.

Im ersten Schritt müssen Sie eine Telefonnummer angeben, die SMS empfangen kann. Zur Kontrolle wird sofort ein vierstelliger Code an das Telefon versendet, den Sie dann zur Bestätigung der korrekten Funktionsweise eingeben müssen.

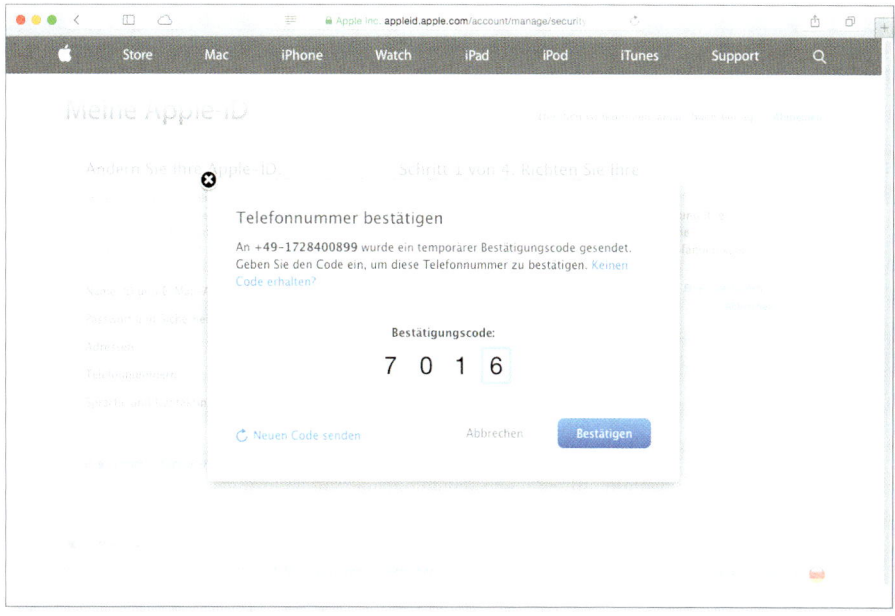

Zur Kontrolle muss der per SMS empfangene Code eingetippt werden.

Ist der Code bestätigt, können Sie im Anschluss noch weitere Telefonnummern für den Empfang des Codes angeben.

Der zweite Schritt zeigt Ihnen nun Ihren Wiederherstellungsschlüssel an. Diesen sollten Sie sich entweder ausdrucken oder notieren und gut aufbewahren.

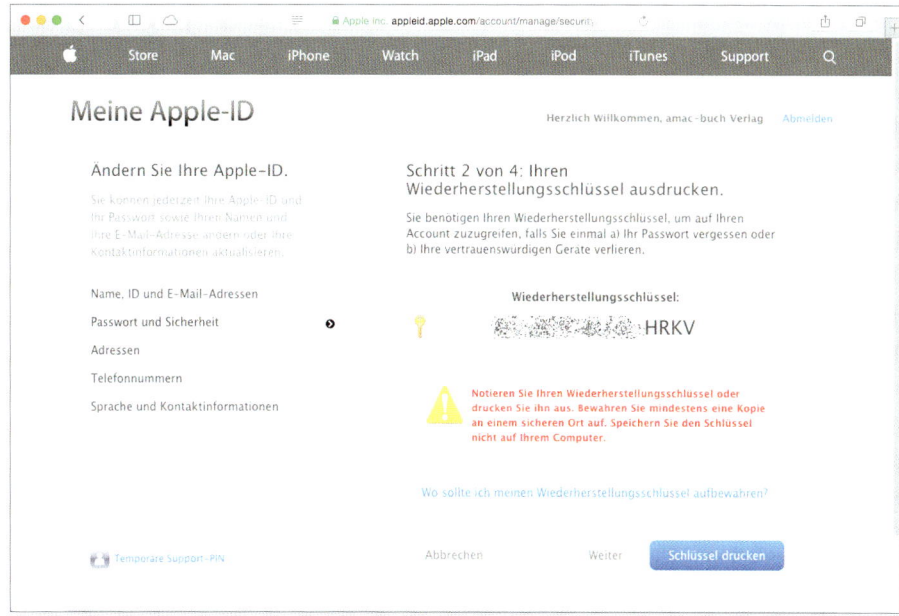

Der Wiederherstellungsschlüssel ist ein alphanumerischer Code, der sehr wichtig ist.

Im dritten Schritt müssen Sie zur Kontrolle den Wiederherstellungsschlüssel eingeben. Dies soll gewährleisten, dass Sie den Schlüssel ausgedruckt oder notiert haben.

Der vierte und letzte Schritt fordert Sie dazu auf, die Bedingungen der zweistufigen Sicherung zu akzeptieren. Haben Sie dies getan, ist die Sicherung aktiviert und kann sofort genutzt werden.

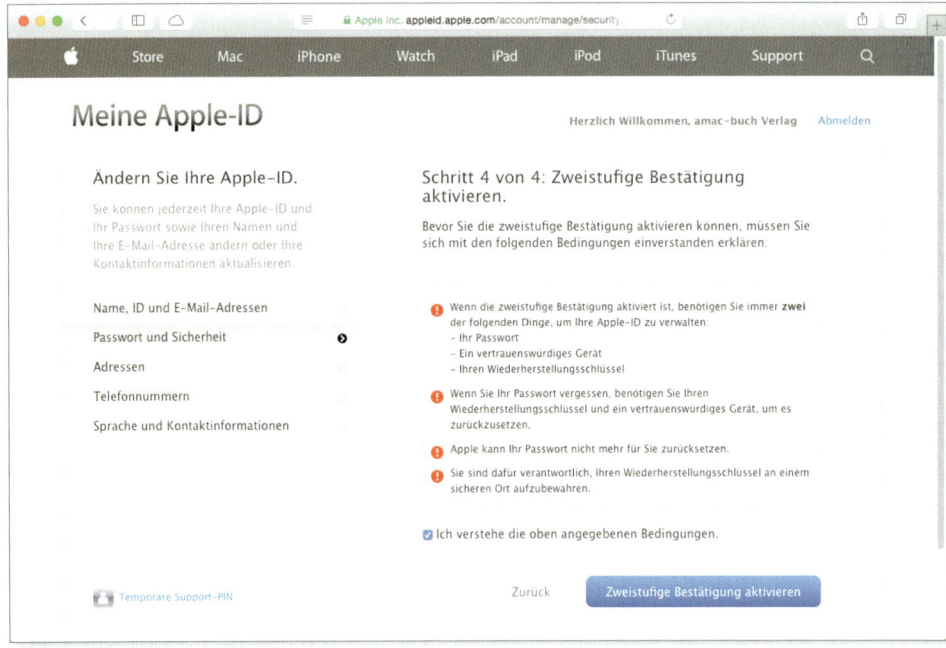

Sind Sie mit den Bedingungen einverstanden, wird die Sicherung aktiviert.

Ab sofort können Sie also Änderungen an Ihrem Account oder Einkäufe mit einem neuen Gerät (iPhone, iPad, Mac, Windows) nur unter Verwendung der zweistufigen Sicherung tätigen. Sie benötigen dazu in Zukunft also das Passwort Ihrer Apple-ID und den vierstelligen zugesendeten Code.

Damit ist ein sehr guter Schutz Ihres Accounts bzw. Ihrer Apple-ID gewährleistet.

Datenschutz

Auch im Bereich Datenschutz gibt es einige Stellschrauben, die man anpassen kann. Primär geht es da um die Apps und deren Verhalten.

Generell gilt: Zugriff von Apps im Auge behalten

Meistens tut eine App das, was sie soll. Dann sind auch die Anfragen, die die App beim ersten Start sendet, nachvollziehbar. Die *Karten*-App kann durchaus um Zugang zu Ihren Kontakten bitten. Schließlich möchten Sie vielleicht einmal die Firmenadresse Ihres Bekannten angezeigt bekommen. Und wenn eine Social-Media-App Ihre Kontakte näher kennenlernen will, kann auch das problemlos geschehen. Vielleicht möchten Sie ja von der App angezeigt bekommen, wer von Ihren Kontakten ebenfalls dort vertreten ist.

Aber eine Bitte: Gehen Sie nicht immer davon aus, dass die App das tut, was sie zu tun vorgibt. Vereinzelt kommt es vor, dass eine augenscheinliche Spaß-App munter mit der Außenwelt kommuniziert und beispielsweise Ihre Kontakte kopiert. Dann können Ihre Freunde und Bekannten damit rechnen, dass Sie künftig ungefragt Werbemails erhalten werden. Daher denken Sie kurz darüber nach, ob die angefragten Daten wirklich nötig sind, damit die App ihren Dienst verrichtet. Sind Sie sich nicht sicher, sagen Sie erst einmal „Nein!". Sie können auch nachträglich einer App die Erlaubnis wieder entziehen. Das geht unter *Einstellungen –> Datenschutz* und dort unter der jeweiligen App.

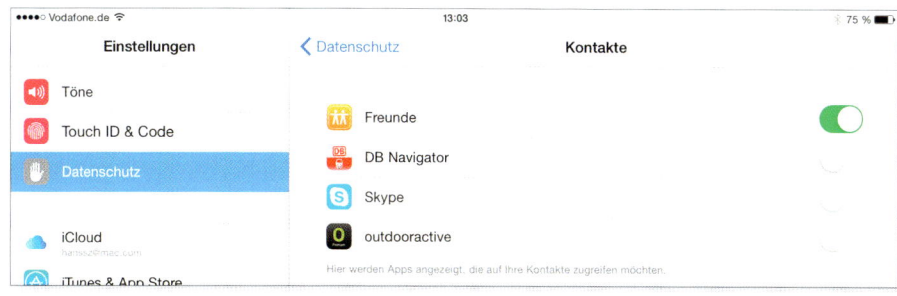

Hier sehen Sie, dass derzeit lediglich die „Freunde"-App auf die Kontakte des iPad zugreifen darf. Wenn Sie das künftig einer weiteren App erlauben, erscheint sie hier ebenfalls.

Möchten Sie einer App den Zugriff nachträglich verweigern, so deaktivieren Sie das hier einfach, indem Sie den Schalter auf *Aus* stellen.

Ihr iPad weiß, wo Sie sich aufhalten

Was Ihre persönlichen Orte angeht, dafür gibt es spezielle *Einstellungen*. Rufen Sie dazu *Datenschutz –> Ortungsdienste* auf und tippen Sie auf *Systemdienste*.

Hier können Sie die Option *Ortsabhängige iAds* deaktivieren, denn die hilft Apples Werbekunden mehr als Ihnen. Also aus damit. iAds ist das Apple-eigene Werbenetzwerk, über das App-Entwickler zusätzliche Erlöse generieren können.

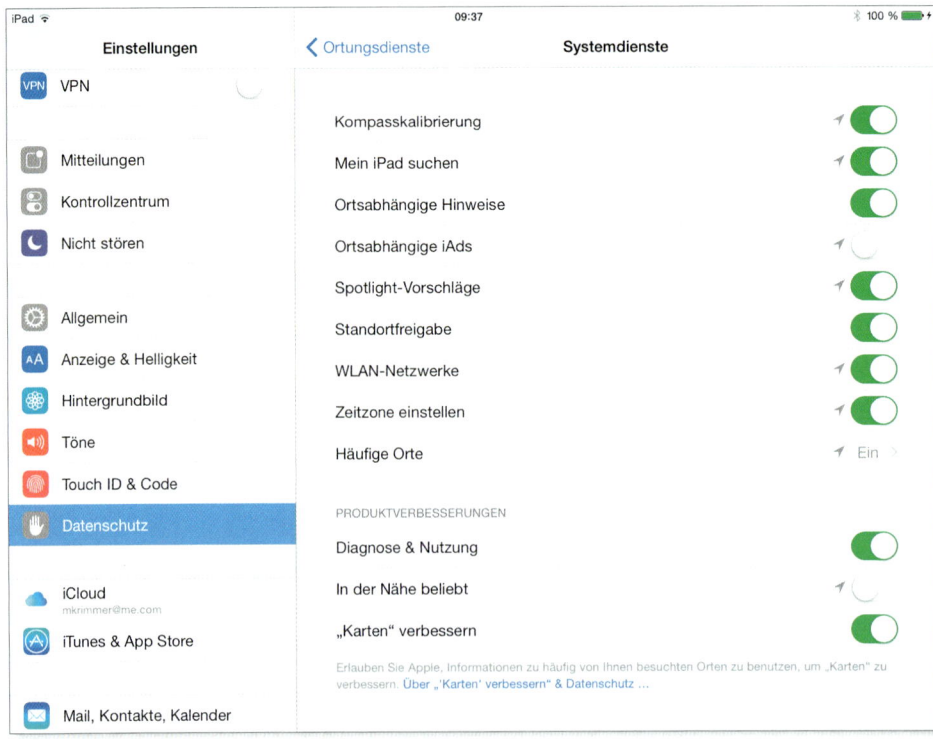

Innerhalb der „Ortungsdienste –> Systemdienste" finden Sie eine ganze Reihe von Einstellmöglichkeiten.

Funktionen wie *Kompasskalibrierung*, *WLAN-Netzwerke* oder *Zeitzone einstellen* sollten aktiviert sein, da sie Ihnen nützlich sind.

Ortungsdienste immer aktiv – oder nicht

Jede App, die auf Ortungsdienste zugreifen möchte, fragt beim ersten Start danach. Dabei ist aber ebenfalls Vorsicht geboten. Es gibt nämlich zwei unterschiedliche Anfragen, die aber unterschiedliche Folgen haben. Zunächst einmal die „normale" Frage.

Diese Anfrage erhalten Sie, wenn die App während der Benutzung Ihren Standort ermitteln möchte.

Das sollten Sie mit *Erlauben* beantworten. Schließlich sieht man in der Karten-App ja oft etwas nach, was mit dem derzeitigen Aufenthaltsort zu tun hat. Die andere Abfrage sieht so aus:

Hier entscheiden Sie, ob die App immer Ihren Aufenthaltsort wissen darf.

Wenn Sie das erlauben, dann darf die App zu jeder Zeit nachsehen, wo Sie sich gerade aufhalten. Das ist beispielsweise bei der *Freunde*-App sinnvoll, weil Ihre dort autorisierten Kontakte ja auch dann sehen sollen, wo Sie sind, wenn Sie die *Freunde*-App nicht gerade geöffnet haben. Bei allen anderen ist es aber fraglich, ob Ihr Standort für die gewünschte Funktion immer relevant ist.

In *Einstellungen –> Datenschutz –> Ortungsdienste* erkennen Sie die Freigaben daran, dass entweder *Beim Verwenden* oder *Immer* angezeigt wird.

Ad-Tracking – besser nicht

Unter *Einstellungen –> Datenschutz –> Werbung* finden Sie die Option *Kein Ad-Tracking*, die Sie besser aktivieren sollten. Lassen Sie dagegen Ad-Tracking zu, erlauben Sie Apps, Ihnen interessenbasierte Werbung zu senden. Da Sie das vermutlich nicht möchten: Weg damit! Falls doch, legen Sie den Schalter wieder auf *Aus*, um Ad-Tracking zuzulassen.

Vorsicht vor der Formulierung. Ob absichtlich oder nicht, Apple wählte hier bei der Beschreibung der Option einen ungewohnten Weg. Die Option heißt **Kein Ad-Tracking**. Normalerweise ist eine Funktion aktiv, wenn Sie den Schalter auf Grün (also **Ein**) stellen. In diesem Fall ist es andersherum: Schalten Sie auf Grün, ist Ad-Tracking inaktiv.

App Store: geprüfte Apps garantiert

Dieser Aspekt wird von Apple-Kritikern oft als negativ dargestellt: Jede App, die den Weg auf ein iPad über den App Store finden soll, muss erst durch die Kontrolle von Apples App-Testern. Was auf den ersten Blick nach übertriebener Kontrolle aussehen mag, hat aber durchaus einen sinnvollen Hintergrund:

Apple überprüft, ob die App auch wirklich das tut, was sie tun soll, oder ob sie nur dem Zweck dient, Daten auszuspähen. Außerdem kann man sicher sein, dass eine App aus dem App Store ausreichend gut programmiert ist, sodass sie nicht ständig abstürzt und somit das iOS-System insgesamt instabil macht.

Klar, auch bei Apple arbeiten Menschen, denen mal etwas durchrutschen kann. Aber die Fälle, in denen eine App, die den Testprozess erfolgreich durchlaufen hat, trotzdem ein verstecktes Hintertürchen hat, sind eher sehr selten. Bei Android-Apps mit den vielen Distributionswegen ist das schon häufiger der Fall.

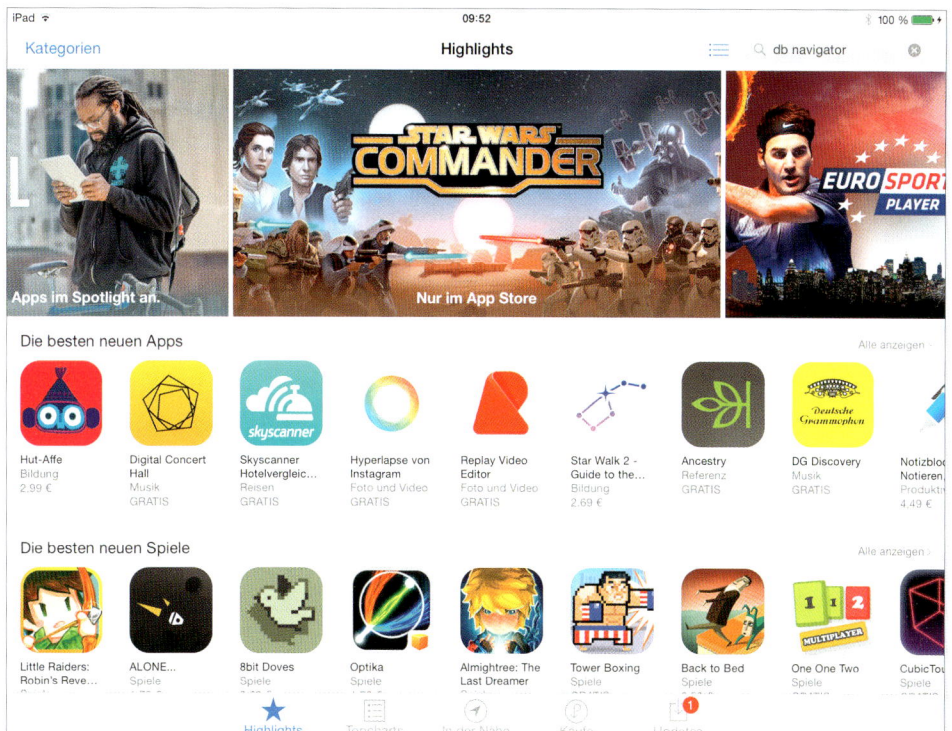

Bei Apps aus dem „App Store" kann man in der Regel sicher sein, dass alles in Ordnung ist.

Index

Index

Weitere interessante Bücher
rund um das Thema Apple, iPhone und iPad finden Sie
unter www.amac-buch.de.

Inhaltsverzeichnis

Vorwort

Liebe Schülerin, lieber Schüler,

du möchtest weniger Fehler machen und deine Noten verbessern?
Dann ist **Weniger Fehler in der Klassenarbeit** genau das Richtige für dich!
Weniger Fehler in der Klassenarbeit hilft dir, typische Fehler zu vermeiden
und so deine Leistungen zu steigern.

Zu jedem wichtigen Thema gibt es ein Kapitel. Jedes Kapitel beginnt mit
einem Auszug aus einer Klassenarbeit. Hier siehst du, welche Fehler
häufig gemacht werden. Sind in deiner Klassenarbeit ähnliche Fehler
angestrichen? Dann solltest du dieses Kapitel auf jeden Fall bearbeiten!

Die Kapitel bestehen aus folgenden Bausteinen:

Regeln	Hier wird leicht verständlich erklärt, welche Regeln du beachten musst, um typische Fehler zu vermeiden.
Übungen	Mithilfe der Übungen kannst du die Regeln aktiv trainieren.
Tipps	Eingestreute Tipps geben dir zusätzliche Hilfestellungen.
Fehler-Check	Am Ende des Kapitels kannst du den Test machen: Alles fehlerfrei?

Die **Lösungen** zu den Übungen und zum Fehler-Check findest du am
Ende des Buches.

Und nun kannst du dem Fehlerteufel den Kampf ansagen!

Viel Erfolg wünscht dir
Annet Kowoll

Groß- und Kleinschreibung

Die Anrede: *Sie* oder *sie*? *Du* oder *du*?

> Sehr geehrte Frau Dr. Stagemann,
>
> vielen Dank, dass sie sich entschlossen haben, als Tierärztin an |
>
> unserem Projekttag zum Thema „Hund, Katze und Co." teilzunehmen.
>
> In ihrem letzten Schreiben teilten sie uns mit, dass sie auch ihre ||||
>
> Schäferhündin Lilly mitbringen wollen! Darauf freuen wir uns natür-
>
> lich schon riesig. Vielleicht wissen sie ja, dass sich aus unserer |
>
> Klasse mindestens fünf Kinder einen eigenen Hund wünschen.
>
> Könnten sie in ihrem Vortrag auch noch darauf eingehen, was es ||
>
> bedeutet, sich täglich um einen Hund zu kümmern?
>
> Wir freuen uns auf sie und ihren Hund. ||
>
> Ihre Klasse 5 d

Regeln

1. **In öffentlichen Briefen** werden …
   die höflichen Anredepronomen *Sie* und das entsprechende
   Possessivpronomen *Ihr* bzw. *Ihre* in allen Formen **großgeschrieben**.
   Beispiel: *Bitte rufen Sie uns an. Danke für Ihre E-Mail.*

2. **In privaten Briefen** können …
   die persönlichen oder vertraulichen Anredepronomen *du, ihr* sowie
   die entsprechenden Possessivpronomen *dein, deine, euer, eure*
   klein- oder großgeschrieben werden.
   Beispiel: *Lieber Karl, d/Du bist ein toller Freund.*

3. In anderen Texten werden **die Anredepronomen im Allgemeinen
   kleingeschrieben** (z. B. bei wörtlicher Rede).

Übungen

1 Entscheide, ob diese Briefe privat oder öffentlich sind, und setze die richtigen Anredepronomen ein.

Brief 1

Hallo Luca,

toll, dass _____ bald wieder zu mir nach Bremen kommen möchtest!

Im letzten Brief hast _____ mir ja geschrieben, dass _____ nun

auch ein Skateboard hast. Bei uns gibt es eine tolle Skaterbahn –

erinnerst _____ _____ noch an die letzten Ferien? Da haben wir

uns dort mit meinen Kumpels getroffen. Bringst _____ bitte auch die

neueste CD von Sam Smith mit? Die können wir uns dann ja auf dem

MP3-Player anhören.

Wann genau kommt _____ Zug am Hauptbahnhof an? Wenn _____

möchtest, kannst _____ mir auch kurz eine SMS schicken!

Bis bald! Machs gut, _____ Tommy

Brief 2

Sehr geehrter Herr Rektor Wiesenbaum,

wir möchten _____ heute für _____ netten Worte zu unserem

Sportfest danken! Gern würden wir _____ Angebot annehmen und auf

dem Sportplatz _____ Schule trainieren.

In _____ Rede haben _____ uns auch versprochen, dass wir

uns alle auf neue Trikots freuen dürfen, denn _____ haben gute

Verbindungen zur Firma „Technodrom". Vielleicht könnten wir uns

dazu nochmals bei _____ melden, um die Farben und Aufdru-

cke abzustimmen. Toll, dass _____

sich für unsere Sportler einsetzen!

Vielen Dank für _____ Hilfe!

Mit freundlichen Grüßen
i. V. Max Müller, 1. Vorsitzender
der SV Eintracht

2 Entscheide, ob es sich bei diesen Ausschnitten um private Briefe
oder eher um nicht private, also öffentliche Briefe handelt.
Setze die richtigen Anredepronomen ein.

a) Hallo Tessa,

schön, dass _____ mich in den Ferien besuchen kommen möch-

test! Dann können wir das neue Kinocenter besuchen, von dem

ich _____ im letzten Brief berichtet habe. Denkst _____ bitte

daran, _____ Inliner mitzunehmen!

b) In _____ letzten Telefonat teilten _____ mit, dass _____ für

den neuen Spielplatz an der Schule spenden möchten. Das finden

wir von _____ sehr nett!

c) Hast _____ etwa vergessen, dass wir gestern verabredet waren?

Leider bist _____ nicht zum Treffpunkt am Marktplatz gekommen.

Rufst _____ mich kurz zurück, was los ist? Bis bald!

_____ Freundin Karo

Tipp | Achte in offiziellen Briefen besonders auf den
Unterschied zwischen dem **Anredepronomen *Sie*** und dem
Personalpronomen *sie*.

Fehler-Check

Setze die passenden Pronomen (Anredepronomen, Possessivpronomen, Personalpronomen) ein.
Wenn du besonders gründlich arbeiten willst, schreibe die Briefe ab.

Sehr geehrter Herr Meier,

da   ie uns als Züchter von Sennenhunden empfohlen worden sind,

möchte ich   ie hiermit fragen, wann ich mit meinen Eltern einmal

bei   hnen vorbeikommen darf, um mir die Hunde anzusehen. Bitte

schlagen   ie uns einen Termin vor, der   hnen passt. Meine Eltern sind

berufstätig, daher hätten   ie am besten am Wochenende Zeit. Wenn   ie

möchten, können   ie   ie telefonisch erreichen unter 02920 / 34 34.

Vielen Dank, dass   ie sich bald melden werden!

Mit besten Grüßen

     hre Mara Bremer und Eltern

Liebe Oma,

heute möchte ich   ir meinen größten Wunsch schreiben! Kannst   u   ir

vielleicht denken, was das sein könnte? Ich wünsche mir zum Geburtstag

einen Hund! Weißt   u noch, wie ich mich immer um   einen Hund

gekümmert habe, als   u verreist warst? Bitte, Oma, helfe mir, Mama und

Papa zu überzeugen! Ich habe   ich ganz doll lieb! Danke für   eine Hilfe!

     eine Mara

Fehler	0–2 Fehler	3–7 Fehler	mehr als 7 Fehler
	Super!	In Ordnung!	Bitte noch einmal üben!

Nominalisierungen immer groß

Über das denken und fühlen von Pflanzen ||

Es gibt kaum etwas schöneres als einen Waldspaziergang im Frühling. |

Doch woher wissen Schneeglöckchen, Tulpen, Narzissen und Co., dass

nun endlich die Zeit des erwachens und des Neubeginns des Lebens |

gekommen ist? Forscher finden immer mehr Hinweise darauf, dass

Pflanzen durch denken und fühlen bestimmen, wann sie ihr wachsen |||

beginnen. Durch zusammentragen jahrelanger Forschungsergebnisse |

stellten sie fest, dass Pflanzen in einem engen Netzwerk von Infor-

mationen leben. Ein Beispiel ist das freisetzen von Lockstoffen, um |

Schlupfwespen anzulocken, wenn sie von Raupen befallen sind.

Dieses freisetzen lockt die Wespen scharenweise an, welche sich |

sofort an das töten der Raupen machen. |

Regeln

Unter Nominalisierung von Verben und Adjektiven versteht man,
dass diese im Satz wie Nomen (Substantive) gebraucht werden.
Nominalisierte Verben und Adjektive werden immer großgeschrieben.
Man erkennt sie an den Wörtern, die sie begleiten können. Dazu zählen:

- Artikel *(der, die, das; ein, eine, ein)*
  Beispiel: *laufen – das Laufen*
  Wir laufen schnell. Durch das Laufen sind wir fit.

- Präposition + Artikel *(am, zum, durchs, aufs, ins)*
  Beispiel: *neu – aufs Neue*
  Das Auto ist neu. Ich treffe dich aufs Neue.

- Mengen- und Zahlwörter *(wenig, manches, alles, nichts, viel, etwas)*
  Beispiel: *gut – etwas Gutes*
  Der Tag verläuft gut. Du erzählst etwas Gutes.

- Pronomen *(euer, mein, ihr, dieses, jenes, welches)*
  Beispiel: *lachen – euer Lachen*
  Wir lachen gern. Dein Lachen steckt an.

- Adjektive *(schön, rund, neu, dumm)*
  Beispiel: *schön – schönes Singen*
  Ihr singt gern. Euer Singen ist schön.

Übungen

1 Bilde Sätze, in denen eine Nominalisierung enthalten ist.
Verwende die genannten Wörter und schreibe ins Heft.
Beispiel: *Theo bekommt ständig etwas Neues geschenkt.*

Begleitwörter	Adjektive	Begleitwörter	Verben
alles	groß	im	sitzen
~~etwas~~	~~neu~~	zum	schwimmen
wenig	dumm	beim	zeichnen
nichts	gut	der/die/das	laufen

Tipp | Manchmal fehlt der Begleiter (Artikel, Pronomen …) vor dem nominalisierten Verb. Wenn du ihn in Gedanken ergänzen kannst, kannst du sicher sein, dass es sich um eine Nominalisierung handelt.
Beispiel: *Da (das) Laufen sehr gesund ist, joggt Till täglich eine Stunde.* → *Nominalisierung*
Aber: *Da (–) laufen sie!* → *Verb*

2 Groß oder klein? Streiche die falsche Schreibweise durch.

a) Blütennektar wird von Pflanzen zum Anlocken/anlocken von Tieren verwendet.

b) Die Angelockten/angelockten Tiere tragen so zum Verbreiten/verbreiten der Pollen und Samen bei.

c) Sie helfen damit den Pflanzen beim Fortpflanzen/fortpflanzen ihrer Eigenen/eigenen Art.

d) Bienen helfen durch häufiges Anfliegen/anfliegen der Blüten und das Abnehmen/abnehmen der Pollen den Pflanzen beim Befruchten/befruchten.

3 Markiere nur die Nominalisierungen und unterstreiche deren Begleitwörter!
Beispiel: _Beim_ Einkaufen von Blumenzwiebeln musst du darauf achten, dass die Zwiebeln eine feste Schale besitzen.

Frühlingsblumen selber großziehen

Zum Züchten von Frühlingsblumen braucht man eine Kiste

Aussaaterde. Das Einsetzen der Zwiebeln in die Erde ist einfach:

Setze die Spitze der Zwiebel nach unten. So kannst du das Ausbilden

der Wurzeln fördern. Während des
Wachsens solltest du die Zwiebel
leicht angießen.

Durch vorsichtiges Düngen
erreichst du ein vorschnelles Blü-
hen deiner Tulpen oder Narzissen.
Du kannst die Zwiebel nach dem
Verblühen der Pflanzen auf den
Kompost legen. Wenn das Laub

trocken ist, kann es abgeschnitten werden. Durch erneutes Einsetzen
der Zwiebeln in die Erde erreicht man ein erneutes Blühen.

4 Was passt zusammen? Übertrage die Tabelle ins Heft und ordne
möglichst viele Beispiele in die Tabelle ein.

der ▪ die ▪ das ▪ ein ▪ eine ▪ lang ▪ weit ▪ leise ▪ gut ▪ auf ▪
an ▪ ins ▪ werfen ▪ groß ▪ schreiben ▪ gut ▪ beim ▪ klagen ▪
hell ▪ schlafen ▪ dumm ▪ zur ▪ kochen ▪ schön ▪ essen ▪ alt ▪
vor ▪ arbeiten ▪ fein ▪ berichten ▪ neu ▪ mein ▪ dieses ▪
jenes ▪ wenig ▪ viel ▪ etwas ▪ nichts ▪ kein ▪ alles

Begleiter + nominalisiertes Verb	Begleiter + nominalisiertes Adjektiv
das leise Klagen	nichts Gutes

Fehler-Check

**Achte auf die Nominalisierungen und unterstreiche diese im Text.
Schreibe den Text dann in der richtigen Schreibweise ins Heft ab.**

WIE PFLANZEN IHR BLÜHEN BESTIMMEN

DIE ENTSCHEIDUNG, MIT DEM BLÜHEN ZU BEGINNEN, IST FÜR

JEDE PFLANZE RISKANT. DIE BLÜTEN BENÖTIGEN ENERGIE UND

WENN NOCHMALS MINUSGRADE KOMMEN, KÖNNTE DAS DIE

PFLANZE DAS LEBEN KOSTEN. PFLANZEN HABEN DAHER EIN

GENIALES VERFAHREN. SIE MESSEN NICHT NUR DIE TEMPERATUR

UND DAS LICHT, SONDERN AUCH DIE TAGESLÄNGE.

SOMIT KÖNNEN DIE ERSTEN WÄRMEREN SONNENSTRAHLEN

IM JANUAR KEINE PFLANZE DAZU BEWEGEN, EIN SCHNELLES

WACHSEN IN GANG ZU SETZEN.

AUCH PFLANZEN ÜBEN SICH IM SPEICHERN VON NÜTZLICHEN

INFORMATIONEN. DAS SO GEWONNENE WISSEN WIRD AN DIE

PFLANZENNACHKÖMMLINGE WEITERGEGEBEN.

Fehler	**0–2 Fehler**	**3–4 Fehler**	**mehr als 4 Fehler**
	Super!	In Ordnung!	Bitte noch einmal üben!

Zeitangaben

Die Klassenfahrt der 5 a

Am nächsten <u>m</u>ontagmorgen treffen sich alle Schüler der Klasse 5 a am | Bushalteplatz. Von dort werden sie bereits sehr früh mit dem Bus an die Nordsee fahren. Gestern <u>n</u>achmittag haben sich Lara und Betty in der | Stadt getroffen, um noch ein paar schicke Klamotten für die Disco zu kaufen, die jeden <u>d</u>ienstagabend in der Jugendherberge stattfindet. Die | Jungen wollen sich <u>F</u>reitagnachmittags ebenfalls am Einkaufscenter | treffen. Sie planen, jeden <u>n</u>achmittag Fussball zu spielen. Deswegen | brauchen Tom und Jonah noch neue Fußballschuhe.

In der Nähe der Jugendherberge gibt es auch ein Hallenbad, das jeden <u>a</u>bend von 18.00 bis 21.00 Uhr geöffnet hat. |

Die Rückreise ist für den kommenden <u>f</u>reitag geplant. |

Regeln

1. Zeitangaben schreibt **man groß, wenn diese als Nomen verwendet werden.** Dann steht vor den Zeitangaben oft ein Begleiter.
   Beispiel: der Abend, am Nachmittag, zum Mittwochnachmittag

2. Tageszeiten, vor denen Adverben wie *heute, morgen, gestern* ... stehen, schreibt man groß.
   Beispiel: gestern Morgen, heute Abend, morgen Mittag

3. Zeitangaben **in Form eines Adverbs** und welche **im Wortinneren oder Wortende ein** s haben, schreibt man **klein.**
   Beispiel: morgen, abends, heute, dienstagsmittags, samstagabends, früh, sonntagmorgens

Tipp | Wenn vor Zeitangaben Begleiter stehen oder stehen können, schreibt man diese groß. Mache also die **Einsetzprobe**, wenn du unsicher bist, wie eine Zeitangabe geschrieben wird, vor der kein Begleiter steht.
Beispiel: *Bis (zum) Montag sind es nur noch drei Tage.*
Wir freuen uns auf (–) morgen Abend.

Übungen

1 Ergänze die Tabelle.

kleingeschrieben	großgeschrieben
abends	_____
_____	der Morgen
mittwochs	_____
donnerstagsmorgens	_____
_____	am Vormittag
nachts	_____
freitagnachmittags	_____
_____	am Sonntagmorgen

2 Entscheide, ob groß- oder kleingeschrieben wird.
Umkreise die richtige Lösung.

a) Wir treffen uns D / d onnerstagmittags am Eingang des Zoos.

b) Tim geht jeden M / m ontagabend zum Volleyballtraining.

c) Am schönsten findet Jana es, wenn sie den S / s amstagabend mit

   ihren Eltern verbringen kann.

d) Können wir uns M / m ittwochs zum Laufen treffen?

e) Am D / d ienstagmorgen fährt er mit der U-Bahn zum Museum.

f) Sein Vater liest M / m orgens als erstes die Zeitung und trinkt dazu
Kaffee.

g) Kais Mutter geht jeden M / m orgen joggen.

3 Bilde mit jeder Zeitangabe einen Satz.

montags	heute Abend
mittwochabends	jeden Samstagmittag
dienstagmorgens	am Freitagmorgen
sonntags	zum Sonntagabend
mittags	der Montagnachmittag

_____

_____

_____

_____

_____

_____

_____

_____

_____

_____

_____

_____

Fehler-Check

Entscheide, ob die fehlenden Zeitangaben groß- oder kleingeschrieben werden. Notiere hinter jede Zeitangabe die passende Regel.

Kathrin und Lena wollen _____

(AM KOMMENDEN MONTAG) mit den Eltern in die Türkei fliegen. (Regel   )

Deshalb überlegten sie _____ (GESTERN

ABEND), was bis dahin noch alles zu erledigen ist. (Regel   ) Kathrin ruft:

„Denke daran, dass Oma und Opa _____

_____ (AM NÄCHSTEN SAMSTAG) kommen. (Regel   ) Wir

müssen sie _____ (MORGEN ABEND)

wegen der Ankunft des Zuges anrufen. (Regel   ) _____

_____ (KOMMENDEN FREITAG) ist es dafür zu spät.“

(Regel   )

Lena antwortet: „Du hast doch _____ (MITTWOCHS)

deinen Yoga-Kurs. Hast du den schon abgesagt?“ (Regel   ) Kathrin meint:

„Das erledige ich _____ (HEUTE

ABEND) (Regel   ). Am besten werde ich _____

_____ (MORGEN IN DER FRÜHE) für Opa und Oma eine lange

Liste schreiben. (Regel   ) Lass uns außerdem _____

_____ (HEUTE ABEND) noch besprechen, was wir alles in die Koffer

packen!“ (Regel   )

	0–3 Fehler	4–6 Fehler	mehr als 6 Fehler
Fehler	Super!	In Ordnung!	Bitte noch einmal üben!

2 Getrennt oder zusammen?

Wortverbindungen aus Nomen und Verben

Sport treiben ist gesund   I

Egal, ob du Radfährst, eisläufst, skatest oder schwimmengehst,   II

wichtig ist die körperliche Bewegung. Das Auto fahren ist also nicht   I

immer die gesündeste Fortbewegung.

Regeln

1. Verbindungen aus einem Nomen (Substantiv) und einem Verb schreibt man **getrennt**, wenn die **Betonung auf beiden Wörtern** liegt und so beide Wörter als eigenständig angesehen werden.
   Beispiel: Rad fahren, Urlaub machen, Inliner fahren, Sport treiben

2. Verbindungen aus einem Nomen und einem Verb schreibt man **zusammen**, wenn das Nomen in Verbindung mit dem Verb seine Eigenständigkeit verloren hat und ein **feststehender neuer Ausdruck** entstanden ist.
   Beispiel: eislaufen, teilhaben, kopfstehen, handhaben

3. Verbindungen aus einem Nomen und einem Verb **können getrennt oder zusammengeschrieben** werden, wenn sie **wie ein Adjektiv gebraucht** werden.
   Beispiel: die Ski laufende Schülerin / die skilaufende Schülerin, der allein Erziehende / der Alleinerziehende

4. Werden Verbindungen aus Nomen und Verb **nominalisiert/substantiviert** (d.h. als Nomen/Substantiv gebraucht), schreibt man sie **immer zusammen und groß!**
   Beispiel: Wir wollen auf dem zugefrorenen See Schlittschuh laufen, denn das Schlittschuhlaufen macht uns Spaß!

Übungen

1 Bilde die passende Verbindung aus Nomen und Verb und schreibe diese in einem Satz in dein Heft.
Beispiel: Fußball spielen: Wir werden heute Nachmittag um 15 Uhr Fußball spielen.

Fußball	Haare	Zimmer	waschen	spielen
Hosen	Hand	Rad	fahren	laufen
Würstchen	Eis	Auto	bürsten	tapezieren
Zaun	grillen	streichen	fahren	haben

Tipp | Bei der Erkennung von Nominalisierungen hilft dir die **Artikelprobe:** Prüfe, ob man einen Artikel oder einen Begleiter vor Verb + Nomen setzen kann.
Beispiel: Tennis spielen ist toll. (???) → Das Tennisspielen ist toll.

2 Streiche die falsche Schreibweise durch.

a) Das Radfahren / Rad fahren durch den Park ist toll!

b) Beim Fußballspielen / Fußball spielen hat sich David am Bein verletzt.

c) Tina nimmt zum Geschirrabwaschen / Geschirr abwaschen immer ein hautfreundliches Spülmittel.

d) Wir wollen das Essenkochen / Essen kochen.

e) Das Essenkochen / Essen kochen für die Eltern macht uns Spaß.

f) Jana verdient sich durch das Rasenmähen / Rasen mähen etwas Taschengeld.

g) Das Blumenpflücken / Blumen pflücken im Park ist nicht erlaubt.

h) Wir wollen dieses Teil haben / teilhaben.

i) Zum Abkühlen muss die Marmelade auf dem kopfstehen / Kopf stehen.

3 Bilde aus den eingeklammerten Wörtern Formulierungen und notiere jeden Satz in der richtigen Schreibweise ins Heft.

a) Frau Meier hofft, in der neuen Firma (Fuß / fassen) zu können.

b) Wenn das deine Eltern sehen, werden sie (Kopf / stehen)!

c) Das ewige (Angst / haben) bringt dich auch nicht voran, im Gegenteil!

d) Das (Ski / laufen) hat sie während der Klassenfahrt gelernt.

e) Beim Sportfest zeigte Kai, wie toll er (Kopf / stehen) kann.

f) Vor der Schwimmprüfung brauchst du absolut keine (Angst / haben).

4 Bilde Nominalisierungen und verwende diese in Sätzen.
Beispiel: *Durch häufiges Rollschuhfahren hat Tom sehr abgenommen.*
Rollschuhe fahren / Fahrrad fahren / Trampolin springen / Rat suchen / Kakao trinken / Pizza essen / Tisch decken / Auto fahren / Bücher lesen

Tipp | Ein Verb kann als Grundwort **untrennbare (feste) Zusammensetzungen** mit anderen Wörtern (z. B. Nomen, Präpositionen) bilden. Das Verb ist dann untrennbar, wenn die Wortbestandteile in **allen Zeitformen** in der **gleichen Reihenfolge** stehen.
Beispiel:

1. Nomen + Verb = Verb	2. Präposition + Verb = Verb
Infinitiv: Maß + regeln = maßregeln	*um + fahren = umfahren*
Präsens: Sie maßregelt ihn.	*Er umfährt das Hindernis.*
Präteritum: Sie maßregelte ihn.	*Er umfuhr das Hindernis.*
Perfekt: Sie hat ihn gemaßregelt.	*Er hat es umfahren.*

5 a) Getrennt oder zusammen? Finde jeweils zwei Wörter, die eine Verbindung mit einem Verb ergeben, und schreibe ins Heft.
Beispiel: *lang + weilen = langweilen*

Schluss	Lob	regeln	preisen	folgern
Maß	Antwort	Rat	geben	suchen

Fehler-Check

Bilde mit den genannten Wortkombinationen Schlagzeilen für eine Zeitung.

Dienst – tuend / Energie – sparend / Gewinn – bringend / Aufsehen – erregend / Not – leidend / Erholung – suchend / Nerven – zerfetzend / Hilfe – suchend / Eis – laufen / Teil – haben / Rad – fahren / Kopf – stehen

a) Jubel nach Eurovisionssieg: Hannover wird _____

b) Endlich _____ Glühbirne auf dem Markt

c) Hilfe für _____ Kinder in Afrika

d) _____ Geschäfte mit Russen geplatzt

e) Großes _____ Szenen im neuen Kinofilm

f) _____ Polizist von Rockern erschossen

g) Ein Idyll für _____ Touristen!

h) Das _____ WM-Qualifikationsspiel fand statt

i) _____ Obdachloser verprügelt

j) Kinder wollen _____ und brechen im zugefrorenen See ein

k) Arbeitnehmer wollen an Unternehmensgewinnen _____

l) Ausflüge auf zwei Rädern: _____ wird immer beliebter

	Fehler	0 – 2 Fehler	3 – 6 Fehler	mehr als 6 Fehler
		Super!	In Ordnung!	Bitte noch einmal üben!

Verben in Verbindung mit Verben und Adverbien

Bewegungsmangel nimmt zu

Das Spazieren_gehen ist inzwischen aus der Mode gekommen. /

Das Kennen_lernen neuer Freizeitaktivitäten steht im Vordergrund. /

In der Schule aber wollen Schüler in keinem Fall sitzen_bleiben. /

Regeln

1. Verbindungen aus Verb und Verb werden **meist getrennt** geschrieben. Beide Verben werden dann gleich betont.
    Beispiel: *kochen lernen, schwimmen gehen, spazieren gehen, kennen lernen (auch: kennenlernen), etwas bleiben lassen*

2. Verbindungen mit Verben dürfen **zusammengeschrieben** werden, wenn der zweite Bestandteil aus den Verben „bleiben" oder „lassen" besteht und eine **übertragene Bedeutung** vorhanden ist. Meist wird in diesem Fall **der erste Teil des Wortes stärker betont**. Mithilfe der Zusammenschreibung wird das Wort von der wortwörtlichen Bedeutung abgegrenzt.
    Beispiel: *auf dem Stuhl sitzen bleiben – in der Schule sitzenbleiben*

3. Verbindungen aus Verb + Verb, bei denen der **erste Bestandteil ein Partizip** ist, werden **meist getrennt** geschrieben.
    Beispiel: *getrennt schreiben, gefangen nehmen*

4. **Nominalisierungen** (**Substantivierungen**) aus Verb und Verb bzw. Partizip und Verb werden **immer zusammengeschrieben**.
    Beispiel: *das Getrenntschreiben, das Spazierengehen*

5. **Verbindungen mit „sein"** werden **als Verb getrennt** geschrieben. Aber auch hier werden Nominalisierungen zusammengeschrieben.
    Beispiel: *da sein, dabei sein; das Dasein, das Dabeisein*

Übungen

1 Getrennt oder zusammen? Schreibe die Verben richtig auf.

a) Wenn dich jemand nicht mag, solltest du ihn links

    _____ . (liegen / lassen)

b) Tessa strengt sich in Mathe an, denn sie will nicht

    _____ . (sitzen / bleiben)

c) Wollen wir heute mit den anderen aus der Klasse

    _____ ? (spielen / gehen)

d) Der Nachbar sollte nicht ständig den Motor seines Autos

    _____ . (laufen / lassen)

e) In dem dichten Gedränge war das _____

    (kennen / lernen) neuer Gäste nicht einfach.

f) Er hat seinen langjährigen Freund _____

    (fallen / lassen), ohne mit der Wimper zu zucken.

g) Als die Straßenbahn plötzlich ruckartig anfuhr, hat er seine Tüte mit

    Äpfeln _____ (fallen / lassen).

h) Der Aktenstapel wuchs. Sein Kollege hatte viele Anfragen vor dem

    Urlaub einfach _____ (liegen / lassen).

i) Die Regeln für das _____ sind jetzt

    verständlich geworden. (getrennt / schreiben)

2 Bilde im Heft je einen Satz mit Verbindungen mit dem Verb sein.
Beispiel: *In zwei Wochen wird Till von der Klassenfahrt* _zurück sein_.

außer sich sein / da sein / fertig sein / vorbei sein / gesund sein /
erledigt sein / los sein / gekocht sein

Fehler-Check

Entscheide, ob die Verben getrennt oder zusammengeschrieben werden. Achte bei Nominalisierungen auf die Großschreibung.

a) Das _____ in der Schule kann zu Ärger mit

den Eltern führen. (sitzen / bleiben)

b) Du solltest deinen kleinen Bruder _____.

(schlafen / lassen)

c) Beim _____ begegneten uns viele

Bekannte. (spazieren / gehen)

d) Zum richtigen Urlaub gehört das _____

fremder Gewohnheiten. (kennen / lernen)

e) Du solltest deine Freundin nicht links _____.

(liegen / lassen)

f) Manchem fällt das _____ älterer Menschen

nach wie vor schwer. (achten / lernen)

g) Er will immer für seine Freunde _____. (da / sein)

h) Das _____ (da / sein) hat auch seine

Schattenseiten.

	Fehler	0–2 Fehler	3–4 Fehler	mehr als 4 Fehler
		Super!	In Ordnung!	Bitte noch einmal üben!

Verbindungen aus Adjektiv und Verb

Bloß keine Bettruhe

Als der Arzt ihn krank schreiben wollte, wollte er sich krank lachen, ||

denn er konnte wirklich nicht kürzer treten. Aber mit dem Arzt |

konnte er zum Glück freisprechen. |

Regeln

1. Verbindungen aus einem Adjektiv und einem Verb werden **getrennt** geschrieben, wenn das **Adjektiv steigerbar** ist.
   Beispiel: *frei leben, mündig sprechen, schnell laufen, schief gehen*

2. Verbindungen aus einem Adjektiv und einem Verb werden **zusammengeschrieben**, wenn eine **neue Bedeutung** entsteht. Eine Steigerung des Adjektivs ist in diesem Fall sinnlos.
   Beispiel: *sich kranklachen, etwas kürzertreten, sich langweilen, (den Angeklagten) freisprechen, schiefgehen (misslingen)*

Tipp | Achte bei Verbindungen aus Adjektiv und Verb auf die **Aussprache**. Wird die Verbindung wie ein Wort gesprochen, schreibt man diese zusammen.
Werden beide Wörter betont, werden sie als eigenständige Wörter gesehen und getrennt geschrieben.
Beispiel: *Tom wird die Arbeit gut schreiben.*
(= eine gute Note erhalten)
Dann werden seine Eltern ihm ein Extra-Taschengeld gutschreiben. (= auf sein Sparbuch überweisen)

Übungen

1 Bilde im Heft aus zwei Wörtern ein zusammengesetztes Verb.
Beispiel: *lang + weilen = langweilen*

um	lieb	sprechen	voll	gehen	unter	weilen
hin	hinter	bringen	stellen	wider	äugeln	gehen
lang	sehen	fahren	graben	weg		

2 Prüfe, ob die Ausdrücke in Klammern getrennt oder zusammengeschrieben werden. Notiere sie richtig.

a) Mario meint, dass er Freitag _____ will.

   (blau / machen)

b) Er möchte endlich mal wieder _____.

   (lange / schlafen)

c) Seinen Eltern will er _____, dass er Kopf- und

   Ohrenschmerzen hat. (weis / machen)

d) Das dürfte ihm nicht _____ (schwer / fallen),

   denn er kann _____. (gut / schauspielern)

e) Der Arzt wird ihn _____.(krank / schreiben)

f) Dann kann Mario den ganzen Tag _____

   oder am PC spielen. (fern / sehen)

g) Falls das Vorhaben jedoch _____ (schief / geht),

   würde er sich garantiert _____. (schwarz / ärgern)

h) Plötzlich fällt ihm ein, dass nachmittags das Skater-Treffen

   _____ wird. (statt / finden)

   Vielleicht sollte er seinen Plan noch einmal überdenken.

3 Entscheide, ob zusammengeschrieben oder getrennt geschrieben wird.

Beispiel:

schwarz sehen

Du solltest positiver denken und nicht alles *schwarzsehen*.
In der Geisterbahn konnten wir nur *Schwarz sehen*.

Kannst du das Gedicht

a) frei + sprechen

_____?

Der Richter wird den Angeklagten

_____.

b) leicht + fallen

Wenn du unvorsichtig kletterst, wirst du

_____.

Nach jahrelangem Training wird ihm der

Wettkampf _____.

c) sicher + gehen

Wir konnten _____,
dass wir die Prüfung bestehen werden.

Leider konnten wir auf der vielbefahrenen

Straße nicht _____
und mussten einen Umweg machen.

4 Entscheide, ob die Verbindungen a) bis i) trennbar oder untrennbar sind. Streiche die falsche Schreibweise durch.

a) Wir müssen dies unbedingt geheim halten / geheimhalten.
b) Will man alles richtig schreiben / richtigschreiben, muss man Regel mäßig / regelmäßig üben.
c) Wenn man mit Bus oder Bahn schwarz fährt / schwarzfährt, muss man ein Bußgeld bezahlen.

d) Bald wird es mit unserer Fußballmannschaft aufwärts gehen / aufwärtsgehen.

e) Anka wird es nach dieser Trainingsform leicht fallen / leichtfallen, den Wettkampf zu gewinnen / zugewinnen.

f) Sie müssen den Brief erst frei machen / freimachen.

g) Die Geiseln sind nach sechs Wochen endlich freigekauft / frei gekauft worden.

h) Sie wird ihren Vortrag auf der Konferenz freihalten / frei halten.

i) Könntest du mir einen Platz freihalten / frei halten.

5 Lasse dir die Sätze aus Aufgabe 3 nach einer Pause noch einmal diktieren. Schreibe sie korrekt in dein Heft.

Tipp | **Verbindungen aus Verben mit Adverbien** können je **nach Bedeutung als Zusammensetzung oder getrennt** geschrieben werden. Bei den Wortgruppen werden in der Regel beide Wörter betont. Bei den Zusammensetzungen liegt die Betonung meist auf dem Adverb und das Wort hat eine etwas erweiterte Bedeutung.
Beispiel:
zusammen + halten = gemeinsam halten, zusammenhalten
Der Korb ist zu schwer. Wir müssen ihn <u>zusammen</u> <u>halten</u>.
Die Freunde wollen auch in der neuen Klasse <u>zusammenhalten</u>.

6 Verbinde die acht Wörter aus dem linken Feld mit einem passenden Verb aus dem rechten Feld.
Schreibe dann je zwei Beispielsätze in dein Heft.

Adverbien		**Verben**		
zusammen-	umher-	geben	fahren	sehen
herunter-	drauflos-	führen	gehen	kommen
hinaus-	über-	laufen	stellen	biegen
weg-	zu-	werfen	treten	brechen

Fehler-Check

Entscheide, ob getrennt oder zusammengeschrieben wird. Verbinde die Wortteile durch einen Bogen oder setze einen senkrechten Trennungsstrich in die Lücke.

a) Am Wochenende lieb   äugelte er mit seiner ersten Radtour.

Er konnte sich sicher   sein, dass die Sonne scheinen würde. Doch

gerade wegen des Ausflugsverkehrs konnte er sich auf den Straßen

nicht immer sicher   fühlen, sondern musste eine Strecke mit Rad-

wegen auswählen.

b) In ihrem Kopf hatte sich in den vergangenen Tagen Unmut

breit   gemacht. Sie wünschte sich, im Urlaub zu   sein. Das Warten

bis zu den Ferien würde ihr schwer   fallen. Sie konnte sich allerdings

nicht ganz davon frei   sprechen, dieser Situation zugestimmt zu

haben. Ihre Kollegin war schwer   gefallen, hatte sich mehrere Rippen

und das Bein gebrochen, und anstatt endlich blau   zu   machen,

musste sie ihren Urlaub um mehrere Wochen verschieben. Immerhin

wurden ihr die Stornierungsgebühren von ihrer Firma gut   geschrie-

ben.

	Fehler	0–2 Fehler	3–5 Fehler	mehr als 5 Fehler
		Super!	In Ordnung!	Bitte noch einmal üben!

3   Gleich klingende Vokale

Der i-Laut: *i, ie, ih* und *ieh*

Aufstig in die Lese-Liega	//
Wer vihl list, ist niecht nur gut in Rechtschreibung, sondern auch	///
gebieldeter als andere. Auch die Fantasieh wird durch das Lesen	//
ienteressanter Bücher gefördert. Man erhält Tipps, Iedeen und	//
Hienweise für das Schreiben eigener Texte. Jeder kann, genauso wie	/
beim Sport, durch täglieches Lesen seine Leseleistung trainihren,	//
um in die Lese-Liega aufzusteigen.	/

Regeln

Den i-Laut kann man ganz unterschiedlich schreiben: *i, ie, ih* oder *ieh*.
Folgende Regeln helfen dir dabei, ihn richtig zu schreiben:

1. Der **lang gesprochene i-Laut** wird **häufig *ie*** geschrieben.
   Beispiel: *die Liebe, der Riese, ziemlich, das Ziel, er fiel, viel, wieder*

2. In einigen Wörtern wird der lang gesprochene i-Laut **mit einfachem *i***
   geschrieben, vor allem **bei Wörtern aus Fremdsprachen**. Diese Wörter
   musst du einfach auswendig lernen.
   Beispiel: *die Apfelsine, der Liter, die Vitamine, das Augenlid,
   das Krokodil, der Ski, die Bundesliga, die Idee, das Virus, die Goldmine;* auch: *wider* im Sinne von *gegen* (siehe Seite 100)

3. Nur **in wenigen Wörtern** wird der lang gesprochene i-Laut *ih* **oder** *ieh*
   geschrieben.
   Beispiel: *ihr, ihm, ihnen, ihn (Pronomen)
   das Vieh, es zieht (zie-hen), sie sieht (se-hen), er flieht (flie-hen)*

Übungen

1 a) Bilde aus dem Wortstern mindestens sieben Verben mit *ie*.
    b) Suche zu jedem Verb das verwandte Nomen.
    c) Verwende sieben Verben und Nomen in je einem Satz.
       Schreibe ins Heft.
Beispiel: *frieren – das Gefrieren*
Die Krokodile in Ägypten brauchen nie zu frieren.
Im Gefrierfach haben wir immer Eis.

	Verb
fl	
r fen	_____
l ~~fr~~	_____
san s	_____
ßen **ie** sch	_____
~~ren~~ ren	_____
ben ver	_____
gen g	_____
ßen	

2 Finde in der Worttruhe unten Reimwörter. Schreibe diese ins Heft.
Achte dabei auf die Schreibung des i-Lautes.
Beispiel: lieb – gib

biegen	fliegen	Hiebe	gießen	Bier
kriechen	~~lieb~~	~~gib~~	Diebe	Vieh
schießen	Kiefer	Knie	mir	vermiesen
riechen	Sieb	Hieb	Riesen	Schiefer

3 Schreibe zu den Nomen, die aus anderen Sprachen stammen, das
passende Verb auf.
Beispiel: der Spaziergang – spazieren

~~der Spaziergang~~	die Rasur	die Kontrolle	der Export
die Diskussion	die Ruine	der Radiergummi	das Studium
der Applaus	das Referat	die Inspektion	das Training

4 Achtung: Teekesselchen! Ergänze die fehlenden i-Laute.
Die Schreibung der Teekesselchen kann übrigens unterschiedlich
sein.

a) Wir singen gemeinsam ein L   d.

b) Sein Augenl   d ist entzündet.

c) Der St   l der Musik ist angenehm.

d) Der Besenst   l ist zerbrochen.

e) Grippe ist durch V   ren übertragbar.

f) Wir V   r z   en um d   ganze Welt.

g) In der Goldm   ne besteht Einsturzgefahr.

h) Z   h doch nicht so eine M   ne!

5 Ergänze die Wörter in der Tabelle. Schreibe die Präteritum-Form auf.

	schlafen	stoßen	laufen	fallen	steigen
ich					stieg
du					
er/sie/es		stieß			
wir					
ihr			lieft		
sie					

6 Löse das Worträtsel. Schreibe die Tiernamen mit *i* richtig auf.

a) Welches Tier lebt am Nil?

das

b) Welches Tier zernagt Baumstämme?

der

c) Wer ist gefährlich und ziemlich groß?

der

d) Wer frisst am liebsten Katzenfutter und Äpfel?

der

e) Wer lebt in einem unterirdischen Bau?

das

f) Welcher Vogel heißt wie eine Obstsorte?

der

7 Berichtige den Fehlertext von Seite 30, indem du ihn mit den richtigen i-Lauten in dein Heft schreibst.

Fehler-Check

Ergänze den richtigen i-Laut: *i, ie, ih* oder *ieh?*

Krokod___le l___ben ein pr___ma Kl___ma

Krokod___le können ___re Körpertemperatur n___cht von ___nnen regeln.
S___ verbr___ngen den größten Teil des Tages dam___t, s___ch entweder
abzukühlen oder s___ch aufzuwärmen. Nach einem kühleren Bad zum
Beisp___l muss s___ch das Krokod___l erst einmal w___der in d___ Sonne
legen. Es l___gt dort stundenlang. Leider s___nd bereits s___bzehn von
zweiundzwanz___g Krokod___larten vom Aussterben bedroht.
Ähnl___ch w___ die T___ger wurden s___ rücks___chtslos gejagt und getötet.
V___le Länder haben nun gez___lt geregelt, w___ v___le T___re im Jahr gejagt
werden dürfen. In manchen Reg___onen der Welt stehen s___ sogar unter
Naturschutz.

	Fehler	0 – 5 Fehler	6 – 13 Fehler	mehr als 13 Fehler
		Super!	In Ordnung!	Bitte noch einmal üben!

Das Dehnungs-h

Die Farrad–Fart ohne Gefahr ||

Am Freitag treffen wir uns um 16.00 Uhr am Banhof. Wir, die Klasse |

6a, wollen mit unserem Leerer Herrn Wilke eine Rahd-Tour zu den ||

Windmülen am Hahfen unternemen. Dort werden wir uns anseen, wie |||

das Kohrn zu Mel gemalen wird. Damit die Tour ungefärlich verläuft, ||||

wird jeder einen Helm trahgen. |

Regeln

Das **Dehnungs-h** steht nur nach einem lang gesprochenen Vokal. Wenn du nicht weißt, wann es geschrieben wird, helfen folgende Regeln:

1. Ein **langer, betonter Vokal** *(a, e, i, o, u)* kann auch mit einem Dehnungs-h gekennzeichnet werden. Das Dehnungs-h wird oft geschrieben, wenn *l, m, n* oder *r* folgt.
   Beispiel: *das Mahl, zahm, der Kahn, fahren*

2. Wenn im **Wortstamm** ein Dehnungs-h geschrieben wird, dann ist das auch bei allen anderen Wörtern der Wortfamilie der Fall.
   Beispiel: *fahren – Fahrrad, Autofahrer, Ausflugsfahrt, Fahrbahn*

3. Durch die **Verlängerungsprobe** lässt sich testen, ob man ein Dehnungs-h schreiben muss.
   Beispiel: *ich geh – wir gehen, du mähst – wir mähen, oh weh! – oh wehe!*

Tipp | Präge dir durch ständiges Schreiben wichtige Wörter ein, die mit dem Dehnungs-h geschrieben werden.
Beispiel: *die Fahrt, der Rahmen, die Zahl, die Ahnung*

Übungen

1 a) Ordne die Wörter unten in die Tabelle ein.
b) Bilde mit jedem Wort einen Satz. Schreibe ins Heft.
Beispiel: *Wir <u>wählen</u> bald den Klassensprecher.*

~~wählen~~	Zahl	vermehren	kahl	bohren
nehmen	Ohr	Mehl	belohnen	Höhle
verhöhnen	fahren	Bühne	Ruhm	Rahmen
zahm	Zahn	Lohn	Rohr	lahm

Dehnungs-h

vor l	vor m	vor n	vor r

2 Notiere zu jedem Wort jeweils fünf weitere aus der Wortfamilie.
Beispiel: *fahren – gefahren, Fahrer, Fahrkarte, Gefahr, fahrtauglich*

die Zahl   der Lohn   der Befehl   die Höhle   das Rohr

3 Setze die richtigen Buchstaben ein.

a) Der Müller m   lt das Me   l in der M   le. (a/ah) (e/eh) (ü/üh)

b) Der M   ler m   lt ein Porträt einer ber   mten Person.
(a/ah) (a/ah) (ü/üh)

c) Die Schneiderin n   t den Saum des G   rockes zu. (ä/äh) (e/eh)

d) Die M___lzeit im Restaurant schmeckte vorz___glich. (a/ah) (ü/üh)

e) In der H___le s___en wir viele interessante Gesteine. (ö/öh) (a/ah)

f) Auf der B___ne des Theaters tr___ten bekannte Darsteller auf.

(ü/üh) (e/eh)

Tipp | Unterscheide das Silben trennende *h* vom Dehnungs-h!
Im Gegensatz zum Dehnungs-h kann man das Silben trennende *h* beim deutlichen Sprechen hören, z. B. bei der Infinitivendung einiger Verben.
Beispiel: *dre-hen, se-hen, ge-hen*

4 a) Schreibe zu jeder Verbform den Infinitiv auf und trenne nach Silben.
b) Spreche die Wörter laut und betone dabei die Silben.
   Beispiel: *sie geht – ge-hen*

er näht – _____   sie führt – _____

es sieht – _____   er weht – _____

es glüht – _____   er verleiht – _____

sie verzeiht – _____   er mäht – _____

du stehst – _____   es blüht – _____

5 a) Suche in dem Wörterchaos unten 17 Wörter mit Dehnungs-h.
   Schreibe sie untereinander ins Heft.
b) Suche zu jedem Wort eine sinnvolle Wortverlängerung oder eine verwandte Wortart.
c) Sprich jedes Wort laut aus und betone dabei die Silben so, als wolltest du das Wort trennen.
   Beispiel: *die Re-he, ge-he, mä-he*

FEHLENOHNEMAHLWÄHLENMEHLREHNEHMENSEHEN

GEHENREIHEBOHNEWEIHEWAHRBAHREÄHNLICHNAHRUNGRUHIG

Fehler-Check

Mit oder ohne Dehnungs-h? Setze die richtigen Buchstaben ein:
a/ah, ä/äh, e/eh, i/ih, o/oh, ö/öh, u/uh oder ü/üh.

Eine ungew____nliche Ba____nf____rt

In der Eifel k____men am verg____ngenen Wochenende Eisenb____n-Fans

auf____re Kosten. Im R____hmen eines Dampflokspektakels wurden die

alten B____nen, welche mit K____le beheizt werden, in____rer ganzen

Pr____cht gezeigt. P____nktlich um 10____r h____rte man bereits aus

weiter Ferne das Pfeifen der alten Dampfb____nen. Z____lreiche

Bes____cher k____men, um die B____nen nicht nur zu bestaunen.

Viele Leute f____ren m____t den alten „D____men" und genossen das

angen____m____Gef____l, wie vor über 60 J____ren unterwegs zu sein. Die

F____rgäste wurden mit viel schwarzem R____ß und lautem Get____se

w____rend der F____rt bel____nt. Ein Genuss fürs Auge und fürs____r

waren die ankommenden und wieder abf____renden Loks.

Man s____überall nur str____lende Gesichter!

____ Fehler	0–6 Fehler	7–16 Fehler	mehr als 16 Fehler
	Super!	In Ordnung!	Bitte noch einmal üben!

E oder ä, eu oder äu?

Piepmätze in Gefahr

Viele Vögel suchen sich in den Streuchern und Beumen heimischer   //

Gerten ihre Nistpletze. Doch diese Orte sind gefehrdet, denn Katzen   ///

sind unterwegs. Man kann den Piepmetzen helfen, indem man an   /

höheren Beumen Nistkesten aufhengt.   ///

Regeln

Wenn *ä* und *e* oder *äu* und *eu* in einem Wort kurz gesprochen werden, klingen sie genau gleich. Doch wann schreibt man welchen Laut?

1. **Wörter mit *ä*** lassen sich **oft von Wörtern mit *a*** ableiten. Gibt es in der Wortfamilie ein verwandtes Wort mit einem *a* oder *au*, schreibt man *ä* oder *äu*.
   Beispiel: *der Garten – der Gärtner, gärtnern*
   der Baum – die Bäume, aufbäumen

2. Wenn es in der Wortfamilie **kein verwandtes Wort mit *a* oder *au*** gibt, schreibt man **fast immer *e* oder *eu***.
   Beispiel: *freundlich, der Freund, befreundet, freuen*

3. Einige Wörter mit *ä* oder dem Umlaut *äu* lassen sich nicht durch verwandte Wörter erklären. Diese Wörter muss man sich einprägen.
   Beispiel:
   ä: rückwärts, der Bär, grässlich, sägen, schräg, das Geländer
   äu: die Säule, das Knäuel, sich sträuben, sich räuspern

Tipp | Beim Wort *aufwendig* sind seit der Rechtschreibreform 2006 zwei Schreibweisen möglich: ***aufwändig*** (von Aufwand) oder ***aufwendig*** (von aufwenden). Der Duden bevorzugt letztere.

Übungen

1 a) Suche zu jedem Wort mit *ä* das verwandte a-Wort, zu jedem Wort mit *äu* das verwandte au-Wort.

b) Bilde mit fünf Wörtern je einen Satz. Schreibe ins Heft.

Beispiel: *Wir wählen den neuen Klassensprecher.*

ä-Wörter	a-Wörter	äu-Wörter	au-Wörter
verändern	~~Wahl~~	Säure	Zaun
Länge	Naht	äußerlich	sauer
~~wählen~~	klar	du läufst	Strauch
Bäcker	warm	Bäuerin	außen
Erkältung	Garten	Säugling	laufen
Gepäck	lang	träumen	Haupt
Kästen	backen	Häuptling	Traum
Wärme	packen	Verkäufer	saugen
ergänzen	kalt	häufig	verkaufen
erklären	anders	Sträucher	Haufen
Gärtner	Kasten	Zäune	Bauer
Näherin	ganz		

2 a) Bilde zu jeder Pluralform unten den Singular.

b) Notiere zu zehn Wörtern mindestens drei Wortverwandte im Heft.

Beispiel: *das Kraut: das Unkraut, verkrautet, der Kräutergarten*

die Kräuter – _Kraut_____   die Kräfte – _____

die Häute – _____   die Ämter – _____

die Plätze – _____   die Läden – _____

die Mäntel – _____   die Bänke – _____

die Äste – _____   die Pläne – _____

die Nägel – _____   die Gärten – _____

die Fächer – _____   die Länge – _____

3 Ergänze die Wortstämme: *ä, äu* oder *e, eu*?

a) Der Adler be___gt seine B___te.

b) Die B___erin s___gt das K___lbchen mit der Milchflasche.

c) Wenn es h___te regnet, wird Jonas sich ___rgern.

d) Tats___chlich haben auch Tiere ein gutes Ged___chtnis.

e) Das R___tsel besch___ftigte ihn noch in seinen Tr___men.

f) Es ist gebr___chlich, sich vor dem Essen die H___nde zu s___bern.

4 a) Was gehört zusammen? Bilde mit den Wortsilben Wörter im Heft.
   Beispiel: *Ge-spräch – das Gespräch*
   b) Lasse dir eine Auswahl an Wörtern diktieren.
   Vergleiche, ob du sie richtig geschrieben hast.

Lärm	Schnauze	er	schen
Pegel	gräss	lich	Knäuel
Hunde	weg	suse	krä
Blatt	häss	räumen	säu
Heul	räusch	Säge	sich sträu
Län	sich täu	ger	~~spräch~~
lich	Garn	hen	bem
~~Ge~~	ben	Ge	ge

Fehler-Check

Setze *ä, äu* oder *e, eu* richtig ein.

N   her als jeder andere

Die Rauchschwalbe ist den

M   nschen n   her als jeder

andere Wildvogel. Ohne Furcht zieht

sie in die St   lle und Geb   de

ein und baut hier ihr N   st.

Schwalben g   lten dem M   nschen als „Glücksboten".

Früher glaubte man fest daran, dass Schwalben die H   ser vor F   er

schützen.

In Hessen soll ein Turmw   chter die Ankunft der ersten Schwalbe mit

dem Hornbl   ser angekündigt haben. Die Rauchschwalbe n   nnt

man übrigens auch Bauernschwalbe, denn sie nistet am liebsten in

Kuhst   llen. Sie h   lt ihrem N   st j   hrlich die Tr   e. Nur in der

Wahl des Partners sind Schwalben weniger tr   !

	Fehler	**0–3 Fehler**	**4–9 Fehler**	**mehr als 9 Fehler**
		Super!	In Ordnung!	Bitte noch einmal üben!

Die Doppelvokale *aa, ee, oo*

Drei Wünsche

Vor langer, langer Zeit, als Wünschen noch geholfen hat, lebte einmal

eine Feh in einem tiefen, dunklen Seh. Von dieser hörte die kleine Nele ||

und begab sich deswegen in den Wald und das Mohr. Sie rief: „Zeig |

dich, liebe Feh! Ich möchte mir gern etwas wünschen!" Da tauchte |

plötzlich eine Mehrjungfrau mit langem wallenden Har auf ... ||

Regeln

Warum schreibt man lang gesprochene Vokale als Doppelvokale
aa, oo oder *ee*? Folgende Regeln helfen dir bei der Orientierung:

1. Nur **in wenigen Wörtern** schreibt man die lang ausgesprochenen
   Vokale (Selbstlaute) *a, e* und *o* als *aa, ee* oder *oo*. Dieser Vorgang
   heißt **Vokalverdopplung**.
   Beispiel: *Moor, Boot, Waage, das Maar (trichterförmiger Vulkan)*

2. Doppelvokale schreibt man im Deutschen nur bei Nomen und deren
   (oft adjektivischen) Ableitungen.
   Beispiel: *der Aal, aalglatt, sich aalen, Aalsuppe*

3. Viele Wörter englischer Herkunft schreibt man mit dem Doppelvokal *oo*.
   Beispiel: *der Pool, der Looping, der Boom, cool*

Übungen

1 Suche zu jedem Wort das passende Reimwort. Schreibe ins Heft.
Beispiel: *Fee – Klee*

Saal   ~~Fee~~   leer   Aal   Teer   Paar   Speer   ~~Klee~~   Heer   Haar

2 Suche zu jedem Nomen drei Wortverwandte. Notiere sie im Heft.
Beispiel: *der Zoo: zoologisch, Zoodirektor, der Zoologe*

der Teer   der Kaffee   die Waage   das Beet

das Moor   die Idee   die Saat   die Beere

3 Übertrage die Tabelle ins Heft. Ordne die Substantive mit Begleiter ein.

aa	ee	oo

Kaff   , P   r, F   , S   , Z   , B   t, H   r,   l, St   t, S   l,

Schn   , Kl   , M   r, Sp   r, M   s, B   t, B   re, W   ge

4 a) Korrigiere die falsch geschriebenen Wörter unten.
b) Formuliere im Heft zu jedem Wort einen Satz.
   Beispiele: *eFe – Fee: Die Fee lebt auf dem Grunde des Sees.*

eFe   <u>Fee</u>   osoM   _____   rHaa   _____

tBoo   _____   oZo   _____   eIde   _____

aarP   _____   ereBe   _____   Sceehn   _____

5 Notiere die Fremdwörter englischer Herkunft (ggf. mit Wörterbuch).

Wie bezeichnet man ein exklusives Schwimmbecken?   P   l

Wie wollen viele Jugendliche sein?   c

Womit wäscht man sich die Haare?   Sh

Fehler-Check

**Setze die richtige Schreibweise für die lang gesprochenen Vokale ein:
a/ah/aa, o/oh/oo oder *e/eh/ee*.**

S   enswertes in der Eifel

Die Eifel hat n   ben vielen Burgen und Schlössern auch noch andere

S   enswürdigkeiten zu bieten: die z   lreichen S   n, M   re (a-Laut)

sowie M   re (o-Laut).

Die M   re (a-Laut) prägen das Landsch   ftsbild der Vulk   neifel.

Sie sind erloschene Vulk   ne, die sich im Verlauf der Erdgeschichte

mit Wasser gefüllt haben. Es gibt M   re, die eine Tiefe von über 100

M   tern erreichen.

Im Hintergrund eines M   rs (a-Laut) befindet sich oft eine vulkanisch

geprägte M   rlandschaft (o-Laut). Das größte M   r ist das H   e

Venn, ein sogenanntes Hochm   r. Man kann es als B   sucher auf

Holzst   gen erkunden. Dort soll es ang   blich noch Waldf   n geben,

die in N   belnächten auf Kl   wiesen herumg   en, ihr Spiegelbild in

den einsamen Vulkans   n betrachten und am frühen Morgen auf Fischer

in ihren B   ten warten.

	Fehler	0–5 Fehler	6–12 Fehler	mehr als 12 Fehler
		Super!	In Ordnung!	Bitte noch einmal üben!

Gleich klingende Konsonanten

Die Schreibung von *das* und *dass*

Die Reise nach Südfrankreich

Es ist das erste Mal, da<u>s</u> Luisa mit ihren Eltern nach Südfrankreich |

verreist. Ihr Vater hat im Internet ein Ferienhaus gefunden, da<u>ss</u> |

sich direkt am Meer befindet und preislich erschwinglich ist.

„Da<u>ss</u> ist eine tolle Landschaft!", jubelt Luisa, als sie das Haus auf |

dem Foto direkt am weißen Sandstrand sieht.

„Ich finde, da<u>ss</u> ist ein Volltreffer!", meint Luisas Mutter und lächelt |

ebenfalls zufrieden. Dass Ferienhaus, da<u>ss</u> einen blau-weißen |

Anstrich hat, ist von einer rot blühenden Oleanderhecke umgeben. In

der Nähe befindet sich zudem ein Dorf, da<u>ss</u> durch seine Ockerstein- |

brüche berühmt geworden ist.

Regeln

1. Das Wort *das* schreibt man **mit s**, wenn es im Satz als
   – **Artikel** (<u>das</u> Heft, <u>das</u> Auto, <u>das</u> Kind),
   – **Relativpronomen** (... das Heft, <u>das</u> dir gehört ...) oder
   – **Demonstrativpronomen** (... <u>das</u> Auto dort, ist rot ...) steht.
   Man schreibt *das*, wenn man das Wort durch *dieses*, *jenes* oder
   welches ersetzen kann.
   Beispiel: *Das T-Shirt, das/welches sie trägt, das gefällt mir.*

2. Das Wort *dass* schreibt man **mit ss**, wenn es als **Konjunktion** (Binde-
   wort) einen Nebensatz einleitet. Die Konjunktion *dass* kann nicht
   durch *dieses*, *jenes* oder *welches* ersetzt werden.
   Beispiel: *Ich finde, dass du nie richtig zuhörst.*

Übungen

1 Entscheide, ob du das Relativpronomen *das* (Regel 1) oder die Konjunktion *dass* (Regel 2) einsetzen musst.

a) Die neuen Nachbarn sind so fleißig, da___ wir nur staunen können. (Regel ___)

b) Das Kind, da___ heute zu spät in die Schule gekommen ist, hat den Bus verpasst. (Regel ___)

c) Katja und Tom meinen, da___ wir uns heute Abend am Kino treffen könnten. (Regel ___)

d) Er beschließt, da___ (Regel ___) wir keine Hausaufgaben aufbekommen, da wir da___ (Regel ___), was wir im Unterricht behandelt haben, gut verstanden haben.

e) Wir laufen mit unseren Eltern auf dem Maar, da___ gestern fürs Eislaufen freigegeben wurde. (Regel ___)

f) Tina liest neuerdings ein Buch, da___ ich ihr bereits vor einem Jahr geschenkt habe. (Regel ___)

g) Der Hund bellt so laut, da___ wir schnell zur Haustür laufen, um zu sehen, was da los ist. (Regel ___)

h) Tim hat zum elften Geburtstag das Fahrrad bekommen, da___ er sich schon so lange gewünscht hat. (Regel ___)

2 *Dass* oder *das*?

Bilde zusammengesetzte Sätze. Entscheide, ob du den Nebensatz mit der Konjunktion *dass* (Regel 2) oder mit dem Relativpronomen *das* (Regel 1) einleiten musst. Denke außerdem an das Komma zwischen Haupt- und Nebensatz sowie an die veränderte Satzform.

a) Ich lese das Buch. Papa hat es mir empfohlen. (Regel *1*)

   Ich lese das Buch, das Papa mir empfohlen hat.

b) Wir besuchen das Mädchen. Das Mädchen ist neu in unserer

   Schule. (Regel   ) _____

   _____

c) Die Freunde warten so lange. Sie werden unruhig. (Regel   )

   _____

   _____

d) Lara erinnert sich daran. Er hat sie gewarnt. (Regel   )

   _____

   _____

e) Jannik glaubt an das Versprechen. Er hat es ihm gegeben.

   (Regel   ) _____

   _____

f) Findet das Versteck. Wir haben es im letzten Sommer zusammen

   gebaut. (Regel   ) _____

   _____

g) Wahrscheinlich kann es passieren. Marita kommt etwas später zum

   Training. (Regel   ) _____

   _____

Fehler-Check

Setze im folgenden Text *das* oder *dass* ein. Überprüfe deine Entscheidung jedes Mal mit der Ersatzprobe *(dieses, jenes, welches)*.
Unterstreiche den Artikel gelb, das Relativpronomen rot und das Demonstrativpronomen grün.

Frühlingsboten

Weidenkätzchen sind die ersten, flauschigen Frühlingsboten der Natur.
Sie blühen ab Anfang März, da   bedeutet, da   die Honigbienen endlich eine rettende Nahrungsquelle haben. Und da   ist besonders wichtig, da 80% aller Pflanzenarten von der Bienenbestäubung abhängig sind. Da   macht da   Weidenkätzchen zum sogenannten Nahrungslieferanten. Der Zitronenfalter ist da   Tier, da   zu den allerersten Frühlingsboten zählt. Sein Vorteil gegenüber anderen Schmetterlingen besteht darin, da   er vollkommen ungeschützt an einem Zweig überwintern kann. Mithilfe seines speziellen Blutes, da   aus einem Alkohol-Zucker-Gemisch und Eiweißstoffen besteht, überlebt er Nächte bei minus 20 Grad. Unüberhörbar ist da   Frühlingskonzert der Singvögel.
Einige Vogelmännchen sind nun mit vollen Schnäbeln unterwegs, um da   Weibchen zu füttern, da   bereits im März die Eier bebrütet.

Fehler	0–2 Fehler	3–6 Fehler	mehr als 6 Fehler
	Super!	In Ordnung!	Bitte noch einmal üben!

Die s-Laute

Die grösste Heizung der Welt   I

Frankreich, Deutschland, Belgien und andere Länder müßten genausso   II

wie Kanada oder Rußland sechs Monate von Eiss und Schnee bedeckt   II

sein. Doch anders als bei diesen Ländern profitieren wir von der

grössten Heizung der Welt: dem Golfstrom. Diesser „Meeres-Fluß" im   III

Atlantik tranzportiert warmes Waser aus der Karibik nach Europa.   II

Dieses erwärmt unsser Klima um etwa fünf bis zehn Grad Celssius.   II

Regeln

Den s-Laut kann man im Deutschen ganz unterschiedlich schreiben: als s, ss oder ß. Um zu wissen, wie man den s-Laut schreibt, sind drei Regeln zu beachten:

1. Ein **einfaches s** schreibt man, wenn der **s-Laut stimmhaft** („summend") ausgesprochen wird.
    Beispiel: *Besen, lesen, rasen, Riese*

2. Ein **doppeltes ss** schreibt man, wenn der **s-Laut stimmlos** („zischend") ausgesprochen wird und **hinter einem kurzen Vokal** (Selbstlaut) steht.
    Beispiel: *Riss, Wasser, essen, fassen*

3. Ein **scharfes ß** schreibt man, wenn der **s-Laut „zischend"** ausgesprochen wird und **hinter einem langen Vokal** (Selbstlaut) **oder** einem **Doppellaut** (Zwielaut, Diphthong, z. B. *au, eu*) steht.
    Beispiel: *Gruß, gießen, gefräßig, schweißen, Außenminister*

Übungen

1 a) Schreibe zu jedem Nomen im Singular die Pluralform.
b) Bilde mit jeder Pluralform einen Satz. Schreibe ins Heft.

das Fa ss – _die Fässer_   die Klasse– _____

der Fluss – _____   das Lasso – _____

der Kuss – _____   die Gasse – _____

die Tasse – _____   die Masse – _____

2 Notiere zu jedem Beispiel möglichst viele verwandte Wörter ins Heft.

Fluss: _flussabwärts, Flussbett, flüssig ..._

Gruß: _____

Maß: _____

groß: _____

3 Notiere das passende Reimwort.

Fleiß – heiß   Nase – V__   heißen – r__

niesen – ver__   Fluss – K__   nass – bl__

Flosse – G__   süßen – gr__   Pass – F__

Masse – K__   Kasse – T__   Kies – Sp__

4 Ergänze die fehlenden s-Laute. Spreche die Wörter vorher laut aus.

der Fu__ball   die Ka__e   pa__en

das Hinderni__   der Spa__   der Sü__wa__erfisch

die Schwanzflo__e   das Verhältni__   das Zeugni__

aufwei__en   ei__ig   zerrei__en

5 Schreibe möglichst viele zusammengesetzte Nomen mit den Wörtern *Wasser* und *Fluss* ins Heft.

Wasser: der Wasserkessel ...

Fluss: das Flussbett ...

6 a) Bilde zu jeder Pluralform unten die richtige Singularform.
b) Schreibe mit jeder Singularform einen Aussagesatz in dein Heft.

die Zeugnisse – _____

die Ereignisse – _____

die Verhältnisse – _____

die Gefängnisse – _____

die Hindernisse – _____

die Geständnisse – _____

die Bildnisse – _____

7 Bilde zu jedem Infinitiv das Präsens (Gegenwart) und das Präteritum (Vergangenheit). Achte auf die richtige Schreibung des s-Lautes!

Infinitiv	Präsens	Präteritum
essen	ich esse	ich aß
messen	ich	er
fassen	du	sie
lesen	es	sie

8 Verbessere den Fehlertext „Die größte Heizung der Welt" (siehe Seite 50), indem du ihn richtig ins Heft schreibst.
Notiere die Ziffer der passenden Regel hinter jedem korrigierten Wort.

Fehler-Check

Setze den richtigen s-Laut ein.
Notiere die Nummer der passenden Regel in der Klammer.

Das Fuballspiel ( )

Am Sonntagnachmittag liet ( ) Paul plötzlich in der Zeitung, da ( )

um 15.00 Uhr ein Fuballspiel ( ) zwischen den Mannschaften seines

Orte ( ) und des Nachbarorte ( ) stattfinden oll ( ).

Er stie ( ) durch Zufall beim Leen ( ) der Wochenendnachrichten

auf diee Notiz. Schnell rate ( ) er zur Straenbahn ( ), um ja

rechtzeitig zum Anpfiff auf dem Sportplatz im Stadion zu ein ( ).

Endlich hatte er die Haltestelle „Zum Stadion" erreicht. Doch wa ( )

war da ( )? Alle Türen des Stadion ( ) waren verschloen ( ).

Keine Fan ( ) davor? Verwundert und ratlo ( ) schaut Paul sich um.

Da liet ( ) er plötzlich etwa ( ) auf einem Plakat.

Mit groen ( ) Buchstaben steht dort das Datum de ( ) kommenden

Wochenende ( ). Verdrielich ( ) und migelaunt ( ) fährt er

wieder nach Haue ( ).

☐ Fehler	0–4 Fehler Super!	5–12 Fehler In Ordnung!	mehr als 12 Fehler Bitte noch einmal üben!

Konsonanten: *b* oder *p*, *g* oder *k*, *d* oder *t*?

Kin_t_ und Hun_t_ – kein Problem ||

Hunde stellen eine unglaupliche Bereicherun_k_ für unser Leben dar. ||

Voraussetzun_k_ dafür ist jedoch, dass Kin_t_ und Hun_t_ einander verstehen. |||

Mit Verstan_t_ und Erziehun_k_ kann ein Hund zum echten Par_d_ner eines |||

Kindes werden.

Regeln

1. Die weichen Konsonanten *b*, *g* und *d* werden am Wort- und Silben-
   ende meist wie die harten Konsonanten *p*, *k* und *t* gesprochen.
   Verlängere das Wort oder suche ein verwandtes Wort, dann hörst du
   die weichen Konsonanten *b*, *g* und *d*.

   Die **Verlängerungsprobe**:
   a) Bilde für die Verlängerung die **Pluralform des Nomens**.
      Beispiel: *die Wan … ? – die Wände – die Wand*

   b) **Adjektive** werden für die Verlängerungsprobe **gesteigert**.
      Beispiel: *klu… ? – klüger – klug*

   c) Bilde **bei Verben den Infinitiv** für die Verlängerungsprobe.
      Beispiel: *du sa… st? – sagen – du sagst*

Übungen

1 a) Mache die Verlängerungsprobe bei den Verben auf Seite 55 oben:
   Bilde zu jedem Verb den Infinitiv (Grundform) und setze dann den
   richtigen Konsonanten ein.
   b) Bilde mit jedem Verb einen Satz und schreibe ihn ins Heft.

es be b t   – _beben_____

er to　t   – _____

du gi　st   – _____

ich ma　 – _____

wir den　en – _____

er par　t   – _____

sie win　t   – _____

2 Bilde zuerst die Verlängerung der Adjektive.
Setze dann den richtigen Buchstaben ein.

a) der schmutz ig e Hund   Der Hund vom Nachbarn ist schmutz ig .

b) der wei　e Weg   Der Weg bis zum Wald ist wei　.

c) der star　e Junge   Der Junge aus der 8 a ist sehr star　.

d) das gesun　e Kätzchen   Das Kätzchen von Tina ist immer noch

　　　　　　　　　　　　　　sehr gesun　.

e) der spannen　e Film   Der Film, den wir gestern gesehen haben,

　　　　　　　　　　　　　　war sehr spannen　.

f) die lästi　e Mücke   Die Mücke in unserem Zimmer ist sehr

　　　　　　　　　　　　　　lästi　.

g) das lan　e Gespräch   Unser Gespräch mit dem Rektor dauerte

　　　　　　　　　　　　　　lan　.

3 a) Bilde den Plural (Mehrzahl) jedes Nomens.
b) Verwende jedes Nomen in einem Satz und schreibe diesen ins Heft.

der Her d – _die Herde_   die Gegen – _____

das Pfer – _____   der Schmie – _____

der Schran – _____   das Kal – _____

der Bezir – _____   die Han – _____

der Bar – _____   der Zwer – _____

4 Bilde die Steigerungsform (Komparativ) von jedem Adjektiv und setze den richtigen Buchstaben ein.

spannen d – _spannender_   schrä – _____

trü – _____   elen – _____

bun – _____   frem – _____

blan – _____   star – _____

lau – _____   wun – _____

5 a) Setze den richtigen Konsonanten ein: g oder k, d oder t, b oder p?

Schla   sahne   erfol   reich   Verban   skasten

Stau   sauger   Wasserkru   Schran   tür

Herd   lappe   Schu   karre   Holzverschla

Ofenban   Küchenschran   Bildban

Gipsverban   Uhrwer   Meeresstran

b) Wer findet die meisten verwandten Wörter? Notiere zu jedem Wort oben weitere Beispiele aus der Wortfamilie im Heft.
Beispiel: *Schlag: schlagen, Schlagzeug, Schläge*

Fehler-Check

B oder *p*? *G* oder *k*? *D* oder *t*? Setze den richtigen Buchstaben ein.

Der Ra‗‗e und seine Lis‗‗

Es war einmal ein großer, stolzer und star‗‗er Ra‗‗e.

Er le‗‗te in einem wei‗‗en, riesi‗‗en Gar‗‗en am Ran‗‗e eines Wal‗‗es.

Eines Ta‗‗es fan‗‗ der Ra‗‗e in diesem Gar‗‗en einen großen,

run‗‗en Kru‗‗. In diesem Kru‗‗ befan‗‗ sich ein gu‗‗ duften‗‗er Brei,

den die Besitzer für den Hun‗‗ Rex gekoch‗‗ hatten.

Doch der Ra‗‗e konnte mit seinem Schna‗‗el nicht in das Innere des

Kru‗‗es gelan‗‗en. Da nieman‗‗ in der Gegen‗‗ war, schlu‗‗ er hefti‗‗

mit seinen Flü‗‗eln, sodass das Gefäß umfiel. Nun konnte der listi‗‗e

Kerl genüsslich an den Brei gelan‗‗en und fraß sich dick und run‗‗.

Fehler	0–6 Fehler	7–16 Fehler	mehr als 16 Fehler
	Super!	In Ordnung!	Bitte noch einmal üben!

Die f-Laute: *f, ff, v, ph, pf*

Unser Ausfflug in den Zoo |

Vor einer Woche traffen wir uns mit Pfreunden im Leipziger Zoo. ||

Wir waren sehr überrascht, wie gepfühlfoll und großzügig die Gehege ||

und Fogelkäfige angelegt waren. Die Wildferde hatten so viel Platz, ||

dass sie um die Wette lauffen konnten. |

Regeln

1. Regeln zur Schreibung der gleich oder ähnlich klingenden Laute *f, pf* und *v* gibt es nicht. Präge dir daher die Schreibung der Wörter ein. Spreche diese Wörter deutlich aus (besonders die Wörter mit *pf*) und schlage in Fällen, wo du unsicher bist, im Wörterbuch nach.
   Beispiel: *Vater, Vogel, Folge, Landschaft, schaffen, laufen*

2. **Fremdwörter**, die **aus dem Griechischen** ins Deutsche übernommen wurden, werden **meist mit *ph*** geschrieben, jedoch als f-Laut gesprochen.
   Beispiel: *Physik, Alphabet, Pharao, Philosophie, Phantom*

3. In Wörtern aus dem Griechischen, die heute allgemein wie deutsche Wörter verwendet werden, wird das ***ph* inzwischen durch ein *f* ersetzt.** Aber auch die Schreibung mit *ph* ist nicht falsch.
   Beispiel: *Foto, Grafik, Mikrofon, Megafon, Delfin*

4. Ob *f* oder *ff* geschrieben wird, lässt sich am vorausgehenden Vokal (Selbstlaut) erkennen. **Nach langem Vokal steht ein *f*, nach kurzem Vokal ein *ff*.**
   Beispiel: *wir trafen, sie treffen; Afrika, Affe, Giraffe*

Übungen

1 a) Verwende die Vorsilbe *ver-*.

b) Bilde zu den Beispielen unten möglichst viele verwandte Wörter (Verben, Nomen, Adjektive) mit *ver-* und schreibe sie ins Heft.
   Beispiel: *versehen – das Versehen – versehentlich*

c) Bilde mit den genannten Wörtern Sätze im Heft.
   Beispiel: *Ich habe aus Versehen den Leuchter kaputt gemacht.*

sehen	tauschen	dutzen	erben
albern	bieten	sorgen	säumnis

2 Entscheide: *f* oder *v*? Setze den richtigen Buchstaben ein.

der   ogelkäfig   das   lugzeug   der   erband

die   ase   das Par   üm   der   ers

die   liege   der   atertag   der   riseur

3 Löse das Rätsel. Setze Wörter mit *ph* ein.

1. Teil eines Gedichtes   S   p

2. Siegeszeichen   T   e

3. Unterrichtsfach   P   s

4. Straßenbelag   s

5. „Denker", Gelehrter   h

6. schlimmes Ereignis   K   p

7. das ABC   a

8. Herrscher im alten Ägypten   P   o

4 Wie viele verwandte Wörter findest du? Schreibe in dein Heft.
     Beispiel: *der Funk – der Funkdienst – funken – die Funkuhr*

die Frucht – der Fuchs – der Frieden – der Freund – die Form

Fehler-Check

V, f, ff, pf oder *ph*?

Über die   iel   alt von Hunderassen

Es gibt   iele Hunderassen, so unge   ähr 300   erschiedene Arten.

Der größte   ertreter dieser weit   erzweigten Sippschaft ist der Irische

Wol   shund. Natürlich gibt es eine   ielfältige Auswahl an Büchern,

in denen   iele Rassen beschrieben werden: i   ige,   legeleichte

oder   erspielte.

Die Hunderassen sind dort al   abetisch au   ge   ührt, nach Abstam-

mung oder   erwendungszweck geordnet.   iele Hunde   reunde

interessieren sich noch   ordergründig für die charakterlichen

Eigenscha   ten.   erständlicherweise interessieren sich die

meisten   ür   ragen und Probleme, die sich aus dem täglichen

Zusammenleben mit dem Hund ergeben. Ein Hund muss in jedem Fall

hören, wenn man nach ihm   eift, und den Be   ehlen seiner Besitzer

gehorchen.

Fehler	0 – 4 Fehler	5 – 12 Fehler	mehr als 12 Fehler
	Super!	In Ordnung!	Bitte noch einmal üben!

Z, zz oder *tz, k, kk* oder *ck*?

Haustier-Alarm!

Tim wünscht sich zum Geburtstag unbedingt eine Kaze. Doch seine   *I*

Mutter ist dagegen: „Kazen zerkrazen die Sitsmöbel und Tapeten!"   *III*

Tim antwortet: „Die Tiere sind nicht schmuzig. Sie puzen sich gern.   *II*

Wenn sie einen Lieblingsplaz haben, zerkrazen sie auch nicht die   *II*

Möbel." „Und was machst du, wenn das Tier irgendwo in einer duncklen   *I*

Ecke einen toten Spaz versteckt?", meint die Mutter nekkisch.   *II*

„Ich pakke den Vogel mit der Schaufel und werfe ihn weg.   *I*

Die Kiste mit dem drekkigen Streu säubere ich auch täglich ..."   *I*

Regeln

Beachte zur Schreibung von *z* oder *tz* und *k* oder *ck* folgende Regeln:

1. **Nach betontem, kurzen Vokal** steht **fast immer *ck* oder *tz*.**
   Beispiel: *Tatze, Katze, hetzen, platzen;*
   backen, die Hecke, Zucker, nicken

2. **Nach den Konsonanten *l, m, n* und *r*** steht **nie *tz* und nie *ck*** –
   das merk dir ja! Nur Eigennamen bilden Ausnahmen.
   Beispiel: *die Walze, der Umzug, der Anzug, der Arzt;*
   die Wolke, melken, der Balken, der Tank, der Dank, stark

3. Nur bei einigen **Fremdwörtern** werden die **Laute *k* und *z*** verdoppelt.
   Beispiel: *der Mokka, die Pizza, der Akku, das Trekking-Rad*

Übungen

1 a) Finde 12 Wörter mit *ck* (waagerecht oder senkrecht).
b) Verwende diese Wörter in je einem Satz. Schreibe ins Heft.

Z	U	C	K	E	R	K	N	I	C	K	E	N
A	P	G	U	C	K	E	A	I	S	I	O	E
C	A	C	C	B	L	I	C	K	T	C	A	C
K	C	B	K	O	E	C	K	E	Ü	K	D	K
E	K	A	U	T	T	N	E	L	C	E	I	E
N	B	A	C	K	E	S	N	F	K	R	E	N
W	E	C	K	E	R	E	C	K	E	X	T	Z

2 Entscheide: *z, zz* oder *tz, kk* oder *ck*?

a) Nach einer Pi___a schme___t mir ein Mo___a gut.

b) Die Ra___ia im Bahnhofsviertel erschre___te alle Nachbarn.

c) Der Ste___er vom A___uladegerät ist noch im Gepä___.

d) Das Frühstü___ schme___t immer le___er.

e) Der Bä___er ba___t seinen Kuchen ___u___ersüß.

f) Der We___er we___te uns viel zu früh.

g) Am Ende der Wegstre___e verste___ten wir uns.

3 Bilde Nomen und suche zu jedem Nomen drei Wortverwandte.
Schreibe ins Heft.
Beispiel: *Dreck – dreckig – verdreckt – Dreckspatz*

D	SCHR	L
R	ECK	H
FL	SP	DR

4 Verflixt, verhext – da ist wohl was verrutscht? Streiche die Fehler an und schreibe die Wortgruppen mit *tz* oder *ck* richtig auf.
Beispiel: *ein Schnickel essen – ein Schnitzel essen*

Mamas Nagellatz nehmen   – _____

jemand mit einem Wick netzen – _____

frische Erdbeeren einzutzern   – _____

dretzige Turnschuhe pucken   – _____

gern Würstchen bruckeln   – _____

ein schmerzender Batzenzahn – _____

Pläckchen batzen   – _____

lustige Fracken schneiden   – _____

den Rutzsatz patzen   – _____

5 Schreibe hinter jedes Verb das passende Nomen.
Lasse dir die Wörter anschließend diktieren und schreibe in dein Heft.

sitzen   – *der Sitz* _____   melken   – _____

ritzen   – _____   backen   – _____

hetzen   – _____   sacken   – _____

platzen   – _____   blicken   – _____

setzen   – _____   verstecken – _____

strecken – _____   entdecken – _____

Fehler-Check

Fülle die Lücken mit *z, tz, ck, k* oder *kk*.

Max hat eine Verle____ung

Nach dem Frühstü____ machte Max mit seinem Freund Tom eine Wande-rung. Sie pa____ten den Ru____sa____ mit frisch geba____enem Kuchen und le____eren Geträn____en. Dann wanderten sie dire____t in das nahe gelegene Waldstü____.

Dort kletterten sie den Berg hinauf und verle____en sich dabei an den Dornenhe____en, welche den Boden bede____ten. Max fühlte im rechten Bein einen entse____lichen Schmer____. Tom rief entse____t: „Du musst dire____t zum Ar____t!" Doch sie hatten bereits eine lange Wegstre____e hinter sich. Zum Glü____ hatte Tom sein Handy im Gepä____. Und auch der A____ war geladen.

Fehler	0–4 Fehler	4–9 Fehler	mehr als 9 Fehler
	Super!	In Ordnung!	Bitte noch einmal üben!

Vor- und Nachsilben: *ent, end, ig, ich* und andere

Das endscheidende Erlebnis | /

Sarah und Toni sind schon seit Längerem befreunded. An diesem | /

Wochenende verrabredeten sich die beiden Mädchen entlich zu einer | //

Radtour. Sie wollten die Landschafft der malerrischen Umgebung | //

erkunden. Doch Sarah wartete vergebliq am verabredetten Treffpunkt, | //

was sie wahnsinnich ärgerte. | /

Regeln

Viele Wörter im Deutschen bestehen aus Vor- und Nachsilben.

1. Eine **Vorsilbe** ist der Teil eines Wortes, der nicht allein vorkommt, sondern vor einem Wortstamm steht. Man bezeichnet eine Vorsilbe als **Präfix**.
    Beispiel: ent /lauf/en → ent = Vorsilbe;
    weg/lauf /en → lauf = Wortstamm

2. Eine **Nachsilbe** ist der Teil eines Wortes, der an den Wortstamm angehängt ist. Man bezeichnet eine Nachsilbe als **Suffix**.
    Beispiel: Vor/ankündi/gung, Freund/schaft, Ent/steh/ung,
    Er/leb/nis

3. Es gibt viele Wörter, die den gleichen Wortstamm besitzen, doch unterschiedliche Vor- und Nachsilben haben. Sie haben damit auch unterschiedliche Bedeutungen.
    Beispiel: führen: die Ent/führ /ung – die Auf/führ /rung –
    der An/führ /er

4. Die **Vorsilbe *end*-** verwendet man, wenn das Wort **mit „Ende" zu tun hat.**
   Beispiel: *der Endspurt, das Endprodukt, endlich, endlos*

5. Die Vorsilbe *ent-* hat nie etwas mit „Ende" zu tun.
   Beispiel: *entsetzlich, entlang, entgegen, enthalten, entschließen*
   Manchmal weist **ent-** darauf hin, dass die **Bedeutung des Wortes z. B. „umgekehrt"** wird oder dass sie etwas mit „wegbewegen" zu tun hat.
   Beispiel: *ent/decken, ent/laufen, ent/schädigen; Ent/wässerung*

| Tipp | Zerlege ein zusammengesetztes Wort in dessen Wortbestandteile, wenn du wegen der Rechtschreibung unsicher bist. Beispiel: *weg/ge/fahren, auf/führen* Zweifelst du an der Endung *-ig* oder *-ich*, verlängere das Wort. Beispiel: *neugierige Menschen, entsetzliche Schmerzen* |

Übungen

1 a) Setze die zerrissenen Wörter im Heft wieder richtig zusammen.
b) Markiere den Wortstamm rot.
Beispiel: *entsetzlich*

ent-	unter-			lich	bar
aus-	be-	setz-	halt-	t	en
Fort-	Unter-			ung	er

2 a) Bilde aus den Verben und Suffixen Nomen. Schreibe ins Heft.

bedürfen		bearbeiten	
erlauben	-nis	achten	-ung
ereignen		lesen	

3 a) Verwende passende Nachsilben und bilde aus den Nomen so viele Adjektive wie möglich.
b) Bilde zu jedem Nomen Wortgruppen. Schreibe ins Heft.
Beispiel: *Fleiß – fleißig – ein fleißiger Papa*

Fleiß ▪ Hast ▪ Nebel ▪ Natur ▪ Vorsicht ▪ Wunder ▪ Furcht ▪ Sparer ▪ Wunder ▪ Blume ▪ Angst

Fehler-Check

Setze die richtigen Vor- und Nachsilben ein.

Der En___spurt führte zum Sieg

En___lich findet das angekündigte Sportfest statt. Mit großer Spann___
wird der En___lauf der besten Sprinter unserer Schule ___wartet. Als
der Startschuss fällt, liegen Peter und Ben sofort vorn. Sie lassen die
anderen Läuf___ in großer En___fern___ hinter sich. Dann kommt die
En___schei___. In letzter Sekunde zieht Ben an Peter vorbei ins Ziel.
Die En___täusch___ bei Peter ist groß.
Ben en___schuldigt sich bei ihm. Doch Peter meint: „So en___setz___ es
für mich auch ist, aber dein En___spurt war super!" Alle sind sich ein___,
beide Sportler sind würd___, eine Urkunde zu erhalten. Der Rektor fordert
die beiden freundl___ auf, auf die Tribüne zu kommen: „Wir gratulieren
euch herzl___! Mit ein wen___ Glück und gutem Training kann es jeder
schaffen. Also: Seid immer sportl___ aktiv!" Freud___ und glückl___ verlassen beide die Tribüne. Die Veranstalt___ ist beendet.

☐ Fehler	0–3 Fehler	4–11 Fehler	mehr als 12 Fehler
	Super!	In Ordnung!	Bitte noch einmal üben!

5 Welches Satzzeichen gehört wohin?

Die Satzschlusszeichen

Was tun mit Nestflüchtern!   /

Im Frühling ist bei vielen Tieren Kinderstubenzeit angesagt So auch bei   /

den Vögeln! Was ist zu tun, wenn man unterwegs am Wegesrand ein   /

putziges, hilfloses Federknäuel findet. Instinktiv regt sich bei vielen   /

Menschen Mitleid: Armes Vögelchen. Und man fasst den Entschluss,   /

es mitzunehmen und zu Hause aufzupäppeln Falsch? Bei fast allen   //

Vogelarten verlassen die Jungen den Brutplatz schon, bevor ihr

Gefieder vollständig ausgewachsen ist und sie richtig fliegen können.

Werden diese Nestflüchter von den Vogeleltern versorgt. Ja? Deshalb   //

soll man Jungvögel dort belassen, wo sie sind   /

Regeln

Um das Ende eines Satzes zu kennzeichnen, verwendet man folgende Satzschlusszeichen:

1. Den **Punkt** (.) setzt man am Ende eines Aussagesatzes.
   Beispiel: *Jonas hilft seinem Vater im Garten.*

2. Das **Ausrufezeichen** (!) steht am Ende eines Satzes oder nach Wörtern, die mit besonderem Nachdruck gesprochen oder geschrieben wurden, das heißt
   – bei einem Befehl: *Geh sofort ins Haus!*
   – bei einer Aufforderung: *Setz dich doch!*
   – bei einem Wunsch: *Viel Glück!*
   – bei einem Ausruf der Freude: *Wie toll! Super!*
   – bei einem Ausruf des Erstaunens: *Was soll das!*
   – bei einem Ausruf des Bedauerns: *Oh je!*

3. Das **Fragezeichen** (?) steht am Ende von Fragesätzen und allein stehenden Fragewörtern.
   Beispiel: *Was und wie? Warum? Wie funktioniert das?*

Übungen

1 Ordne die Satzteile so an, dass ein Aussagesatz entsteht. Es gibt mehrere Möglichkeiten. Schreibe ins Heft.

Beispiel: *Brei / kocht / Mama / für / Baby / das*
1. Mama kocht für das Baby Brei.
2. Für das Baby kocht Mama Brei.
3. Mama kocht Brei für das Baby.

a) grillen / heute Abend / wir / wollen
b) spielt / seinem / kleinen / Ball / Thomas / Bruder / mit
c) Katja / beim / morgen / Chorauftritt / mit / singt
d) nächste / fahren / Urlaub / den / in / nach / wir / Woche / Rom

Tipp | Am Ende eines Aufforderungs- oder Wunschsatzes kann anstelle des Ausrufezeichens auch ein Punkt stehen, wenn die Sätze mit Nachdruck gesprochen werden.

2 Entscheide, ob du das Ausrufezeichen oder den Punkt setzen musst.

a) Vogeleltern versorgen ihre Jungen, auch wenn sie aus dem Nest

gefallen sind

b) Lasst die kleinen Nestflüchtigen an Ort und Stelle

c) Bitte setzt Vögel, die auf einer Straße hocken, abseits an eine

geschützte Stelle

d) Wenn ein kleiner Vogel völlig verhungert und durchnässt ist, sollte

man ihn mitnehmen

Tipp | Kein Fragezeichen steht nach Sätzen, die wie ein Fragesatz aufgebaut sind, jedoch nur einen **Ausruf** oder eine **Aufforderung** beinhalten. Hier musst du aufpassen und sie von der normalen Frage unterscheiden.
Beispiel:

Ausruf / Aufforderung in Frageform	Frage
Was hast du wieder kaputt gemacht!	Wer hat das kaputt gemacht?
Geht ihr jetzt bitte!	Wann geht ihr?

3 Setze das Fragezeichen oder das Ausrufezeichen.

a) Wie oft rufst du mich an

b) Erinnerst du dich etwa nicht

c) Kommst du mal sofort her

d) Was essen wir heute zum Abendbrot

e) Gehen wir dann zum Nachbarn

f) Machst du bitte die Tür zu

Fehler-Check

Setze die erforderlichen Satzschlusszeichen und schreibe den anschließenden Satzanfang groß. Übertrage den Text richtig in dein Heft.

Wie füttert man Vogelkinder richtig

Wer ein Vogelkind aufziehen will, muss viel Zeit mitbringen   die Tiere

erleiden schwerste Schäden, wenn die richtigen Fütterungsabstände nicht

eingehalten werden   Futter für Singvögel kann ein zerkleinerter Hafer-

brei, Magerquark oder geriebener Zwieback sein   doch wie oft sollte

man füttern   Experten raten, den kleinen Piepmätzen alle halbe Stunde

das Futter mit einer Pinzette zu verabreichen   und was ist mit kleinem

Getier als Futterbeimengung   Fliegen, Spinnen und Raupen können

ebenso in den Futterbrei

Fehler	0 – 1 Fehler	2 – 4 Fehler	mehr als 4 Fehler
	Super!	In Ordnung!	Bitte noch einmal üben!

Das Komma zwischen Hauptsätzen

Die Bremer Stadtmusikanten

Es war einmal ein Mann_der hatte einen Esel. Der hatte ihm schon lange |

Jahre unverdrossen die Säcke in die Mühle getragen_er war stets |

fleißig und fügsam. Nun aber gingen die Kräfte des Esels zu Ende_er |

taugte nicht mehr zur Arbeit. Da dachte der Herr daran, ihn wegzu-

geben. Der Esel merkte dies jedoch_er lief fort und machte sich auf den |

Weg nach Bremen. Er meinte_dort könne er ja Stadtmusikant werden. |

Regeln

1. Wenn zwei oder mehrere Hauptsätze aneinandergereiht sind, nennt man dies eine **Satzreihe**. Zwischen den Hauptsätzen einer Satzreihe setzt man stets ein Komma.
   Beispiel: *Wir fliegen nicht nach Köln, wir fahren nach Berlin.*
   Wach auf, lauf, schrei nicht!
   Zum Hintergrund: Ein Hauptsatz ist ein Satz, der allein stehen kann. Er enthält mindestens ein Subjekt und ein Prädikat *(Er liest.)*, bei Imperativsätzen auch nur ein Prädikat *(Lies!)*.

2. Hauptsätze (HS) können mit einer nebengeordneten **Konjunktion** *(da, oder, aber, denn, sondern)* eingeleitet werden. Auch hier wird ein Komma zwischen die Hauptsätze, das heißt vor die Konjunktion gesetzt.
   Beispiel: *Tanja liest nicht gern Krimis, sondern sie liest lieber Abenteuerbücher.*

3. Bei den Hauptsätzen, die mit *und*, *oder* bzw. *wie* verbunden werden, kann man ein Komma setzen, um die Teilsätze zu verdeutlichen. Man muss es aber nicht.
Beispiel: *Leon liest oft Fantasy-Bücher (,) und er spielt gern Rollenspiele.*

Übungen

1 Kennzeichne die Hauptsätze, indem du – wenn notwendig – das Komma setzt. Unterstreiche jeweils die Konjunktion.
Achtung: Ein Satz kann aus mehreren Hauptsätzen bestehen.

a) Der Esel ging schon eine Weile da fand er einen Jagdhund am Wege.

b) Der Jagdhund lag jämmerlich dort er heulte laut.

c) Er heulte denn sein Herr wollte ihn erschießen lassen da er

   angeblich nichts taugte.

d) Da er erschossen werden sollte hatte er Reißaus genommen.

e) Er fragte sich wie es weitergehen solle.

f) Der Esel munterte ihn auf denn er forderte ihn auf mitzukommen.

g) Der Esel wollte in Bremen die Laute spielen und der Hund sollte die Pauke schlagen.

h) Damit war der Jagdhund einverstanden da gingen sie zusammen weiter.

i) Die zwei fassten gemeinsam neuen Mut sie waren gut gelaunt.

j) Sie gingen zügig und sahen weit in der Ferne die Türme der Stadt.

2 Bilde aus den Wortgruppen Satzreihen, die aus zwei Hauptsätzen
bestehen. Benutze dabei die Konjunktionen *da*, *denn* oder *doch*.
Schreibe ins Heft.

Beispiel: *trafen Katze / Katze machte mieses Gesicht*
Sie trafen eine Katze, doch die Katze machte ein mieses Gesicht.

Katze konnte keine Mäuse mehr jagen / Frau wollte sie ersäufen

wollte davonschleichen / war ratlos und traurig

der Esel und der Hund trösteten / luden die Katze ein mitzukommen

wollten in Bremen Nachtmusik machen / die Katze fand die Idee gut

Katze ging mit den beiden / alle waren gut gelaunt

ein Haushahn saß an einem Hof auf dem Tor / er war nicht froh

der Haushahn hatte Angst / die Köchin hatte seinen Tod befohlen

Fehler-Check

**Achte auf die Satzreihen und setze die fehlenden Kommas richtig ein.
Setze die Kommas, die nicht zwingend erforderlich sind, in Klammern.**

Die vier Stadtmusikanten

Der Hahn wurde vom Esel aufgefordert mitzukommen da er von der Bäuerin seines Hofes geschlachtet werden sollte. Die Gäste würden den Hahn zum Mittagessen bekommen da solle er lieber aus vollem Hals schreien und in Bremen auftreten.

Der Hahn willigte ein denn er fand den Vorschlag herrlich. Er freute sich auf Bremen da er musizieren wollte. Sie konnten die Stadt nicht an einem Tag erreichen doch auch da hatten sie eine Idee. Sie kamen abends in einen Wald dort wollten sie übernachten. Der Esel und der Hund legten sich unter einen großen Baum und die Katze kletterte auf einen Ast. Der Hahn flog bis in den Wipfel dort war es für ihn am sichersten. Der Mond schien und die Sterne funkelten. Langsam wurden die Tiere müde und wollten von der großen Stadt träumen.

	Fehler	0–1 Fehler	2–3 Fehler	mehr als 4 Fehler
		Super!	In Ordnung!	Bitte noch einmal üben!

Das Komma zwischen Haupt- und Nebensatz

Die vier Bremer Stadtmusikanten und das Räuberhaus

Als es dunkel wurde beschlossen die vier Bremer Stadtmusikanten,   /

im Wald zu übernachten. Sie versteckten sich in einer hohen Tanne   /

welche am Waldrand stand. Ehe der Hahn einschlief sah er sich noch   /

einmal nach allen vier Windrichtungen um. Da bemerkte er einen

Lichtschein der von einem Haus stammen könnte was sich in der Nähe   //

des Waldes befand. Der Esel meinte dass sie sich doch alle zu diesem   /

Haus aufmachen sollten. Er fand dass ihre derzeitige Herberge schlecht   /

sei. Auch der Hund meinte dass ihm ein paar Knochen mit Fleisch gut   /

tun würden. Also machten sie sich auf den Weg in die Richtung aus der   /

das Licht kam.

Regeln

1. Werden ein **Hauptsatz** und ein **Nebensatz** zusammengefügt, nennt
   man dies **Satzgefüge**. Zwischen Hauptsatz und Nebensatz setzt man
   stets ein **Komma**.
   Zum Hintergrund: Ein Nebensatz kann nicht allein stehen. Er ist
   immer vom Hauptsatz abhängig. Im Nebensatz steht die finite
   Verbform (gebeugte Verbform) an letzter Stelle des Satzes.
   Beispiel: *Ich fahre gern Rad, weil es mir gefällt.*
   Hauptsatz (HS)   Nebensatz (NS) mit gebeugter Verbform

2. Nebensätze werden oft eingeleitet durch
    – untergeordnete Konjunktionen: *weil, wenn, dass, obwohl ...*
    – Relativpronomen: *der, die, das, welcher, welche, welches ...*
    – Fragepronomen: *wer, wie, wo, warum ...*

3. Nebensätze, die ein Nomen (Bezugswort) näher erklären, nennt man
    Relativsätze. Sie beginnen mit dem **Relativpronomen** *der, die, das*
    oder *welcher, welche, welches*.

4. Ein Nebensatz kann
    – vor dem Hauptsatz stehen (vorangestellter Nebensatz).
       Beispiel:
       Wenn du fleißig trainierst, wirst du gut laufen können.
       Nebensatz (NS)   Hauptsatz (HS)
    – in einen Hauptsatz eingefügt werden (eingefügter Nebensatz).
       Beispiel:
       Die Arbeit, die die Klasse zurückbekam, war gut ausgefallen.
       (HS)   Nebensatz (NS)   Hauptsatz (HS)
    – hinter einem Hauptsatz stehen (nachgestellter Nebensatz).
       Beispiel:
       Er nahm sein Buch mit, da er noch lernen musste.
       Hauptsatz (HS)   Nebensatz (NS)

Tipp | Achte bei der Bildung oder **Bestimmung von Nebensätzen** immer
auf ihre **Merkmale**. Nebensätze
– haben häufig ein Einleitewort,
– ihre finite Verbform (gebeugte Verbform) steht am Satzende
– und sie können, anders als der Hauptsatz, nicht für sich allein
   stehen.

Übungen

1 a) Bilde mithilfe der Stichwörter und der vorgegebenen Satzmuster
(HS + NS) mit dem Einleitewort Satzgefüge. Schreibe ins Heft.
   b) Rahme das Einleitewort und das Prädikat ein.
Unterstreiche den Nebensatz. Achte auf das Komma.

Beispiel:

*sahen Licht heller durch den Wald schimmern / gingen direkt
darauf zu / weil*   NS – HS
→ *Weil sie das Licht heller durch den Wald schimmern sahen,
gingen sie direkt darauf zu.*

kamen an ein Haus / stand genau vor ihnen / das   HS – NS

der Esel war am größten / konnte durch eines der Fenster

schauen / weil   NS – HS

rief erschrocken / im Haus seien Räuber / dass   HS – NS

Esel erzählte / er könne einen Tisch sehen / der sei

mit Essen und Trinken gedeckt / dass   HS – NS – NS

die Räuber / saßen um den Tisch herum / ließen es

sich gut gehen / welche   HS – NS – HS

da Hahn sprach / das wäre etwas für sie vier / dass   HS – NS

daraufhin Tiere überlegten / sie könnten tun / was   HS – NS

sie hatten nachgedacht / ist etwas Tolles eingefallen /

nachdem   NS – HS

2 a) Bilde Satzgefüge: Suche den passenden Satz und das richtige Einleitewort. Formuliere jeweils einen Nebensatz und Hauptsatz.

b) Achte auf die Stellung der Prädikate und auf die Kommasetzung.

Beispiel: Der Esel war der Größte. / Er stellte sich mit den Vorderhufen auf das Fenster. (weil)

→ Weil der Esel der Größte war, stellte er sich mit den Vorderhufen auf das Fenster.

Der Esel hatte das getan. / Der Hund kletterte auf seinen Rücken. (nachdem)

Der Hund stand gerade. / Die Katze setzte sich auf ihn. (als)

Der Hahn war der Kleinste. / Er flog auf den Kopf der Katze. (weil)

Sie fingen auf ein Zeichen an zu musizieren. / Die Räuber erschraken sich furchtbar. (sodass)

Die Tiere musizierten lautstark. / Die Räuber verließen schreiend das Haus. (weil)

3 Umkreise in den folgenden Satzgefügen das Relativpronomen und unterstreiche die Wörter, auf die es sich bezieht. Setze die Kommas.

Beispiel: <u>Der Esel</u>, der am größten war, stand unten.

a) Der Hund welcher halb verhungert war folgte den Freunden.

b) Die Katze die keine Mäuse mehr fing gesellte sich zu den beiden.

c) Und der Hahn der im Suppentopf landen sollte war glücklich weiterleben zu dürfen.

d) Die vier Tiere die sich sofort einig waren zogen nach Bremen.

e) Der Wald den sie durchqueren mussten war sehr groß.

f) Sie erblickten ein Haus aus welchem laute Geräusche kamen.

g) Das Haus das den Räubern gehörte sollte ihre Nachtherberge werden.

Fehler-Check

Markiere alle Nebensätze und setze die fehlenden Kommas.

Die Bremer Stadtmusikanten

Nachdem sie alle vier so laut geschrien und musiziert hatten stürzten sie durch das Fenster in die Stube hinein. Die Räuber erschraken sich derartig dass sie mit lautem Gebrüll in die Höhe fuhren. Sie meinten ein Gespenst käme herein. Daraufhin flohen sie in großer Furcht in den Wald hinaus wo sie um ihr Leben liefen. Die vier Gesellen setzen sich an den Tisch welcher ja reichlich mit edelsten Speisen gedeckt war. Jeder aß nach Herzenslust von den Speisen die ihm am besten schmeckten. Als sie fertig waren löschten sie das Licht aus. Der Esel meinte dass sich jeder eine Schlaf-stelle nach seinem Geschmack aussuchen solle. Der Esel legte sich auf den Mist da verkroch sich der Hund hinter der Tür. Weil die Katze es warm haben wollte rollte sie sich auf dem warmen Herd zusammen. Der Hahn flog auf das Dach.

☐ Fehler	0–3 Fehler Super!	4–9 Fehler In Ordnung!	mehr als 9 Fehler Bitte noch einmal üben!

Kommas und Zeichensetzung bei wörtlicher Rede

Die Flucht der Räuber

Als die vier Bremer Stadtmusikanten die Räuber in die Flucht getrieben

hatten, meinte der Esel Kommt, Freunde, lasst uns an dem schön |

gedeckten Tisch Platz nehmen Da setzen sich die vier und genossen |

die Speisen. Die Katze sagte Hm, die Soße schmeckt köstlich und der ||

Hund schmatzte Der Knochen mit den Fleischresten ist eine wahre |

Köstlichkeit. Als sie fertig waren, löschten sie das Licht. |

Kommt, lasst uns eine Schlafstatt finden forderte der Esel auf. Ja, |||

jeder sucht sich aus, was ihm am besten gefällt stimmte der Hahn zu. |

Regeln

Wenn in einem Text etwas gesagt oder gefragt wird, musst du die wörtliche Rede in Anführungszeichen („ … ") setzen. Je nach Stellung der
wörtlichen Rede im Satz ist auch die Kommasetzung erforderlich. Beachte
dazu folgende Regeln:

1. Wenn der Redebegleitsatz **vor** der wörtlichen Rede steht (**voran-
   gestellter Begleitsatz**), leitet ein Doppelpunkt die wörtliche Rede
   ein.
   Beispiel: *Er sagte: „Ich komme um vier Uhr zu Besuch."*

2. Wenn der Redebegleitsatz **hinter** der wörtlichen Rede steht (**nachgestellter Begleitsatz**), wird er durch ein Komma abgetrennt.
   Beispiel: *„Ich komme um vier Uhr zu Besuch", sagte er.*

3. Wenn der Redebegleitsatz die wörtliche Rede **unterbricht** (**eingeschobener Begleitsatz**), steht vor und nach dem Redebegleitsatz ein Komma.
   Beispiel: *„Ich komme um vier Uhr zu Besuch", sagte er, „versprochen ist versprochen."*

4. Punkt, Frage- oder Ausrufungszeichen stehen immer dann vor dem zweiten Anführungszeichen, wenn sie zur wörtlichen Rede gehören.
   Beispiel: *Sie fragte: „Kommt er um vier Uhr zu Besuch?"*
   „Halten Sie den Dieb!", rief die ältere Dame den Passanten zu.
   aber: *Hat er immer noch nicht verstanden, „dass er seine letzte Chance vertan hat"?*

Übungen

1   a) Verbinde die Begleitsätze mit der passenden wörtlichen Rede.
    b) Schreibe die Sätze mit vorangestelltem Begleitsatz und der richtigen Zeichensetzung in dein Heft.
    c) Schreibe die Sätze so um, dass der Begleitsatz nachgestellt ist.
     Beispiel: *Oma ist ratlos: „Wo ist meine Lesebrille?"*
           „Wo ist meine Lesebrille?", fragt Oma ratlos.

Uta sagt ☐	☐ Der Grill ist ja noch schmutzig!
Papa schimpft ☐	☐ Wenn der weiße Flieder wieder blüht!
Opa singt ☐	☐ Passt dir diese Jeanshose?
Der Verkäufer fragt ☐	☐ Heute Abend grillen wir Steaks.
Mama ruft ☐	☐ So einen lustigen Film habe ich lange nicht gesehen!
Tanja ☐	☐ Wo ist nur meine Lesebrille?
Oma fragt ratlos ☐	☐ Die Steaks sind fertig!

2 Setze die fehlenden Satzzeichen.

Uta ruft Tanja an Stimmt es, dass wir bald einen Aufsatz schreiben?

Ja, wir schreiben einen Märchen-Text antwortet Tanja.

Können wir uns das Märchen selbst ausdenken   fragt Uta.

Den größten Teil schon meint Tanja wir bekommen nur einen Märchenanfang vorgegeben.

Hoffentlich kommt auch etwas mit einem Prinz vor lacht Uta.

3 a) Unterstreiche die Redebegleitsätze mit einer Wellenlinie, die wörtliche Rede mit einer geraden Linie.
b) Notiere, ob der Redebeleitsatz vor-, nachgestellt oder eingeschoben ist, und korrigiere gegebenenfalls die Kommasetzung.

Beispiel: *„Na"*, *fragt Theo,* *„wie war dein Tag?"*   eingeschoben

a) „Toll" antwortete Hannes „wieso fragst du?"

b) Theo blickt ihn an: „Ach, nur so!"

c) „Und wie war dein Tag?" fragt Hannes.

d) „Wir hatten heute viel Stress" antwortete Theo

   „weil wir einen Aufsatz geschrieben haben."

e) Hannes fragt: „Über welches Thema?"

f) „Über Märchen ...!" antwortet Theo.

4 a) Ergänze die Satzzeichen und Anführungszeichen im Satz unten.
b) Notiere den Satz im Heft mit dem Begleitsatz nach und zwischen der wörtlichen Rede. Achte auf die richtige Zeichensetzung.

Luis rief begeistert Mir macht es Spaß, mir Märchen und Geschichten auszudenken

Fehler-Check

Ergänze die Anführungszeichen und Satzzeichen der wörtlichen Rede.

Die Räuber kehren zurück

Die Bremer Stadtmusikanten schliefen nach einem guten Mahl genüsslich ein.   Schön, so gut gegessen zu haben   dachte sich der Esel und schloss zufrieden die Augen. Die Räuber jedoch beobachteten ihr Räuberhaus aus sicherer Entfernung.   Seht doch   murmelte einer   im Haus brennt kein Licht mehr.   Wir hätten uns doch nicht so einfach ins Bockshorn jagen lassen sollen!   sprach der Hauptmann. Und zu einem seiner Räuber rief er   Sieh nach, ob jemand im Haus ist. In der Küche wollte der Räuber ein Schwefelhölzchen an glühenden Kohlenaugen anzünden. Da sprang ihm die Katze ins Gesicht und kratzte ihn   Hier, du garstiger Räuber.   Der Hund biss ihn ins Bein.   Aua, verdammt, du Ungeheuer   Der Räuber rannte aus dem Haus. Dort bekam er vom Esel noch einen Tritt. Und der Hahn schrie   Kikerikie! Kikerikie

Fehler	0–4 Fehler	5–9 Fehler	mehr als 9 Fehler
	Super!	In Ordnung!	Bitte noch einmal üben!

Wie trennt man richtig?

Ein Aquarium anlegen

Ein Fisch, der im Atlantischen Ozean lebt, kann im Süßw- |

asser ebensowenig überleben wie ein europäischer Flussfi- |

sch, der plötzlich ins Meer geworfen wird. Deshalb ist die gem- |

einsame Pflege der verschiedenen Süß- und Meerwasserf- |

ische im Aquarium nicht möglich. Fische trinken nicht,

sondern sie nehmen über ihre Schuppenhaut Flüssigk- |

eit auf. Der unterschiedliche Salzgehalt in ihrem Körp- |

er verlangt die verschiedenen Wasserarten.

Regeln
Wie trennt man Wörter am Zeilenende richtig?

1. **Mehrsilbige Wörter** werden **nach Sprechsilben getrennt**. Sprich die Wörter langsam aus und betone dabei die einzelnen Silben.
   Beispiel: *ich schaf-fe, aber: die Scha-fe*
   ken-nen, aber: ken-tern
   wis-sen, aber: die Wie-se

2. Ein **einzelner Vokalbuchstabe am Wortanfang** darf **nicht abgetrennt** werden.
   Beispiel: *das Ufer, der Ofen, der Igel, der Esel*

3. Werden die Buchstabenverbindungen *ck, ch, sch* **wie ein Laut** ge- sprochen, dürfen sie nicht getrennt werden.
   Beispiel: *le-cker, Tü-cher, Du-sche*

4. Die Konsonantenverbindungen *st, sp* oder *ss* werden getrennt.
   Beispiel: *Kis-te, Pis-te, Kas-ten, Ris-pe, Wes-pe, Was-ser*

5. **Fremdwörter** können sowohl nach den Silben der Herkunftssprache als auch nach Sprechsilben getrennt werden.
Beispiel: *Ab-itur / A-bi-tur, He-li-kop-ter / Heli-kop-ter*

6. Schwierige Wörter wie *einander, warum, darum* und *hinauf* können in zwei Varianten getrennt werden.
Beispiel: *hin-auf / hi-nauf, ein-an-der / ei-nan-der,*
dar-um / da-rum, war-um / wa-rum

7. Man sollte Wörter immer so trennen, dass **keine Missverständnisse oder lesehemmende Trennungen** vorkommen.
Beispiel: *See-ufer* statt *Seeu-fer, Bank-ende* statt *Banken-de,*
Töpfe-rei statt *Töpfer-ei*

Übungen

➊ Schreibe die folgenden Wortpaare mit den richtig gesetzten Trennungsstrichen auf. Spreche die Wortsilben laut und langsam mit.
Beispiel: *lassen – sie lasen → las-sen – sie la-sen*

wir pfiffen – wir pfeifen   _____

stellen – stehlen   _____

die Rassen – der Rasen   _____

Schwämme – Schwärme   _____

die Kämme – sie käme   _____

die Kelle – die Kehle   _____

wissen – die Wiesen   _____

2 Welche getrennten Wortteile gehören zusammen? Suche die passende Endsilbe und schreibe diese mit dem Trennungsstrich in dein Heft. Hinweis: Die Silben können mehrmals verwendet werden.
Beispiel: *Ba-cke*

Endsilben

Zu	me	di	Bä	cken		cker
ro	le	Ro	ni		cker	ck
Ho	A	Zi	le	ckern		~~cke~~
Krü	He	~~Ba~~	sa		ck	

3 Trenne die folgenden Wörter durch Schrägstriche.

Kette	Tropfen	Hitze	Karpfen
Deutscher	Straße	Auge	Besteck
Pappe	Sachen	Städte	Mütze
Kasten	Hopfen	Kiste	Hetze

4 Manche Wörter lassen sich auf zwei Arten trennen (Regeln 5 und 6).

hin-auf oder _____

ein-an-der oder _____

wa-rum oder _____

da-rum oder _____

Sig-nal oder _____

Mag-net oder _____

Feb-ruar oder _____

Zyk-lus oder _____

5 Die folgenden Wörter sind falsch getrennt. Schreibe die richtige Trennung daneben.

Ank-er _____   Mus-ik _____

Wäs-che _____   Hot-el _____

Tasch-e _____   Loc-ke _____

Ka-tze _____   Ta-tze _____

Tro-pfen _____   Risp-e _____

E-ber _____   Fa-brik _____

6 Trenne die Wörter so, dass sie verständlich bleiben (Regel 7).
Beispiel: *falsch: → Spargel-der; richtig: → Spar-gelder*

Spieleröffnung	Bauerzeugnisse	Bucheinband	Teeernte
Bilderklärung	Teebaumplantage	Blumentopferde	Kaffeegenuss
Waschanlage	Meeresfische	Zooorchester	Flusssand

Tipp | Bei zusammengesetzten Nomen mit drei gleichen Buchstaben trennt man am Ende des ersten Wortes, damit das Wort lesbar bleibt.
Beispiel: *Kaffee-ersatz statt Kaf-feeersatz*

7 Sprich die schwierigen Wörter laut. Gliedere sie in Sprechsilben.
Beispiel: *Geburtstagskuchen → Ge-burts-tags-ku-chen*

Computerbildschirm _____

Postbriefkastenentleerung _____

Briefmarkensammelalbum _____

Seifenkistenrennen _____

Regenschirmständer _____

8 Schreibe die Wörter richtig mit dem Silbentrennstrich auf.

HEREI	Rei-he	ENREßI	_____
EÄUBM	_____	ERRATS	_____
EATZT	_____	LENHTSUHL	_____
LEMMES	_____	LÖTEBUAME	_____
FERKÄ	_____	NMUMRSOLE	_____

9 Kreuze die richtige Silbentrennung an. Nimm das Wörterbuch zur Hilfe.

a) ☐ Pfef-fer-kö-r-ner b) ☐ A-qua-r-ium
   ☐ Pfef-fer-kör-ner   ☐ A-qua-ri-um
   ☐ Pfe-f-f-erk-ör-ner   ☐ Aqua-ri-um

c) ☐ Zu-cker-ku-chen d) ☐ Co-mp-u-ter-tasta-tur
   ☐ Zuc-ker-kuc-hen   ☐ Com-pu-ter-tas-ta-tur
   ☐ Zu-cker-ku-ch-en   ☐ Compu-ter-tas-ta-tur

Fehler-Check

Verbessere die Fehler. Schreibe die richtige Worttrennung darunter.
Beispiel: falsch: Semm-el, richtig: Sem-mel

a) e-le-gant

b) Ti-schka-nte

c) Zuc-ker-dos-e

d) Te-nni-s-schl-äger

e) Spo-rt-ruc-k-sa-ck

f) Wit-ze-erz-ähl-er

g) La-nge-weil-e

h) Rie-se-n-rad

i) zi-sch-en

j) Ka-tzen-ko-rb

k) So-mm-er-fest

l) I-gel

m) Kar-pf-en-teich

n) Nag-el-f-eile

o) Dusch-e

p) Te-rm-in-kal-en-der

Fehler	0–3 Fehler	4–8 Fehler	mehr als 8 Fehler
	Super!	In Ordnung!	Bitte noch einmal üben!

Achtung: Fremdwörter!

Der Inscheniör Otto Lilienthal (1848 – 1896)   I

Otto Lilienthal war einer der angaschiertesten Pionire der Fliegerei   II

und des Flugzeugbaus. Dem Deutschen gelang 1893 als erstem

Menschen ein Gleitflug von bis zu 250 m Länge. Inspirirt wurde er   I

dabei durch die Beobachtung des Vogelfluges. Seine füsikalischen   I

Beschreibungen über das Fliegen und seine zahlreichen Pattente   I

waren wegbereitend für den Bau der ersten Motorflugzeuge.

Regeln

Die Schreibung von Fremdwörtern gehört nach wie vor zu den schwierigsten Bereichen der Rechtschreibung. In vielen Fällen ist es hilfreich, sich die Wörter durch **häufiges Lesen und Abschreiben** einzuprägen.

1. Fremdwörter sind über viele Jahrhunderte lang aus verschiedenen fremden Sprachen in den deutschen Wortschatz „eingewandert". Ihre Aussprache und Schreibung richtet sich **meist nach den Regeln der Herkunftssprache**.
   Beispiel:

griechischer Herkunft:	*Theater, Physik, Theorie, Mathematik*
lateinischer Herkunft:	*Nation, Zensur, Moment, Pionier*
französicher Herkunft:	*Toilette, Pommes frites, Engagement, Ingenieur*
englischer Herkunft:	*Make-up, Song, Job, Computer*

2. Fremdwörter **erkennt man häufig an verschiedenen Signalen** wie
   - den Buchstaben *ch, ph, rh, th* oder *c*
     Beispiel: *Chaos, Physik, Rharbarber, Thema, Scanner*
   - den Endungen *-age, -ee, -ett, -ette, -eur, -ik, -ie, -ion, -iv, -tät*
     Beispiel: *Garage, Kaffee, Parkett, Etikette, Friseur, Optik, Partie, Spion, aktiv, Kriminalität*

3. Einige Fremdwörter können inzwischen in der vereinfachten, einge-
deutschten Schreibweise geschrieben werden.
- *ph* kann zu *f* werden:
Beispiel: *Graphik – Grafik, Fotographie – Fotografie*
- *h* kann entfallen:
Beispiel: *Thunfisch – Tunfisch, Panther – Panter, Joghurt – Jogurt*
- Schreibung mit Varianten:
Beispiel: *Portemonnaie – Portmonee, Friseur – Frisör, Mayonnai-*
se – Majonäse

Tipp	Verwende beim Schreiben von Fremdwörtern stets ein **Fremd-wörterlexikon**. Hier findest du Informationen über die Herkunft und Bedeutung des Fremdwortes. Es gibt zum Beispiel folgende Abkürzungen: g./gr.= griechischer Herkunft, l./lat. = lateinischer Herkunft, e./eng. = englischer Herkunft, f./fr. = französischer Herkunft **Beispiel:** *Familie (lat.) = Lebensgemeinschaft*

Übungen

1 a) Lese die Fremdwörter unten laut. Übertrage die Tabelle in dein
Heft und ordne die Fremdwörter dem Herkunftsland zu.
b) Erkläre die Bedeutung der Fremdwörter.
c) Schreibe zu jedem Fremdwort einen Aussagesatz in dein Heft.
Beispiel: *Till und David fahren am liebsten Skateboard.*

Chip – Sweatshirt – Toilette – Pinzette – Garderobe – Laptop –
Charme – Joystick – Garage – Ingenieur – Couch – Skateboard –
Jazz – Serviette – Song – Baguette – Croissant – Chanson – Friseur –
Beat – Jalousie – Massage – Top Ten – Masseur – Comic

Fremdwörter

englischer Herkunft	französischer Herkunft

2 a) Setze die fehlenden Buchstaben richtig ein: *c, ch, ph, rh, th.*
   b) Übertrage die Wörter geordnet nach den Gruppen *c, ch, ph, rh, th* in
   eine Tabelle in dein Heft.
   c) Decke jede Gruppe mit einem Blatt ab und versuche, Fremdwörter
   aus dieser Gruppe noch einmal richtig zu schreiben.

____ema – ____ip – ____roissant – Apo____eke – Ma____ematik –

____eater – Stro____e – ____ysik – Katastro____e – ____abarber –

____ein – ____emie – Dis____o – ____erapie – Al____abet –

Video____ek – ____ema – ____omi____ – Mikro____on – ____emie

3 Lese die Fremdwörter mit *Ch* am Anfang des Wortes laut vor.
Trage hinter dem jeweiligen Fremdwort den Laut ein, den du beim
Sprechen hörst: [sch], [k] oder [ch].

Charme (sch)   Chanson (   )   Chaos (   )

Chemie (   )   Chronik (   )   Chlor (   )

Chirurg (   )   Chiffre (   )   Christmesse (   )

Chauffeur (   )   Charakter (   )   Orchester (   )

China (   )   Chor (   )   Chronik (   )

4 Welches Fremdwort passt? Notiere die Lösung.

Chiffre ▪ Chef ▪ Champignon ▪ Chicorée ▪ Chauffeur ▪ Christbaum

a) Vorgesetzte/Vorgesetzter in der Firma   _____

b) Pilz, den man auf Wiesen finden kann   _____

c) er fährt andere Leute mit dem Auto   _____

d) Gemüse, das man mit Apfelsinen als Salat isst   _____

e) geheime Nummer oder Ziffer   _____

f) wird zum Weihnachtsfest aufgestellt   _____

5 a) Welche Endung passt zu welchem Fremdwort?
b) Übertrage die Fremdwörter geordnet nach Endungen in dein Heft.

-age	Dat	Buff	Park
-ett / -et			
-ee	Portmon	Puber	Kriminali
-eur			
-ik	Sp	Blam	Mag
-ion			
-iv	Part	Jongl	Techn
-ie / -ei			
-tät	Opt	akt	Gar

6 a) Schreibe zu jedem Verb Nomen ins Heft. Unterstreiche die Nachsilben.

massieren	operieren	dekorieren	konzentrieren
organisieren	informieren	applaudieren	konstruieren
illustrieren	installieren	transformieren	addieren

Beispiel: *inform<u>ieren</u>: Informa<u>tion</u> – Informa<u>tik</u>*

b) Übertrage die Tabelle ins Heft und ergänze in jeder Spalte mindestens vier Beispiele.

-ieren	-tion	-eur	-ik

7 a) Lese die Wörter. Was fällt dir auf?

Schonglör	Natzion	Sörwiss	Soze	Schopp
Balanz	Sonk	Garasche	Schelee	Füsick
Pasche	Etasche	Schendarm	Ratzion	Mek app

b) Schreibe jedes Fremdwort mit Hilfe des Wörterbuches richtig ins Heft. Notiere kurz seine Bedeutung.
Beispiel: *Jongleur = Geschicklichkeitskünstler, Gaukler*

8 a) Schreibe neben jedes Fremdwort die zweite Schreibform.
b) Bilde mit den Fremdwörtern Sätze.

Fotografie – _____   Grafik   – _____

Biographie – _____   Delphin – _____

Mikrofon   – _____   Saxofon – _____

Geografie   – _____   Paragraf – _____

Fehler-Check

Setze die passenden Fremdwörter in der richtigen Schreibweise ein.

**Inurniege ▪ krosMikop ▪ ieDynast ▪ ierAtel ▪ orCh ▪ Maagsse ▪
ieTherap ▪ eurssaM ▪ syPhik ▪ ieChme**

a) Eine _____ ist ein Herrschergeschlecht, so wie die

Windsors in England.

b) Im Labor werden die Stoffe unter dem _____ untersucht.

c) In ihrem _____ malt und töpfert die Künstlergruppe.

d) Bereits im Fach NAWI beschäftigen sich die Schüler mit der

_____ und _____ .

e) Wer krank ist, sollte sich einer _____ unterziehen.

f) Der _____ entwickelt zum Beispiel Maschinen.

g) Wir singen gemeinsam im _____ unserer Schule.

h) Der _____ hat die _____ so gut durchgeführt,

dass die Schmerzen verschwunden sind.

	0–1 Fehler	2–4 Fehler	mehr als 4 Fehler
☐ Fehler	Super!	In Ordnung!	Bitte noch einmal üben!

Häufig falsch geschriebene Wörter

Das St**a**ttfest | /

Heute findet w**i**der einmal das alljährliche Stattfest stad**t**. Wir | ///

wollen dort hingehen. Zuerst müssen wir mit der S-Bahn leider

kver durch die Stadt fahren. In der vollen S-Bahn wird man immer | /

ge**kw**etscht. Das ist gar nicht lusti**ch**. Das Fest hat bestimmt w**i**der | ///

großen Erfolg, auch wenn es den W**ie**derstand der Anwohner | /

wegen des wa**k**senden Alkoholkonsums gab. | /

Regeln: *Stadt* oder *statt* ?
Die folgenden Regeln und Übungen sollen dir helfen, häufig falsch geschriebene Wörter künftig richtig zu schreiben.

1. Man schreibt **Stadt**, wenn sich das Wort auf die **Stadt bzw. Großstadt** bezieht.
   Beispiel: *das Stadtviertel, die Stadtbahn, der Stadtverkehr, städtisch*

2. Das Wörtchen **statt** kann sowohl im Sinne von **anstatt / gegen etwas** oder am Wortende als Endsilbe **-statt im Sinne von Ort / Stätte** verwendet werden.
   Beispiel: *die Werkstatt, die Begräbnisstätte, die Gedenkstätte*
   Statt zu trainieren, musste er fürs Diktat üben.

3. Merke dir auch die Verben *stattfinden, stattgeben* und die Präposition *stattdessen.*

Übungen

1 *Stadt* oder *statt*? Lies jeden Satz und fülle die Lücke richtig aus.

a) Die Haupt   von Deutschland heißt Berlin.

b) In jeder Groß   gibt es einen massiven   verkehr.

c)   nur am PC zu sitzen, solltest du dich auch mal verabreden.

d) Köln ist eine weltbekannte Dom   , wo jedes Jahr ein großer

Karnevalsumzug   findet.

e) In der Werk   meines Onkels kann man schreinern und bauen.

f) Die östlichen Bundesländer verzeichnen sinkende Einwohnerzahlen.

Die   bevölkerung von Leipzig ist   dessen rasant

gewachsen.

g) In Weimar befindet sich die Gedenk   für das KZ Buchenwald.

2 Lasse dir die Sätze aus Aufgabe 1 in gemischter Reihenfolge noch
einmal diktieren. Vergleiche deinen Text mit den Lösungen.

Regeln: *-ig* und *-lich*

4. Viele Adjektive werden am Wortende
mit *-ig* oder *-lich* geschrieben. Um die
richtige Schreibweise herauszufinden,
musst du die Verlängerung bilden.
Beispiel: *herzlich → das herzliche Wiedersehen*
schläfrig → der schläfrige Welpe

Übungen

3 Ergänze die richtige Adjektiv-Endung, indem du die Verlängerung bildest. Kombiniere dann jedes Adjektiv mit einem Nomen.

~~Erfolg~~ ▪ Urteil ▪ Herrscher ▪ Morgen ▪ Chef ▪ Buch ▪ Nachbarn ▪

Verwechslung ▪ Ereignis ▪ Welpe ▪ Vater ▪ Kind ▪ Test ▪ Wetter ▪

Pony ▪ Essen ▪ Tisch ▪ Kaninchen ▪ Kätzchen

mittelmäßig	–	*der mittelmäßige Erfolg*
weinerl	–	
gnäd	–	
art	–	
eck	–	
schriftl	–	
herrl	–	
dunst	–	
heil	–	
farb	–	
salz	–	
durst	–	
eil	–	
lächerl	–	
versehentl	–	
großzüg	–	
ängstl	–	
freundl	–	

Regeln: *wieder* oder *wider* ?

5. **Wider** wird mit einfachem *i* geschrieben, wenn es in der **Bedeutung von *gegen*** verwendet wird.
    Beispiel: *widersprechen, sich widersetzen, Widerstand, Widerspruch*

6. **Wieder** mit der **Bedeutung von *zurück*** wird mit *ie* geschrieben. Verbindungen mit *wieder* werden gewöhnlich zusammen-geschrieben.
    Beispiel: *wiederholen, wiederkommen, die Wiedergutmachung*

7. Wird **wieder** im Sinne von **nochmals/erneut** gebraucht, schreibt man **wieder und das folgende Verb getrennt.**
    Beispiel: *Er hat sie wieder erkannt. Sie haben es wieder versucht.*

Übungen

4 *Wieder* oder *wider*? Lese die Sätze und achte auf den Inhalt. Setze die richtige Form ein.

a) Der Tiger wurde _____ seinen Willen _____ eingesperrt.

b) Der _____stand der Soldaten war zwecklos.

c) Die Kuh ist ein Säugetier und gehört zu den _____käuern.

d) Das Eiscafe „Dolomiti" ist endlich _____ eröffnet.

e) Wir _____rufen unsere Aussage vor Gericht.

f) Die Zeugenaussagen haben sich _____sprochen.

g) Seine ständigen _____worte ärgerten sie schon lange.

h) Das _____sehen nach mehr als einem Jahr war sehr schön.

i) Dies war schon der zweite Einbruch. Die Diebe hatten es _____ versucht.

j) Sie diskutierten lange über das Für und _____ dieser Lösung.

Regeln: Wörter mit *qu*

8. Es gibt einige Wörter, bei denen man den Laut „kw" spricht, ihn jedoch *qu* schreibt.
   Beispiel: *der Quark, die Qualle, der Quader, quadratisch*

Übungen

5 Trenne in der Wortschlange jedes Wort mit einem Trennungsstrich.

quittungsquellequerquatschquartettquiekenquaderquizquakenquarkgequetschtquirligqueregequollenquadratisch

6 Bilde mit jedem Wort der Wortschlange einen Aussagesatz im Heft. Achte bei Nomen auf die Großschreibung und den richtigen Artikel.
   Beispiel: *Bei jedem Einkauf erhält man eine Quittung.*

Regeln: der „ks"-Laut

9. *x, ks, chs, gs* oder *cks*?
   Den „ks"-Laut kann man auf fünf unterschiedliche Weisen schreiben.
   – Bilde bei Verben die Infinitivform. Am Wortstamm erkennst du dann, welchen der fünf „ks"-Laute du schreiben musst.
   – Suche bei Nomen nach verwandten Verben.
   Beispiel: *gs: du fragst – fragen, du siegst – siegen*
   chs: es wächst – wachsen; das Wachstum
   cks: es kleckst – kleckern; du weckst – wecken

10. Die Schreibung mit *x* kommt meist nur in Fremdwörtern vor.
    Beispiel: *das Fax, das Examen, exquisit, exklusiv*

Übungen

7 X, *ks*, *chs*, *gs* oder *cks*? Setze den richtigen „ks"-Laut ein.
Bilde dabei die Infinitivform des Verbs bzw. bei Nomen den Plural.
Beispiel: *den* k *st* → *den*k*st* – *den*k*en*

len___t fa___en e___tra Mi___er än___tigen

An___t verste___t he___en wä___t den___t

wa___en flie___st gewa___en Fa___ La___

Fehler-Check

Achtung: Hier wimmelt es von Wörtern, die häufig falsch geschrieben werden. Setze die fehlenden Buchstaben richtig ein.

a) Im späten Sommer hört man am Teich viele Frösche ___aken.

b) Wir werden das Diktat ___holt üben und es dann ___um

   selbst korrigieren.

c) Zum Mittag gab es gab es frisch gefa___enen La___ mit Kartoffeln

   und einem Kle___ Soße aus Sahne und Meerrettich.

d) Die ___arktorte von Oma schme___t allen am besten.

e) Durch die ___sprüchlichen Aussagen hat sich der Täter verraten.

f) Sta___ hier zu schlafen, solltest du lieber die Sta___ besichtigen.

g) Es ist wie verhe___t, ständig fällt etwas herunter.

h) Das Stück war sehr lust___. Sie haben sich kön___li___ amüsiert.

i) Der W___derspruch wird w___der zü___ schriftl___ eingereicht.

	Fehler	0–3 Fehler	4–9 Fehler	mehr als 9 Fehler
		Super!	In Ordnung!	Bitte noch einmal üben!

Lösungen

Kapitel 1: Groß- und Kleinschreibung

Die Anrede: *Sie* oder *sie*? *Du* oder *du*?

Seite 6 **1** **Brief 1** (Privat, Groß- oder Kleinschreibung. Wichtig ist eine einheitliche Schreibweise.)
Hallo Luca,
toll, dass Du/du bald wieder zu mir nach Bremen kommen möchtest! Im letzten Brief hast Du/du mir ja geschrieben, dass Du/du nun auch ein Skateboard hast. Bei uns gibt es eine tolle Skaterbahn – erinnerst Du/du Dich/dich noch an die letzten Ferien? Da haben wir uns dort mit meinen Kumpels getroffen. Bringst Du/du bitte auch die neueste CD von Sam Smith mit? Die können wir uns dann ja auf dem MP3-Player anhören.
Wann genau kommt Dein/dein Zug am Hauptbahnhof an? Wenn Du/du möchtest, kannst Du/du mir auch kurz eine SMS schicken!
Bis bald!
Machs gut, Dein/dein Tommy

Brief 2 (öffentlich, Großschreibung)
Sehr geehrter Herr Rektor Wiesenbaum,
wir möchten Ihnen heute für Ihre netten Worte zu unserem Sportfest danken! Gern würden wir Ihr Angebot annehmen und auf dem Sportplatz Ihrer Schule trainieren. In Ihrer Rede haben Sie uns auch versprochen, dass wir uns alle auf neue Trikots freuen dürfen, denn Sie haben gute Verbindungen zur Firma „Technodrom". Vielleicht könnten wir uns dazu nochmals bei Ihnen melden, um die Farben und Aufdrucke abzustimmen. Toll, dass Sie sich für unsere Sportler einsetzen! Vielen Dank für Ihre Hilfe!
Mit freundlichen Grüßen
i.V. Max Müller, 1. Vorsitzender der SV „Eintracht"

Seite 7 **2** **Briefausschnitte**
a) Hallo Tessa,
schön, dass Du/du mich in den Ferien besuchen kommen möchtest! Dann können wir das neue Kinocenter besuchen, von dem ich Dir/dir im letzten Brief berichtet habe. Denkst Du/du bitte daran, Deine/deine Inliner mitzunehmen!
(privater Brief; Groß- oder Kleinschreibung. Wichtig ist, dass die Schreibweise einheitlich ist.)
b) In Ihrem letzten Telefonat teilten Sie mit, dass Sie für den neuen Spielplatz an der Schule spenden möchten. Das finden wir von Ihnen sehr nett!
(nicht privater/öffentlicher Brief)
c) Hast Du/du etwa vergessen, dass wir gestern verabredet waren? Leider bist Du/du nicht zum Treffpunkt am Marktplatz gekommen. Rufst Du/du mich kurz zurück, was los ist? Bis bald!
Deine/deine Freundin Karo   (privater Brief)

Fehler-Check

Seite 8

Sehr geehrter Herr Meier,
da Sie uns als Züchter von Sennenhunden empfohlen worden sind, möchte ich
Sie hiermit fragen, wann ich mit meinen Eltern mal bei Ihnen vorbeikommen darf,
um mir die Hunde anzusehen. Bitte schlagen Sie uns einen Termin vor, der Ihnen
passt. Meine Eltern sind berufstätig, daher hätten sie (Personalpronomen!) am
besten am Wochenende Zeit. Wenn Sie möchten, können Sie (Anredepronomen)
sie (Personalpronomen) auch telefonisch erreichen unter 02920/3434. Vielen
Dank, dass Sie sich bald melden werden!
Mit besten Grüßen
Ihre Mara Bremer und Eltern (nicht privater/öffentlicher Brief)

Liebe Oma,
heute möchte ich Dir/dir meinen größten Wunsch schreiben! Kannst Du/du
Dir/dir vielleicht denken, was das sein könnte? Ich wünsche mir zum Ge-
burtstag einen Hund! Weißt Du/du noch, wie ich mich immer um Deinen/deinen
Hund gekümmert habe, als Du/du verreist warst? Bitte, Oma, helfe mir, Mama und
Papa zu überzeugen! Ich habe Dich/dich ganz doll lieb! Danke für Deine/deine
Hilfe!
Deine/deine Mara
(privater Brief; Groß- oder Kleinschreibung. Wichtig ist, dass die Schreibweise
einheitlich ist.)

Nominalisierungen immer groß

❶ Individuelle Lösungen. Hier einige Beispiele (die Nominalisierungen sind unterstrichen): Alle Großen dürfen zum Schwimmen. Beim Zeichnen im Sitzen ist etwas
Dummes passiert. Ich habe wenig Gutes über ihn gehört. Ich ahne nichts Gutes.
Beim Laufen hat sie sich den Fuß gebrochen. Das Dumme ist, dass ich den Termin
vergessen habe.

Seite 10

❷ a) Blütennektar wird von Pflanzen zum Anlocken von Tieren verwendet.
b) Die angelockten Tiere tragen so zum Verbreiten der Pollen und Samen bei.
c) Sie helfen damit den Pflanzen beim Fortpflanzen ihrer eigenen Art.
d) Bienen helfen durch häufiges Anfliegen der Blüten und das Abnehmen der
   Pollen den Pflanzen beim Befruchten.

Seite 11

❸ Frühlingsblumen selber großziehen
Zum Züchten von Frühlingsblumen braucht man eine Kiste Aussaaterde.
Das Einsetzen der Zwiebeln in die Erde ist einfach: Setze die Spitze der Zwiebel
nach unten. So kannst du das Ausbilden der Wurzeln fördern. Während des
Wachsens solltest du die Zwiebel leicht angießen. Durch vorsichtiges Düngen
erreichst du ein vorschnelles Blühen deiner Tulpen oder Narzissen. Du kannst die
Zwiebel nach dem Verblühen der Pflanzen auf den Kompost legen. Wenn das Laub
trocken ist, kann es abgeschnitten werden. Durch erneutes Einsetzen der Zwiebeln
in die Erde erreicht man ein erneutes Blühen.

Seite 12 ❹ Individuelle Lösungen. Hier einige Beispiele:

Begleiter + nominalisiertes Verb	Begleiter + nominalisiertes Adjektiv
beim Werfen	viel Gutes
mein Kochen	dieses Helle
gutes Arbeiten	jenes Gute
jenes Werfen	etwas Dummes, etwas Neues
langes Schreiben	nichts Altes, nichts Schönes
beim Schlafen	viel Neues, viel Gutes
aufs Essen	das Neue, das Alte, das Schöne
mein Essen	alles Schöne, alles Alte, alles Neue
das feine Essen	jenes Ferne …
beim Berichten	
das lange Arbeiten	
das Klagen …	

Seite 13 **Fehler-Check**

Wie Pflanzen ihr Blühen bestimmen
Die Entscheidung, mit dem Blühen zu beginnen, ist für jede Pflanze riskant.
Die Blüten benötigen Energie und wenn nochmals Minusgrade kommen, könnte
das die Pflanze das Leben kosten. Pflanzen haben daher ein geniales Verfahren.
Sie messen nicht nur die Temperatur und das Licht, sondern auch die Tageslänge.
Somit können die ersten wärmeren Sonnenstrahlen im Januar keine Pflanze dazu
bewegen, ein schnelles Wachsen in Gang zu setzen. Auch Pflanzen üben sich im
Speichern von nützlichen Informationen. Das so gewonnene Wissen wird an die
Pflanzennachkömmlinge weitergegeben.

Zeitangaben

Seite 15 ❶

kleingeschrieben	großgeschrieben
abends	der Abend, am Abend
morgens	der Morgen
mittwochs	am Mittwoch
donnerstagsmorgens	am Donnerstagmorgen
vormittags	am Vormittag
nachts	die Nacht, in der Nacht
freitagnachmittags	am Freitagnachmittag
sonntagmorgens	am Sonntagmorgen

② a) Wir treffen uns donnerstagnachmittags am Eingang des Zoos.
b) Tim geht jeden Montagabend zum Volleyballtraining.
c) Am schönsten findet Jana es, wenn sie den Samstagabend mit ihren Eltern verbringen kann.
d) Können wir uns mittwochs zum Laufen treffen?
e) Am Dienstagmorgen fährt er mit der U-Bahn zum Museum.
f) Sein Vater liest morgens als erstes die Zeitung und trinkt dazu Kaffee.
g) Kais Mutter geht jeden Morgen joggen.

③ Individuelle Lösungen. Hier einige Beispiele (Zeitangaben sind unterstrichen): Seite 16
Die Klasse hat montags immer Sport und Kunst. Heute Abend ist ein Elternabend.
Mittwochabends gehe ich immer zum Fußball. Jeden Samstagmittag bleibt die Küche kalt. ...

Fehler-Check Seite 17

Kathrin und Lena wollen am kommenden Montag mit den Eltern in die Türkei fliegen. (Regel 1) Deshalb überlegten sie gestern Abend, was bis dahin noch alles zu erledigen ist. (Regel 2) Kathrin ruft: „Denke daran, dass Oma und Opa am nächsten Samstag kommen. (Regel 1) Wir müssen sie morgen Abend wegen der Ankunft des Zuges anrufen. (Regel 2) Kommenden Freitag ist es dafür zu spät." (Regel 2) Lena antwortet: „Du hast doch mittwochs deinen Yoga-Kurs. (Regel 3) Hast du den schon abgesagt?" Kathrin meint: „Das erledige ich heute Abend. (Regel 2) Am besten werde ich morgen in der Frühe für Opa und Oma eine lange Liste schreiben. (Regel 2) Lass uns besser heute Abend noch besprechen, was wir alles in die Koffer packen!" (Regel 2)

Kapitel 2: Getrennt oder zusammen?

Wortverbindungen aus Nomen und Verben Seite 19

① a) Folgende Verbindungen können gebildet werden: Haare waschen, Würstchen grillen, eislaufen, Hosen bürsten, handhaben, Rad fahren, Zaun streichen, Auto fahren, Zimmer tapezieren

② a) Das Radfahren / ~~Rad fahren~~ durch den Park ist toll!
b) Beim Fußballspielen / ~~Fußball spielen~~ hat sich David am Bein verletzt.
c) Tina nimmt zum Geschirrabwaschen / ~~Geschirr abwaschen~~ immer ein hautfreundliches Spülmittel.
d) Wir wollen das ~~Essenkochen~~ / Essen kochen.
e) Das Essenkochen / ~~Essen kochen~~ für die Eltern macht uns Spaß.
f) Jana verdient sich durch das Rasenmähen / ~~Rasen mähen~~ etwas Taschengeld.
g) Das Blumenpflücken / ~~Blumen pflücken~~ im Park ist nicht erlaubt.
h) Wir wollen dieses Teil haben / ~~teilhaben~~.
i) Zum Abkühlen muss die Marmelade auf dem ~~Kopfstehen~~ / Kopf stehen.

Seite 20

3 a) Frau Meier hofft, in der neuen Firma Fuß fassen zu können.
b) Wenn das deine Eltern sehen, werden sie kopfstehen!
c) Das ewige Angsthaben bringt dich auch nicht voran, im Gegenteil!
d) Das Skilaufen hat sie während der Klassenfahrt gelernt.
e) Beim Sportfest zeigte Kai, wie toll er kopfstehen kann.
(aber: … wie toll er auf dem Kopf stehen kann.)
f) Vor der Schwimmprüfung brauchst du absolut keine Angst haben.

4 Mögliche Nominalisierungen: beim Fahrradfahren, durch das Trampolinspringen, das Ratsuchen, häufiges Kakaotrinken, beim Pizzaessen, zum Tischdecken, das Autofahren, durch häufiges Bücherlesen

5 Verbindungen mit Verben: lobpreisen, schlussfolgern, maßregeln, Rat suchen, Antwort geben

Seite 21 **Fehler-Check**

a) Jubel nach Eurovisionssieg: Hannover wird kopfstehen
b) Endlich energiesparende / Energie sparende Glühbirne auf dem Markt
c) Hilfe für notleidende / Not leidende Kinder in Afrika
d) Gewinnbringende / Gewinn bringende Geschäfte mit Russen geplatzt
e) Großes Aufsehen erregende Szenen im neuen Kinofilm (Die Getrenntschreibung ist zwingend wegen dem Adjektiv *großes*, das sich auf *Aufsehen* bezieht.)
f) Diensttuender / Dienst tuender Polizist von Rockern erschossen
g) Ein Idyll für erholungsuchende / Erholung suchende Touristen!
h) Das nervenzerfetzende / Nerven zerfetzende WM-Qualifikationsspiel fand statt
i) Hilfesuchender / Hilfe suchender Obdachloser verprügelt
j) Kinder wollen eislaufen und brechen im zugefrorenen See ein
k) Arbeitnehmer wollen an Unternehmensgewinnen teilhaben
l) Ausflüge auf zwei Rädern: Radfahren wird immer beliebter

Seite 23 **Verben in Verbindung mit Verben und Adverbien**

1 a) Wenn dich jemand nicht mag, solltest du ihn links liegen lassen (auch: liegenlassen).
b) Tessa strengt sich in Mathe an, denn sie will nicht sitzenbleiben (auch: sitzen bleiben).
c) Wollen wir heute mit den anderen aus der Klasse spielen gehen?
d) Der Nachbar sollte nicht ständig den Motor seines Autos laufen lassen.
e) In dem dichten Gedränge war das Kennenlernen neuer Gäste nicht einfach.
f) Er hat seinen langjährigen Freund fallenlassen (oder: fallen lassen), ohne mit der Wimper zu zucken.
g) Als die Straßenbahn plötzlich ruckartig anfuhr, hat er seine Tüte mit Äpfeln fallen lassen.
h) Der Aktenstapel wurde immer höher. Sein Kollege hatte viele Anfragen vor dem Urlaub einfach liegen lassen.
i) Die Regeln für das Getrenntschreiben sind jetzt verständlich geworden.

2 Individuelle Lösung

Fehler-Check Seite 24

    a) Das Sitzenbleiben in der Schule kann zu Ärger mit den Eltern führen.

    b) Du solltest deinen kleinen Bruder schlafen lassen.

    c) Beim Spazierengehen begegneten uns viele Bekannte.

    d) Zum richtigen Urlaub gehört das Kennenlernen fremder Gewohnheiten.

    e) Du solltest deine Freundin nicht links liegen lassen (oder: liegenlassen).

    f) Manchem fällt das Achtenlernen älterer Menschen nach wie vor schwer.

    g) Er will immer für seine Freunde da sein.

    h) Das Dasein hat auch seine Schattenseiten.

Verbindungen aus Adjektiv und Verb Seite 26

1 Mögliche zusammengesetzte Verben: umfahren, vollstellen, liebäugeln, wegbringen, hintergehen, widersprechen, langweilen, untergraben, hinsehen, untergehen, hinsehen

2 a) Mario meint, dass er Freitag blaumachen will.

    b) Er möchte endlich mal wieder lange schlafen.

    c) Seinen Eltern will er weismachen, dass er Kopf- und Ohrenschmerzen hat.

    d) Das dürfte ihm nicht schwerfallen, denn er kann gut schauspielern.

    e) Der Arzt wird ihn krankschreiben.

    f) Dann kann Johannes den ganzen Tag fernsehen oder am PC spielen.

    g) Falls das Vorhaben jedoch schiefgeht, würde er sich garantiert schwarzärgern.

    h) Plötzlich fällt ihm ein, dass nachmittags das Skater-Treffen stattfinden wird. Vielleicht sollte er seinen Plan noch einmal überdenken.

3/**5** a) **frei sprechen** Seite 27

        Kannst du das Gedicht frei sprechen?

        Der Richter wird den Angeklagten freisprechen.

    b) **leicht fallen**

        Wenn du unvorsichtig kletterst, wirst du leicht fallen.

        Nach jahrelangem Training wird ihm der Wettkampf leichtfallen.

    c) **sicher gehen**

        Wir konnten sichergehen, dass wir die Prüfung bestehen werden.

        Leider konnten wir auf der vielbefahrenen Straße nicht sicher gehen und mussten einen Umweg machen.

4 a) Wir müssen dies unbedingt geheim halten / ~~geheimhalten~~.

b) Will man alles richtig schreiben / ~~richtigschreiben~~, muss man ~~Regel mäßig~~ / regelmäßig üben.

c) Wenn man mit Bus oder Bahn ~~schwarz fährt~~ / schwarzfährt, muss man ein Bußgeld bezahlen.

d) Bald wird es mit unserer Fußballmannschaft aufwärts gehen / ~~aufwärtsgehen~~.

e) Anka wird es nach dieser Trainingsform ~~leicht fallen~~ / leichtfallen, den Wett-kampf zu gewinnen / ~~zugewinnen~~.

f) Sie müssen den Brief erst ~~frei machen~~ / freimachen.

g) Die Geiseln sind nach sechs Wochen endlich freigekauft / ~~frei gekauft~~ worden.

h) Sie wird ihren Vortrag auf der Konferenz ~~freihalten~~ / frei halten.

i) Könntest du mir einen Platz freihalten / ~~frei halten~~.

Seite 28 **6** Mögliche Verbindungen: zusammenfahren, weglaufen, herunterbiegen, herun-terbrechen, umherführen, umherkommen, zustellen, übertreten, überwerfen, gegenüberstellen, hinaussehen, drauflos gehen

Seite 29 **Fehler-Check**

a) Am Wochenende liebäugelte er mit seiner ersten Radtour.
Er konnte sich sicher sein, dass die Sonne scheinen würde. Doch gerade wegen des Ausflugsverkehrs konnte er sich auf den Straßen nicht immer sicher fühlen, sondern musste eine Strecke mit Radwegen auswählen.

b) In ihrem Kopf hatte sich in den vergangenen Tagen Unmut breitgemacht. Sie wünschte sich, im Urlaub zu sein. Das Warten bis zu den Ferien würde ihr schwerfallen. Sie konnte sich allerdings nicht ganz davon freisprechen, dieser Situation zugestimmt zu haben. Ihre Kollegin war schwer gefallen, hatte sich mehrere Rippen und das Bein gebrochen, und anstatt endlich blauzumachen, musste sie ihren Urlaub um mehrere Wochen verschieben. Immerhin wurden ihr die Stornierungsgebühren von ihrer Firma gutgeschrieben.

Kapitel 3: Gleich klingende Vokale

Seite 31 **Der i-Laut: *i, ie, ih* und *ieh***

1 a) + b) liegen – die Liege, fließen – der Fluss, sieben – das Sieb, verlieben – die Liebe, schießen – der Schuss, riefen – der Ruf, lieben – die Liebe, vergießen – der Guss, sanieren – die Sanierung

c) Individuelle Lösung

Seite 32 **2**

biegen – fliegen	Kiefer – Schiefer
Hiebe – Diebe	vermiesen – Riesen
gießen – schießen	kriechen – riechen
Bier – mir	Sieb – Hieb
Vieh – Knie	

❸ die Rasur – rasieren

der Export – exportieren

die Ruine – ruinieren

das Studium – studieren

das Referat – referieren

das Training – trainieren

die Kontrolle – kontrollieren

die Diskussion – diskutieren

der Radiergummi – radieren

der Applaus – applaudieren

die Inspektion – inspizieren

❹ a) Wir singen gemeinsam ein Lied.

c) Der Stil der Musik ist angenehm.

e) Grippe ist durch Viren übertragbar.

g) In der Goldmine besteht Einsturzgefahr.

b) Sein Augenlid ist entzündet.

d) Der Besenstiel ist zerbrochen.

f) Wir Vier ziehen um die ganze Welt.

h) Zieh doch nicht so eine Miene!

❺

Seite 33

	schlafen	stoßen	laufen	fallen	steigen
ich	schlief	stieß	lief	fiel	stieg
du	schlief(e)st	stieß(e)st	lief(e)st	fiel(e)st	stieg(e)st
er/sie/es	schlief	stieß	lief	fiel	stieg
wir	schliefen	stießen	liefen	fielen	stiegen
ihr	schlief(e)t	stieß(e)t	lief(e)t	fiel(e)t	stieg(e)t
sie	schliefen	stießen	liefen	fielen	stiegen

❻ a) das Krokodil

d) der Igel

b) der Biber

e) das Wiesel

c) der Tiger

f) der Kiwi

❼ Aufstieg in die Lese-Liga

Wer viel liest, ist nicht nur gut in Rechtschreibung, sondern auch gebildeter als andere. Auch die Fantasie wird durch das Lesen interessanter Bücher gefördert. Man erhält Tipps, Ideen und Hinweise für das Schreiben eigener Texte. Jeder kann, genauso wie beim Sport, durch tägliches Lesen seine Leseleistung trainieren, um in die Lese-Liga aufzusteigen.

Fehler-Check

Seite 34

Krokodile lieben ein prima Klima

Krokodile können ihre Körpertemperatur nicht von innen regeln. Sie verbringen den größten Teil des Tages damit, sich entweder abzukühlen oder sich aufzuwärmen. Nach einem kühleren Bad zum Beispiel muss sich das Krokodil erst einmal wieder in die Sonne legen. Es liegt dort stundenlang. Leider sind bereits siebzehn von zweiundzwanzig Krokodilarten vom Aussterben bedroht. Ähnlich wie die Tiger wurden sie rücksichtslos gejagt und getötet. Viele Länder haben nun gezielt geregelt, wie viele Tiere im Jahr gejagt werden dürfen. In manchen Regionen der Welt stehen sie sogar unter Naturschutz.

Seite 36
Das Dehnungs-h

1 a)

Dehnungs-h			
vor l	**vor m**	**vor n**	**vor r**
wählen	nehmen	belohnen	bohren
Zahl	Ruhm	verhöhnen	vermehren
kahl	Rahmen	Bühne	Ohr
Höhle	zahm	Zahn	fahren
Mehl	lahm	Lohn	Rohr

b) Individuelle Lösungen

2 die Zahl – bezahlen, zahlbar, zählen, der Zähler, gezählt
der Lohn – belohnt, gelohnt, die Belohnung, der Jahreslohn, lohnen
der Befehl – befehlen, die Befehlsverweigerung, sie befahlen, die Befehle, der Befehlston
die Höhle – der Höhleneingang, der Höhlenmensch, die Eiszeithöhle, höhlenartig, ausgehöhlt
das Rohr – die Rohre, die Rohrleitung, das Abwasserrohr, die Rohrverlegung, der Rohrbruch

3 a) Der Müller mahlt das Mehl in der Mühle.
b) Der Maler malt ein Porträt einer berühmten Person.
c) Die Schneiderin näht den Saum des Gehrockes zu.
d) Die Mahlzeit im Restaurant schmeckte vorzüglich.
e) In der Höhle sahen wir viele interessante Gesteine.
f) Auf der Bühne des Theaters treten bekannte Darsteller auf.

Seite 37
4 er näht – nä-hen   er führt – füh-ren
es sieht – se-hen   er weht – we-hen
es glüht – glü-hen   er verleiht – ver-lei-hen
sie verzeiht – ver-zei-hen   er mäht – mä-hen
du stehst – ste-hen   es blüht – blü-hen

5 a) fehlen, ohne, Mahl, wählen, Mehl, Reh, nehmen, sehen, gehen, Reihe, Bohne, Weihe, wahr, Bahre, ähnlich, Nahrung, ruhig
b) fehlen – die Fehler   wählen – die Wähler
ohne – ohnehin   Mehl – die Mehle
Mahl – die Mahle   Reh – die Rehe
nehmen – das Benehmen   Bohne – der Bohnensalat
sehen – sehende   wahr – die wahren Gründe
Weihe – die Kirchweihe   ähnlich – die Ähnlichkeit
Bahre – aufbahren   ruhig – die Ruhe
Nahrung – ernähren
c) feh-len, oh-ne, Mahl, wäh-len, Mehl, Reh, neh-men, se-hen, ge-hen, Rei-he, Boh-ne, Wie-he, wahr, Bah-re, ähn-lich, Nah-rung, ru-hig

Fehler-Check Seite 38

Eine ungewöhnliche Bahnfahrt
In der Eifel kamen am vergangenen Wochenende Eisenbahn-Fans auf ihre Kosten.
Im Rahmen eines Dampflokspektakels wurden die alten Bahnen, welche mit Kohle
beheizt werden, in ihrer ganzen Pracht gezeigt. Pünktlich um 10 Uhr hörte man
bereits aus weiter Ferne das Pfeifen der alten Dampfbahnen. Zahlreiche Besucher
kamen, um die Bahnen nicht nur zu bestaunen. Viele Leute fuhren mit den alten
„Damen" und genossen das angenehme Gefühl, wie vor über 60 Jahren unterwegs
zu sein. Die Fahrgäste wurden mit viel schwarzem Ruß und lautem Getöse während
der Fahrt belohnt. Ein Genuss fürs Auge und fürs Ohr waren die ankommenden
und wieder abfahrenden Loks. Man sah überall nur strahlende Gesichter!

E oder *ä*, *eu* oder *äu*? Seite 40

① a) ä – a
verändern – anders, Länge – lang, wählen – Wahl, Bäcker – backen, Erkältung –
kalt, Gepäck – packen, Kästen – Kasten, Wärme – warm, ergänzen – ganz,
erklären – klar, Gärtner – Garten, Näherin – Naht

äu – au
Säure – sauer, äußerlich – außen, du läufst – laufen, Bäuerin – Bauer,
Säugling – saugen, träumen – Traum, Häuptling – Haupt, Verkäufer – ver-
kaufen, häufig – Haufen, Sträucher – Strauch, Zäune – Zaun

② a)

die Häute	– die Haut	die Kräfte	– die Kraft
die Plätze	– der Platz	die Ämter	– das Amt
die Mäntel	– der Mantel	die Läden	– der Laden
die Äste	– der Ast	die Bänke	– die Bank
die Nägel	– der Nagel	die Pläne	– der Plan
die Fächer	– der Fächer	die Gärten	– der Garten
		die Länge	– die Länge

b) Mögliche Lösungen:
Haut: häuten, Hornhaut, dünnhäutig
Platz: platzieren, platzen, Fußballplatz
Kraft: entkräftet, kraftvoll, kräftig, verkraften
usw.

③ a) Der Adler beäugt seine Beute. Seite 41
b) Die Bäuerin säugt das Kälbchen mit der Milchflasche.
c) Wenn es heute regnet, wird Jonas sich ärgern.
d) Tatsächlich haben auch Tiere ein gutes Gedächtnis.
e) Das Rätsel beschäftigte ihn noch in seinen Träumen.
f) Es ist gebräuchlich, sich vor dem Essen die Hände zu säubern.

④ Lämmer, Hundeschnauze, sich sträuben, Geräuschpegel, Sägeblatt, Garnknäuel, Heulsuse, grässlich, sich täuschen, hässlich, wegräumen, krähen, Säuger, Länge, Gespräch

Seite 42   **Fehler-Check**

Näher als jeder andere

Die Rauchschwalbe ist den Menschen näher als jeder andere Wildvogel. Ohne Furcht zieht sie in die Ställe und Gebäude ein und baut hier ihr Nest. Schwalben galten dem Menschen als „Glücksboten". Früher glaubte man fest daran, dass Schwalben die Häuser vor Feuer schützen.
In Hessen soll ein Turmwächter die Ankunft der ersten Schwalbe mit dem Hornbläser angekündigt haben. Die Rauchschwalbe nennt man übrigens auch Bauernschwalbe, denn sie nistet am liebsten in Kuhställen. Sie hält ihrem Nest jährlich die Treue. Nur in der Wahl des Partners sind Schwalben weniger treu!

Seite 44   **Die Doppelvokale *aa, ee, oo***

① Saal – Aal, leer – Teer, Paar – Haar, Speer – Heer

②

der Teer:	teerverdreckt, Teerbelag, Teermaschine
der Kaffee:	Kaffeemilch, Kaffeesahne, Kaffeelöffel
die Waage:	Waagschale, Gewichtswaage, Obstwaage
das Beet:	das Blumenbeet, die Beeteinfassung, das Gemüsebeet
das Moor:	das Hochmoor, das Moorgebiet, die Moorpflanze
die Idee:	ideenreich, Ideenklau, Ideenvielfalt
die Saat:	das Saatgut, die Frühjahrssaat, die Wintersaat
die Beere:	beerenreich, die Blaubeeren, der Beerenstrauch

③ aa: Paar, Haar, Aal, Staat, Saal, Waage
ee: Kaffee, Fee, See, Beet, Schnee, Klee, Meer, Speer, Beere
oo: Zoo, Moos, Boot, Moor

④ Moos, Haar, Boot, Zoo, Idee, Paar, Beere, Schnee

⑤ Pool, cool, Shampoo

Fehler-Check

Sehenswertes in der Eifel

Die Eifel hat neben vielen Burgen und Schlössern auch noch andere Sehenswürdigkeiten zu bieten: die zahlreichen Seen, Maare sowie Moore. Die Maare prägen das Landschaftsbild der Vulkaneifel. Sie sind erloschene Vulkane, die sich im Verlauf der Erdgeschichte mit Wasser gefüllt haben. Es gibt Maare, die eine Tiefe von über 100 Metern erreichen.

Im Hintergrund eines Maars befindet sich oft eine vulkanisch geprägte Moorlandschaft. Das größte Moor ist das Hohe Venn, ein sogenanntes Hochmoor. Man kann es als Besucher auf Holzstegen erkunden. Dort soll es angeblich noch Waldfeen geben, die in Nebelnächten auf Kleewiesen herumgehen, ihr Spiegelbild in den einsamen Vulkanseen betrachten und am frühen Morgen auf Fischer in ihren Booten warten.

Kapitel 4: Gleich klingende Konsonanten

Die Schreibung von *das* und *dass*

❶ a) Die neuen Nachbarn sind so fleißig, dass wir nur staunen können. (Regel 2)
   b) Das Kind, das heute zu spät in die Schule gekommen ist, hat den Bus verpasst. (Regel 1)
   c) Katja und Tom meinen, dass wir uns heute Abend am Kino treffen könnten. (Regel 2)
   d) Er beschließt, dass (Regel 2) wir keine Hausaufgaben aufbekommen, da wir das (Regel 1), was wir im Unterricht behandelt haben, gut verstanden haben.
   e) Wir laufen mit unseren Eltern auf dem Maar, das gestern fürs Eislaufen freigegeben wurde. (Regel 1)
   f) Tina liest neuerdings ein Buch, das ich ihr bereits vor einem Jahr geschenkt habe. (Regel 1)
   g) Der Hund bellt so laut, dass wir schnell zur Haustür laufen, um zu sehen, was da los ist. (Regel 2)
   h) Tim hat zum elften Geburtstag das Fahrrad bekommen, das er sich schon so lange gewünscht hat. (Regel 1)

❷ b) Wir besuchen das Mädchen, das neu in unserer Schule ist. (Regel 1)
   c) Die Freunde warten so lange, dass sie unruhig werden. (Regel 2)
   d) Lara erinnert sich daran, dass er sie gewarnt hat. (Regel 2)
   e) Jannik glaubt an das Versprechen, das er ihm gegeben hat. (Regel 1)
   f) Findet das Versteck, das wir im letzten Sommer zusammen gebaut haben. (Regel 1)
   g) Wahrscheinlich kann es passieren, dass Marita etwas später zum Training kommt. (Regel 2)

Seite 49 **Fehler-Check**

Frühlingsboten

Weidenkätzchen sind die ersten, flauschigen Frühlingsboten der Natur. Sie blühen ab Anfang März, das bedeutet, dass die Honigbienen endlich eine rettende Nahrungsquelle haben. Und das ist besonders wichtig, da 80 % aller Pflanzenarten von der Bienenbestäubung abhängig sind. Das macht das Weidenkätzchen zum sogenannten Nahrungslieferanten. Der Zitronenfalter ist das Tier, das zu den allerersten Frühlingsboten zählt. Sein Vorteil gegenüber anderen Schmetterlingen besteht darin, dass er vollkommen ungeschützt an einem Zweig überwintern kann. Mithilfe seines speziellen Blutes, das aus einem Alkohol-Zucker-Gemisch und Eiweißstoffen besteht, überlebt er Nächte bei minus 20 Grad.

Unüberhörbar ist das Frühlingskonzert der Singvögel. Einige Vogelmännchen sind nun mit vollen Schnäbeln unterwegs, um das Weibchen zu füttern, das bereits im März die Eier bebrütet.

Die s-Laute

Seite 51 **1** a) das Fass – die Fässer   die Klasse – die Klassen
   der Fluss – die Flüsse   das Lasso – die Lassos
   der Kuss – die Küsse   die Gasse – die Gassen
   die Tasse – die Tassen   die Masse – die Massen

2 Mögliche Lösungen:
Gruß: (be)grüßen, die Grußkarte, die Grußformel, viele Grüße
Maß: maßvoll, sich mäßigen, das Maßband, in vollem Maße, Maß nehmen
groß: vergrößern, die Größe, die Großbaustelle, großräumig

3 Fleiß – heiß   Nase – Vase   heißen – reißen
   niesen – vermiesen   Fluss – Kuss   nass – blass
   Flosse – Gosse   süßen – grüßen   Pass – Fass
   Masse – Kasse   Kasse – Tasse   Kies – Spieß (!)

4 der Fußball   die Kasse   passen
   das Hindernis   der Spaß   der Süßwasserfisch
   die Schwanzflosse   das Verhältnis   das Zeugnis
   aufweisen   eisig   zerreißen

Seite 52 **5** Individuelle Lösungen. Hier einige mögliche Beispiele:
Wasser: der Wasserkessel, das Wasserbett, der Wassermangel, der Wasserhahn, das Wasserhuhn etc.
Fluss: das Flussbett, der Flusslauf, die Flussaue, das Flussufer, die Flusslandschaft, die Flussschiffahrt/Fluss-Schiffahrt etc.

6 a) die Zeugnisse – das Zeugnis   die Ereignisse – das Ereignis
   die Verhältnisse – das Verhältnis   die Gefängnisse – das Gefängnis
   die Hindernisse – das Hindernis   die Geständnisse – das Geständnis
   die Bildnisse – das Bildnis
   b) Individuelle Lösungen

❼ Infinitiv	Präsens	Präteritum
messen	ich messe	er maß
fassen	du fasst	sie fasste
lesen	es liest	sie las

❽ Korrektur des Fehlertextes von Seite 50:

Die größte Heizung der Welt

Frankreich, Deutschland, Belgien und andere Länder müssten genauso wie Kanada oder Russland sechs Monate von Eis und Schnee bedeckt sein. Doch anders als bei diesen Ländern profitieren wir von der größten Heizung der Welt: dem Golfstrom. Dieser „Meeres-Fluss" im Atlantik transportiert warmes Wasser aus der Karibik nach Europa. Dieses erwärmt unser Klima um etwa fünf bis zehn Grad Celsius.

Fehler-Check Seite 53

Das Fußballspiel (3)

Am Sonntagnachmittag liest (1) Paul plötzlich in der Zeitung, dass (Konjunktion, Regel 2 von Seite 46) um 15.00 Uhr ein Fußballspiel (3) zwischen den Mannschaften seines Ortes (1) und des Nachbarortes (1) stattfinden soll (1). Er stieß (3) durch Zufall beim Lesen (1) der Wochenendnachrichten auf diese (1) Notiz. Schnell raste (1) er zur Straßenbahn (3), um ja rechtzeitig zum Anpfiff auf dem Sportplatz im Stadion zu sein (1).
Endlich hatte er die Haltestelle „Zum Stadion" erreicht. Doch was (1) war das (1)? Alle Türen des Stadions (1) waren verschlossen (2). Keine Fans (1) davor? Verwundert und ratlos (1) schaut Paul sich um. Da liest (1) er plötzlich etwas (1) auf einem Plakat. Mit großen (3) Buchstaben steht dort das Datum des (1) kommenden Wochenendes (1). Verdrießlich (3) und missgelaunt (2) fährt er wieder nach Hause (1).

Konsonanten: *b* oder *p*, *g* oder *k*, *d* oder *t*?

❶ a) er tobt – toben du gibst – geben Seite 54
 ich mag – mögen wir denken – denken
 er parkt – parken sie winkt – winken

❷ b) der weite Weg Der Weg bis zum Wald ist weit. Seite 55
 c) der starke Junge Der Junge aus der 8a ist sehr stark.
 d) das gesunde Kätzchen Das Kätzchen von Tina ist immer noch sehr gesund.
 e) der spannende Film Der Film, den wir gestern gesehen haben, war sehr spannend.
 f) die lästige Mücke Die Mücke in unserem Zimmer ist sehr lästig.
 g) das lange Gespräch Unser Gespräch mit dem Rektor dauerte lang.

Seite 56

3 a) der Herd – die Herde   die Gegend – die Gegenden
    das Pferd – die Pferde   der Schmied – die Schmiede
    der Schrank – die Schränke   das Kalb – die Kälber
    der Bezirk – die Bezirke   die Hand – die Hände
    der Bart – die Bärte   der Zwerg – die Zwerge
  b) Individuelle Lösungen

4 spannend – spannender   schräg – schräger
  trüb – trüber   elend – elender
  bunt – bunter   fremd – fremder
  blank – blanker   stark – stärker
  laut – lauter   wund – wunder

5 a) Schlagsahne   erfolgreich   Verbandskasten
    Staubsauger   Wasserkrug   Schranktür
    Herdklappe   Schubkarre   Holzverschlag
    Ofenbank   Küchenschrank   Bildband
    Gipsverband   Uhrwerk   Meeresstrand
  b) Individuelle Lösungen

Seite 57

Fehler-Check

Der Rabe und seine List

Es war einmal ein großer, stolzer und starker Rabe. Er lebte in einem weiten, riesigen Garten am Rande eines Waldes. Eines Tages fand der Rabe in diesem Garten einen großen, runden Krug. In diesem Krug befand sich ein gut duftender Brei, den die Besitzer für den Hund Rex gekocht hatten. Doch der Rabe konnte mit seinem Schnabel nicht in das Innere des Kruges gelangen. Da niemand in der Gegend war, schlug er heftig mit seinen Flügeln, sodass das Gefäß umfiel. Nun konnte der listige Kerl genüsslich an den Brei gelangen und fraß sich dick und rund.

Seite 59

Die f-Laute: *f, ff, v, ph, pf*

1 a) versehen   vertauschen   verdutzen   vererben
    veralbern   verbieten   versorgen   Versäumnis
  b) und c) Individuelle Lösungen

2 der Vogelkäfig   das Flugzeug   der Verband
  die Vase   das Parfüm   der Vers
  die Fliege   der Vatertag   der Friseur

❸ 1. Teil eines Gedichtes   STROPHE
    2. Siegeszeichen   TROPHÄHE
    3. Unterrichtsfach   PHYSIK
    4. Straßenbelag   ASPHALT
    5. „Denker", Gelehrter   PHILOSOPH
    6. schlimmes Ereignis   KATASTROPHE
    7. das ABC   ALPHABET
    8. Herrscher im alten Ägypten   PHARAO

❹ Individuelle Lösungen. Einige mögliche Beispiele:
    Fuchs: Fuchsbau, Fuchsschwanz, gefuchst, fuchsrot
    Frieden: friedlich, Friedenspfeife, befrieden, Friedensvertrag
    Freund: freundlich, Freundschaft, Freundeskreis
    usw.

Seite 60

Fehler-Check

    Über die Vielfalt von Hunderassen
    Es gibt viele Hunderassen, so ungefähr 300 verschiedene Arten. Der größte Vertre-
    ter dieser weitverzweigten Sippschaft ist der Irische Wolfshund. Natürlich gibt es
    eine vielfältige Auswahl an Büchern, in denen viele Rassen beschrieben werden:
    pfiffige, pflegeleichte oder verspielte.
    Die Hunderassen sind dort alphabetisch aufgeführt, nach Abstammung oder
    Verwendungszweck geordnet. Viele Hundefreunde interessieren sich noch vorder-
    gründig für die charakterlichen Eigenschaften. Verständlicherweise interessieren
    sich die meisten für Fragen und Probleme, die sich aus dem täglichen Zusammen-
    leben mit dem Hund ergeben. Ein Hund muss in jedem Fall hören, wenn man nach
    ihm pfeift und den Befehlen seiner Besitzer gehorchen.

Z, zz oder tz, k, kk oder ck?

❶ a)

Seite 62

Z	U	C	K	E	R	K	N	I	C	K	E	N
A	P	G	U	C	K	E	A	I	S	I	O	E
C	A	C	C	B	L	I	C	K	T	C	A	C
K	C	B	K	O	E	C	K	E	Ü	K	D	K
E	K	A	U	T	T	N	E	L	C	E	I	E
N	B	A	C	K	E	S	N	F	K	R	E	N
W	E	C	K	E	R	E	C	K	E	X	T	Z

    b) Individuelle Lösungen

❷ a) Nach einer Pizza schmeckt mir ein Mokka gut.
    b) Die Razzia im Bahnhofsviertel erschreckte alle Nachbarn.
    c) Der Stecker vom Akkuladegerät ist noch im Gepäck.
    d) Das Frühstück schmeckt immer lecker.
    e) Der Bäcker backt seinen Kuchen zuckersüß.
    f) Der Wecker weckte uns viel zu früh.
    g) Am Ende der Wegstrecke versteckten wir uns.

❸ Schreck – schreckhaft – schrecklich – Schreckstarre
Speck – speckig – Speckschwarte – Speckstein
Deck – decken – Kassettendeck – Schiffsdeck
Reck – recken – reckenhaft – Reckturnen
Fleck – fleckig – Fleckenreiniger – Fleckenspray
Dreck – dreckig – Dreckspatz – verdreckt
Leck – lecken – Lecksuche – lecker
Heck – hecken – Hecke – Heckspoiler

Seite 63   **❹** Mamas Nagellack nehmen
jemand mit einem Witz necken
frische Erdbeeren einzuckern
dreckige Turnschuhe putzen
gern Würstchen brutzeln
ein schmerzender Backenzahn
Plätzchen backen
lustige Fratzen schneiden
den Rucksack packen

❺ sitzen – der Sitz   melken – der Melker
ritzen – die Ritze   backen – der Bäcker
hetzen – die Hatz   sacken – der Sack
platzen – der Platz   blicken – der Blick
setzen – der Sitz   verstecken – das Versteck
strecken – die Strecke   entdecken – die Entdeckung

Seite 64   **Fehler-Check**

Max hat eine Verletzung
Nach dem Frühstück machte Max mit seinem Freund Tom eine Wanderung. Sie
packten den Rucksack mit frisch gebackenem Kuchen und leckeren Getränken.
Dann wanderten sie direkt in das nahe gelegene Waldstück.
Dort kletterten sie den Berg hinauf und verletzen sich dabei an den Dornenhecken,
welche den Boden bedeckten. Max fühlte im rechten Bein einen entsetzlichen
Schmerz. Tom rief entsetzt: „Du musst direkt zum Arzt!" Doch sie hatten bereits
eine lange Wegstrecke hinter sich. Zum Glück hatte Tom sein Handy im Gepäck.
Und auch der Akku war geladen.

Vor- und Nachsilben: *ent, end, ig, ich* und andere

Seite 66

1 a) und b)

ent**setz**lich	unter**halt**bar	aus**setz**en	be**halt**en
be**setz**t	Unter**halt**ung	Fort**setz**ung	An**halt**er

2 a) bedürfen / Bedürfnis   bearbeiten / Bearbeitung
erlauben / Erlaubnis   achten / Achtung
ereignen / Ereignis   lesen / Lesung

3 a) Adjektive: hastig, nebelig, natürlich, vorsichtig, wunderlich/wundersam, fürchterlich/furchtsam/furchtlos, sparsam, wunderbar, blumig, ängstlich
b) Individuelle Lösungen.

Fehler-Check

Seite 67

Der End**spurt führte zum Sieg**
En**d**lich findet das a**n**gekündigte Sportfest statt. Mit großer Spann**ung** wird der En**d**lauf der besten Sprinter unserer Schule er**wartet. Als der Startschuss fällt, liegen Peter und Ben sofort vorn. Sie lassen die anderen Läuf**er** in großer Entfer**n**ung hinter sich. Dann kommt die Ent**scheidung**. In letzter Sekunde zieht Ben an Peter vorbei ins Ziel. Die Ent**täuschung** bei Peter ist groß.
Ben ent**schul**digt sich bei ihm. Doch Peter meint: „So ent**setz**lich es für mich auch ist, aber dein En**d**spurt war super!" Alle sind sich ein**ig**, beide Sportler sind würd**ig**, eine Urkunde zu erhalten. Der Rektor fordert die beiden freund**lich** auf, auf die Tribüne zu kommen: „Wir gratulieren euch herz**lich**! Mit ein wen**ig** Glück und gutem Training kann es jeder schaffen. Also: Seid immer sport**lich** aktiv!" Freudig und glück**lich** verlassen beide die Tribüne. Die Veranstalt**ung** ist beendet.

Kapitel 5: Welches Satzzeichen gehört wohin?

Die Satzschlusszeichen

Seite 69

1 a) Wir wollen heute Abend grillen. / Heute Abend wollen wir grillen.
b) Thomas spielt mit seinem kleinen Bruder Ball. / Mit seinem kleinen Bruder spielt Thomas Ball.
c) Morgen singt Katja beim Chorauftritt. / Katja singt morgen beim Chorauftritt.
d) Wir fahren nächste Woche in den Urlaub nach Rom. / Nächste Woche fahren wir in den Urlaub nach Rom.

Seite 70

2 a) Vogeleltern versorgen ihre Jungen, auch wenn sie aus dem Nest gefallen sind.
b) Lasst die kleinen Nestflüchtigen an Ort und Stelle!
c) Bitte setzt Vögel, die auf einer Straße hocken, abseits an eine geschützte Stelle!
d) Wenn ein kleiner Vogel völlig verhungert und durchnässt ist, sollte man ihn mitnehmen.

❸ a) Wie oft rufst du mich an? b) Erinnerst du dich etwa nicht!/?
c) Kommst du mal sofort her! d) Was essen wir heute zum Abendbrot?
e) Gehen wir dann zum Nachbarn? f) Machst du bitte die Tür zu!

Seite 71 **Fehler-Check**

Wie füttert man Vogelkinder richtig?

Wer ein Vogelkind aufziehen will, muss viel Zeit mitbringen. Die Tiere erleiden schwerste Schäden, wenn die richtigen Fütterungsabstände nicht eingehalten werden. Futter für Singvögel kann ein zerkleinerter Haferbrei, Magerquark oder geriebener Zwieback sein. Doch wie oft sollte man füttern? Experten raten, den kleinen Piepmätzen alle halbe Stunde das Futter mit einer Pinzette zu verabreichen. Und was ist mit kleinem Getier als Futterbeimengung? Fliegen, Spinnen und Raupen können ebenso in den Futterbrei.

Das Komma zwischen Hauptsätzen

Seite 73 ❶ a) Der Esel ging schon eine Weile, da fand er einen Jagdhund am Wege.
b) Der Jagdhund lag jämmerlich dort, er heulte laut.
c) Er heulte, denn sein Herr wollte ihn erschießen lassen, da er angeblich nichts taugte.
d) Da er erschossen werden sollte, hatte er Reißaus genommen.
e) Er fragte sich, wie es weitergehen solle.
f) Der Esel munterte ihn auf, denn er forderte ihn auf mitzukommen.
g) Der Esel wollte in Bremen die Laute spielen(,) und der Hund sollte die Pauke schlagen.
h) Damit war der Jagdhund einverstanden, da gingen sie zusammen weiter.
i) Die zwei fassten gemeinsam neuen Mut, sie waren gut gelaunt.
j) Sie gingen zügig und sahen weit in der Ferne die Türme der Stadt. (Kein Komma, ein einziger Hauptsatz!)

Seite 74 ❷ Die Katze konnte keine Mäuse mehr jagen, da wollte die Frau sie ersäufen./Da die Katze keine Mäuse mehr jagen konnte, wollte die Frau sie ersäufen.
Sie wollte davonschleichen, denn sie war ratlos und traurig.
Der Esel und der Hund trösteten sie, denn sie luden die Katze ein mitzukommen.
Die Katze fand die Idee gut, denn sie wollten in Bremen Nachtmusik machen.
Ein Haushahn saß an einem Hof auf dem Tor, doch er war nicht froh.
Der Haushahn hatte Angst, denn die Köchin hatte seinen Tod befohlen.

Fehler-Check Seite 75

Die vier Stadtmusikanten
Der Hahn wurde vom Esel aufgefordert mitzukommen**, da** er von der Bäuerin seines Hofes geschlachtet werden sollte. Die Gäste würden den Hahn zum Mittagessen bekommen**, da** solle er lieber aus vollem Hals schreien und in Bremen auftreten. Der Hahn willigte ein**, denn** er fand den Vorschlag herrlich. Er freute sich auf Bremen**, da** er musizieren wollte. Sie konnten die Stadt nicht an einem Tag erreichen**,** **doch** auch da hatten sie eine Idee. Sie kamen abends in einen Wald**,** dort wollten sie übernachten. Der Esel und der Hund legten sich unter einen großen Baum **(,)** und die Katze kletterte auf einen Ast. Der Hahn flog bis in den Wipfel**,** dort war es für ihn am sichersten. Der Mond schien **(,)** und die Sterne funkelten. Langsam wurden die Tiere müde und wollten von der großen Stadt träumen. (Achtung: Der letzte Satz ist ein einziger Hauptsatz, denn im zweiten Teil nach „und" fehlt das Subjekt.)

Das Komma zwischen Haupt- und Nebensatz Seite 78

❶ a) + b) Einleitewort und Prädikat: rot, Nebensatz: unterstrichen.
Sie **kamen** an ein Haus, **das** genau vor ihnen **stand**.
Weil der Esel am größten **war**, **konnte** er durch eines der Fenster **schauen**.
Er **rief** erschrocken, **dass** im Haus Räuber **seien**.
Der Esel **erzählte**, **dass** er einen Tisch **sehen könne**, **der** mit Essen und Trinken **gedeckt sei**.
Die Räuber, **welche** um den Tisch **herum saßen**, **ließen** es sich gut **gehen**.
Da **sprach** der Hahn, **dass** das etwas für sie vier **wäre**.
Daraufhin **überlegten** die Tiere, **was** sie **tun könnten**.
Nachdem sie **nachgedacht hatten**, **ist** ihnen etwas Tolles **eingefallen**.

❷ a) Nachdem der Esel das getan hatte, kletterte der Hund auf seinen Rücken.
Als der Hund gerade stand, setzte sich die Katze auf ihn.
Weil der Hahn der Kleinste war, flog er auf den Kopf der Katze.
Sie fingen auf ein Zeichen an zu musizieren, sodass sich die Räuber furchtbar erschraken.
Die Räuber verließen schreiend das Haus, weil die Tiere lautstark musizierten. Seite 79

❸ Relativpronomen = rot
a) Der Hund, **welcher** halb verhungert war, folgte den Freunden.
b) Die Katze, **die** keine Mäuse mehr fing, gesellte sich zu den beiden.
c) Und der Hahn, **der** im Suppentopf landen sollte, war glücklich**(,)** weiterleben zu dürfen.
d) Die vier Tiere, **die** sich sofort einig waren, zogen nach Bremen.
e) Der Wald, **den** sie durchqueren mussten, war sehr groß.
f) Sie erblickten ein Haus, **aus welchem** laute Geräusche kamen.
g) Das Haus, **das** den Räubern gehörte, sollte ihre Nachtherberge werden.

Fehler-Check

Seite 80   **Die Bremer Stadtmusikanten**
(Die Nebensätze sind unterstrichen.)
<u>Nachdem sie alle vier so laut geschrien und musiziert hatten,</u> stürzten sie durch das Fenster in die Stube hinein. Die Räuber erschraken sich derartig, <u>dass sie mit lautem Gebrüll in die Höhe fuhren.</u> Sie meinten, <u>ein Gespenst käme herein.</u> Daraufhin flohen sie in großer Furcht in den Wald hinaus, <u>wo sie um ihr Leben liefen.</u> Die vier Gesellen setzen sich an den Tisch, <u>welcher ja reichlich mit edelsten Speisen gedeckt war.</u> Jeder aß nach Herzenslust von den Speisen, <u>die ihm am besten schmeckten.</u> <u>Als sie fertig waren,</u> löschten sie das Licht aus. Der Esel meinte, <u>dass sich jeder eine Schlafstelle nach seinem Geschmack aussuchen solle.</u> Der Esel legte sich auf den Mist, <u>da verkroch sich der Hund hinter der Tür.</u> <u>Weil die Katze es warm haben wollte,</u> rollte sie sich auf dem warmen Herd zusammen. Der Hahn flog auf das Dach.

Kommas und Zeichensetzung bei wörtlicher Rede

Seite 82   **1** b) und c)
– Opa singt: „Wenn der weiße Flieder wieder blüht!"
  „Wenn der weiße Flieder wieder blüht!", singt Opa.
– Papa schimpft: „Der Grill ist ja noch schmutzig!"
  „Der Grill ist ja noch schmutzig!", schimpft Papa.
– Tanja lacht: „So einen lustigen Film habe ich lange nicht gesehen!"
  „So einen lustigen Film habe ich lange nicht gesehen!", lacht Tanja.
– Uta sagt: „Heute Abend grillen wir Steaks."
  „Heute Abend grillen wir Steaks.", sagt Uta.
– Der Verkäufer fragt: „Passt dir diese Jeanshose?"
  „Passt dir diese Jeanshose?", fragt der Verkäufer.
– Mama ruft: „Die Steaks sind fertig!"
  „Die Steaks sind fertig!", ruft Mama.

Seite 83   **2** Uta ruft Tanja an: „Stimmt es, dass wir bald einen Aufsatz schreiben?"
„Ja, wir schreiben einen Märchen-Text", antwortet Tanja.
„Können wir uns das Märchen selbst ausdenken?", fragt Uta.
„Den größten Teil schon", meint Tanja, „wir bekommen nur einen Märchenanfang vorgegeben."
„Hoffentlich kommt dort auch etwas mit einem Prinz vor!", lacht Uta.

3 wörtliche Rede: <u>unterstrichen</u>   Redebegleitsätze: *kursiv*
a) „<u>Toll</u>", *antwortete Hannes,* „<u>wieso fragst du</u>?"   eingeschoben
b) *Theo blickt ihn an:* „<u>Ach, nur so!</u>"   vorangestellt
c) „<u>Und wie war dein Tag?</u>", *fragt Hannes.*   nachgestellt
d) „<u>Wir hatten heute viel Stress</u>", *antwortete Theo,*
   „<u>weil wir einen Aufsatz geschrieben haben.</u>"   eingeschoben
e) *Hannes fragt:* „<u>Über welches Thema?</u>"   vorangestellt
f) „<u>Über Märchen ...!</u>", *antwortet Theo.*   nachgestellt

4 a) Luis rief begeistert: „Mir macht es Spaß, mir Märchen und Geschichten auszudenken."

b) Nachgestellter Redebegleitsatz: „Mir macht es Spaß, mir Märchen und
Geschichten auszudenken.", rief Luis begeistert.
Eingeschobener Redebegleitsatz: „Mir macht es Spaß", rief Luis begeistert,
„mir Märchen und Geschichten auszudenken."

Fehler-Check **Seite 84**

Die Räuber kehren zurück
Die Bremer Stadtmusikanten schliefen nach einem guten Mahl genüsslich ein.
„Schön, so gut gegessen zu haben", dachte sich der Esel und schloss zufrieden
die Augen. Die Räuber jedoch beobachteten ihr Räuberhaus aus sicherer Entfernung. „Seht doch", murmelte einer, „im Haus brennt kein Licht mehr." „Wir hätten
uns doch nicht so einfach ins Bockshorn jagen lassen sollen!", sprach der Hauptmann. Und zu einem seiner Räuber rief er: „Sieh nach, ob jemand im Haus ist." In
der Küche wollte der Räuber ein Schwefelhölzchen an glühenden Kohlenaugen
anzünden. Da sprang ihm die Katze ins Gesicht und kratzte ihn: „Hier, du garstiger
Räuber." Der Hund biss ihn ins Bein. „Aua, verdammt du Ungeheuer!" Der Räuber
rannte aus dem Haus. Dort bekam er vom Esel noch einen Tritt. Und der Hahn
schrie: „Kikerikie! Kikerikie!"

Kapitel 6: Wie trennt man richtig?

1 wir pfiffen – wir pfeifen   pfif-fen   pfei-fen **Seite 86**
stellen – stehlen   stel-len   steh-len
die Rassen – Rasen   Ras-sen   Ra-sen
Schwämme – Schwärme   Schwäm-me   Schwär-me
die Kämme – sie käme   Käm-me   kä-me
die Kelle – die Kehle   Kel-le   Keh-le
wissen – die Wiesen   wis-sen   Wie-sen

2 Zu-cker, me-ckern, dick, Bä-cker, ro-cken, le-cker, Rock, Ro-cker, ni-cken, Ho-cker, **Seite 87**
Acker, Zi-cke, le-cken, Krü-cke / Krü-cken, He-cke, Ba-cke, sa-cken

3 Ket/te, Trop/fen, Hit/ze, Karp/fen, Deut/scher, Stra/ße, Au/ge, Be/steck, Pap/pe,
Sa/chen, Städ/te, Müt/ze, Kas/ten, Hop/fen, Kis/te, Het/ze

4 hin-auf   oder   hi-nauf   Sig-nal   oder   Si-gnal
ein-an-der   oder   ei-nan-der   Mag-net   oder   Ma-gnet
wa-rum   oder   war-um   Feb-ruar   oder   Fe-bru-ar
dar-um   oder   da-rum   Zyk-lus   oder   Zy-klus

L Lösungen

Seite 88

5

Ank-er	An-ker	Mus-ik	Mu-sik
Wäs-che	Wä-sche	Hot-el	Ho-tel
Tasch-e	Ta-sche	Loc-ke	Lo-cke
Ka-tze	Kat-ze	Ta-tze	Tat-ze
Tro-pfen	Trop-fen	Risp-e	Ris-pe
Eb-er	Eber	Fa-brik	Fab-rik

6 Spiel-er-öff-nung, Bau-er-zeug-nis-se, Buch-ein-band, Tee-ern-te,
Bild-er-klä-rung, Tee-baum-plan-ta-ge, Blu-men-topf-er-de, Kaf-fee-ge-nuss,
Wasch-an-la-ge, Mee-res-fisch-e, Zoo-or-ches-ter, Fluss-sand

7

Computerbildschirm	Com-pu-ter-bild-schirm
Postbriefkastenentleerung	Post-brief-kas-ten-ent-lee-rung
Briefmarkensammelalbum	Brief-mar-ken-sam-mel-al-bum
Seifenkistenrennen	Sei-fen-kis-ten-ren-nen
Regenschirmständer	Re-gen-schirm-stän-der

Seite 89

8

ENREßI	rei-ßen	EÄUBM	Bäu-me	ERRATS	Star-re
EATZT	Tat-ze	LENHTSUHL	Lehn-stuhl	LEMMES	Sem-mel
LÖTEBUAME	Öl-baum	FERKÄ	Kä-fer	NMUMRSOLE	Los-num-mer

9

a) Pfef-fer-kö-r-ner
Pfef-fer-kör-ner
Pfe-f-f-erk-ör-ner

b) A-qua-r-ium
A-qua-ri-um
Aqua-ri-um

c) Zu-cker-ku-chen
Zuc-ker-kuc-hen
Zu-cker-ku-ch-en

d) Co-mp-u-ter-tasta-tur
Com-pu-ter-tas-ta-tur
Compu-ter-tasta-tur

Seite 90

Fehler-Check

Hier die richtigen Lösungen:

a) ele-gant
b) Tisch-kan-te
c) Zu-cker-do-se
d) Ten-nis-schlä-ger
e) Sport-ruck-sack
f) Wit-ze-er-zäh-ler
g) Lan-ge-wei-le
h) Rie-sen-rad
i) zi-schen
j) Kat-zen-korb
k) Som-mer-fest
l) Igel
m) Kar-pfen-teich
n) Na-gel-fei-le
o) Du-sche
p) Ter-min-ka-len-der

Kapitel 7: Achtung, Fremdwörter!

Seite 92

1 a) **englischer Herkunft**

		französischer Herkunft	
Chip	Jazz	Toilette	Baguette
Sweatshirt	Song	Pinzette	Croissant
Laptop	Beat	Garderobe	Chanson
Couch	Top Ten	Charme	Friseur
Joystick	Comic	Garage	Jalousie
Skateboard		Ingenieur	Massage
		Serviette	Masseur

2 a) Thema – Chip – Croissant – Apotheke – Mathematik – Theater – Strophe – Physik – Katastrophe – Rharbarber – Rhein – Chemie – Disco – Therapie – Alphabet – Videothek – Thema – Comic – Mikrophon – Chemie

Seite 93

3 a) Charme (sch)   Chanson (sch)   Chaos (k)
Chemie (ch)   Chronik (k)   Chlor (k)
Chirurg (ch)   Chiffre (sch)   Christmesse (k)
Chauffeur (sch)   Charakter (k)   Orchester (k)
China (ch)   Chor (k)   Chronik (k)

4 a) Chef   b) Champignon   c) Chauffeur
d) Chicorée   e) Chiffre   f) Christbaum

5 Datei – Buffet (auch: Büffet) – Parkett – Portmonee (auch: Portemonnaie) – Pubertät – Kriminalität – Spion – Blamage – Magie – Partie – Jongleur – Technik – Optik – aktiv – Garage

Seite 94

6 a) massieren – Massage, operieren – Operation, dekorieren – Dekoration, konzentrieren – Konzentration, organisieren – Organisation, informieren – Information, applaudieren – Applaus, konstruieren – Konstruktion, Illustrieren – Illustration, installieren – Installation, transformieren – Transformation, addieren – Addition

b) Mögliche Lösungen:

-ieren	-tion	-eur	-ik
konstruieren	Konstruktion	Konstrukteur	
informieren	Information		Informatik
operieren	Operation	Operateur	
massieren		Masseur	
installieren	Installation	Installateur	
			Physik
			Kritik
			Botanik

7 a) Alle Wörter sind so geschrieben, wie man sie ausspricht.
b) Nation: Volksgemeinschaft
Soße (auch: Sauce): für Fleisch, Gemüse
Balance: Gleichgewicht
Garage: Unterstellmöglichkeit für Pkw
Page: Bediensteter im Hotel
Gendarm: veraltet für Polizist
Make up: Schminke
Service: Dienst, Dienstleistung
Job: Arbeit / Shop: Geschäft
Song: Lied
Gelee: Fruchtaufstrich
Physik: Naturwissenschaft
Etage: Stockwerk
Ration: Menge, Portion

Seite 95 **8** a) Fotografie – Photographie Biographie – Biografie Mikrofon – Mikrophon
Geografie – Geographie Grafik – Graphik Delphin – Delfin
Saxofon – Saxophon Paragraf – Paragraph

Fehler-Check

a) Eine Dynastie ist ein Herrschergeschlecht, so wie die Windsors in England.
b) Im Labor werden die Stoffe unter dem Mikroskop untersucht.
c) In ihrem Atelier malt und töpfert die Künstlergruppe.
d) Bereits im Fach NAWI beschäftigen sich die Schüler mit der Chemie und Physik.
e) Wer krank ist, sollte sich einer Therapie unterziehen.
f) Der Ingenieur entwickelt zum Beispiel Maschinen.
g) Wir singen gemeinsam im Chor unserer Schule.
h) Der Masseur hat die Massage so gut durchgeführt, dass die Schmerzen
verschwunden sind.

Kapitel 8: Häufig falsch geschriebene Wörter

Seite 97 **1** a) Die Hauptstadt von Deutschland heißt Berlin.
b) In jeder Großstadt gibt es einen massiven Stadtverkehr.
c) Statt nur am PC zu sitzen, solltest du dich auch mal verabreden.
d) Köln ist eine weltbekannte Domstadt, wo jedes Jahr ein großer Karnevalsumzug
stattfindet.
e) In der Werkstatt meines Onkels kann man schreinern und bauen.
f) (…) Die Stadtbevölkerung von Leipzig ist stattdessen rasant gewachsen.
g) In Weimar befindet sich die Gedenkstätte für das KZ Buchenwald.

2 Individuelle Lösungen

Seite 98 **3** Mögliche Lösungen:
weinerlich – das weinerliche Baby
gnädig – der gnädige Herrscher
artige – der artige Welpe
eckig – der eckige Tisch
schriftlich – der schriftliche Test
herrlich – der herrliche Morgen
dunstig – das dunstige Wetter
heilig – das heilige Buch
farbig – das farbige Pony

salzig – das salzige Essen
durstig – der durstige Vater
eilig – das eilige Urteil
lächerlich – die lächerliche Verwechslung
versehentlich – das versehentliche Ereignis
großzügig – der großzügige Chef
ängstlich – das ängstliche Kaninchen
freundlich – die freundlichen Nachbarn

4 a) Der Tiger wurde wider seinen Willen eingesperrt. Seite 99
b) Der Widerstand der Soldaten war zwecklos.
c) Die Kuh ist ein Säugetier und gehört zu den Wiederkäuern.
d) Das Eiscafe „Dolomiti" ist endlich wieder eröffnet.
e) Wir widerrufen unsere Aussage vor Gericht.
f) Die Zeugenaussagen haben sich widersprochen.
g) Seine ständigen Widerworte ärgerten sie schon lange.
h) Das Wiedersehen nach mehr als einem Jahr war sehr schön.
i) Dies war schon der zweite Einbruch. Die Diebe hatten es wieder versucht.
j) Sie diskutierten lange über das Für und Wider dieser Lösung.

5 quittung / quelle / quer / quatsch / quartett / quieken / quader / quiz / quaken / Seite 100
quark / gequetscht / quirlig / quere / gequollen / quadratisch

6 Individuelle Lösungen. Hier nur die Nomen mit dem jeweiligen Artikel: die
Quittung, die Quelle, der Quatsch, das Quartett, das Quieken, der Quader, das
Quiz, das Quaken, der Quark, die Quere.

7 lenkst   faxen   extra   Mixer   ängstigen   Angst   Seite 101
versteckst   hexen   wächst   denkst   wachsen   fliegst
gewachsen   Fax   Lachs

Fehler-Check

a) Im späten Sommer hört man am Teich viele Frösche quaken.
b) Wir werden das Diktat wiederholt üben und es dann wiederum selbst korrigieren.
c) Zum Mittag gab es gab es frisch gefangenen Lachs mit Kartoffeln und einem Klecks Soße aus Sahne und Meerrettich.
d) Die Quarktorte von Oma schmeckt allen am besten.
e) Durch die widersprüchlichen Aussagen hat sich der Täter verraten.
f) Statt hier zu schlafen, solltest du lieber die Stadt besichtigen.
g) Es ist wie verhext, ständig fällt etwas herunter.
h) Das Stück war sehr lustig. Sie haben sich königlich amüsiert.
i) Der Widerspruch wird wieder zügig schriftlich eingereicht.